刑象風水地理

節節高峰來十里
丙丙丁丁高發

百峰

格松峰

枝洞案山
念珠坪

酉坐

良水

池線
甲歸 路 人家

老僧眞念形 龍穴圖

圖解 形象風水地理

法學博士
金翰鳳 著

관음출판사

　풍수지리학은 전통(傳統) 자연과학(自然科學)의 한 분야로써 수천년(數千年)동안 우리민족의 조상숭배(祖上崇拜) 가치로 승화(昇華)되어 정신적(精神的) 지주(支柱)의 역할로 견고하게 자리 잡아온 자연 학문(學問)의 한 분야라고 하지 아니할 수 없다. 우리 인간은 태초부터 반드시 주거(住居) 공간이 필요하게 되었고 이 주거를 마련함에 있어 가장 편리하고 안전하게 생활 할 수 있는 명당이라는 공간을 찾아 가택(家宅)을 마련해야 했고 또 그 유택지(幽宅地 : 墓地)도 역시 명당(明堂)에 안장(安葬)해야 한다는 조상경배(祖上敬拜)의 관습(慣習)과 사상(思想)이 깊히 자리하여 자연히 이러한 명당을 찾는 방법을 연구하고 개발하여 온 이론이 정립되어 하나의 학리(學理)의 형태를 갖추게 되고 이를 이름하여 풍수(風水 : 藏風得水)라고 하는 학문(學問)으로 발전하게 된 것이다.

　산이 좋고 물이 좋아 산천(山川)을 관찰하며 청풍(清風)을 벗삼고 오색토(五色土)의 기(氣). 맥반석(麥飯石)의 원적외선(遠赤外線). 측백목 자연림의 피톤치드 등을 보약삼아 자연에 마음을 빼앗겨 온지 어언 30여년이란 세월이 부질없이 흘러갔다. 이렇게 자연을 벗삼아 자연에서 배우며 수많은 길흉사(吉凶事)

를 겪어온 경험의 부분 부분을 기억해 내어 이책에 표현 되는가 싶어 그나마 마음 한구석에 위안(慰安)으로 다가 오는듯 하여 감회가 새롭다.

이 무상한 세월은 수수억년 장구히 유수같이 흐르는데 이를 탓만 하는 어리석음을 부질없는 독백으로 달래면서 이 책의 원고와 씨름한 시간만이 값진 순간인 것같기도 하는데 그래도 어딘가 아쉬운 마음이 한구석에 허전함은 남아 있는 것같다.

이 지구상의 모든 생물은 바람(風)과 물(水)과 땅(地)을 떠나서는 생존할 수 없는 것이므로 이러한 필수 요소를 연구하고 발전 시키는 학문을 소홀이 하거나 도외시 할 수는 없기 때문에 이를 감안해 본다면 이러한 풍수지리에 지금까지 흠뻑 빠져 보낸 세월이 또한 보람된 여정이 아니었을까 생각하며 많은 분들이 이러한 정신(精神)과 헌신(獻身) 때문에 풍수지리는 우리의 생활과 함께 수천년동안 끊임없이 연구 개발되어 이어져 오고 있다고 인정하고 있는 것이 현실이다 .

자연(風.水.地)에 내재(內在)된 이치(理致)는 결코 허상(虛像)이 있을 수 없으며 천조지비(天造地秘)는 영구불변(永久不變)의 진리(眞理)이다. 필자가 이번에 도해 형상 풍수지리(圖

解 形象 風水地理)라는 제목으로 책을 발간하게 된 동기도 하늘이 만들고 땅이 감춰논 명당(明堂)을 찾아내는 일이 너무 난해(難解)하여 이를 찾아 내는데 보다 효율적(效率的)이고 정확성(正確性)을 기하는데 그 의의가 있다고 생각해서 시작한 일이다. 형상론(形象論)은 일명 물형론(物形論)이라고도 하지만 본서는 편의상 형상론으로 정하고 이 형상을 그림으로 표시하고 해설하여 도해(圖解)라는 단어를 사용하였다. 형상 풍수학이 그 종류가 너무나 다양하고 난해한 점이 많아 가능한 한 독자들께서 보다 쉽게 이해하도록 하기위하여 이를 상세하고 정확하게 자세히 해설하고자 나름대로 노력하였으나 이의 완결점에 이르지 못한점은 필자의 이에대한 지식이 부족한 때문이오니 이점에 대하여 독자 제현들의 아낌없는 지도편달(指導鞭撻)과 너그러운 해량을 바라마지 않는 바입니다.

이 책을 엮어간 순서는 제 1편에서는 풍수통론을 과학적인 측면에서 접근하였다. 즉, 먼저 지구에서 발생하는 각종 유해파가 어떻게 발생하며 이것이 사람의 건강에 어떠한 영향을 미치는가에 대하여 논급하였고, 특히 수맥파의 발생요인과 수맥파가 인체의 건강에 유해한 내용과 이러한 수맥파를 탐지하는 방법과 수맥파를 방지하는 방안 등을 제시하였고, 이들 지구의 유해파와 수맥파가 인간의 뇌파를 교란하여 질병을 유발시키는 과정 등을 제시하고 이를 방어하는 방법 등을 제시하였으며, 제2편에서는 전국에서 유명한 명혈도(名穴圖)를 도해(圖解)하여 발복 내용을 표시하였고, 제3편에서는 주로 현장에서 논의되는 각종 형상을 도해하고 그 형상의 발복 내용을 설명하였으며, 제4편에서는 풍수지리에서 흔히 사용하는 각종 용맥의 형상을 도해(圖解)하였다. 이는 어디까지나 선현(先賢)들의 유산록(遊山錄), 결록(結錄), 명혈비도(名穴秘圖), 용맥도(龍脈圖), 풍수과학사전(風水科學辭典) 등 시중에 나와있는 저명한 분의 풍수도서 등을 참고하여 나름대로 설명을 부가하고 그림을 보완하여 도해한 그림을 모두 손수 육필로 그리다 보니 많은 시간과 노력이 소요되었습니다. 그러나 미진한 부분이 적지 않다는 점 죄송하게 생각하며 아낌없는 지적을 해주시면 앞으로 도약의 계기로 삼겠습니다.

끝으로 본서를 출판하는데 분에 넘친 격려와 성원을 해주신 "사단법인 천인지 수맥풍수지리연구학회" 회원님들과 그리고 이 책을 발간하는데 물심양면으로 배려하여 주신 관음출판사 소광호 대표님을 비롯하여 관계직원 여러분들게 깊은 감사의 말씀을 드리며 아울러 밤늦게까지 원고 작업을 할 때마다 저의 건강을 계속 챙겨주며 수고를 함께한 저의 사랑하는 아내 정화심 여사에게 깊은 고마움을 표합니다.

서기 2019년 9월 5일

靈道堂 寓居에서 著者 法學博士 金 翰 鳳 謹書
(영도당 우거   저자 법학박사 김 한 봉 근서)

제 1편. 풍수지리학(風水地理學) 통론(通論)

제 1편

풍수지리학
(風水地理學)
통론(通論)

제1장 풍수지리개념(槪念) 역사(歷史) 목적(目的) 원리(原理)

제1절 풍수지리학의 개념(槪念).

풍수지리학은 천지(天.地)의 자연현상(自然現象)과 인간이 상호 공존(共存)해야만 하는 엄연한 이치(理致)에 따라 음양(陰陽) 이법 (理法)으로 형성된 대자연의 만상(萬象)이 생장소멸(生長消滅)하 는 순환(循環)의 법칙을 합리적으로 연구하여 대자연의 순리에 맞 게 자연의 혜택(惠澤)을 누리고자하는 염원에서 인간이 궁구(窮究) 해낸 자연학(自然學)이라고 할 수 있다.

풍수지리학의 본질은 천기(天氣)와 지기(地氣)가 합일(合一)되 어 지세(地勢)를 형성하고 이 형성된 지세의 기운(氣運)이 지구의 자전(自轉)과 공전(公轉)은 물론 하늘에 있는 여러 성진(星辰)의 영향을 받아 유동(流動)하는 음양의 기운을 이러한 지세에 응(應) 하여 연구하는 형기론(形氣論)과 이러한 형세에 내재해 있는 이치 (理致)를 추리(推理)하여 연구해내는 이기론(理氣論)으로 이루어 져 있다. 풍수(風水)란 글자의 의미는 장풍득수(藏風得水) 즉 바람 을 감추어 막아주고 좋은 물을 얻는다는 풍자(風字)와 수자(水字) 를 따서 만든 말이다. 보다 좁은 의미로 풍수지리의 의미를 말하면 천기(天氣)와 지기(地氣)의 순환(循環) 현상들이 어떻게 작용 하는 가를 면밀히 살펴 그 기(氣)가 머무는 곳을 찾아 인간 생활에 대입

시켜 이용하는 학문이라고 할 수 있다.

　고대 중국의 한(漢)나라때 청오자(靑烏子)가 지었다고 전해지고 있는 청오경 (靑烏經)에 의하면 기(氣)는 바람을 타면 흩어지고 맥(脈)은 물을 만나면 멈춘다(氣乘風散 脈遇水止 : 기승풍산 맥우수지)라고 하였고, 고대 중국의 진(晉)나라때 곽박(郭璞)이 지은 장경(葬經 : 금낭경 : 錦囊經)에는 물을 얻는 것이 上이요(風水之法은 得水爲上이요). 바람을 감추는 것이 다음(藏風次之)이라고 하였다. 또 설심부(雪心賦. 설심부 : 당나라 시대에 (卜應天 : 복응천)에는 물이 맥(脈)을 경계(境界)한 즉, 물이 스스로 멈추고 산이 바람을 막은 후 바람이 불지 않았다라고 하였다. 이와 같은 내용을 보더라도 풍수지리학은 천지(天地)의 기(氣)와 정(精) 그리고 (혈 穴)을 다루는 학문이라고 하였다. 결론적으로 말하면 풍수는 기(氣)의 흐름과 파장(波長)을 인간생활에 유익하도록 그 이치(理致)를 연구하여 응용하는 학문이라고 할 수 있다.

제2절 풍수지리의 역사(歷史).

1. 풍수지리의 기원(起源).

　풍수지리의 기원은 인류초기 원시시대부터 찾을 수 있다. 인류는 자연환경의 재해(災害)로부터 자신을 보호하기 위하여 안전한 곳으로 이동 하면서 살기 좋은 터전을 찾아 이동하며 살아 왔고 이러한 와중에서 풍수지리는 시작 되었다고 할 수 있다. 즉 적(敵)으로부터 자신과 동족(同族)을 보전(保全)하고 번창(繁昌) 시키기에 알맞은 곳이나 거주(居住)하기에 좋은곳 그리고 먹고 쉬고 잠자는데 편리한 곳을 찾아 이동하였다. 이렇게 풍수지리는 안전하고 편리하면서 발전 가능한 땅을 찾는데서 시작되었다고 할 수 있다.

풍수지리학의 기원은 상고시대까지 소급(遡及)해 추정(推定)해 볼 수 있지만 이는 초기의 형성 과정에 불과하다. 그당시는 이론(理論)이나 응용(應用)면에서 체계를 갖추지 못하였다. 그러다가 지금으로부터 약 2000년전 고대 중국의 후한(後漢)때 음양이치(陰陽理致)에 통달(通達)한 청오자(靑烏子)란 분이 풍수지리의 원전격(原典格)인 청오경(靑烏經)을 저술하여 반포(頒布)한 것이 풍수지리의 역사적 기원이 되었다고 추정하고 있다.

1) 한(漢)나라시대의 풍수(風水)와 청오경(靑烏經).

한(漢)나라시대는 사람이 죽으면 장사(葬事)를 정중하게 치르는 관습이 조상을 잘모셔야 한다는 효도사상(孝道思想)과 후손들이 그 음덕(蔭德)으로 잘 살고 장수(長壽)한다는 사상이 지배하고 있었음을 말해주고 있다. 이러한 사상적 배경하에서 풍수지리는 생활의 한 방편으로 여겨져 이에 대한 관심이 지대하여 풍수지리가 시발점이 되지 않았나 하는 추정을 하고 있는 것이다. 청오경(靑烏經)은 작가미상의 책으로 후한(後漢) 때에 저술된 것으로 알려져 있으나 후대의 위작(僞作)이라는 설도 있다. 청오경이라는 이름에서 따와 편의상 저자를 청오자(靑烏子)라고 부른다고 말하고 있다. 전(傳)해지는 바에 의하면 청오자는 백세(百歲)를 넘게 살다가 신선(神仙)이 되었다고 하는 반신반인(半神半人)의 선인(仙人)이라고 전해져 오고 있기도 하다.

청오경의 내용은 음양이법(陰陽理法)과 생기(生氣) 그리고 산(山)의 형상에 대해서 매우 간결하게 저술하였다. 문장 한구 한구를 비결(秘訣)이나 격언(格言)처럼 열거해 놓아 그 뜻을 이해하기 어렵다. 이러한 난해(難解)함으로 인하여 후세 학자들에게 자유로운 해석이 여지를 남겼는데 가장 오래된 책이므로 장경(葬經)으로 존중되었다. 그 후 당(唐)나라 시대에 양균송(楊筠松)선생께서 주석을 달아 해석하였다고 한다. 원문은 편(編)이나 장(章) 절(節) 구분없이 넉자일구(四字一句)의 한문장으로 연속되어 있다. 조선시대 지리과(地理科) 과거시험(科擧試驗)에 시험과목으로 청오경(靑烏經), 금랑경(錦囊經), 지리신법(地理新法), 명산론(明山論)이 필수 과목이었다. 그중에서 청오경과 금랑경이 가장 중요시 하였다고 한다.

2) 진(晉)나라시대 풍수(風水)와 금낭경(錦囊經).

晉나라시대 때에도 효도(孝道) 사상이 존중되어 사람이 죽으면 정중하게 장례(葬禮)를 치루는 관습이 이어져 내려왔으며 또한 조상의 음덕(蔭德)으로 후손들이 발복(發福)을 받아 잘 살게 된다는 사상이 지배하고 있었음을 알 수가 있다.

우리나라 삼국시대쯤 고대 중국의 진(晉)나라 때 사람 곽박(郭璞 : 276-324)이 후한(後漢) 때에 저술한 청오경(靑烏經)을 인용하여 금낭경(錦囊經)을 저술하였다. 그는 책 곳곳에 경왈(經曰)하면서 청오경(靑烏經)을 인용하였다. 이 때문에 청오경을 장경(葬經)이라고 하고 금낭경을 장서(葬書)라고 부른다. 금낭경은 상하 2권 8편으로 되어 있다. 전체 내용이 간략하고 짧아 모두 2,000여자에 불과한데 간결하면서도 군더더기가 없다. 또 다루고 있는 범위가 매우 넓어 풍수 고전 중에서 최고로 친다. 이 책은 풍수지리에 대한 구체적인 해석을 내리고 이론(理論)과 실천(實踐)을 전체적으로 기술(記述)함으로써 풍수지리학 발전에 크게 공헌하였다. 금낭경은 당나라 연국공(燕國公) 장설(張說) 승려인 홍사(泓師). 역시 승려인 일행(一行) 등이 주석(註析)을 달아 설명한 판본이 전해지고 있다. 조선시대의 지리과(地理科) 과거시험에 청오경과 함께 암기(暗記)의 필수과목(必須科目)이었다.

3) 당(唐)나라시대 풍수(風水).

고대 중국의 당나라 때에는 모든 문화가 찬란하게 꽃피운 시대였다. 풍수지리학도 한(漢)나라시대와 진(晉)나라시대를 거쳐 발전해온 풍수지리도 마찬가지로 크게 발전하였으며, 이때는 간단한 나경(羅經)을 이용하여 방위(方位)와 좌향(坐向)등을 측정하기 시작하였다. 양균송(楊筠松), 장설(張說), 요금정(寥金精), 복응천(卜應天), 증문적(曾文迪) 등 풍수지리학 방면에 많은 인재가 배출되었다. 별호가 구빈(求貧)인 양균송(楊筠松)선생은 청량경(靑囊經), 감룡경(坎龍經), 사대혈법(四大穴法), 도장법(倒杖法) 등을 지어 그때 까지만 해도 술법(術法)으로 전해오던 풍수지리설을 체계적인 학문으로 정립한 것으로 알려졌다. 특히 그는 팔십팔향법(八十八向法)을 창안(創案)하여 당나라 왕실에 의하여 국사(國師) 칭호를 받았으며 그의 이론은 묘(墓)나 가택(家宅)의 좌향(坐向)을 결정하는데 사용해 왔는데 오늘날의 풍수지리에도 많은 영향력을 미치고 있다. 우리나라 풍수지리학의 시조라고 할 수 있는 도선국사(道詵國師)의 스승으로 알려진 일행선사. 장일행은 곽박(郭璞)의 장경을 해석하면서 나라의 땅을 화식지지(貨殖之地 : 財貨가 많이 나는 땅) 용문지지(用文之地 : 文人이 많이 나는 땅). 용무지지(用武之地 : 武人이 많이 나는 땅) 등으로 나누어 자연환경을 관찰하였다. 소문관학사(昭文館學士)를 지낸 복측위(卜則魏 : 福應天)는 설심부(雪心賦)를 저술하였는데 문장이 간결한 형기학(形氣學) 위주의 책이다. 이를 청(靑)나라 사람 맹천기(孟天其) 등이 주석을 달아 설명하였으며, 이책은 지금도 풍수지리를 공부하는 사람들이 인기리에 읽혀지고 있다.

4) 송(宋)나라시대 풍수(風水).

우리나라 고려시대에 해당되는 송(宋)나라 때의 풍수지리학은 이 기론(理氣論) 방면에서 크게 발전하였다. 소강절(邵康節 : 1011- 1077)은 하도(河圖)와 낙서(洛書)의 도수(度數)를 적용한 방원육 십사괘도전(方圓六十四掛圖全)을 만들어 산수(山水)의 방향을 측 정하여 길흉(吉凶)의 년도를 계산하였다. 이는 이기(理氣)의 분야 를 하나의 독립된 계통으로 볼 수 있다. 소강절은 도가사상(道家思 想)의 영향을 받아 유교의 역철학(易哲學)을 발전시켜 특이한 수 리철학(數理哲學)을 만들었다. 즉 주역(周易)이 우주의 모든 현상 을 음(陰)과 양(陽)의 이원(二元)으로 설명하고 있는 반면 그는 음. 양. 강. 유(陰.陽.强.柔)의 4원을 근본으로하여 모든 것을 설명하였 다. 성리학(性理學)을 집대성하여 조선의 유학(儒學)과 정치에 결 정적 영향을 끼친 朱子(주자.1130-1200)도 풍수지리에 많은 관심 을 가졌다. 특히 宋나라의 효종이 죽자 능(陵) 선정(選定)과 관련하 여 후임 황제 영종에게 산능(山陵)의 장(葬)을 보냈다. 朱子는 풍수 의 핵심은 산세의 아름답고 추(醜)함에 있다고 주장하였다. 朱子의 산능(山陵)의 장(葬)은 조선 풍수지리에 일종의 지침서가 되었는데 조정(朝廷)에서 풍수를 논할 때 그 내용이 자주 언급되었다. 이밖에 남송국사(南宋國師), 덕흥(德興), 전백통(傅伯通)은 감여요약(坎 與要約)을 저술하였고 남송 국사이며 전백통의 제자인 추중용(鄒仲 容)은 대리가(大理家)를 지었다.

5) 명(明)나라시대. 풍수(風水).

우리나라의 고려말(高麗末)과 조선중기(朝鮮中期)에 해당되는 明나라 때의 풍수지리학은 오늘날의 풍수지리학계의 깊은 영향을 끼쳤다. 이 시기는 협소한 고정관념에서 탈피하여 폭넓게 수용하는 등 그 연구가 활발하였다. 그 중에서도 구성법(九星法)의 응용으로 이기론(理氣論) 분야에 새로운 학설이 개척되었다. 또 나경학설(羅經學說)의 발전으로 더욱 세밀한 부분까지 묘(墓)자리와 집터를 측정하여 시간과 공간을 서로 연관성있게 다루었다. 이때 저술된 책으로는 호신순(胡神順)의 지리신법(地理新法), 북암노인 채성우(蔡成禹)의 명산론(明山論), 서선술(徐善述), 서선계(徐善繼) 형제의 인자수지(人子須知) 추정유(鄒廷猷)의 지리대전(地理大典), 조정동(趙廷棟)의 지리오결(地理五訣) 등이 있다. 이러한 풍수지리서는 현재도 애독자들에 의하여 많이 읽혀지고 있다.

6) 청(青)나라시대 풍수(風水).

우리나라 조선중기 이후에 해당되는 青나라 때의 풍수지리학은 택일(擇日)에 의해 운명을 바꿀 수 있다는 조명택일(造命擇日)을 중요하게 여기면서 장택론(葬擇論)을 발전 시켰다. 이 당시 왕도형(王道亨)이 작성한 나경투해(羅經透解)는 나경의 사용법과 원리를 해석한 것으로 오늘날 사용하고 있는 모든 나경의 지침서가 되고 있다. 최초의 나경은 단지 8개의 방위로만 사용되다가 점점 발전되어 12방위 24방위까지 세분되어 明나라 중엽까지 사용되었다. 그러다가 青나라 때에 이르러 나경에 여러 학설이 도입되면서 더욱 세밀하고 복잡해져 오늘에 이르고 있다. 青나라 때에는 세간에 많은 풍수지리학의 문헌들이 난립하여 위서(僞書)에 대한 논란이 많았다고 한다.

제3절 우리나라의 풍수지리 역사(歷史).

우리나라에서 풍수지리는 언제부터 시작되었는지 분명하지 않다. 우리 고유의 자생적(自生的) 풍수와 관련해서 삼국유사(三國遺事) 에는 신라 사대왕인 탈해왕(180년)이 집터를 잘 잡아 王이 되었다 는 기록이 있다. 고구려의 고분 벽화에는 청룡(靑龍 : 東), 백호(白 虎 : 西), 주작(朱雀 : 南), 현무(玄武 : 北) 등의 사신도(四神圖)가 그려져 있다. 현존하는 사찰(寺刹) 등의 지형(地形) 지세(地勢)를 보면 삼국초기부터 국가 경영과 국민 생활편리에 풍수가 적용되면 서 실용화된 것으로 추정된다. 한국의 자생풍수(自生風水)가 중국 의 영향을 받은 것은 통일신라 말기로 추정된다. 왜냐하면 당시 선 종계통(禪宗系統)의 승려들이 당나라에 유학을 하고 돌아 오면서 풍수설을 배워왔기 때문이다. 그들은 일반 대중을 포교하는 방법으 로 풍수설을 활용했다. 그중에서도 도선국사(道詵國師)가 이를 우 리의 자생풍수와 접목하여 풍수지리설을 집대성한 것으로 여겨진 다. 이와 같이 도선국사를 시작으로 무학대사(無學大師)와 함께 삼 화상으로 꼽는 나옹선사, 지공스님 등으로 학맥을 이었고 맹사성 (1360-1438), 서거정(1420-1488), 서경덕(1488-1546), 남사 고(생몰미상), 일지, 성지, 송암 등 뛰어난 유학자는 물론 고승들이 맥을 이루어 왕조의 정책기조로 삼았을 뿐만 아니라 민생(民生)의 터전을 마련하는데 크게 기여했다고 볼 수 있다. 그러나 풍수지리 에 대한 의존도가 너무 지나쳐 사회문제가 되기도 했다. 명당을 찾 아 부모의 유택을 마련하여 부귀영달(富貴榮達)을 기하려는 이기 적인 방법이 팽배(澎湃)했기 때문에 묘지(墓地)를 둘러싼 폐단(弊 端)이 심(甚)해졌다. 그리하여 정약용, 박제가 등의 실학자(實學 者)들은 그들의 지식을 통해 풍수의 폐단을 지적하기에 이르렀다.

근대 개화기에 들어 개몽파(開蒙波)들은 풍수지리설을 크게 비난하였으며 일제 점령기에는 미신(迷信)으로 까지 규정하였다. 일제는 풍수지리가 미신이라고 주장하면서도 그들의 식민지 통치에 철저하게 풍수를 이용하였다. 총독부가 중심이 되어 전국의 풍수지리를 수집하여 명혈(名穴)의 지맥(地脈)을 자르고 정기(精氣)가 맺힌 명산 봉우리에 쇠말뚝을 박는 등 조선 민중들로 하여금 패배(敗北) 의식에 젖도록 하였다. 우리나라에서 발견된 풍수서적 중에는 학문적으로 체계가 정립된 것은 드물고 산서나 결록 비기 등이 많이 있다. 실제로 산천을 돌아보고 전국 각지의 풍수적 길흉(吉凶)을 기술한 책을 보면은 도선비결, 옥룡자결록, 답산가, 무학결, 남사고결, 박상희결, 나락천비기, 일지유산록, 일이답산가, 두사충결, 기타 지방의 사대부가나 객사 사랑방에서 전해 내려오는 책은 비결, 결록, 답산가, 만수도, 산서비기 등이 있다. 그러나 위의 책 중에는 황당무계한 책도 적지않아 전적으로 신뢰하기에는 어려운 것들도 있다. 한편 조선총독부는 그들의 통치자료를 얻고자 전국적인 행정력을 동원하여 풍수에 관련된 자료를 조사 수집하였다. 조선총독부 촉탁 무라야마지글이 보고서 형식으로 조선풍수설에 대한 방대한 자료집을 책으로 엮은 조선의 풍수가 있다. 이책은 비록 순수한 연구목적이 아니더라도 우리나라 최초의 우리나라 풍수설에 대한 전국적인 조사로 오늘날 한국 풍수지리 연구에 좋은 자료가 되고 있다. 그리고 오늘날에는 많은 학자들에 의해서 풍수지리학 연구가 진행되고 있고 연구자료가 발표되고 있다. 서적 또한 많은 주제와 내용으로 발간되고 있다. 또한 각 대학의 평생교육원이나 사회교육원에서 풍수지리학의 강의가 대단히 많이 행해지고 있어 풍수학을 연구하고자 하는 분들에게는 그 문호가 대단히 개방되어 있는 실정이다. 풍수지리학은 분명 우리 한민족의 전통사상으로 자리하여 생활속에 스며들어 소중한 정신문화의 큰 틀로 자리잡고 있다. 그 핵심은 모든 선사(禪師)들이나 고승(高僧)들이 강조하였듯이 용진혈적(龍眞穴的)의 길지(吉地)를 판별(判別)하여 그 길지에 삶의 터전을 잡고 사후(死後)에 유택혼(幽宅魂)을 마련하는데 집중되고 있다고 하였다. 명혈대지(明穴大地)를 찾아내기 위하여 참된 용(龍)을 가려서 그 행도를 밝혀 적중된 穴을 찾아 내는 일이 풍수지리학의 귀결점이라고 하겠다. 그에 접근하기 위해서는 부단한 노력과 연구가 필요하므로 이 일로 매진하는 길만이 진혈(眞穴)을 찾을 수 있다고 본다.

제4절 풍수지리학의 연구목적(研究目的).

풍수지리학은 지리(地理)와 水와 風과 方位와 관계되는 자연현상 등에서 발생되고 있는 제 운행법칙을 연구하여 인간의 삶의 질을 향상시켜 나가고자 하는데 그 연구목적이 있다. 인간생활에 많은 영향을 주고 있는 자연환경의 생성(生成)과 변천에는 불변의 법칙이 있다. 이를 동양철학에서는 음양오행의 법칙이라고 한다. 이 사상에는 우주 전체가 하나의 잘 조화된 규칙과 법칙에 따라 움직이는 이치가 담겨져 있다. 인간은 이러한 법칙을 최대한 활용하여 행복한 삶을 추구해야 한다. 풍수지리학은 바로 이러한 법칙을 연구하여 인류가 당면한 오늘의 삶을 점검하고 미래를 예측하여 적절한 대비책을 강구하여 미래지향적 삶을 추구하는 학문이다. 위와 같은 사유로 볼때 풍수지리학의 연구목적을 요약하면 첫째 : 지리, 풍, 수, 방위(地理. 風, 水. 方位) 등을 합리적으로 이용하여 효율적인 삶을 영위하는 방법을 모색 하는데 있으며, 둘째 : 숭조효친 (崇祖孝親)사상을 바탕으로 조상의 체백(體魄)을 길지(吉地)에 모셔 종족을 영원토록 보전 유지 번성(繁盛)케 함으로써 국가의 번영을 영구적으로 공고히 하고, 셋째 : 자손의 안녕(安寧)과 행복(幸福)을 도모하고 가정의 평화를 유지함으로써 사회안전에 기여하고자 하는데 있다.

제5절 풍수지리의 원리(原理).

1) 개설(槪說).

풍수지리는 음양오행(陰陽五行)을 기초로 하여 정리된 학문이다. 산, 물, 바람, 방위 등의 자연현상은 일정한 법칙을 가지고 인간 행활에 영향을 끼쳐왔다. 사람들은 장구(長久)한 세월동안 자연과 더불어 살아오면서 체득(體得)한 자연의 이치를 정리했으니 이것이 바로 풍수지리이다. 따라서 풍수지리는 자연과학이라고 할 수 있다. 풍수지리는 풍수라는 말에서 볼 수 있듯이 풍수지리의 원리는 산과 물이 기본이다. 산(山)은 움직이지 않고 정지해 있으니 음(陰)이라 하고 물은 흐르며 움직이므로 동적이어서 양(陽)이라고 한다. 우주의 모든 만물은 음과 양의 조화로 이루어진다. 사람이 여자(陰)와 남자(陽)가 만나야 자식을 낳을 수 있듯이 풍수지리에서도 기(氣)가 머무는 혈(穴)자리는 산과 물이 잘 조화가 이루어 진 곳에 맺어진다. 따라서 풍수지리의 원리는 음양오행이 잘 조화되어 형성된 곳이라고 할 수 있다.

2) 청오경(靑烏經)에서 제시하고 있는 원리(原理).

청오경에는 풍수지리의 원리를 다음과 같이 제시하고 있다. 이 원문을 보면 음양부합(陰陽符合)하고 천지교통(天地交通)한데 내기맹생(內氣萌生)이오 외기성형(外氣成形)이라 내외상승(內外上乘)이면 풍수자성(風水自成)이라.

이를 해설(解說)하면, 첫째 : 陰陽符合(음양부합)의 원리이다 이는 동양철학의 기본 원리이며 우주 만물은 음양이 부합되어 형성하는 것으로 본다. 사람이 살 수 있는 곳. 유체(遺體)를 모실 수 있는 곳은 山(陰)과 水(陽)가 부합(符合)된 곳이라야 한다. 이러한 山과 水가 부합(符合)된 장소를 찾는 것이 풍수의 목적이고 그런 곳을 찾는 법 또는 형태를 논하는 것이 풍수지리학인 것이다.

둘째 : 천지교통(天地交通)이다. 이는 천(天)과 지(地)가 통(通)한다는 것으로 풍수지리학의 형이상학적(形而上學的)인 부문으로 즉 천기(天氣)와 지기(地氣)가 통한다는 것이다. 그래서 음택(陰宅)에 모신 유체가 자손에게 어떠한 길흉(吉凶)을 미치게 되는가 또는 양택(陽宅)에서 사는 사람은 어떠한 길흉화복(吉凶禍福)을 받게 되는 가를 판단하는 근거가 된다.

셋째 : 내기맹생(內氣萌生)이다. 이는 장경(葬經)에서는 장자승생기야(葬者乘生氣也) 오기오행지중(五氣五行地中)이라 했다. 내기(內氣)에는 음택풍수지리학이 추구하는 목적이다. 청오경에서는 내기(內氣)를 싹을 생(生)하는 힘이라고 하였으며 장경에서는 생기(生氣)라고 하였다. 그래서 유체(遺體)로 하여금 생기를 타게하는 것이 장사(葬事)라고 논하고 있다. 생기는 땅속에 흐르고 있으며 생기의 종류에는 목, 화, 토, 금, 수(木. 火. 土. 金. 水)의 오기(五氣)가 있다 .

넷째 : 외기형성(外氣形成)이다. 외기(外氣)는 형(形)을 이루고

있다는 것이다. 산, 물, 초목, 건물, 다리, 도로 등 형태를 이루고 있는 모든 것을 외기(外氣)라고 한다.

다섯째 : 내외상승(內外上乘)이다. 이는 음택(陰宅)의 경우에는 내기(內氣)가 주(主)가 되어 외기(外氣)를 끌어 않는 것을 말한다.

여섯째 : 풍수자성(風水自成)이다. 이는 풍수지리학의 원리는 앞에 열거한 모든 조건이 조화롭게 되면 풍수는 스스로 이루어진다는 것을 말한다.

3) 장경(葬經)에서 제시하고 있는 原理.

금낭경(錦囊經)에서 그 첫머리에 장자승생기야(葬者乘生氣也라고 기록하고 있다. 이는 장사(葬事)를 지냄에 있어서는 생기(生氣)에 의지해야 한다는 의미이다. 즉, 음택풍수의 기본원리(基本原理)를 말한 것이다. 이에 부가하여 풍수지리의 원리를 상설(詳說)하면 다음과 같다.

첫째 : 승기(乘氣)이다 승기란 기(氣)를 타는 원리를 논하는 것으로 유체(遺體)를 모시는 장소를 정하는 원칙을 말하는 것이다. 즉 음택풍수의 원리를 말하는 것이다.

둘째 : 풍즉 산(風則 散)이다. 바람이 땅속의 생기(生氣)가 모여 있는 곳을 스치면 생기가 흩어져 유체를 모실 수 없는 곳이 된다는 뜻이다. 이러한 곳에 유체를 모시면 자손과 재물이 흩어지는 것을 볼 수 있다. 이는 바람의 성질이 땅을 스치며 분다는데 근거한다.

셋째 : 계수즉지(界水則止)이다. 땅속에 흐르는 생기(生氣)가 물을 경계삼아 멈추게 된다는 것이다. 여기서 물이 흐르는 것만을 계수(界水)로 보지않고 山보다 낮고 비가 오면 물이 흐르는 곳도 界水로 본다. 즉 한치가 낮아도 물이고 한치가 높아도 山이라는 풍수

적 겪언이 이 뜻을 말해주고 있다.

넷째 : 고인취지사불산(古人聚之使不散)이다. 이는 예전에 현인(賢人)들은 생기가 모여 있는 자리에 유체를 모셨으며 생기가 모인 자리라도 바람을 타지 않고 생기가 흩어지지 않는 곳에 묘지(墓地)를 조성했다는 것이다.

혈(穴)은 크게 네 종류로 볼 수 있다. 즉 행지사유지(行之使有止) 고인취지사불산(古人聚止使有不散), 풍즉산(風則散), 계수즉지(界水則止)를 말한다.

4) 생기작용(生氣作用)의 원리(原理).

청오경(青鳥經)에 백년환화(百年幻化)함에 이형귀진(離形歸眞)하고 정신입문하며(精神入門)하며 골해반근(骨骸反根)하니 길기감응(吉氣感應)하면 누복급인(累福及人)이라고 生氣 작용의 원리를 기록하고 있다. 이를 해설하면, 인생백년에 죽음을 맞게되니 형체(形體)를 벗어나 본디로 돌아가고 정(精)과 신(神)은 문으로 들어가며 뼈는 뿌리로 돌아 가는데 그 뼈가 길한 가운데 감응(感應)하면 많은 복(福)이 사람에게 미친다는 말이다. 이를 보다 상설(詳說)하면 다음과 같다.

첫째 : 백년환화(百年幻化)작용이다. 사람이면 누구나 백년이면 죽는 다는 것이다. 한나라 때에도 사람의 최고의 수명을 백년으로 보았던 것을 알 수 있다.

둘째 : 이형귀진(離形歸眞)작용이다. 사람이 죽으면 육신은 형을 떠나고 기는 백골로 돌아간다는 것이다.

셋째 : 정신입문(精神入門)작용이다. 사람의 혼(魂)이 육신을 떠나 다른데로 들어간다는 것이다. 즉 이것은 죽은 사람의 혼이 있다

는 것을 풍수지리학에서도 인정하고 있으며 장사와는 아무런 관계가 없다는 것을 말하고 있다.

넷째 : 골해반근(骨骸返根)작용이다. 사람은 지기(地氣)에 의하여 생성(生成)된 음식을 먹고 살아감으로 사람 생명의 근원은 땅이라는 것이다. 그러므로 죽은 사람의 골해는 생명의 근원인 땅으로 돌아 간다는 것이다.

다섯째 : 길기감응(吉氣感應) 작용이다. 이는 반근(返根)된 골해(骨骸)가 응결(凝結)되면 음양부합(陰陽符合)이 되어 그 응결된 기(氣)에서 힘이 생겨난다는 것이다.

여섯째 : 누복급인(累福及人)작용이다. 이는 골해(骨骸)와 연결된 자손에게 응결된 기(氣)의 힘이 미쳐서 길기(吉氣)에 의한 복(福)이 자손이 누리게 된다는 것이다. 청오경에서는 길기만을 논하고 있으나 흉기(凶氣)의 작용도 있다. 또 장경에서는 인수체어부모(人受體於父母)라고 하였는데 이는 사람은 그 몸을 父母로부터 받는다는 뜻이고, 본해득기(本骸得氣)란 골해가 생기와 응결된다는 뜻이다. 유체수음(遺體受陰)이란 응결된 힘의 기가 자손에게 미쳐서 음덕(蔭德)을 받게 된다는 것이다. 그리고 기감이응(氣感而應)이란 땅속의 기와 골해(骨骸)의 기(氣)가 응결(凝結)되면 그 기의 힘이 자손에게 미친다는 것이다. 누복급인(累福及人)이란 흉기(凶氣)나 길기(吉氣)나 자손(子孫)에게 미친다는 것이다.

제6절 풍수지리의 형기론(形氣論)과 이기론(理氣論).

1) 개설(槪說).

山과 물 등 자연의 외적 형상을 보고 혈지(穴地)를 찾는 것을 형기론이라고 하고, 방위(方位)와 시간, 음양오행(陰陽五行) 등의 작용을 살펴 길흉화복(吉凶禍福)을 논(論)하는 것을 이기론(理氣論)이라고 한다. 형기(形氣)는 외적 형상인 체(體)의 형태이고 이기(理氣)는 작용인 용법으로 그 체에 내재해 있는 운기(運氣)를 찾아내는 것이다. 예(例)를 들면 사람의 외모를 보고 사람됨을 판단하는 것을 형기로 비유하고 사람의 성격을 보고 사람됨을 판단하는 것을 이기로 비유할 수 있는 것이다. 즉, 형기는 용(龍), 혈(穴), 사(砂), 수(水) 등 외적변화 현상을 우선적으로 보는 방법이다.

그리고 이기는 용, 혈, 사, 수의 방위를 측정하고 음양오행을 따져 길흉여부를 판단하는 방법이다.

2) 형기(形氣)의 원리(原理).

진나라시대에 곽 박(郭璞)이 지은 장경(葬經)에서 장자승생기야(葬者乘生氣也)라고 하였다. 유체(遺體)를 모시는 일은 생기(生氣)를 타게 하는 것이다. 이는 음택풍수(陰宅風水)의 궁극적인 목적이라고 할 수 있다. 이러한 생기(生氣)는 땅속으로 흐르고 있는 것이다. 물, 흙, 돌 등의 물체가 지니고 있는 성분과 각 물체마다 독특한 형태가 나타나는 온도가 감응(感應)을 일으켜 생기를 발생하여 땅속에서 흐르게 된다. 기가 땅속에 묻혀 있지만 사람의 눈으로는 볼 수가 없다. 그러나 인형찰기(因形察氣)라고 해서 생기의 흐름이나 모임을 山의 형태에 의하여 살필 수는 있다. 생기를 탄다는 것은 땅속의 생기가 모여 있는 곳 위에 유체(遺體)를 모신다는 것이다. 따라서 땅속의 생기가 모이는 곳의 자리를 찾는 것이 음택풍수의 가장 중요한 일이다. 혈성(穴星)에서 생기가 모인 자리인 穴을 찾는 법이 혈법(穴法)이다. 인형찰기의 원칙에 따라 네가지 형태가 있는 곳을 찾아야 한다. 즉 와(窩), 겸(鉗), 유(乳), 돌(突)의 형태가 있는 곳을 찾아야 한다. 즉 이 와, 겸, 유, 돌의 형태가 있는 자리의 땅속에 생기가 모여 있다. 이러한 자리 즉 혈심(穴心)에 유체(遺體)를 모셔야 장자승생기(葬者乘生氣)가 실현되는 것이다.

위에서 말한 와, 겸, 유, 돌의 혈형(穴形)에 대하여 요약하면 다음과 같다. 와형혈(窩形穴)이란 유체를 모실 수 있는 혈성(穴星)에 나탄난 모양이 입을 벌린 것처럼 된 形이며 이를 개구혈(開口穴)이라고도 한다. 와형혈은 양혈이나 지면에서 약간 들어간 형태로 되어 있다. 와(窩)에는 와중(窩中) 유포(有泡)라고 하여 유포가 되어야 생기가 모인다는 것이다. 높은 山에 주로 많다. 와혈(窩穴)에는 심와(深窩), 천와(淺窩), 협와(狹窩), 활와(闊窩)의 사격(四格)이 있다.

겸혈형(鉗穴形)이란 혈성(穴星)의 모양이 사람이 엎드려 다리를 벌린 형(形)이며 개각혈(開脚穴)이라고도 한다. 손가락 두 개를 벌리고 있는 형상, 말굽모양 형으로 만들어진다. 겸혈(鉗穴)도 오목한 모습을 하고 있으며 와혈(窩穴)처럼 음혈(陰穴)에 속한다. 돈대(頓臺)와 같은 전순(氈脣)이 있어야 진혈(眞穴)이다. 겸혈에는 정격(正格)과 변격(變格)이 있다. 正格은 직겸(直鉗), 곡겸(曲鉗), 장겸(長鉗), 단겸(短鉗), 쌍겸(雙鉗)이 있고 변격(變格)에는 변곡(變曲), 변직(變直), 변장(變長), 변단(變短), 변쌍(變雙), 선궁(仙宮), 첩지(疊指) 등이 있다.

유형혈(乳形穴)이란 혈성에 양팔모양이 있고 혈성 가운데가 여자

젖가슴과 같이 나온것을 乳形穴이라고 한다. 유유선익(乳有蟬翼)이라 하여 혈장(穴場)의 左右에 마치 매미의 날개처럼 감싸주는 선익(蟬翼)이 있어야 한다. 유혈(乳穴)은 혈심(穴心)을 깊게 파면 아니된다. 이는 생기(生氣)가 위로 올라오기 때문에 천광시(穿壙時) 주의가 요구된다. 유혈(乳穴)은 돌혈(突穴)과 같이 양혈(陽穴)에 속하며 혈장을 중심으로 반드시 에워싸줘야 진혈(眞穴)을 맺는다. 유혈(乳穴)에는 장유(長乳), 단유(短乳), 대유(大乳), 소유(小乳)의 정격(正格)이 있고 쌍유(雙乳), 삼수유(三垂乳)가 있다.

돌혈형(突穴形)이란 이 혈성은 마치 솥을 엎어 놓은 모양으로 돌출한 형상으로 되어있다. 돌혈은 평지에 많이 있고 사유방(四維方)에서 받쳐주듯 골을 이룬 지각(枝脚)이 분명해야 眞穴이다. 돌혈은 양혈(陽穴)에 속한다. 높은 山에서는 와혈(窩穴)을 구(求)하고 평지에서는 돌혈을 구하는 것이 풍수지리의 일반적인 견해이다. 돌혈에는 정격(正格)인 대돌(大突), 소돌(小突)이 있고 변격(變格)인 쌍돌(雙突)과 삼돌(三突)이 있다.

3) 이기(理氣)의 원리(原理).

이기(理氣)는 생명력 활동의 근원 생명력의 원리등으로 해석된다. 사람의 신체내에서는 이 기(氣)가 사람이 살 수 있는 활동력이고 신체내에서 항상 기의 활동에 의한 기의 법칙이 작용하고 있다. 인체가 가지는 기의 법칙에 어떤 결함이 생기므로써 어긋나게 되면 몸은 병(病)들게 되며 기(氣)의 활동이 정지되면 사람이 죽게 된다. 음택(陰宅 : 墓地 : 묘지) 풍수지리에서 가장 중요한 일은 땅속에 흐르고 있는 생기(生氣)의 흐름과 멈춤 모임의 법칙은 인형찰기(因形察氣)에 의해 규명하여 유체(遺體)를 편히 모실 수 있는 장소 즉 혈(穴)자리를 찾는 일이다. 이러한 혈자리를 찾는 이기(理氣)의 삼대 법칙이 있다. 이를 설명 하면 다음과 같다.

첫째, 음양부합(陰陽符合)의 법칙이다. 즉 우주 만물은 음양오행(陰陽五行)으로 되어 있고 음양이 서로 부합 함으로써 새로운 음양이 생성한다는 법칙이다. 예(例)를 들면 전기(電氣)가 음전기(陰電氣)와 양전기(陽電氣)로 형성되어 이 음양전기 (陰陽電氣)가 부합되어야 빛이나고 열이 발생되는 것과 같다. 풍수지리학에서도 우리가 사는 지구가 음인 山과 양인 물로 형성되어 있고 산과 물이 부합하는 것이라야 사람이 살기에 알맞은 터라고 본다. 음인 산이 오면 양인 물이 경계를 지어주어 땅속에 흐르고 있는 생기가(地氣)가 멈추고 멈춘 생기(生氣)위에 유체를 모시는 일이 장사(葬事)의 목적이다.

둘째, 五行의 법칙이다. 오행이란 우주만물의 구성이 목, 화, 토, 금, 수(木. 火. 土. 金. 水)의 다섯가지로 이루어 졌다는 것이다. 이 다섯가지 원소(元素)의 상호 관계는 다음과 같은 법칙이 있다. 즉 목생화. 화생토. 토생금. 금생수(木生火. 火生土. 土生金. 金生水. 水生木), 木이 火를 生하고 火가 土를 생하고 土가 金을 생하고 金이 水를 生하고 水가 木을 生한다는 것이고 또 이와 반대로 목극토, 토극수, 수극화, 화극금, 금극목(木剋土, 土剋水, 水剋火, 火剋金, 金剋木)의 상극법칙(相剋法則)이 있다. 木이 土를 극(剋)하고 土가 水를 극(剋)하고 水가 火를 극(剋)하고 火가 金을 극(剋)하고 金이 木을 극한다는 법칙이다. 이 오행 상생상극의 법칙에 의해 우주 만물이 생장소멸(生長消滅)이 반복적으로 일어나고 있다. 풍수지리학에서는 인형찰기(因形察氣)의 법칙에 의하여 산형(山形)을 五行으로 분류하여 穴을 중심으로 주위의 산형에 대한 그 형국으로 길흉화복(吉凶禍福)을 판단하는 중심이 된다. 이와 같이 오행의 법칙에서 인생의 운명이나 유체를 모시는 자리에 관한 길흉

을 판단하는 학문이 모두 나온 것이다

셋째, 태극의 법칙이다. 태극(太極)의 법칙은 혈심을 중심으로 한 원에서의 위치 또는 내용의 방위상의 행로 등으로 길흉을 판별하는 법칙이다. 이 태극에서 원의 둘레를 8등분, 12등분, 24등분, 60등분 등으로 분할하여서 선천(先天)8괘, 후천(後天)8괘, 12지지(地支) 8干과 4우(隅) 및 12지지(地支)로 합한 24개 60갑자(甲子) 등을 배정한 것으로 래룡(來龍), 입수(入首), 득수(得水), 파구(破口) 등과 穴을 중심으로 한 주위의 사(砂)를 관찰하는 것이다.

제7절 음택풍수(陰宅風水)와 양택풍수(陽宅風水).

풍수지리학은 크게 건물의 터를 잡는 양택풍수와 묘지를 선정하는 음택풍수로 나누어진다. 양택(陽宅)은 살아 있는 사람의 거주지(居住地)이며 음택(陰宅)은 죽은자의 안장지(安葬地)이다. 양택지와 음택지를 선정하는 방법은 약간의 차이점이 있으나 이 모두가 근본적으로 길기(吉氣)가 머무는 곳을 선정해야 하는 점에 있어서는 다를 바가 없다. 양택지는 음택지보다 그 보국(保局)이 커야 한다. 양택과 음택 모두 지기(地氣)의 영향으로 발복이 나타난다. 음택의 발복은 발복의 속도가 여러 자손에게 오랫동안 영향을 준다. 반면에 양택은 그 집에서 태어나거나 성장한 사람 그리고 현재 거주하고 있는 사람에 한해서 매우 빠르게 영향을 준다는 특성을 지니고 있다고 할 수 있다.

현대사회에 접어들면서 음택풍수(陰宅風水)보다 양택풍수(陽宅風水)가 보다 관심을 많이 가지며 광범위하게 발전하고 있는 현상을 감지할 수 있다. 특히 도시화된 지역에서는 터를 잡는 것을 포함해서 집의 형태와 구조 심지어 인테리어부분까지 양택적(陽宅的)인 풍수(風水)를 중시 여기며 급속도로 발전하고 있는 것이 현실이다.

양택과 음택은 모두 지기(地氣)의 영향으로 발복(發福)이 나타난다. 요즈음은 생활풍수(生活風水)를 내세우며 집안의 거실과 안방의 각종 가구를 배치하는 방위(方位)까지 풍수를 활용하고 있으니 이를 과학적 풍수의 일단으로 평가한다.

제8절 동기감응론(同氣感應論).

1) 同氣感應(동기감응)의 科學的 原理(과학적원리).

당해 묘지(墓地)가 길지(吉地)냐 흉지(凶地)냐에 따라 후손들에게 끼치는 영향을 발음(發蔭) 또는 발복(發福), 동기감응(同氣感應)이라고 한다. 조상과 후손은 동일혈족(同一血族) 관계로 동일한 유전인자(遺傳因子)를 가지고 있기 때문에 서로의 감응(感應)을 일으킨다는 이론이다. 기는 에너지이며 무소부재(無所不在)한 것으로 새로 생기지도 없어지지도 않는 불생불멸(不生不滅)이다. 시작도 끝도 없는 무시무종(無始無終)의 존재로 불변형질이다. 존재하는 모든 사물은 존재를 위한 에너지인 기(氣)를 가지고 있으며 각자 고유한 파장(波長)을 가지고 서로 반응하며 작용을 한다. 작용 전이나 작용 후나 에너지의 양은 변함이 없다. 이를 에너지 불변의 법칙 또는 질량불변의 법칙이라고 한다. 이는 결국 기의 정의와 같다고 할 수 있다.

동기감응(同氣感應)에 대한 과학적인 연구를 하여 발표한 조선일

보 1996년 9월 2일자 문화란에 실린 〈수맥(水脈)위의 묘(墓)에 전자파(電磁波)발생〉이란 제목의 기사 내용을 보면 풍수지리학의 핵심원리(核心原理)에 속하는 동기감응(同氣感應)에 대한 설명을 과학적(科學的) 실험을 통한 접근 방법으로 풀고 있다. 그 중요한 줄거리를 간추려 보면 다음과 같다.

(1) 수맥(水脈)위의 조상시신(祖上屍身)이 방사(放射)하는 전자파(電磁波)가 후손에게 영향을 미친다는 것은 과학적으로 입증이 가능하다고 보며 동기감응이 적용된다.

✴ 실험1 : 일본의 한 섬에 사는 마깍 원숭이 중 하나가 흙이 묻은 고구마를 바닷물에 씻어 먹으면 좋겠다는 것을 알고 그 섬의 원숭이들이 모두 고구마를 씻어 먹게 되었다. 누가 이 정보를 어떻게 전달했을까?

✴ 실험2 : 영국의 푸른 박새가 가정집에 배달된 우유병 뚜껑을 부리로 쪼아 먹는 법을 알게 되자 이것이 순식간에 다른 박새들에게 전달되어 전 유럽에 파급되었다. 누가 어떻게 이 정보를 전달했을까? 학자들은 이같은 예를들어 같은 종족(種族)끼리는 보이지 않는 형태의 공명장(共鳴場)이란 연결선이 있어 이를 통한 상호작용 속에 스스로 발전 진화하는 것이라고 주장한다.

✴ 실험3 : 예일대학 버(Burr)교수는 미세한 전압측정계를 개발 측정한 결과 난자(卵子)주위에 미약한 전자장(電磁場)이 있다는 것을 발견 했다. 이런 전자장의 힘에 의해 수정난(受精卵)이 제멋대로 자라는 것이 아니라 조상의 특성을 닮은 일정한 형태로 분열 성장한다는 것이 버 교수의 주장이다.

(2) 위 실험으로 보아 후손은 어떻게 조상의 시신에서 방사(放射)되는 미약한 신호를 주위 전자파(電磁波)의 잡음과 구분하여 감

지할 수 있을까?

❀ 실험1 : 북미산 나방에 대하여 캘러한의 연구에서 암나방을 찾아오는 수나방은 암컷의 성(性)분비물에서 나는 냄새를 맡는 것이 아니라 거기서 방사(放射)되는 미약한 전자기파(電磁氣波)를 더듬이로 감지한다는 것이다.

❀ 실험2 : 꽃가루 알레르기 환자가 실험과 속에 밀폐된 꽃가루 근처만 가도 알레르기 반응을 일으키는 것을 발견했다. 꽃가루와 직접 접촉이 없어도 거기서 방사되는 전자파(電磁波)에 의해서 알레르기 반응을 일으킬 수 있다는 것이다. 이 모든 실험의 결과들은 모든 생물들이 전자파(電磁波)를 이용하여 교신(交信)하고 있다는 사실이다.

(3) 후손들이 조상(祖上)의 시신(屍身)에서 방사되는 전자파의 위해(危害)로부터 벗어나는 길은 무엇일까? 가장 간단한 방법은 길지(吉地)로 이장(移葬)하는 것이라고 답(答)할 것이다. 그러나 길지(吉地)를 골라 조상(祖上)의 체백(體魄)을 옮긴다는 것이 그렇게 쉬운 일은 아니다. 어려운 일이기 때문에 자손들의 정신자세가 더욱 중요하다. 인간의 전자기장(電磁氣場)은 다른 동물과는 전혀 다르다. 사람은 영적(靈的)인 동물이기 때문이다. 인간은 고정된 주파수(周波數)를 갖고 있는 송수신기(送受信器)가 장치가 아니라 마음(精神에너지)을 어떻게 작동하느냐에 따라 인체 전자파가 전혀 다른 주파수를 갖게 된다는 사실이다. 조상(祖上)님께 감사드리는 마음을 가진 자손과 그와 반대인 자손은 동기감응(同氣感應)에서 전혀 다른 주파수를 갖게 된다는 것이다. 조상의 유골에너지 = 자손의 생명에너지(육체에너지+정신에너지) 즉 좋은 자리에 조상의 유골(遺骨)을 모시면 뼈와 넋에 뭉쳐진 천기(天氣)와 지기(地氣)가 같이 좋은 에너지 인자로 변화하여 유전인자(遺傳因子)가 같은 자

손들에게 도움을 주는 에너지 인자(因子)로 변화하여 유전인자가 같은 자손들에게 도움을 주는 에너지로 공급(受信)된다. 묘지(墓地)가 흉(凶)하면 그와 반대로 해(害)로운 에너지가 공급된다. 이러한 동기감응에서 자손들이 정신에너지에 따라 이로운 에너지를 받느냐 해로운 에너지를 받느냐에 커다란 영향을 준다는 것이다. 말을 바꾸어 설명하면 숭조효친사상(崇祖孝親思想)이 강(强)할수록 조상을 길지에 모시게 되어 복을 받는다는 진리가 과학자들의 실험에 의해서 증명되어 가고 있다.

동기감응에 대한 또다른 주장을 인용하면 정경언선생이 저술한 정통풍수지리책 24페이지부터 게재한 내용을 아래와 같아 소개한다.

1800년대 영국의 물리학자 존달톤(Jhon Dalton)은 근대 원자론(原子論)의 기원에 두드러진 업적을 남긴 과학자이다 그의 원자설(原子說)에 의하면

가) 세상에 존재하는 모든 원소(元素)는 원자(原子)라고하는 더 이상 쪼갤 수 없는 작은 입자(粒子)로 되어있다.

나) 같은 종류의 원소(元素)의 원자(原子)는 성질(性質)과 질량이 모두 같고 종류가 다른 원자는 성질과 질량이 서로 다르다.

다) 화학변화는 원자가 결합하거나 떨어질 뿐이고 원자 자체는 만들어 지거나 없어지지 않는다.

라) 원자구조는 원자핵(原子核)과 원자핵 주위를 둘러싸고 있는 1개에서 103개까지의 양이온(陽性子)와 음이온(中性子)로 되어 있다.

물질의 원자번호는 같으나 질량수가 다른 핵종(核種)을 동위원소(同位元素)라하며 화학적 성질이 다르다.

위의 존달톤의 이론과 동양의 기(氣)이론과 비교해보면 모두가

같다는 것을 알 수가 있다. 존달톤의 원자의 물리적 증명과 화학적인 증거로 제시한 내용과 기(氣)에 대한 의미의 내용을 비교해보면 다음과 같다.

위의 가)에서 말한 세상에 존재하는 모든 원소(元素)는 원자(原子)라고 하는 더 이상 쪼갤수 없는 작은 입자(粒子)로 되어 있다는 언급은 우주의 본원은 기(氣)이며 이 기(氣)가 작용하여 만물을 형성 한다는 말과 같다. 즉, 이 기(氣)는 없는 곳이 없는 무소부재(無所不在)로 존재하는 것과 같다.

위의 나)항에서 말한 같은 종류의 원소의 원자(元素 原子)는 성질과 질량이 같다. 종류가 다른 원자(原子)는 성질과 질량(性質 質量)이 서로 다르다는 언급은 조상(祖上)의 유체(遺體)와 그 조상의 자손은 동기로서 유전인자(遺傳因子)가 서로 같다는 뜻이다. 여기서 유체(遺體)는 원소(元素)이며 유전인자는 질량(質量)이다. 사람의 유체는 모두 같은 원소로 되어 있지만 조상과 같은 자손끼리 감응(感應)하는 것은 질량의 차이때문이다.

위의 다)항에서 말한 화학변화는 원자가 결합하거나 떨어질 뿐이고 원자자체는 새로 만들어지거나 없어지지 않는다고 한 언급은 氣가 새로 생기지도 없어지지도 않는다는 불생불멸(不生不滅)의 원칙과 일치한다.

위의 라)항에서 말한 원자구조는 원자핵(原子核)과 원자핵 주위를 둘러싸고 있는 양성자(陽이온)과 중성자(陰이온)로 되어 있다는 언급은 기(氣)가 작용하여 만물을 형성하는 과정은 모든 것이 음양으로 나뉘고 합쳐서 음양오행(陰陽五行)의 법칙에 의해서 이루어진다는 뜻과 같다.

위의 마)항에서 말한 물질의 원자번호는 같으나 질량수가 다른 핵종(核種)을 동위원소라하며 화학적 성질이 다르다는 언급은 유체라는 원자번호는 누구나 같으나 질량수가 다른 동위원소는 유전인자(遺傳因子)에 해당되기 때문에 화학적 성질이 다른 남과는 감응을 하지 않지만 같은 동기끼리는 감응이 일어난다는 뜻이다. 그런데 감응은 에너지 즉 기(氣)가 전달되면서 일어난다. 에너지의 전달은 파장(波長)에 의해 일어나는데 파장의 크기는 질량에 따라 각기 다르다. 같은 원소(元素 : 遺體)라도 질량(遺傳因子)에 따라 파장(波長)의 크기가 다르기 때문에 같은 크기의 파장끼리만 서로 감응을 일으킨다. 방송국의 전파송출기와 TV나 라디오의 수신기는 같지만 같은 주파수끼리만 송수신이 가능하다. 마찬가지로 조상의 유체도 자신과 동일한 파장의 유전인자를 가진 자손에게만 전달된다. 이것이 동기감응이 현대적 해석이라고 할 수 있다.

유체가 좋은 환경에 있으면 좋은 기(氣)를 발산하여 자손이 좋은 기를 받을 것이고 유체가 나쁜 환경에 있으면 나쁜 기를 받는다는 것이 동기 감응론이다. 염색체인 정자(精子)와 난자(卵子)는 거의 100퍼센트 조상의 에너지를 받아 들인다. 그리고 어릴수록 많이 받고 나이가 들면 적게 받는다. 이것이 발음(發蔭)의 구체적 해석이다. 그런데 화장(火葬)을 하면 자손에게 영향을 줄 수 있는 유체 고유 에너지는 파괴되어 없어진다. 좋은 기운이든 나쁜 기운이든 자손에게 아무런 영향을 줄 수 없다.

2) 동기감응(同氣感應)의 길흉화복(吉凶禍福).

세상에 존재하는 모든 물질은 에너지(Energy)를 갖고 있으며 에너지를 가지고 있는 이상 무엇인가에 반응하려는 속성이 있다. 그 대상은 그와 원자번호와 질량이 같은 동위원소이다. 유체도 물질로 존재하는 이상 에너지를 가지고 있으며 자신과 원자번호와 질량이 같은 동기의 자손에게 반응한다. 만약 유체가 좋은 환경에서 양질의 기(氣)를 받고 있다면 좋은 기를 발산하여 자손에게 전달해 준다. 그러나 나쁜 환경에 있다면 나쁜 기를 발산하여 자손이 이 나쁜 기를 받을 수 밖에 없다. 조상 유체를 명당 길지(吉地)에 모시려는 이유가 여기에 있다. 인간이 조상에너지를 포함한 우주의 기를 받아들여 축적하는 곳은 인체의 뇌(腦)와 배꼽아래 단전(丹田)이라고 한다. 뇌에 전달되는 기(氣)는 판단력 기억력 등을 높여 준다. 단전에 전달되는 기는 후손을 잇기 위한 생식(生殖) 에너지로 일부가 쓰인다. 이를 제외한 나머지 장기들은 산소와 음식물의 순환기 계통으로 보면 된다. 인체에 흡수한 기는 호르몬 상태로 뇌와 단전에 축적되는데 이들은 서로 유통되어 서로를 보완해 주는 관계다. 뇌(腦)의 호르몬이 부족할 때는 단전(丹田) 호르몬으로 보충해 주고 단전 호르몬이 부족하여 생식 활동이 잘 되지 않을 때는 뇌에 남아 있는 호르몬으로 이를 보충해 준다.

3) 음택발음(陰宅發蔭)과 명당감응(明堂感應).

(1) **음택발음** : 일반적으로 동기감응이라고 하면 조상(祖上)과 자손(子孫)간에 전달되는 동위원소(同位元素)로 인하여 전달되는 기(氣)의 관계를 말한다. 조상의 유해(遺骸)가 길지(吉地)에 잘 안장(安葬)장되면 조상과 동기인 자손이 조상의 감응을 받아 잘 살게 된다는 연관성이다. 이것은 단순이 조상의 유골(遺骨)이 잘 보관된 정도에만 있는 것은 아니다. 유골에 응결(凝結)되어 있는 명당의 지기(地氣)의 영향 때문이다. 예(例)로 조상의 유골을 길지에 매장(埋葬)하지 않고 화학적 인공적 방법을 동원하여 순전히 인위적으로 보관 하였다면 아무리 잘 보관 되었다 하더라도 동기의 감응을 얻을 수 없다. 동기감응이라는 것은 조상의 유골이 명당의 기운(氣運)을 집결하여 응결되어 있는 만큼 기운의 형상 상태가 자손과 연

관되어 자손에게로 동기의 감응을 일으킨다는 것으로 명당의 발음(發蔭)인 것이다. 이것이 명당이 조상의 유골과 동기가 되고 조상이 자손과 동기이고 그리하여 자손이 조상의 연결로 명당과 동기가 되어 얻어지는 감응이다. 즉 음택의 발음 명당이다.

(2) 명당감응(明堂感應) : 음택발음은 조상의 유골이 한곳에만 있게 됨으로 온전히 자손에게로 연결 되지만 양택(陽宅)은 자손에게로 연결될 수 없다. 그것은 양택에서 명당의 기운을 얻는다. 해도 본인이 살아 움직이므로 자신 스스로가 소모하게 되는 것이다. 그런가 하면 양택은 잠자리 외에는 여러곳을 움직이므로 다양한 지기(地氣)와 감응을 일으키게 됨으로 온전한 한곳의 기운만 뭉쳐질 수 없는 것이다. 살아 있는 사람은 움직이므로 한없이 유동적으로 지기를 받아 들이고 한없이 지기를 소모하게 된다. 특히 지기의 생기(地氣 生氣)는 사람에게 정신적 현실적 모두를 생기롭게 해주는 것인 만큼 매우 중요하며 사람은 이를 평생동안 받으며 평생동안 소비 한다. 이것이 명당 양택에서 얻어지는 생기이며 할아버지 또는 아버지가 양택에서 지기의 생기를 받는다 해도 손자 또는 아들에게로 그 생기가 전해저 발음되는 것이 아니라 받는 당사자가 다 소비하게 되는 것이다. 즉 음택에서는 생기가 뭉쳐서 자손에게로 감응되는데 비해 양택에서는 얻어지는 생기를 스스로가 소비하여 소진(消盡) 시키는 것이다. 명당 생기(生氣)를 받아 발산 시키는 것은 곧 자신의 삶이 빛나는 것이다. 그러나 명당 생기에서는 발산 소비 시키는 외에 자손과 연관되는 기운도 이미 존재되어 있는 것이다. 자신이 발산 하는 것이 정위감응(正位感應)에서 얻어 진다면 자손은 원근감응(遠近感應)에서 얻어지는 것이기도 하다. 그래서 명당은 자신이 발산시킬 명당 생기가 충만한 곳이 있는가 하면 자손이 생기에 감응 할 명당도 있는 것이다.

4) 음택(陰宅)의 영적발음(靈的發蔭)論

우주에는 음(陰)과 양(陽)의 기가 가득차서 이 기(氣)는 무슨 물건에 든지 존재한다. 이것을 대 생명력(大 生命力)이라고 한다. 이 중에는 五行으로 그 형상을 이루고 수(數)로써 그 형량(形量)을 표하며 음양으로써 그 운행의 법칙이 정해저 있다.

지구 내에도 이 원리가 자수적(自受的)으로 존재한다. 그러므로 역(易)에 왈(曰) 재천(在天)에 성상(星象)이오 재지(在地)에 성형(成形)이라 했다. 天에서 음양기(陰陽氣)의 운행에 따라 그 현상이 지구에 직접적으로 영향을 준다는 것이다. 그러므로 동양철학으로는 인간은 태초에 남녀가 땅속에 있는 대 생명력의 정기(精氣)로 생겨나서 부부(夫婦)가 되었다고 한다. 이렇게해서 생명력은 유전적 차원으로 승계된다. 그러면 父와 母의 정기(精氣)도 입태(入胎)되는 동시에 선천(先天)의 양기(陽氣)가 합해지는 것이다. 父에게서 뼈를 받고 母에게서 살을 받고 대 생명력에서는 혼(魂)을 받았다. 이상 3건의 전수물(傳受物)이 즉, 출생하면 사람이다. 사회를 무대로 활동하다가 죽으면 혼(魂)은 없어지고 시체(屍體)만 남는다. 즉 父母에게서 받았던 것만 남는다. 이 시신(屍身)을 구산(求山)하고 장택(葬擇)을 잘해서 안장(安葬)하면 설왈(說曰) 시신 (屍身)은 유주(有主)요 무영(無靈)이며 山川은 무주(無主)요 유령(有靈)이라고 하니 무령한 시신(無靈 屍身)은 입묘(入墓) 시키면 유령(有靈)한 山川의 영기(靈氣)가 시신에 배합하니 즉 후천(後天)의 혼(魂)이다. 이 혼은 시신을 활동시키지 못하는 제2의 인간의 혼이다. 그러면 활동을 못하는 父母의 시신이 어떻게 그 자손을 도와 주느냐 하는 것이 문제이다. 설왈 이음 산천지 령(說曰 二陰 山川之靈)이라고 하였으니 다름이 아니라 영(靈)이라함은 무소부재(無所不在)하고 무소부지(無所不知)하며 무소불능(無所不能)하며 무소

불명(無所不命)하며 무소불섭(無所不涉)한다고 하였다. 즉 영(靈)은 있지않는 곳이 없고 알지 못한 것이 없으며 하지 못하는 것이 없으며 명(命)하지 않는 것이 없으며 능히 모든 것을 다하며 어디든지 가지 못할 곳이 없다. 山川의 영기(靈氣)와 묘지(墓地)의 吉한 운기(運氣)가 合하여 거리의 원근을 막론하고 생리적 인과(因果)로 그 집에가서 항상 충만하므로 그중에서 거처하는 사람은 매사가 잘되고 출세하는 자녀도 그 묘지(墓地)가 대지(大地)면 대인(大人)이 나고 중지(中地)면 중인(中人)이 나며 소지(小地)면 소인(小人)이 난다 이것이 대 생명력의 유도력(誘導力)인데 즉 묘지의 발음(墓地發陰)이라고 하였다.

제2장 지구 유해파(有害波)와 그 작용(作用)

제1절 지구는 어떤 행성(行星)인가.

지구는 태양계(太陽系) 9개 행성중(行星中) 3번째이다. 그리고 약 45억년전(億年前)에 만들어졌고 그 크기로 보면 둘레는 4만 킬로미터이고 비중은 8-9. 공기와 물이 있고 인간을 비롯하여 각종 동, 식물의 생명체(生命體)가 존재한다.

황도상(黃道上)에서 23.5도 기울어져 있고 태양을 공전(公轉)하며 그 주기는 365.22일이고 자전주기(自轉週期)는 24시간이다. 태양 위주로 공전(公轉)하다 보니 입사(入射)되는 태양 광선의 입사되는 고도에 따라 4계절이 만들어진다.

한반도 기준 북위 36도로해서 볼 때 지구가 기울어진 23.5도에서 태양계에서 태양의 빛을 가장 많이 받게될 때 (入射角77.5도 일때)6월 22일 하지(夏至)가 되고 반대로 태양과 가장 멀리 놓이게 될 때 (入射角30.5도)태양의 빛을 가장 적게 받게 되어 12월 22일 동지(冬至)가 된다. 그리고 3月 22日과 9月 22日 추분(秋分)은 입사(入射)되는 빛의 각도가 태양과 각각 54도로 놓이게 된다. 태양에서 발생하는 많은 방사능(放射能)과 에너지(Energy)가 지구로 끊임없이 날라온다. 태양풍(太陽風)에 따라 영향을 받는 자기풍(磁氣風)과 지구 자기장(磁氣場)의 변화 그리고 지구 밖에서 입사(入射)하는 전자(電子)와 양성자(陽性子)가 지구대기(地球大氣)와 충돌하면서 발생하는 주광(Aurora)등은 태양계와 지구간의 끊임없는 에너지장의 변화를 보여준다.

한편 지구 내부구조를 살펴보면 지각층(地殼層)은 대략 30-60킬로미터로 퇴적암 수성암 화성암 등 기타 광물로써 이루어져 있고 지표면은 토양과 자갈 지표수로 이루어져있다. 지표에서 양 2900킬로미터 정도 위치에는 고온의 화성암 물질이 고온 고압 반 용융(熔融) 상태로 융기(隆起), 침하(沈下), 습곡(褶曲), 단층(斷層) 활동이 계속 진행되고 있는 맨틀(Mentle)층이 존재하고 있다. 이 맨틀층 아래에는 니프(Nife)층이 존재하며 지구 중심까지는 1만도 이상 수맥기압의 용융(熔融)상태로 각종 방사성 원소들이 핵융합(核融合) 및 분열 반응을 하여 중성자, 감마선(r)등의 지구 방사선이 끊임 없이 방출되는 곳이며 지각 변동이나 대륙의 이동이 발생되는 에너지원이기도 하다. 지표로 방사되는 지구 방사선의 주파수는 7.83hz(hz : 1초당 진동수)이며 자기력(磁氣力)의 세기는 0.5가우스(자기선속밀도)로 알려져 있다.

제2절 지구 지진(地震)과 지진파(地震波).

1) 지구의 지진(地震).

지진을 하마디로 말하면 땅이 흔들리는 것으로 땅속에 축적된 탄성(彈性) 에너지(Anergy)가 방출 되면서 일어나는 지각변동(地殼變動) 현상이다.

지구 내부에서는 매일 1000-5000회 정도의 지진이 일어난다고 한다. 지진은 세계 곳곳에서 골고루 발생하지 않고 어느 일정한 지역에서 집중적으로 발생하고 있는데 이렇게 지진이 많이 발생하는 곳을 지진대(地震帶)라고 한다. 세계의 주요 지진대는 태평양판, 유우라시아판, 인도판, 아프리카판, 북미판 남미판 남극판 히말리라산맥과 알프스산맥을 연결하는 지역 대양(大洋)內의 해저(海底) 등인데 이러한 지진대들은 지판(地板)과 지판의 경계(境界)에 해당한다.

지진의 종류는 단층지진, 화산지진, 맨틀내의 지진, 함락지진 등이 있는데 단층지진은 단층이 처음 생길 때나 이미 생긴 단층을 따라 새로운 파괴가 일어날 때 발생하는 지진을 말하고 화산지진은 화산이 폭발하거나 지하의 용암이 유동할 때 발생하는 지진이고 맨틀지진은 맨틀내에서 대류가 일어 나거나 용암이 상승할 때 발생하는 지진이며 함락지진은 석회암이나 석고 또는 암염층속에 있는 커다란 지하공중(Cavity)이 붕괴할 때 발생하는 지진이다. 이들 중에는 상당수가 우리가 느끼지 못할 정도의 진동을 일으키며 발생한다. 이 외에도 지하에서 핵실험을 한다든지 토목공사에서 폭약을 터트려 발파를 할 때에도 지진이 발생한다. 그래서 공식적으로 기록되지 않을 정도의 미약한 지진은 아주 자주 발생한다고 봐야 한다.

2) 지진파(地震波)의 발생.

지진파는 지진의 발생으로 진원(震源)이나 진앙(震央)에서 사방으로 퍼지는 파동 탄성파의 하나이다. 지진파는 표면파로 구분되며 중심파에는 P파(Primary Wave)와 S파(SecondaryWave)의 두 종류가 있다. P파는 매질의 입자가 진동하는 방향과 파동의 진행 방향이 같은 종파이며 S파는 매질의 입자가 파동의 진행 방향과 수직으로 진동하는 횡파인데 매질이 고체일 때만 전달된다. P파의 전파 속도가 S파의 전파 속도보다 크다. 그 비율은 푸아송비에 따라 변한다. 지각이나 상부 맨틀을 구성하는 암석의 푸아송비는 0.25정도로 여겨지며 이때 속도의 비는 1 : 73정도이다. 중심파는 지각과 맨틀 사이의 불연속 면에서 반사 굴절을 되풀이하며 전달되어 가는데 속도 분포를 측정할 수 있다. 이때 관측에서 얻어지는 주시곡선(走時曲線)을 이용한다. 주시곡선은 지진이 발생한 뒤 지진파가 전달되는 시간과의 관계를 나타내는 곡선이며 20세기초 독일의 지질학자 J.E 비헤르트 등이 관측으로 얻어진 주시곡선을 통해 몇가지 가정을 하며 지구 내부의 지진파의 속도 분포를 결정할 수 있다는 것을 밝혔다. 표면파는 지표 부근의 점이 세로 방향으로 긴 타원을 그리듯이 L파(LongWave)또는 장파라고 하며 지진파 가운데서 가장 속도가 느리지만 진폭은 커서 대부분의 큰 지진피해는 L파에 의해 발생한다. L파는 레일리파(Rayleigh Wave)와 러브파(Love Wave)가 있다.

3) 파장(波長)과 파동(波動).

전자기파는 파동의 하나이므로 일반적인 파동의 기본 성질을 가지고 있다. 일반적으로 파동은 마루와 골로 이어져 있다. 파동은 마루와 다음 마루 사이의 거리 또는 골과 다음 골 사이의 거리를 파장이라고 한다 파장이 1mm 이상일 때 전파라고 한다.

적외선 파장은 1mm에서 7700A이고 가시광선은 파장이 7700-3800A이며 자외선은 3800-100A이다. 우라늄, 라듐의 원소는 눈에 보이지 않게 3가지 선인 방사선인 감마선, 라듐선, 우주선을 내는데 이 3가지 중의 방사선 중의 하나가 감마선(r)이며 r선은 파장이 제일 짧으며 파장은 1A이다. 주파수가 높은 순서대로 분류하면 r선, x선, 자외선, 가시광선(빛), 적외선, 전파(초고주파, 고주파, 저주파, 주저파, 주저주파) 등이 있다.

전자파는 그 주파수가 3000A(초당 3조번) 이하의 전자파를 말한
다. 전자파의 세기는 통상 단위면적당 (W : 왓뜨). 즉 Wm2로 나타
낸다.

제3절 지구 에너지(Energy)와 그 유해(有害) 작용.

1) 지자기(地磁氣).

지자기란 지구(地球)가 가지는 자성(磁性)을 말하며 지구와 지
구 주위에 나타나는 자기(磁氣)를 지구자기(地球磁氣) 혹은 지자기
(地磁氣)라고 하며 지구자기가 미치는 지구주위의 영역을 지구자기
장 이라 한다. 지구의 자기장은 지구중심 부근에 막대자석을 대체로
지구화 선축방향으로 놓은 자기지형을 하고 있다.

2) 지전류(地電流).

지하(地下) 및 해수(海水) 중에 흐르는 자연발생 전류(電流)를
말한다. 지각(地殼)을 구성하고 있는 흙, 모래, 암석 등은 어느 정
도의 전기(電氣) 전도를 가지고 있다. 그러므로 자기폭풍(磁氣暴
風) 지구자기의 일변화 등 자기장 변화가 전자기(電磁氣)의 유도
(誘導)에 의해 땅속으로 유도 되는 것이 지전류이다. 전위차 10-
1000mv/mwjd도의 크기이다.

3) 전기파(電氣波)와 자기파(磁氣波).

(1) 전기파는 파동(波動)의 하나이므로 일반적인 파동(波動)의

기본성질을 가지고 있다. 일반적으로 파동(波動)은 마루와 골로 이루어져 있고 파동은 마루와 다음 마루 사이의 거리 또는 골과 다음의 골과 거리를 파장(波長)이라고 한다.

(2) 전자파(電磁波)란 말그대로 전기(電氣)와 자기(磁氣)의 흐름을 말한다. 다시 말해 전기가 도체를 타고 흐를 때 그 둘레에는 전기력(電氣場)과 자기력(磁氣場)이 동시에 발생하게 된다. 전자기파가 생기면 90도 방향으로 자기파가 생긴다. 그래서 전기력파(電氣力波)와 자기력파(磁氣力波)를 따로 생각할 수가 없다. 전기력파와 자기파 다를 합해 전자기파(電磁氣波)라고 한다. 여기서 전자파는 나름대로의 성질을 가지고 있는데 그 성질의 요소는 파장(波長), 진폭(震幅), 파형(波形) 등 3가지이다.

(3) 파장(波長)이란 파동이 주기적으로 반복되는데 파동과 파동 사이의 간격을 말하며 그 간격은 크기에 따라 장파, 중파, 단파, 초단파, 마이크로파로 구분되며 단위 시간보다 몇 번 진동하는가를 나타내는 것이 주파수이다. 주파수의 단위는 Hz로 표시하며 진폭은 진동하고 있는 파동의 크기이며 진폭의 크기는 전자파 에너지양과 비례하며 진폭이 크면 전자파의 에너지도 크다. 전자파의 성질은 파형과 밀접한 관계가 있으며 파형에는 기본형과 변조파형, 펄스파형 등의 종류가 있다.

4) 전자파에(電磁波) 노출시 유해(有害)의 내용.

이러한 여러종류의 전자파 가운데 인체에 영향을 미치는 것은 극저주파(ELF), 초저주파(VLF), 라디오파(Re)및 마이크로파로 갈려져 있다.

전자파의 유해 논쟁은 발열효과에 따른 것인데 발열효과가 커지는 것은 1MHz이상의 고주파에 한정되며 그중에서도 발열효과가 가장 큰것은 파장이 1mm-1M인 마이크로파이며 파장이 3cm 이하인 마이크로파는 피부에 흡수되고 3-10cm 사이는 피부속으로 1cm 이상까지 투과하며 25cm-1m의 마이크로파는 피부속 깊숙이 침투해 장기까지 도달하는 것으로 알려져 있다. 피부에 흡수된 마이크로파는 대부분 열로 변화되어 생체 조직의 온도를 상승시킨다. 이와 같은 열작용은 체중 1kg당 1W, 짧은 시간 내에서는 1Kg당 4W전력의 전자파를 쬐면 체온이 섭씨1도 상승한다. 즉 전자파에서 발생한 열작용에 의해 생체조직 세포의 온도를 상승시켜 인체 면역 기능을 파괴하고 암을 유발시키며 생식기능을 파괴시키는 것이다. 멜라토닌은 호르몬으로써 암세포 증식을 억제하는 중요한 기능을 가지며 인체 면역 시스템에 직접적으로 관여하는 필수 호르몬인데 전자파에 노출될 경우 이러한 멜라토닌을 크게 저하시킨다. 고압선이나 각종 전자 제품에서 나오는 전자파도 인체의 면역기능을 상당히 저하시킨다. 특히 휴대폰에서 발생되는 전자파는 DNA의 손상을 주고 지지국에서 발생하는 전자파는 어린이, 임산부에게까지 피해를 준다고 한다.

5) 자기맥과 자기장에 노출시 유해의 내용.

지구에서 발생하는 각종 유해파는 인류가 진화하는 과정에서 적응되어온 에너지의 범위가 아니므로 인체에 영향을 주어 유전인자 세포에 변형을 초래하고 스트레스를 주어 병인성 지대 또는 병인성 에너지로 작용하게 된다. 지구는 이 순간에도 우주의 섭리에 따라 스스로 자전운동과 공전운동을 규칙적으로 반복하고 있다. 이러한 현상이 지구를 하나의 막대자석과 같이 만들어 지구 고유의 자기장을 띄게 한다. 이러한 이유로 극지방에서는 평균 0.7가우스 적도 지방에서는 0.3가우스 정도를 나타내고 이를 산술 평균하여 지구의 평균 고유 자기장을 0.5가우스라고 한다. 여기서 1가우스의 의미는 500암페아가 흐르는 도선에서 1m 떨어진 지점에서 자계의 세기를 말한다. 지구는 하나의 막대자석과 같이 자기장을 가지고 있으므로 자극을 갖게 되고 자력선을 갖게 된다. 이러한 자력선이 갖게 되는 라인이 형성 되어지고 여기에 대기권의 전리층과 지표의 공명현상에 의해 에너지 전달과 변형이 일어날 것이고 이는 지역적 위치에 따라 다른 에너지 값을 만들게 된다. 이러한 것을 교란된 자기맥 이라고 한다. 자기맥의 종류는 스위스의 의사인 커리박사가 1950년에 발견한 것으로 넷트의 방향이 북서-동남, 동남-북동으로 흐르는 커리라인, 독일의 의사인 Dr Hartman이 발견한 것으로 남북 동서로 일치되는 +형인 하트만라인, 독일의 다우저인 앤톤뱅커가 발견한 뱅커라인, 커리자기맥을 초월한 특별한 에너지 170×170라인 하트만에너지보다 강한 250×250라인. 100자기맥이 겹치는 400×400라인이 있다.

제4절 지구의 유해파(有害波)가 인체에 미치는 영향.

먼저 불면증과 신경질과 같은 단기적 영향인데 이는 지구의 유해파가 인체의 각기관을 따라 흘러 뇌의 송과체를 자극하고 호르몬의 일종인 멜라토닌이라는 신경전달 물질 분비를 억제하고 스트레스를 생성한다. 생성된 스트레스는 뇌의 시상 하부를 자극하고 신경을 흥분시켜 척수를 통해 교감신경 절전섬유에 신호를 전달하여 부신 수질에 이르러 카테몰아민이라는 물질을 분비한 결과로 심박수가 증가하고 혈압이 상승하며 간에서 당원을 방출 세기관지 확장, 각성상태 증가, 소화기계 기능 억제, 뇨량 감소 대사율 증가 등과 같은 영향을 인체에 미친다. 그리고 심한 불면증, 암발생 촉진, 원인 불명의 질병을 유발하는 장기적 영향을 들 수 있다. 장기적 영향을 미치는 경로는 지구 유해파가 인체 감각 기관을 통하여 송과체를 자극하고 멜라토닌 분비를 억제시켜 스트레스를 생성하고 생성된 스트레스는 부신피질 자극 호르몬과 유리호르몬을 자극하고 신호를 뇌하수체 전엽에 전달하며 부신피질 자극 호르몬을 분비 혈액중으로 이동하여 부신피질에 영향을 주어 염류코르티고이드와 당류코르티고이드를 분비한다. 염류코르티고이드는 Na+를 재흡수하여 혈류량 및 혈압이 증가하여 질환을 일으키며 당류코르티고이드는 단백질 및 지방을 포도당으로 전환 포도당을 신생하여 혈당을 상승시키고 면역체계를 교란 및 억제하여 종양 괴사 인자 분비를 감소시켜 각종 암을 유발한다.

제5절 지구 고유 주파수(周波數)와 인간 뇌파(腦波)와의 관계.

1) 지구의 고유 주파수(周波數).

지구의 고유 주파수는 슈만 공명 주파수라고도 하는데 이는 지구 상공 55Km 거리 정도에서 지구를 둘러 싸고 있는 전리층이 이온층과 지구표면 사이의 공간(대기권)이 기타의 한줄을 울리면 다른 기타줄을 울리면서 공명하고 있는 것처럼 공명하고 있는 주파수를 지구의 고유 주파수라고 한다. 이러한 공명 현상은 1952년에서 1957년 사이에 논문을 통해 밝힌 빈프리트오토슈만의 이름을 따서 붙여진 것으로 학계에서는 가이아의 뇌파 또는 단순히 지구의 고유주파수라고 부르기도 한다. 또한 이 주파수를 지구의 심장 작동 주파수라고 한다. 이 주파수는 거의 일정하게 유지되는데 천둥번개가 바로 이 주파수를 일정하게 유지하는 원인으로 알려져 있다. 이러한 현상은 맑은 날에도 지구 어디에서는 1초 동안에 200번 정도의 번개가 발생하여 이 주파수를 유지한다고 한다. 번개 에너지에 의해 발생된 전파는 전리층으로부터 지표를 향하고 지표면에서는 다시 전리층으로 향하는 현상이 발생하여 전자파는 지구와 전리층 사이를 계속 왕복하며 공명현상을 일으킨다. 슈만 주파수의 평균 주파수는 7hz-11hz정도인데 슈만박사가 공명현상을 처음 발견할 때는 7.83Hz로 일정하게 유지되던 것이 10여년 전부터 최근까지 지속적으로 상승하여 현재는 10hz에 머무르고 있다고 한다. 슈만공명에 의해 만들어지는 전자파의 주파수는 멀리 날라가는 것과 동시에 인체와 건물등을 투과하는 성질을 가지고 있으며 이 전자파의 주파수는 우리 인체의 뇌와 심장의 주파수와도 거의 일치한다. 그렇기 때문에 이러한 주파수와 인간의 인체에서 발생하는 뇌파나 심장의 주파수와 공명현상이 깨지면 우리의 건강에 이상이 생기게 되어 각종 질병에 걸리게 되는 것이다.

2) 인간의 뇌파(腦波).

인간의 뇌파란 사람의 두피상에 접착한 전극으로부터 유도된 파형을 증폭시킨 것으로 1924년 독일의 정신과의사 베르거 박사가 처음 기록하였다. 베르거리를 EEG(腦뇌전도)라고도 한다. 인간의 뇌파는 다섯 가지로 분류 하는데 델타파(δ), 세타파(θ), 알파파($\dot{a}$), 베타파(β), 감마파(γ)로서 이를 살펴보면 다음과 같다.

(1) **델타파**(δ) : 델타파는 0.5HZ-4HZ의 범위로 잠잘 때나 혼수 상태에 나타나며 심신의 치유에 도움을 주고 깊은 수면상태에서 발생되는 뇌파이다. 세타파보다 더 느리게 움직이고 4HZ이하에서 형성되는 델타상태에 있을 때는 잠이 들어 있거나 무의식 상태임을 말 하는 것으로 델타파 상태에서 많은 양의 성장 호르몬을 생성시키기도 한다.

(2) **세타파**(θ) : 세타파는 4HZ-8HZ의 범위로 졸고 있거나 잠들었을 때 나타난다. 얕은 수면 상태에서 알파파보다 더욱 느린 세타파가 발생되는데 세타파는 지각과 꿈의 경계 상태로 불리기도 한다. 이 상태에서는 예기치 않는 꿈과 같은 마음의 이미지를 종종 동반하게 되고 그 이미지는 생생한 기억으로 이어지는 경험을 하게 된다. 이것은 곧 갑작스런 통찰력 또는 창조적 아이디어로 연결되기도 하고 초능력이라는 비현실적이고 미스터리한 환상적 상태로 비쳐주기도 한다. 때로는 우리가 오랫동안 어려움을 겪었던 문제 해결의 아이디어를 제공하는 창조적인 힘이 되기도 하는 주파수이다.

(3)**알파파**(à) : 알파파는 8Hz-14HZ의 범위로 명상같은 편안한 상태에서 나타나며 스트레스 호소 및 집중력 향상에 도움이 되며 우리가 눈을 감고 몸을 이완시키면 뇌파의 활동은 속도를 완화 시킨다. 이때 우리 뇌는 13HZ-8HZ사이의 알파파를 폭발적으로 생산하게 되고 뇌는 알파파 상태가 된다. 알파파 상태는 뇌의 이완 상태이며 의식이 높은 상태에서 몸과 마음이 조화를 이루고 있을 때 발생 되는 뇌파이다. 알파파를 명상파라고 하는데 근육이 이완되고 마음이 편안하면서도 의식이 집중되고 있는 상태를 말한다. 그러므로 알파파가 나오면 몸과 마음이 매우 안정된 상태임을 뜻하며 건강하고 스트레스 없는 상태의 사람들은 알파파 상태가 많이 생성되는 경향이 있다.

(4) **베타파**(β) : 베타파는 14HZ-30HZ의 범위로 긴장 흥분 상태등이 활동할 때 나타난다. 운동력 향상에 도움이 되며 의식이 깨어 있을 때의 뇌파이다.

이 상태가 계속해서 지속되면 뇌는 혼돈에 이르고 초조해지고 학습 활동도 저하된다. 따라서 바람직한 뇌를 유지하고 뇌 활동을 활발하게 하기 위해서는 저 뇌파 상태가 유지되도록 해야 하며 일상 생활중에 대부분 사람들 뇌파는 베타파로 14HZ-100HZ이상으로 빠르게 움직인다. 우리가 눈을 뜨고 걷고 흥분하고 외부 세계에 초점을 맞추고 있는 베타파가 우리 뇌를 지배한다고 이해를 하면 옳을 것이다.

(5) **감마파**(γ) : 감마파는 30HZ-50HZ의 범위로 강한 스트레스와 불안 초조할 때 뇌가 발하는 주파수이고 간혹 도(道)를 수련하는 사람에게서 볼 수 있는 뇌파이다. 특히 어느 한부분에 집중하거나 어려운 수학문제를 풀 때 나타난다 혈압이 상승할 때는 21Hz의 뇌파가 된다. 그리고 지하 수맥에 이 감마선이 통과하게 되면 그 지하수가 돋보기 모양의 볼록렌즈 역할을 하면서 이 감마선이 수직으로 강하게 모아 일종의 파장이 짧은 전기파로 지표 위로 투과하는 것이 수맥파로 알려져 있는데 우리가 이러한 인체에 해로운 수맥파 위에서 생활하면 건강에 매우 해로워 각종 질병에 걸리기 쉬우므로 우리는 전자파 뿐만 아니라 이러한 수맥파를 피하거나 방지 시설을 해야 하는 것을 절대로 소홀히 해서는 아니될 사항이다.

(6) 결론적으로 말하면 뇌는 외부의 모든 정보를 파동의 형태로 인식하고 다시 파동의 형태로 발신한다. 뇌파는 쉽게 말하면 뇌의 목소리이다. 뇌파 진동을 통해 생기는 순수 뇌파는 특정 주파수 대역의 뇌파가 아니라 뇌가 에너지적으로 통합된 상태의 뇌파이다. 뇌파 진동의 원리는 우주 만물의 파동성에 바탕을 둔다. 뇌 에너지가

정화되어 순수 뇌파를 발신하게 되면 탁한 것을 물리치고 맑은 에너지를 끓여 당겨 공명하게 된다. 또 발신하는 뇌파가 강력해지면 주위의 파동을 제편으로 끓여 당겨서 소망을 더 크게 이룰 수 있다. 뇌파 진동의 다양한 효과는 뇌가 에너지적으로 통합되면서 일어나는 변화다. 통합 상태를 이룬 뇌는 스스로 균형을 조율하며 그 과정에서 건강의 문제나 의식의 문제가 저절로 치유된다. 또 집중력, 직관력, 창조력 등 뇌 기능이 활성화 된다.

3) 지구 고유 주파수와 인간의 뇌파와의 상관 관계.

지구의 고유 주파수는 인간의 뇌파 종류 중에서 우리가 가장 필요로 하는 알파파와 그 주파수의 범위가 거의 일치하고 있다. 그런데 지구 고유주파수가 점차로 올라가고 있다면 이것이 우리 인간에게도 상당한 영향을 미칠것으로 생각하고 있다. 일부 학자들은 현대인들이 성질이 급해지고 포악해지는 원인을 여기에서 연유하지 않은 가도 유추하기도 한다. 지구 고유주파수의 상승은 인간에게 여러 영향을 미칠것으로 생각되는데 우선 뇌파의 변화이다. 위에서 설명한바와 같이 인간의 뇌파는 알파파상태일 때 최적의 기능을 발휘하는데 주파수의 상승으로 알파파에서 베타파로 변하여 짜증, 불면증, 신경질 등이 높아질 것으로 예상된다. 일본에서 닭을 가지고 닭의 뇌에 16Hz의 전자파를 가하는 실험을 하였는데 CA의 성분의 배설이 감소 하였다는 결과를 얻었다고 한다. 그리고 비틀거리는 것을 볼 수가 있다. 이렇듯 지구 고유 주파수와 우리 생명체 하고는 매우 밀접한 상관관계를 가지고 있다. 주파수와 전자파는 빛의 속도로 진행하며 인체 내에 전류를 유도하고 신경을 자극하여 인체가 실시간적으로 지구 내부에너지 즉 지하자원과 지구 유해파 그리고 생기에너지를 탐사할 수 있는 것이다.

제6절 인간 뇌(腦)의 각 기관 (器官)과 그 작용.

1) 인간뇌(人間 腦)의 각 기관(器官).

우리의 머릿속에는 뇌라는 소우주가 존재한다 인간의 뇌는 흰색 분롱색 회색등의 색상을 이루고 있으며 그 무게는 약 1350g 정도 이다 이러한 뇌는 머리 상부에 위치하고 있는데 대뇌를 비롯하여 전두엽, 측두협, 해마, 번연계, 대뇌피질(신피질) 등이 있고 그리고 소뇌, 뇌간(중뇌, 뇌교, 연수, 척수)과 간뇌(송과체, 시상, 시상하부, 뇌하수체) 등으로 구성되어 있다. 인간의 모든 사상을 빚어내고 모든 행동을 조종하는 것은 개개인이 가지고 있는 뇌가 하고 있다. 뇌는 사람에 따라 조금씩 다른 방식으로 작용하고 있지만 그 근본 원리는 모두 같을 뿐만 아니라 놀랍게도 뇌의 조직 속에는 인간의 본질까지 숨겨져 있다. 인간 뇌의 작용원리가 다른 동물이나 컴퓨터의 그것과 어떻게 다른가를 파악하면 인간의 본질을 알 수 있다고 한다. 사람은 뇌에 의해서만 기쁨, 즐거움, 웃음, 농담, 탄식, 고통, 슬픔, 눈물 등을 느낄 수 있다. 특히 우리가 뇌가 있기 때문에 사고하고 보고 듣고 미추를 구분하고 판단하고 쾌락과 불쾌감을 감지할 수 있다. 인간이 인간으로서 가질 수 있는 존엄성 심오한 정신력을 발휘하고 자신의 행동 운동 조절 등을 하게 된다. 이 모두가 대뇌가 다른 동물에 비해 월등히 크고 발달되었기 때문이다,

이러한 뇌는 신경 세포로 구성 되어 있으며 그중 데뇌피질의 세포 수는 약 140억개에 달하고 이 신경 세포들은 대뇌 표면을 둘러싸고 있는 두께 약 2.5mm의 얇은 피질로 감싸여저 있는데 이를 대뇌피질이라고 한다.

이 140억개의 세포 중 활동할 수 있는 세포는 약 40억개이고 그나마 약 10억개 정도의 세포는 30대 이후부터 소멸되기 시작하여

나이가 들면 기억력장애와 치매 등 세포 손상에 따른 각종 증세가 나타나는 것으로 알려져 있다. 인류는 그 외 약 100억개에 달하는 뇌세포의 정체를 밝혀서 인간의 새로운 정신세계를 개발해야하는 숙제를 안고 있다.

2) 뇌(腦)의 각 기관(各 器官)의 작용(作用).

(1) 대뇌(大腦) : 대뇌는 뇌중에서 가장 많은 영향력을 가지고 있는데 인체의 오관인 눈, 귀, 코, 혀, 피부에서 감각을 전달받고 간뇌와 중추 신경계를 통해 명령을 하달하는 뇌의 최고 사령부 역할을 한다. 대뇌는 두 반구로 나누어져 있으며 언어 감각등과 신체 부위를 대칭으로 관장하고 있다. 그리고 두 반구중 좌측 뇌가 발달한 사람은 수리와 논리가 강하고 우측 뇌가 발달한 사람이면 예술적 감각이 뛰어나다는 것은 어느정도 검증된 사실이다. 대뇌의 두 반구는 신경 세포가 주축을 이루며 마치 호두 속 같은 모양을 한 대뇌 피질이라 불리우는 세포층으로 덮여 있다. 대뇌 피질의 꼬불 꼬불한 주름 속에는 인간을 인간답게 만드는 생각의 발원지가 있다. 즉 생각과 창조를 주관하는 기관으로 그것은 대뇌피질의 겹겹에 고랑저있는 주축에 있다고 할 수 있다.

(가) 전두엽 : 대뇌피질의 앞쪽에 자리하고 있고 좌우 두 개가 보이고 있다. 우측 전두엽은 각종 계획을 수립하고 의사 결정중의 사고와 언어를 담당하고 특히 생각의 자극을 수용하는 영역이다. 좌측 전두엽은 명상과 긍정적사고 등에 관련하고 있다. 전두엽은 잠자는 시간 이외에는 쉬지 않고 하루종일 분주하게 움직이고 있다.

(나) 두정엽과 후두엽 : 두정엽은 촉각이나 통증 등을 각 부별로 나누어 처리하고 후두엽은 시각 중추가 있는 부분이다.

(다) 측두엽 : 측두엽은 청각 및 기억 능력을 담당하며 치매와 함

께 나이가 들수록 부피가 줄어 들어 늙으면 기억력이 감퇴되는 원인이 된다.

(라) 해마 : 대뇌 피질의 밑에 자리하며 바다에 사는 해마와 닮았다하여 그렇게 부른다. 새로운 정보가 들어오면 이미 저장된 정보와 비교하는 역할을 한다. 특히 지식과 정보의 임시 보관소와 컴퓨터의 휴지통과 같은 임시 보관소의 역할을 한다. 지식과 정보는 또 한번의 기억으로 대뇌에 영구 저장되지 않는다. 대뇌가 습득한 모든 지식과 정보는 처음에는 해마에 임시 보관한다. 그러다가 그 지식과 정보를 떠올리면 해마의 임시 보관소에서 측두엽의 지정된 장소로 그 지식의 정보를 옮겨서 오래도록 기억시킨다. 반면에 한번 습득한 지식과 정보를 재생하지 않고 며칠간 해마의 임시 보관소에 그대로 방치해 두면 자동으로 휴지통으로 보내 버린다. 휴지통에 버려진 정보도 빠른 시일내에 힘들게 기억을 되살려 내면 다시 임시 보관소를 거쳐 측두협의 영구 장소로 옮길 수 있다.

(2) 번연계 : 번연계는 뇌줄기와 대뇌피질 사이에 있으며 약 2-3억년 전에 진화 되어 포유 동물에 가장 발달되어 있다. 그래서 번연계를 포유류의 뇌라고도 불리운다. 번연계의 역할은 생리에 관계되는 감정에 관여한다.

(3) 소 뇌 : 뇌줄기 뒤쪽에 붙어 있는 소뇌는 우리가 자세를 제대로 취할 수 있게 평형 감각을 유지하기도 하고 조화로운 근육 운동과 전신골격근의 긴장상태를 조절하는데 관여한다.

(4) 뇌간(중뇌, 뇌교, 연수, 척수) : 뇌간은 간뇌와 척수 중간에 위치하고 있으며 뇌교가 두 곳의 연락 통로구실을 한다. 그 중에서 중뇌는 안구 운동과 홍채 등 눈과 연관있는 것에 관여하며 연수의 임무는 심장박동, 호흡, 소화 등 생명활동과 관계되는 것에 관여한다. 척수는 뇌에 소속시킬 수는 없지만 뇌의 말단 부위인 연수와 직

접 연결되어 있으면서 자율운동신경 감각신경을 전달하는 통로 역할을 한다.

(5) 뇌세포 : 대뇌피질은 무수히 많은 뇌신경 세포인 뉴런(Neuron)으로 이루어져 있다. 뉴런은 다른 세포로 정보를 보내는 축삭돌기와 다른 세포에서 정보를 받아 들이는 수상돌기가 사방으로 펼쳐져 있는 것이 보인다. 그리고 세포와 세포들 사이의 정보를 제공해 주는 시냅스(Synapse)도 보인다. 시냅스는 정보를 화학물질 형태로 세포에서 세포로 상호 이동시키는 전달매체 역할을 한다. 뇌세포의 연결망이 복잡하게 촘촘히 얽혀있어 연산작용이나 두뇌회전이 빠르게 이루어지기 때문에 천재성을 나타낸다. 대뇌피질은 신경 세포까지 합하면 양 1000억개가 넘는 뉴런들로 이루어졌다.

(6) 간뇌(시상. 시상하부. 송과체. 뇌하수) :

① 간뇌의 개념 : 간뇌는 자궁속 수정란의 배아세포에서 신경계와 함께 가장 먼저 생겨나서 원초적 생명 의식인 우주의식 프로그래머가 입력되어 있는 곳이다. 간뇌는 대뇌 반구로 덮여 있어 뇌 전체를 밖으로 드러내도 외부에서는 관찰이 불가능하다. 간뇌에 손상을 입게 되면 뇌사상태가 되고 외부로부터 미세한 충격만 받아도 곧 바로 죽음에 이르게 된다. 간뇌는 전체 뇌중에서 가장 깊숙한 곳에 위치해 있으며 독립적이고 자율적인 기능을 갖추고 있다. 또한 간뇌는 대뇌와 상반된 기능을 갖고 독자적인 기능을 갖고 있기때문에 제 3의 뇌실로 부르기도 한다. 간뇌는 중추 신경에서 올라오는 모든 정보를 취합하여 여과 없이 대뇌로 전달하고 대뇌에서는 지시와 명령을 분별없는 간뇌 의식이 독자적으로 주어진 임무를 수행하게 된다. 간뇌는 시상, 시상하부, 송과체, 뇌하수체 등으로 이루어져 있어 이를 차례로 살펴본다.

② 시상 : 시상은 시신경의 종점이며 인체의 모든 감각 기관이 일

단 여기에 모였다가 시냅스를 통해 대뇌피질로 가게되는 중간 기착지이다. 시상은 후각신경을 제외한 피부 감각을 비롯하여 시각, 청각 등 모든 감각 신경을 대뇌피질로 중계하는 곳이고 대뇌 피질의 활동 수준을 통제하고 있는 조절신경로의 중계 장소 이기도 하다. 그리고 즐거움과 불쾌감을 느끼게하는 정서적인 것에 관여하고 잠에서 깨어나는 것이나 정신차리게하는 것도 관여한다.

③ 시상하부 : 시상하부는 부 위쪽에 시신경이 교차하고 하부쪽엔 뇌하수체가 있고 동쪽엔 솔방울 모양의 송과체가 뾰쪽이 나와 있는 모양을 하고 있다. 시상하부는 간뇌학의 중추를 이루며 간뇌에서 핵심적인 기능과 역할을 하고 있다 시상하부는 인체의 두 자율 시스템인 자율 신경과와 내분비계를 관장한다. 배고픔과 목마름 더위 추위 분노 공포에 어떻게 대응할 것인지를 결정하고 혈압, 혈당량, 수분대사, 위산분비, 체온 등을 적절하게 조절하며 우리몸의 항상성을 유지시키는 역할을 한다. 그리고 식욕과 성욕을 적절하게 조절해주는 역할도 한다.

④ 뇌하수체 : 뇌하수체는 시상하부에 딸려있다 뇌하수체는 뇌분비계를 통제하며 내장 혈관 체온 각종 호르몬 분비선 등의 작동을 조절하고 온몸의 물질대사를 주관하며 주로 생명활동과 관련되어 있는 일을 담당한다. 또 시상하부가 뇌하수체를 조절하여 호르몬을 분비시키고 신경계를 통해 피부의 혈관들을 확장시키며 모공을 열게하는 메시지를 보낸다. 열린 모공으로 땀을 배출시켜 피부를 식히게 되면 모세혈관의 혈액도 따라서 열을 내리게 한다. 그리고 겨울철에는 뇌하수체를 통해 간으로 하여금 근육에 연료가 되는 혈당을 더 많이 보내게 하여 혈액을 데우게 한다.

⑤ 송과체 : 송과체는 간뇌에 부속되어 있는 내분비 기관이며 솔방울 모양을 하고 있다. 송과체는 노화방지용 젊음의 호르몬 멜라

토닌을 분비한다. 낮과 밤의 밝고 어두움이나 사계절의 일조와 일
몰시가 변화등을 감지하는 인체의 사계로서 밤에는 호르몬을 더 많
이 분비시키고 그에따라 생체리듬이 조절된다. 송과체는 잉태후 49
일만에 성기와 함께 생겨나서 청년기까지는 잘 발육되어 있다가 인
체가 노후화 되면서 조직이 점점 퇴화되어 멜라토닌 분비도 감소된
다. 따라서 송과체는 성기능의 증감과 밀접한 관계가 있다고 본다.
나이가 들수록 세월이 빨리 가는 느낌을 갖게 되는 것도 송과체의
인체감시 기능이 점차 퇴화되어 가기 때문이라고 보기도 한다.

⑥부교감신경 : 사랑의 감정이 충만한 좋은 마음을 가질 때 간뇌
를 활성화시켜 뇌분비계의 엔돌핀 분비를 촉진시키고 임파구의 활
동을 왕성하게 하여 인체의 면역기능을 높여주는 역할을 한다. 즉
인간은 마음의 성격에 따라 자율신경계, 내분비계, 면역계 등의 인
체조절 기능이 변하게 된다. 반대로 스트레스는 교감신경을 흥분 시
키고 호흡과 맥박이 빨라지는 현상을 일으킨다. 이러한 스트레스 현
상이 계속되면 인체 내부의 에너지가 고갈되어 에너지장이 고갈되
면서 심각한 질병을 초래하게 된다. 병은 마음으로부터 온다는 말은
현대의학으로도 그 타당성이 증명되고 있다. 질병의 진원지의 마음
은 대뇌 마음이고 질병치유의 마음은 간뇌 마음이라 하고 또 간뇌
마음은 태어나기 전부터 존재하는 마음이고 대뇌 마음은 성장하면
서 보고 듣고 느끼고 하는 학습된 기억의 마음이라고 주장하는 뇌
전문가도 있다.

註 : ❖ 공명현상(共鳴現象) : 어떤 물체가 다른 매체의 진동에 자
      극되어 그와 동일한 진동수의 소리를 내는 현상을 말하며
      동조화 현상이라고도 한다
    ❖ 헬즈(HZ) : 전자파 음파등이 1초 동안에 내는 진동수이다.

❖ 1가우스(Gauss) : 500A(암페아)가 흐르는 도선에서 1m 떨어진 지점에서 자기의 세기.

❖ 원자핵(原子核) : 1000제곱헬즈.

❖ 원자(原子) :10제곱헬즈.　　❖ 분자(分子) : 10제곱헬즈.

❖ 전자(電子) : 10제곱핼즈　　❖ 세포(細胞) : 10제곱헬즈.

❖ 스트레스상태 : 20헬즈-40헬즈.

❖ 사람평상시 : 14헬즈.　　❖ 심호흡시 : 9헬즈.

❖ 평상시 : 6.5헬즈-8헬즈.　　❖ 수면시 : 3헬즈-8헬즈.

❖ 지구 : 7.83헬즈.　　　　　❖ 별(星) : 8헬즈〉.

제3장 수맥(파.波)의 과학적(科學的) 이해(理解)

제1절 수맥(波)의 개념(概念).

수맥(水脈)이란 폭이 좁은 지층(地層)을 따라 맥상(脈上)으로 존재하는 지하수를 말한다. 이를 보다더 자세히 설명하면 수맥이란 지하수가 지하에 있는 바위틈이나 토양의 틈을 채우고 있는데 지하의 틈이 인체의 혈맥(血脈)처럼 서로 연결되어 있는 것을 말하는 것으로 흔히 수맥의 흐름이 암석층을 지날 때 발생되는 파형(波形)이 지상으로 올라와 영향을 주는 것이라고 생각하고 있다.

수맥은 대개 지하 8m-30m 내외에 존재하며 그폭은 30cm-내지 넓게는 5m 정도까지 다양하다 수맥의 수량은 적게는 30톤에서 400톤 정도가 일반적이고 700톤에서 800톤 정도의 양(量)만 되어도 큰 수맥이라고 할 수 있다. 간혹 1000톤에서 8000톤까지의 수맥도 발견되는데 이는 대수층의 것과 맞먹는 것이라고 할 수 있다.

E. Endors 수력학 기술전문사는 지구내 고온 핵융합(核融合) 과정에서 중성자(中性子)들이 발생되고 이는 수맥의 자기장(磁氣場)을 지나면서 속도가 느려지고 볼록렌즈처럼 모아져서 지상으로 올라 오며 이때 발생되는 주파수는 원적외선(遠赤外線) 방출이 主가 되고 때로는 방사선인 X-ray가 발생된다고 하였고 지하수 중에서 유량(流量)이 많거나 발생이 최대화 된다고 하였다. 또한 네델란드 트럼프박사는 1968년 유네스코 보고서에서 탐사자는 수맥위에서

몸 전체로 반응을 느끼며 혈압(血壓)과 맥박(脈搏)이 상승한다고 발표한 바 있다. 여기서 우리는 수맥이라고 하는 것은 단순한 물의 흐름으로 일반적인 사람들은 이해하고 있다. 그렇다면 왜 똑같은 江가나 경치가 좋은 호수(湖水)를 보면 마음이 편해지고 기분이 좋아지는데 수맥은 왜 인체에 害로운 영향을 미치는 것일까라는 의문을 제기할 수 있다. 이것은 수맥과 수맥파를 구분해서 이해하지 못한데서 기인된 현상이라고 할 수 있다.

　우리 일상 생활에서 물이 없다는 것은 곧 죽음을 의미할 정도로 물은 우리에게 큰 의미를 가지고 있다. 인체의 구성분의 60-80%가 물로 구성되어 있는 것이 그러하며 인체에 꼭 필요한 산소를 만들어 내고 공기를 정화해 주는 식물들의 생명의 에너지선이 물이기 때문이다. 수맥은 물이 지나 다니는 줄기를 말하는 것이며 수맥파(水脈波)는 이러한 물의 흐름으부터 발생하는 모든 파형(波形)을 말한다. 외국에서는 수맥을 Geopathic Stress Hamful Earth Radiation이라고 정의하고 있는데 이의 용어적 의미를 살펴보면 지각(地殼)이 스트레스를 환경에 의해 받았을 때 발생하는 해로운 파장(波場)이라고 해석할 수 있으며 또한 지각(地殼)으로부터 발생하는 해로운 방사선(放射線)이라고 그 의미를 이해할 수 있다. 다시 말하면 외국의 경우는 물의 흐름에 의해서 발생하는 파장만이 아니라 지각으로부터 발생하는 모든 에너지를 통털어 수맥이라고 이해하고 있는 것이다. 우리가 수면상태에 있을 때 해로운 영향을 주는 수맥파는 지구의 환경에 의한 영향으로 유해(有害)한 파장을 전달하기 때문에 잠에서 깨어 났을 때 잠을 잔 것같지 않고 온몸이 피로하고 이것이 장기간 지속되면 질병(疾病)으로 전개 되는 것이다.

제2절 수맥파(水脈波)의 형성론(形成論).

1) 수맥파의 지구자기적(地球磁氣的) 파형(波形) 에너지설(Energy).

지각으로부터 발생하는 해로운 방사선이란 것은 지구 내부에서 일어나는 형상(形象)에 기인되어 만들어진 파형(波形)을 말하는 것이며 지하수의 흐름 뿐만 아니라 지구의 자기적 에너지(地磁氣. 地電流) 방사선(放射線) 지질학적 균열(龜裂)이나 단층(斷層) 등을 포함한 지각(地殼)에서 나오는 파형에너지를 총칭하는 것이라고 할 수 있다. 지구의 자전(自轉) 및 지각구조로 인한 지구의 자기적 에너지로 이해되는 것이다. 이것은 지구 자기장의 형성과 지구속에 매장(埋葬)되어 있는 광물에 의해 유도 기전력(地電流)이 유도(誘導)되고 이것에 의해 자기장의 변화가 일어나 전자기파(電磁氣波)의 형태로 올라와 동식물에 영향을 미친다고 하는 것이다. 지구의 자전(自轉)과 다이나모 이론에 의해서 지구는 평균 0.5가우스(Gauss)의 자기장을 갖는데 극지방이 0.7가우스 적도지방이 0.3가우스를 갖는다. 그러므로 각 지역에서 고유의 자기장을 갖고 있는데 수맥(水脈)으로부터 갖고 있는 파장이 자기장의 교란(攪亂)에 기인하여 인체에 미친다고 이해하는 것이다. 지하에 존재하는 수맥은 암반사이로 흐르는 지하수이므로 암반과의 마찰에 의한 속도구배(速度句配)가 발생하며 이 속도구배로 인해 지하수는 층류수(層流水)가 되어 좌회전 파장은 발(發)하게 되고 암반이나 토양을 형성하고 있는 물질의 파장은 우회전 파장인데 층류수에서 발하는 파장이 결국 암반이나 토양을 형성하고 파장을 들어 올리게 되면서 좌회전 파장으로 전환 되면서 지표로 강한 좌회전 파장으로 방사되어 건물의 외벽을 깨뜨리어 균열이 발생되는 것이다. 또한 지구의 자기적 에너지는 지자기(Terrestrial Magnetism)와 지전류(Earth Current)로서 형성된다고 하는 학설이 있는데 지자기는 지구가 가지는 자석(磁石)의 성질을 말한다. 영국의 W, 갈버트가 최초로 발견 했는데 1800년 마르코폴로가 나침반을 건재한데서 기인된 것이다. 1839년 독일 가우스 지자기가 자화된 구에 생성된 자기장과 유사하다고 발표하였고 다이나모 이론을 정립하였다. 다이나모 이론을 요약하면 "지구의 내핵(內核)과 외핵(外核)의 물질이 그 구성과 온도가 다르므로 외핵에서 대류 현상이 일어나고 유도 전류를 형성하여 유도 전류에 의해 도체가 움직이면 자기장이 생성된다는 이론이다." 이 결과로 지구의 자기장이 생겨 평균 0.5가우스의 자기장을 생성한다 지전류(地電流)는 지하 및 해수중(海水中)에 흐르는 자연발생 전류를 말하는 것으로 태양의 자기폭풍 자기의 日변화 등에 의해 땅속으로 유도전류가 발생하고 이것이 다시 지구자기의 분포를 변형하는데 영향을 준다.

이러한 지전류(地電流)는 지각구조(地殼構造) 지구자기 변동에 따라 특정적인 전류 분포를 갖고 플레밍의 전자기 유도법칙에 의해 동서(東西) 지전류는 남북(南北) 지자기와 관계를 가지고 있다는 것을 알 수 있다. 지전류는 대전류의 원인이 되며 원유, 가스 등 여러 물질에 영향을 주어 부식(腐蝕) 시킨다. 그래서 건설 분야에서는 지전류를 흐르게하여 부식을 억제시키고 있다.

2) 수맥파(水脈波)의 지구방사선 방출(地球放射線 放出)과 관계설.

다음으로는 방사선으로 수맥을 이해하는 것이다. 방사선은 방사선 핵융합의 붕괴에 따라 방출되는 á선. β선. γ선을 의미하며 넓은 의미로 원자핵이 관여하는 각종 반응에 의해서 생성하는 입자선이나 전자기파를 포함한다는 것을 말한다.

지각으로부터 방사선의 발생은 지구내부가 핵(核)과 맨틀(Mentle) 사이에는 온도가 대단히 높으며 여기서 화산(火山) 활동의 원인인 마그마(Mgma :땅속 깊은 곳에서 암석(巖石)이 지열(地熱)에 의해 녹아 반 액체로 된 고온의 조암 물질. 이것이 지각 상층 또는 지표로 올라가 식어서 굳어지면 화성암이 된다)가 생성된다. 또한 온도가 매우 높기 때문에 구성 물질들을 용융(鎔融)시킬 수도 있고 중성자(中性子)를 만들어 원자핵 융합반응을 일으켜서 방사선을 방출 시키는 것이다. 방출되는 방사선의 종류는 알파선($\dot{a}$), 베타선(β), 감마선(γ) 그리고 중자선이 있는데 이 중 에너지가 가장 큰 감마선(γ)이 물의 흐름을 타고 지각(地殼)으로 올라오는 것이 아닌가 한다.

3) 수맥파(水脈波)의 지구 단층파열(單層破裂) 음파설(音波說).

이는 지구의 단층파열 음파로서 이해하는 것이다. 수맥은 일정한 압력과 에너지로 구성되어 있고 또한 계속해서 운동을 한다. 이때 단층 혹은 암반에 의한 물과 암석층과의 마찰에 의한 파장이 지구의 고유 파장(波長)인 7.83Hz에 실려 지상으로 올라와 지각으로 전달되는 것이다. 지질학을 연구하는 학자들은 수맥파가 지질학적 균열이나 단층작용에 의해 발생되는 것이라고 주장하고 자기장을 연구하는 학자들은 전자기파의 일종으로 주장하고 있다. 즉 수맥파는 지하에서 물의 흐름에 의한 파형(波形) 에너지 뿐만 아니라 지질학적 단층작용에서 나오는 에너지, 지구 내부에서 발생되는 자기적 에너지, 지구내부 중심로부터 방출되는 방사선 에너지를 포함하는 것이라고 한다.

4) 수맥파(水脈波)를 토션(Torsion)파로 이해(理解)하는 설(說).

토션파는 매우 독특한 성질을 갖는다. 토션파는 주위의 환경에 흡수되지 않고 진공중에서도 매질(媒質) 없이도 전달된다. 그리고 토션파의 전파 속도는 빛의 속도에 비해서도 비교할 수 없을 정도로 빠를 것으로 추정되고 있다. 빛보다 빠른 토션파의 세계에서는 기존의 물리법칙으로 설명할 수 없는 여러 가지 일들이 가능할 수 있을 것이다.

우주를 지배하는 열역학법칙이 있다. 그 제 1법칙은 에너지 존재의 법칙이고 제2법칙은 우주의 엔트로피(Entropy)는 증가 한다는 법칙이다. 예를 들어서 에너지 존재 법칙이 무너지면 무에서 에너지를 창조하는 일이 가능해 질 것이고 엔트로피 법칙이 무너진다면 엔트로피가 에너지 투입없이 감소하는 일이 일어날 것이다. 이것은 바로 물에 떨어뜨린 잉크가 퍼지지 않고 저절로 모일 수도 있다는 것을 의미한다. 그렇기 때문에 토션파는 에너지를 운반하지 않고 단지 스핀이나 회전의 배열 상태로 나타나는 정보를 전달할 뿐이다. 이러한 성질은 물리학적으로 매우 특이하다. 그렇지만 에너지의 변화는 없더라도 전달 받는 물질의 스핀 상태는 변할 수 있기 때문에 토션파의 측정이 물리적으로 가능하다. 토션파의 영향은 전달되는 물체뿐만 아니라 공간에도 남아 있을 수 있다. 그리고 물에도 구체적인 물질 토션장이 담길 수 있다. 세계적인 물리학자인 시프프박사는 토션파가 전파되고 기억되는 공간을 물리적 진공이라고 표현 하였다. 물리적 진공을 통해서 전달되는 토션파는 부분에 전체의 정보가 담겨있는 특성을 보인다. 토션장은 피라밋과 같은 3차원적인 공간의 특이한 배치에 의해서도 발생하며 히란야(특별한 에너지를 발생 한다고 알려져 있는 도형이나 그림)나 부적과 같은 2차원적인 도형에서도 발생한다. 실제로 토션장은 단지 특이한 그림이나 도형 공간적인 배치 뿐만아니라 평범한 문자와 그림에도 다양한 방법에 의해서도 담을 수도 있다. 이러한 문자나 그림에 담긴 토션장은 복사나 스캔에 의해서 옮겨질 수 있고 또 이

메일로 전달될 수도 있다. 전자장이 생성되는 경우에도 물질의 스핀에 어느정도 영향을 주기 때문에 전자파와 토션파와 함께 진행하게 된다. 전자기장과 상관없이 존재하는 토션장은 존재할 수 없다. 따라서 토션파는 특별한 전자기장인 시스템을 이용하여 발생시킬 수도 있다. 이러한 토션장은 예전부터 우리는 기(氣)라고 불렀으며 의학뿐만 아니라 실생활에 다양하게 응용해 왔다. 기(氣)에 담겨져 있는 이러한 정보적인 측면은 앞으로 깊히 연구해야 할 부분이다.

토션파는 빛보다 비교할 수 없을 만큼 빠른 성질을 갖고 있다. 상대성 이론에 의하면 빛보다 빠른 존재는 있을 수 없기 때문에 이것을 아인슈타인 - 포돌스키 - 로젠의 이름을 따서 EPR 역설이라고 한다. 광자(光子)가 그것이 쌍이 되는 광자와 편광자(片光子)를 일치 시킬 수 있다는 사실은 실험적으로 증명이 되었다. 이것은 아인슈타인이 불가능하다고 말한 초강속(超光速) 통신이 일어났음을 의미한다. 토션이론에서는 물리적 진공을 단지 반대의 전하(電荷)를 가질 뿐만 아니라 각각 다른 방향의 스핀을 갖는 전자와 양전자의 파동형태의 패키지로 가득차 있다고 설명하고 있다. 서로의 스핀이 서로를 보상하고 있기 때문에 단지 전하뿐 아니라 서로의 스핀의 모습을 나타내지 않고 있는 것이다. 그래서 물리적 진공을 서로의 스핀이 상쇄되어 있는 상태인 파이톤(Phyton)이라는 입자들로 가득차 있다고 설명한다.

아인슈타인의 상대성이론에 의하면 어느 물체도 빛보다는 빠를 수는 없다. 물체가 빛의 속도에 도달하면 물체의 무게와 에너지는 무한대가 되고 그 크기는 무한소가 되며 시간은 영원히 정지하게 된다. 이는 현재의 물리학적 상식으로는 불가능한 일들이다. 따라서 빛보다 빠른 토션파의 세계에서는 기존의 물리법칙으로 설명할 수 없는 여러 가지 일들이 일어날 것이라고 생각된다. 수맥은 빛으로 이해할 수 있다. 하지만 수맥은 기존의 빛이론(파동이론)으로 설명할 수 없는 특이한 면들을 가지고 있다. 수맥의 에너지는 매우 약해서 현대과학의 측정방법으로는 관측되지 않는다. 그런데 놀랍게도 사람은 수맥에 쉽게 영향을 받을 뿐만 아니라 간단한 훈련으로 평범한 사람에 의해서도 감지될 수 있다. 수맥이라는 빛은 퍼져나가지 않고 일정한 형태를 이루고 있는데 물리적 상식으로는 설명하기 어렵다. 수맥은 파(波)로 토션파이기 때문이다. 수맥 뿐만아니라 자석의 N극과 S극이 공간에 나타나는 장은 쇳가루를 뿌려 줌으로써 쉽게 관찰될 수 있다. 자석에 의해 나타내는 장이 물질이 아니라면 빛일 수 밖에 없다. 이 빛은 공간에 일정한 형체를 이룬다. 바로 토션파인 것이다. 만유인력도 빛보다 빠른 일종의 토션파로 본다. 토션파는 빛의 속도보다 빠르기 때문에 시간을 거슬러 올라가기도 하며 앞서기도 한다. 토션파에 담겨있는 구체적인 정보는 지금도 생명을 창조하는 원동력이기도 하다. 하지만 토션파는 너무나 미약해서 현대과학의 측정방법으로서는 알아내기 어렵다. 그러나 빛의 속도보다 빠르면서 보이지 않는 토션파의 세계는 지금 보이는 세계와 공존하며 보이는 세계에 구체적인 영향을 주고 있다. 이러한 빛보다 빠른 속도를 갖고 있는 토션파가 디지털 바이올로지에서 표현하는 파동이라고 볼 수 있다. 이 파동에는 물질과 생체의 구체적인 정보를 담을 수 있는데 바로 이것이 우리에게 친숙한 기(氣)의 세계이기도 하다.

제3절 수맥파(水脈波)의 특성과 측정방법(測定方法).

1) 수맥파의 특성.

수맥파는 지하에 수맥이 흐르면서 만들어진 파장이 지구의 지각환경에 의해서 파형에너지의 간섭과 공명현상에 의해 만들어진 파형이 지상으로 전달 되는 것을 수맥파(Water Vein Wave)라고 한다. 수맥파의 발생요인은 지하수는 압력의 차이에 의해 흐름을 지속 하는데 지하수가 흐르는 암반층과의 마찰에 의해서 속도구배가 발생하고 속도구배에 의해 발생된 파장이 지각의 환경 지자기 지전류 자기적 에너지와 지각방사선 그리고 지각단층 작용에 의한 영향으로 파형 간섭과 공명으로 좌회전 음성회전 전자파 형태로 지상에 전달되는 것이다. 이러한 수맥파형은 지구의 고유 주파수가 7.83 헬즈인 것에 반해 주파수가 공명정도에 따라 다양한 에너지 주파수 이상을 발생한다. 이러한 수맥파는 물리적으로 지속적이며 강한 힘을 갖는다. 지상의 물은 위에서 아래로 높은 곳에서 낮은 곳으로 흐름을 지속하지만 지하수의 흐름은 압력차이에 의해 흐름을 지속하므로 아래에서 위로 낮은 곳에서 높은 곳으로 흐를 수 있다. 이때 지하수가 지속하기 위해서는 끊임없이 지표수를 끌어들여야만 흐름을 지속할 수가 있기 때문에 땅을 균열시키고 바위를 부셔가며 물을 공급받고 있다. 수맥파는 토션파의 일종으로 모든 물체를 통과하는 성질을 가지고 있다. 러시아의 과학자들은 토션파를 방해할 수 있는 물질은 지구상에 존재하지 않으며 단지 투과를 저지하는 몇 개의 물질이있을 뿐이다라고 발표하였고 실제로 토션파를 이용한 송.수신기를 만들어 실험하기도 하였다. 그 결과로 전자파를 이용한 송.수신기가 불가능한 지역에서의 송.수신을 수행하기도 하였다. 수맥파는 수직 상승하는 특성을 갖는다. 그러므로 같은 방에서 잠을 같이 자더라도 한사람은 영향을 받고 다른 사람은 영향을 받지 않는 제한적인 영향을 준다.

2) 수맥파 측정 방법.

(1) 측정의 원리

수맥의 측정 원리는 수맥파가 인체의 감지 기관인 용천혈(勇泉穴)(인당혈. 손끝 등)으로 감지가 되면 이 신호가 뇌의 송과체(Pineal Gland)를 자극하여 멜라토닌(신경전달물질)분비를 촉진시켜 인체의 뇌파(腦波)와 공명현상을 일으켜 생체전류의 형태로 생체신호를 생성하여 신경계를 통하여 손에 전달되므로서 엘로드. 펜쥬럼. Y로드 등이 움직이는 것이다.

방송에 비유한다면 몸은 수신기이고 엘로드는 스피커이다. 올바른 수신을 위해서는 우리몸이 파장을 느낄 수 있는 최상의 상태가 되었을 때 가능하다.

(2) 측정의 방법(측정의 기본자세).

가)제1단계 : • 머릿속에 모든 잡념을 버리고 무념 무상의 상태를 유지하며 자신의 마음으로 자연의 현상대로 지금 자신이 탐지하고 있는 장소에 수맥이 있으면 있는대로 없으면 없는대로 지금 손에 쥐고 있는 탐지기에 반응해 주기를 바라면서 탐지를 시작한다.

• 손에 쥐고 있는 탐지기가 움직이지 않게 탐지 자세를 잘 취하고 오직 수맥이 있을 때는 엘로드가 x자가 되고 수맥이 없을때는 원래 형태로 유지되며 기가 있을 때는 'Y자로 벌어지는 형태로 되기를 정신 집중을 하면서 탐지를 한다

- 머릿속에 다른 잡념이 지배하고 있으면 탐지기가 엉뚱하게 움직이므로 첫째 탐지기 잡는 방법과 자세를 항상 바르게 해야 한다.

(나)제2단계 : • 엘로드 수맥 탐지기를 잡는 방법과 탐지 실행 방법.

- 엘로드를 양손으로 가볍게 잡는다. 이때 손에 힘을 빼고 가볍게 잡는다. 즉 손안에 걸치고만 있다는 느낌으로 잡아야 한다.

- 발의 모양은 11자형으로 벌리고 엘로드를 잡은 손은 가슴 높이에서 지상과 수평이 되도록 하고 엘로드 끝부분을 아래 쪽으로 약 10도 정도 숙이며 엘로드를 잡은 양손의 간격은 약 25-30Cm 정도로 벌린다.

- 탐지하며 걸을 때는 가능한 발을 땅에서 떼지말고 슬슬 끌면서 탐지한다.

- 그리고 위와 같이 걸을때 엘로드 잡은 손목이나 어깨를 움직이지 않게 천천히 걸으면서 탐지해야 한다. 만일 몸이 비뚫어지거나 자세가 바르지 않으면 제대로 수맥이 탐지가 되지 않는다는 점을 특히 주의한다.

- 처음 단계에서는 자세를 올바로 잡는데에 수련을 집중해야 탐지 기능이 정확히되고 빨리 체득이 되므로 마음을 급하게 먹지말고 처음부터 정확하게 익혀 나가야 오히려 더 빨리 탐지 기능이 체득된다는 점을 명심해야 한다.

제4절 수맥파(水脈波)와 건강(健康)과의 관계.

지구의 고유 전동주파수(7,83Hz)가 수매파에 의해 교란되고 파형이 변조 증폭되어 전혀 다른 불안정한 전파를 발생함으로써 수맥파 위에서 잠을 자거나 생활하게 되면 인간의 뇌파(腦波)가 수맥파에 의해 공명되어 수면을 취할 때 요구되는 알파파(à) 즉, 8헬즈에서 14헬즈 주파수를 갖지 못하게 되어 이로 인해 신체의 대사리듬이 깨져 각종 질병을 유발시키는 원인이 되는 것이다. 지구는 북극과 남극에 N극과 S극을 가진 거대한 자석이며 이지대는 0.5-0.1가우스의 자기장을 띠고 있고 지구의 고유 전동주파수는 7.83헬즈인데 이는 인간이 지구 품안에서 생활하며 느끼는 좋은 공명 주파수이다. 그런데 이 공명 주파수를 수맥파가 교란 하는 곳에서 장기간 생활하게 되면 위에서 말한바와 같이 신체 대사리듬이 깨지게 되어 다음과 같은 각종 증상들이 나타나고 있어 각별히 주의를 해야 한다.

1) 불면증에 시달리며 숙면을 이루지 못한다.
2) 두통, 빈혈, 차멀미, 구토, 소화불량, 변비 등의 증상이 나타난다.
3) 혈압에 이상이 생기고 중풍에 걸릴 확률이 높다.
4) 신경통, 관절염, 류마티스 발병의 원인이 되기도 한다.
5) 임산부는 기형아 출산율이 높다.
6) 체내에 산소부족, 만성피로, 혈액순환 장애, 매사에 의욕이 없다.
7) 각종 암, 및 정신질환의 원인이 되기도 한다.
8) 늘 피곤하고 잠을 자고나도 몸이 개운치않다.
9) 이러한 증상들이 봄과 가을에 더 악화되고 흐린날에 더 심

하다.

10) 잠을자는 방이 왠지 항상 불안하고 머리가 띵하다.

註 : • 공명현상(共鳴現象 : Resonance) : 물질이 가지고 있는
고유 주파수와 외부에서 가해주는 주파수가 일치하였을
때 에너지 전달이 일어나 큰 에너지를 만들어 내는 것을
말한다. 즉 어떤 물체가 다른 매체의 진동에 자극되어 그
와 동일한 진동의 소리를 내는 현상을 말하며 동조화현상
이라고도 한다.

• Geopathic Stress : 지각(地殼) 스트레스.

• Harmful Earth Radiation : 해(害)로운 지구 파장.

• 지자기(地磁氣) : 지구의 자기.

• 지전류(地電流) : 지구의 가까운 표면을 흐르는 전류. 지
구를 회로의 일부로 하는 전신기 중에서 전선속을 흘러
통신에 장애를 일으키는 전류.

• 방사선(放射線) : 방사선 원소의 붕괴에 따라 방출되는
미립자. 또는 복사선(알파선α. 베타선β. 감마선γ.)

• 전자기파(電磁氣波) : 전자기장의 진동이 진공 또는 물질
속을 전파하는 형상, 전자파.

• 가우스(Gauss) : 독일의 물리학자 가우스가 제창한 자기
력선의 밀도로 나타내는 C. G. S단위 또는 가우스의 단위
1가우스(Gauss)는 500A(암페아)가흐르는 도선으로부
터 1m 떨어진 지점에서 자기의 세기.

• 맨틀(Mantle) : 지구의 지각과 중심핵 사이에 있는 層.

• 토션(Torsion) : 비틀림, 비틈, 염율(捻率), 비트는힘(捻
力), 염전(捻轉).

- 스핀(Spin) : 회전(回轉), 선회(旋回), 나선식강하(螺旋式降下), 소립자(素粒子)의 기본적 성질의 하나. 전자의 자전운동(電子 自轉運動).
- 엔트로피(Entropy) : 물체의 열역학적 상태를 나타내는 양 정보전달의 효율을 나타내는 양. 균질성.

제4장 심혈법(尋穴法)과 혈성론(穴星論).

제1절 심혈법(尋穴法).

1) 개 설(槪 說).

혈을 찾는 기본은 뻗어오는 용맥을 근본으로 하여 좌선행용인지 우선행용인지를 먼저 파악하고 물의 흐름의 방향과 사격의 배열은 어떻게 생겼는지 또 순역과 강유 음양의 이법에 따라 집합하고 분할 되었다가 다시 합해지는지를 자세히 관찰하고 용의 미추와 그 성정도 함께 살펴 혈을 찾아야 한다.

입수맥이 어떻게 되어 있는지 뇌두(승금.도두)가 뚜렷한가. 그리하여 생기를 온전히 혈처로 잘 전달해 주고 있는가 좌우의 선익은 뚜렷한가. 전순의 형태는 어떠한가 수세는 혈장을 환포해 주고 있는가 안산과 조산은 너무 높거나 혹은 너무 낮지는 않은가. 좌청룡 우백호가 너무 낮거나 너무 높지는 않는가. 용호가 비주 하지는 않는가 등을 자세히 살펴보면서 다음에 설명하는 육간법을 적용하여 심혈에 임하면 찾고자하는 진혈을 찾을 수 있을 것이다.

2) 일간분(一看分) : 먼저 그 용(龍 : 山)의 분맥(分脈)을 본다.

용맥이 그 국(局)에 들어오는 행도(行度)와 분맥을 보면서 논하는 것이니 그 脈이 상솔포장(象率抱藏)의 통지(通地)의 맥(脈)인가 정솔순강(正率順强)의 통천(通天)의 맥인가 또는 통천맥(通天脈과 통지맥(通地脈)을 합한 천지(天地)의 맥(脈)인가를 분별해야 한다.

(1) 술건해(戌乾亥), 축간인(丑艮寅), 진손사(辰巽巳), 미곤신(未坤申)은 통지(通地)의 맥이요.

(2) 임자계(壬子癸), 갑묘을(甲卯乙), 병오정(丙午丁), 경유신(庚酉申)은 통천(通天)의 맥이다.

(3) 해임(亥壬)의 낙맥(落脈)은 통천지맥(通天地脈 : 通源脈)이요 술건(戌乾) 낙맥은 통지의 맥이며 임자(壬子)나 자계(子癸)는 通天의 脈이다.

(4) 인갑(寅甲), 사병(巳丙), 신경(申庚), 해임(亥壬), 계축(癸丑), 을진(乙辰), 정미(丁未), 신술(辛戌)의 류(類)는 천지(天地)합의 맥이며.

(5) 임자(壬子), 갑묘(甲卯), 병오(丙午), 경유(庚酉), 신유(辛酉), 자계(子癸), 묘을(卯乙), 오정(午丁)의 류는 통천(通天)의 맥이요.

(6) 건해(乾亥), 간인(艮寅), 손사(巽巳), 곤신(坤申), 술건(戌乾), 축간(丑艮), 미곤(未坤), 진손(辰巽)류는 통지(通地)의 맥이다.

3) 이간교(二看交) : 두 번째는 그 용(龍)의 교구(交媾)를 본다.

초교(初交)의 절(節)이 연태(連胎)의 맥인가 연정(連正)의 맥인가를 알아야 한다. 초교의 맥이 해임(亥壬)의 맥이 있다면 해임의 혈이되는 것처럼 초교의 맥이 무엇인가. 이것이 앞에서 말한 1간분보다 어렵다는 것은 그 행맥(行脈)의 거리가 얼마며 어디가 初交인가를 분별한다는 것이 간단치가 않다.

4) 三看屈 : 세 번째는 그 龍의 굴신처(屈身處)를 보는 것이다.

그 용이 엎드려 굴신(屈身) 함으로 行하는 교구가 잘 되었는가 못 되었는가. 그 진위를 알게 된다. 대체로 좌선(左旋)의 경우는 포태(抱胎)로 회두(回頭)하며 우선의 경우는 태장(胎藏)으로 회두(回頭)가 보통 일반적인 행도(行度) 인데도 좌선(左旋)은 유포(踰抱)를 해야 하는데 그렇지 못하고 포순(抱順)에서 回頭하는 예가 많다. 굴신(屈身)은 유포(踰抱)와 유장(踰藏)을 해야 하는데 그렇지 못하고 좌선(左旋)이 강장(强藏)에서 회두(回頭)하고 우선(右旋)에서 회두(回頭)하는 때에는 굴신(屈身)이 없으니 굴신에서 얻어지는 활동을 과연 어디에서 얻을 수 있을 것인가.

(5) **사간금(四看金)** : 네 번째는 그 용의 진술축미(辰戌丑未)의 金을 보는 것이다. 진술축미(辰戌丑未)는 와(臥)하여서 개장(開帳)을 하고 돌기도 하며 기복(起伏)을 좌우하기도 한다. 이같은 힘을 가지고 있으니 와(臥)의 빈(貧)이라면 제대로 일어서지도 못하게 되니 와(臥)는 힘을 비(肥)하여 힘이 축적되어야 한다.

(6) **五看首** : 다섯 번째는 혈(穴)의 입수(入首)를 보는 것이다.

入首가 건곤간손(乾坤艮巽)의 입수(入首)인가 인신사해(寅申巳亥)의 입수인가 진술축미(辰戌丑未)의 입수 인가부터 확인을 해야 하며 이같은 포.태.장(抱.胎.藏)의 입수는 지(地)의 입수이며 갑경병임(甲庚丙壬), 자오묘유(子午卯酉)의 입수는 천(天)의 입수가 된다. 포입수(抱入首)의 경우에는 중심에서 약간 백호(白虎)쪽으로 정혈(定穴)하고 장입수(藏入首)의 경우에는 중심에서 약간 청룡(靑龍)쪽으로 정혈(定穴)하며 태입수(胎入首)의 경우에는 중심부를 따라서 정혈한다. 또 양의 광(狂)은 진술축미(辰戌丑未)의 취(取)하는 것이며 음의 경(驚)은 인신사해(寅申巳亥)의 입수를 취하는 것이다. 대체로 포입수. 태입수. 장입수(抱入首 胎入首 藏入首)는 통지(通地)의 입수(入首)이며 가장 많은 것이다.

(7) 육간국(六看局) : 여섯 번째는 국세(局勢)와 혈의 국(局)을 본다. 전체적으로 그 용맥(龍脈)이 낙맥(落脈)하여 穴에 이르는 사이에 대소의 과협(過峽)이나 좁은 과협과 음양오행(陰陽五行) 방위가 있어서 허. 실(虛. 實)과 귀. 천(貴. 賤)의 형이 국세에 따라 나타났는가를 보아 허한 것이면 버려야한다.

제2절 혈성법(穴星法).

1) 일.금교간돌(一.金交看突)

진술축미(辰戌丑未)는 호와(好臥)하여서 넓어지는 것이며 五行의 기(氣)를 수장(收藏)하기에 주로 와(臥)하고 불기(不起)하며 위와(爲窩)하니 돌(突)한 곳은 즉 와중(窩中)에서 돌은 양중(陽中)의 음(陰)이다. 와(窩)만 있고서 돌이 없으면 공허한 와(窩)가 되는 것이니 음양배합(陰陽配合)으로서도 꼭 突이 있으므로서 취기(聚氣)를 할 수 있는 것인데 突이 없으면 잘 때 깔고 자는 요에서 울룩 불룩한 취기가 있기도 하다. 인욕(茵褥 :요)는 소와(小窩)는 없는 것이며 대와중(大窩中)에서 무돌(無突) 또는 무와(無窩)인때 등등함을 보는 사람이 깨달아야 한다.

2) 이.정교간직(二. 正交看直) :

사정(四正)은 세요(細腰)하여서 과협(過峽)이 되는 것이니 속지긴자(束之緊者)라 끊길 정도이니 짧아야 행룡의 기(行龍 氣)가 멈추게 되니 즉 서두(鼠頭)처럼 짧아야 한다. 짧지 않고 길면 취기(聚氣)가 아니라 行하는 것이다.

3) 삼.포교간곡(三.抱交看曲).

포(抱)는 인신사해(寅申巳亥)이며 포의 穴은 굽은대 있다. 포는
그 성(性)이 유각(乳脚)이라 회두(回頭)하는 것이니 불회(不回)하
면 기(氣)를 머물지 못하기에 회곡(回曲)한데 혈이 있다. 그러나 그
형(形)이 위유(爲乳)라 하는 것이다.

4) 사.순교간회(四.順交看會).

순필(順必) 突하니 突이 불포(不抱)하면 즉 독용(獨龍)이라 기이
용회(氣而龍會) 고로 필간기회(必艮其會)니라 순(順)은 갑경병임
(甲庚丙壬)이요. 순은 술(戊)의 氣이며 그 性은 호동(好動)하여 突
하는 것이니 양동(陽動)하여 突하는 것은 역시 음양배합(陰陽配合)
의 원리이며 당연한 것이다. 순(順)은 반드시 돌(突)하게 되었다하
여 그저 돌이면 밭두둑과 같은 독용(獨龍)이 되니 돌은 그앞을 회
포(回抱)하여야 한다. 회포(回抱)하지 않으면 주기(注氣)가 불가한
것이니 한낱 실로라기 같은 미세(微細)한 회포(回抱)라도 있어야
한다. 그래서 필간기회(必看 其會)라 한다.

5) 오.강교간요(五.强交看凹).

강교필요(强交必凹)하니 강(强)이 불요자(不凹者)는 쌍행(雙行)
뇌탄 고로 필강(必强) 기요(其凹)니라. 强은 을신정계(乙辛丁癸)
이면서 능히 개장(開藏)을 하며 요(凹) 하는 것이니. 요(凹) 하지
않으면 진술축미(辰戌丑未)의 장(藏)과 쌍행을 하였기에 凹하지도
못하고 와(窩)처럼 뇌탄한다. 강(强)과 장(藏)이 쌍행(雙行)하면
장(藏)의 살(殺)이 있는 고로 모두 기(忌)한다.

6) 육.태교간겸(六.胎交看鉗)

건곤간손(乾坤艮巽)의 태(胎)는 호기(好起)하는 것이니 기(起)하면 개(開)를 함으로 음양이 균형을 이루는 것인데 개구(開口)를 아니하면 순음(順陰)이라 양(陽)이 없으므로 배교(配交)가 되지 못한다. 그러니 우그러지는 모양의 겸(鉗)을 이루는 데가 정혈(定穴)이 된다.

먼저의 육간(六看) 즉 일간분(一看分), 이간교(二看交), 삼간굴(三看屈), 사간금 (四看金), 오간수(五看首), 육간국(六看局)은 용맥(龍脈)의 교구로써 심혈(尋穴)을 하는 것이며 나중의 육간(六看)은 돌(突), 직(直), 곡(曲), 회(會), 요(凹), 겸(鉗)으로 혈성(穴星)을 구분 하는 것이다.

제3절 육모(六貌)의 배합(配合)과 변화(變化).

1. 육모(六貌)의 정립(定立).

1) 개 설(槪說).

육모(六貌)란 나경(羅經)上에 표시된 24山(임자.壬子, 계축.癸丑, 간인.艮寅, 갑묘.甲卯, 을진.乙辰, 손사.巽巳, 병오.丙午, 정미.丁未, 곤신.坤申, 경유.庚酉, 신술.辛戌, 건해.乾亥)을 교구 통맥법을 측정하는데 편리하도록 하기 위하여 4개의 산으로 나누어 6개의 이름을 정하여 그 역할을 배분함으로써 교구 통맥법에 적용토록 하였는데 그 이름을 정하여 배정한 내용을 보면 24山中 건곤간손(乾坤艮巽)은 사태(四胎, 四柱, 四象, 四隅, 四維 등으로도 사용함)으로 정하고, 갑경병임(甲庚丙壬)은 사순(四順)으로, 진술축미(辰戌丑

未)는 사장(四藏)으로, 을신정계(乙辛丁癸)는 사강(四强)으로, 인신사해(寅申巳亥)는 사포(四抱)로 가각명명하여 이 여섯가지의 배합(配合)은 각각 다른 형태의 용(龍)으로 변화하게 되는 것을 적용한다. 이 변화 하는 내용을 설명하면 다음과 같다.

2) 배합(配合)과 변화(變化).

(1) 순자(順者) : 갑경병임(甲庚丙壬)은 돌(突)이요. 태자(胎者) : 건곤간손(乾坤艮巽)은 기(起)요. 돌(突)과 기(起)가 합하면 수봉(秀峰)하고 순락거이(順落去而) 자재(自在)하면 태작봉(胎作峰)이 불수(不秀)니라.

인신사해(寅申巳亥)의 사포(四抱)는 유(乳)같으며 갑경병임(甲庚丙壬)의 순(順)은 돌(突)하게 되니 유(乳)와 돌(突)이 合하면 곧 으면서도 우뚝솟은 모습이 된다. 그러나 포(抱)가 합세(合勢)하지 않고 떠나가 버리면 순(順)은 돌(突)할 뿐 곧지를 못한다. 유(乳)는 돌세(突勢)로 인하여 유(乳)가 되며 돌(突)은 유세(乳勢)로 인하여 돌(突)이 된다.

(2) 순자 돌. 정자 요 (順者 :甲庚丙壬 突. 正者 : 子午卯酉 腰) 돌. 요. 합(突. 腰. 合)이 올세(兀細)하며 순락거이(順落去而) 자재(自在)하니 정작세(正作細) 불요(不腰)니라. 갑경병임(甲庚丙壬) 순(順)은 돌(突)하고 자오묘유(子午卯酉) 정(正)은 요(腰)하다. 돌(突)과 요(腰)가 합세(合勢)하면 우뚝하고 가늘어 지나 순(順)이 떠나 버리면 정(正)은 세(細)하여도 요(腰)치 못한다. 순(順)이 없으면 잘 속(束)하지 못한다.

(3) 건곤간손(乾坤艮巽)의 태(胎)는 기(起)하고 인신사해(寅申巳亥)의 포(抱)는 유(乳)하나 태(胎)의 기(起)와 포(抱)의 유(乳)가 합세(合勢)하면 봉(峰)이 길쭉하게 된다. 그러나 태(胎)가 떠나

버리면 포(抱)는 본성(本性)을 잃어 버리지 않고 유(乳)를 만들어서 회두(回頭)하게 된다.

(4) 장(藏)의 진술축미(辰戌丑未)는 와(臥)하고 태(胎)의 건곤간손(乾坤艮巽)은 기(起)한다. 와(臥)와 기(起)가 합세하면 봉(峰)은 평평(平平)하며 태(胎)의 기(起)가 떠나 버리면 와(窩)할 뿐이며 미원(未圓)하다.

(5) 장(藏)자 와(窩) 강(强)자 요(腰)(辰戌丑未 窩. 乙辛丁癸 腰) 와(窩)와 요(凹)가 합세하면 평탄(平坦)하고 장(藏)이 락거이(落去而) 자재(自在)하면 강작 겸기 유곡(强作 鉗已 有谷)이라.

(6) 을신정계(乙辛丁癸)의 강(强)은 요(凹)하고 자오묘유(子午卯酉)의 정(正)은 세(細)하니 요(凹)와 세(細)가 합세하게 되면 평요(平凹)하게 되고 을신정계(乙辛丁癸의) 강(强)이 떠나 버리면 자오묘유(子午卯酉)의 정(正)은 활통(闊通)하여져서 길이 통하게 된다.

(7) 요(凹)는 겸(鉗)하고자 하고 세(細)는 속기(束氣)하고자 하여서 겸(鉗)하지도 못하고 속기(束氣)아지도 못하지만 요(凹)의 을신정계(乙辛丁癸)와 세(細)의 자오묘유(子午卯酉)가 합세(合勢)하게 되면 불요(不腰)하게 되는데 요(腰)와 세(細)가 분리하게 되면 을신정계(乙辛丁癸)의 요(凹)는 분각(分脚)하여서 겸(鉗)을 만들며 자오묘유(子午卯酉)의 세(細)는 요(腰)가 끊길 정도로 되기에 과협(過峽)이 된다.

(8) 태(胎)인 건곤간손(乾坤艮巽)의 기(起). 포(抱)인 인신사해(寅申巳亥) 유(乳). 순(順)인 갑경병임(甲庚丙壬)의 돌(突). 정(正)인 자오묘유(子午卯酉)의 세(細). 강(强)인 을신정계(乙辛丁癸)의 요(凹). 장(藏)인 진술축미(辰戌丑未)의 와(窩)이 여섯은 그 성(性)이 상합(相合)하게 된다면 수장(秀長)하고 올세(兀細)하며

평탄(平坦)한 형상으로 변화를 하게 되어서 조금도 어긋나지 않는다. 이와 같이 태, 포, 순, 정, 강, 장(胎. 抱. 順. 正. 强. 藏)이 서로 교합(交合)하는데는 태(胎)의 기(起)와 순(順)의 돌(突)이 정상으로 교합(交合)하면 건곤간손(乾坤艮巽)의 봉(峰)은 수고(秀高)하듯이 포(抱)의 유(乳)와 정(正)의 요(腰)가 정상으로 교합(交合)하면 올세(兀細)하고 태(胎)의 기(起)와 포(抱)의 유(乳)가 교합하면 봉장(峰長)하고 장(藏)의 와(窩)와 태(胎)의 기(起)가 교합하면 봉평(峰平)하고 장(藏)의 와(窩)와 강(强)의 요(凹)가 교합하면 평탄(平坦)하고 강(强)의 요(凹)와 정(正)의 세(細)가 교합하면 평요(平凹)하게 된다.

제4절 교 육리법(交 六理法).

교유 육리하니 노교(老交), 소교(小交), 혈교(穴交), 주교(走交), 해교(解交), 황천교(黃泉交)가 있는데 이를 설명하면 다음과 같다.

(1) 노교(老交) : 노(老)는 본간(本幹)의 큰 용(龍)은 분지(分枝) 분엽(分葉)하게 되어 있어 본간의 용(龍)은 본체가 쇠잔(衰殘)하게 되고 지엽은 충실하게 되었으니 본간의 용은 버리고 충실한 지엽(枝葉)에서 혈(穴)을 취한다.

(2) 소교(小交) : 불사분산역(不思分産易) 불분지엽(不分枝葉)하며 지공체돌(枝空體突)하니 엽지지음양(葉枝之陰陽)하고 취체지혈(取體之穴)이니라. 소교(小交)는 노교(老交)의 반대로 분산(分産)하기를 생각지 못하니 지(枝)는 공(空)하고 체(體)는 충실하므로 본간(本幹)이 용(龍)에 혈(穴)이 있다. 연약한 데는 혈이 없으니

씩씩한 곳에 혈이 있게 되는 것이다.

(3) 혈교(穴交) :음(陰)은 음(陰)으로 양(陽)은 양(陽)으로 홀로 가서 국(局)을 만든다. 그러나 양국(陽局)에 음각(陰角)이 음국(陰局)에 양각(陽角)이 상천(相穿) 통교(通交)하는 것이다. 각(角)이라 하는 것은 인각(寅角)은 술(戌)이 감추며 신각(申角)은 진(辰)이 감추며 해각(亥角)은 미(未)가 감추며 사각(巳角)은 축(丑)이 감춘다. 음국(陰局)은 양맥(陽脈)을 얻으며 양국(陽局)은 음맥(陰脈)을 얻는 것이 穴의 증명(證明)이다.

(4)주교(走交) : 주교(走交)란 만나려면 달아나는 것이니 건(乾)이 간(艮)을 만나려는데 간(艮)이 달아나며 곤(坤)이 건(乾)을 만나려는데 건(乾)이 달아난다. 즉 주교(走交)라 힘은 달아나서 만나지 못하는 것이다.

(5) 해교(解交) : 해교란 건(乾)이 간(艮)과 교(交)하니 분입(分入)하여 건(乾)은 스스로 건(乾)으로 거(去)하고 간(艮)은 스스로 간(艮)으로 거(去)한다. 곤(坤)도 손(巽)도 이와 같다. 양자가 서로 만나서 교구하는데 피차가 각기 거(去)하여 교(交)를 맺지 못하는 것이다. 분입(分入)은 길을 나누어 행(行)하여서 만나지 못하는 것을 말한다.

(6) 황천교(黃泉交) : 체(體)는 부모(父母)가 되고 지(枝)는 자손(子孫)이 되는 것을 이름한 것이니 건(乾)과 손(巽)의 체(體) 부모(父母)가 곤간(坤艮)의 지엽(枝葉)을 껴지 않으며 건(乾)과 간(艮)의 체(體)가 곤손(坤巽)의 지엽(枝葉)을 껴앉는 것은 음양(陰陽)의 교구이며 부모(父母)와 자손(子孫)의 배합(配合)이 된다. 즉 건(乾)이나 손(巽)의 체(體)가 지엽(枝葉)을 협(挾)하였다 하는 곤간(坤艮)은 건손(乾巽)의 영생(永生)의 지(枝)이며 곤(坤)과 간(艮)의 체(體)가 건손(乾巽)의 지엽(枝葉)을 협(挾)하였다 하는 것

역시 건손(乾巽)은 곤간(坤艮)의 영생(永生)의 지(枝)가 된다. 그
러나 황천교(黃泉交)라 함은 건(乾龍)이 좌선(左旋)으로 뻗었다
면 의당 간용(艮龍)을 만나는 것이 정상의 교구가 되는 것인데 간
지(艮枝)는 없으며 곤지(坤枝)를 만나면 교구는 되나 건(乾)이 좌
편(左便)으로 뻗쳤으며 곤지(坤枝)를 만나는 교(交)는 황천교(黃
泉交)가 된다. 반대로 건용(乾龍)이 우편(右便)으로 뻗쳤다면 의
당 곤지(坤枝)를 만나야만 정상의 교구가 되는데 곤지(坤枝)는 없
게 되고 간지(艮枝)를 만나는 교(交)는 황천교(黃泉交)가 되는 것
이다. 또 손용(巽龍)이 좌편(左便)으로 뻗쳤다면 곤지(坤枝)를 만
나야 정상의 교구가 되는 것인데 곤지(坤枝)는 없고 간지(艮枝)를
만나는 것은 황천교(黃泉交)가 된다. 곤용(坤龍)이 좌선시(左旋時)
건지(乾枝)를 만나야 정상적인 교구가 되는 것인데 그렇지 못하고
곤용(坤龍)이 손지(巽枝)를 만나면 황천교(黃泉交)라 한다. 간용
(艮龍)이 좌선시(左旋時) 손용(巽龍)을 만나야 정상의 교구가 되는
데 건지(乾枝)를 만나서 교구하는 것을 황천교(黃泉交)라 한다. 노
교(老交) 소교(小交)는 밝은 혈증(穴證)이며 혈교(穴交) 역시 작혈
(作穴)의 묘리가 있으며 주교(走交) 해교(解交)도 중요하며 음주
(陰走) 양주(陽走) 음해(陰解) 양해(陽解) 설명이 있겠으나 황천교
(黃泉交)만은 수용의 여지가 없다.

제5절 경룡과 광룡(驚龍. 狂龍).

(1) 좌선(左旋)의 양용(陽龍)이 불유포(不踰抱)하면 만나야 할
음(陰)은 앞에서 경(驚)하게 되고 우선(右旋)의 음용(陰龍)은 불유

장(不踰藏)하면 만나야 할 양(陽)은 광(狂)하게 된다.

양(陽)이 음(陰)을 취(取)하지 못한다고 하는 것은 건(乾)이 간(艮)을 만나지 못하여 손(巽)이 곤(坤)을 만나지 못하는 것이요.

음(陰)이 양(陽)을 취(取)하지 못한다고 하는 것은 곤(坤)이 손(巽)을 만나지 못하여 간(艮)이 건(乾)을 만나지 못하게 되니 건(乾)과 손(巽)의 양(陽)은 유포(踰抱)를 못하게 되고 곤간(坤艮)의 음(陰)은 유장(踰藏)을 못하였기에 음(陰)은 놀라게 되며 양(陽)은 미치게 된다.

(2) 좌선(左旋)의 양용(陽龍)은 유포(踰抱)하고서 교구가 되는 것이니 사포(四抱)가 위주가 되는데 양용(陽龍)이 유포(踰抱)를 하지 못하면 양(陽)의 광(狂)이요. 우선(右旋)의 음용(陰龍)은 유장(踰藏)을 하고서야 교구가 되는 것이니 사장(四藏)이 위주가 되는데 음용(陰龍)이 유장(踰藏)을 하지 못하면 이는 음(陰)의 경(驚)이다. 음(陰)은 양(陽)과 불교(不交)하기에 경(驚)하게 되고 양(陽)은 음(陰)과 불교(不交)하기에 광(狂)하게 된다. 좌선(左旋)의 건(乾)이 간(艮)을 만나나 인(寅)을 유(踰)하지 못하며 우선(右旋)의 건(乾)이 곤(坤)을 만나 미(未)를 유(踰)하지 못하니 그 용(龍)이 전경(前驚)하며 좌선(左旋)의 손(巽)이 곤(坤)을 만나나 신(申)을 유(踰)하지 못하며 우선(右旋)의 손(巽)이 간(艮)을 만나나 축(丑)을 유(踰)하지 못하니 그 용(龍)이 전경(前驚)한다.

(3)위에서 설명한 내용을 다음과 같이 요약한다.

양용(陽龍)인 건(乾)이 좌선(左旋)하여 간(艮)을 만나고도 인(寅)을 만나지 못하면 경용(驚龍)이고 불유포(不踰抱).

양용(陽龍)인 손(巽)이 좌선(左旋)하여 곤(坤)을 만나고도 신(申)을 만나지 못하면 경용(驚龍)이다. 불유포(不踰抱).

양용(陽龍)인 건(乾)이 우선(右旋)하여 곤(坤)을 만나고도 미

(未)를 만나지 못하면 경용(驚龍)이고. 불유장(不踰藏).

양용(陽龍)인 손(巽)이 우선(右旋)하여 간(艮)을 만나고도 축(丑)을 만나지 못하면 경용(驚龍)이다. 불유장(不踰藏).

음용(陰龍)인 간(艮)이 좌선(左旋)하여 손(巽)을 만나고도 사(巳)를 만나지 못하면 광용(狂龍)이고. 불유포(不踰抱).

음용(陰龍)인 곤(坤)이 좌선(左旋)하여 건(乾)을 만나고도 해(亥)를 만나지 못하면 광용(狂龍)이다. 불유포(不踰抱).

음용(陰龍)인 간(艮)이 우선(右旋)하여 건(乾)을 만나고도 술()戌을 만나지 못하면 광용(狂龍)이다. 불유장(不踰藏).

음용(陰龍)인 곤(坤)이 우선(右旋)하여 손(巽)을 만나고도 진(辰)을 만나지 못하면 광용(狂龍)이다.불유포(不踰藏).

제6절 롱(聾). 아(啞). 고(瞽).목 (目). 법(法).

귀가멀거나(귀머거리). 말을 못하거나(벙어리). 눈이 멀거나(봉사)하는 다음에 제시하는 맥(脈)에 음(陰). 양택(陽宅)을 조성(造成)하여 묘(墓)를 쓰거나 주거(居住)하면 다음과 같이 롱, 아, 고목 자손(子孫)이 출생(出生)하니 심혈(尋穴)시 특히 주의(注意)를 요(要)한다.

(1) 자.오.묘.유(子.午.卯.酉) 롱.아.법(聾.啞.法).

사용(巳龍) 일절하(一節下) - 을진쌍행맥(乙辰雙行脈) - 묘맥(卯脈)에 - 묘좌(卯坐)할 때 롱 아 자손출(聾. 啞 子孫出).

인용(寅龍) 일절하(一節下) - 계축쌍행맥(癸丑雙行脈) - 자맥

(子脈)에 - 자좌(子坐)할 때 롱 아 자손출(聾. 啞 子孫出).

해룡일절하(亥龍 一節下) - 신술쌍행맥(辛戌雙行脈) - 유맥(酉脈)에 - 유좌(酉坐)할 때 롱 아 자손출(聾. 啞 子孫出).

신용일절하(申龍 一節下) - 정미쌍행맥(丁未雙行脈) - 오맥(午脈)에 - 오좌(午坐)할 때 롱 아 자손출(聾. 啞 子孫出).

(2) 갑.경.병.임(甲.庚.丙.壬). 고 목 법(瞽 目 法).

계축쌍행맥(癸丑 雙行龍) - 임맥(壬脈) - 임좌(壬坐)할 때 고목자손출(瞽 目子孫出).

신술쌍행맥(辛戌 雙行龍) - 경맥(庚脈) - 경좌(庚坐)할 때 고목자손출(瞽 目子孫出).

정미쌍행맥(丁未 雙行龍) - 병맥(丙脈) - 병좌(丙坐)할 때 고목자손출(瞽 目子孫出).

을진쌍행맥(乙辰 雙行龍) - 갑맥(甲脈) - 갑좌(甲坐)할 때 고목자손출(瞽 目子孫出).

제7절 도선국사(道詵國師) 망명배지(亡命配地) 특비법(特秘法).

건괘(乾 卦).(1) 계. 해. 술(癸. 亥. 戌)생 : 건좌(乾坐)가 길(吉).

곤괘(坤.卦). (2) 미. 신. 정(未.申.丁)生 : 곤좌(坤坐)가 길(吉).

진괘(震.卦). (3) 갑. 묘(甲. 卯)生 : 진좌(辰坐)가 길(吉) .

손괘(巽.)卦. (4) 진. 사. 신(辰. 巳. 辛) : 손좌(巽坐)가 길(吉).

감괘(坎)卦. (5) 임. 자(壬. 子)生 : 자(子坐)가 길(吉).

이괘(離卦). (6) 경. 오(庚. 午)生 : 오좌(午坐)가 길(吉).

간괘(艮卦). (7) 축. 인. 을(丑. 寅. 乙)生 : 간좌 (艮坐)가 길(吉).

태괘(兌卦) (8) 유, 병(酉. 丙)生. : 유좌(酉坐)가 길(吉).

제8절 도선국사(道詵國師)의 작혈법 사십구체(作穴法 49體)

1. 혈(穴)을 짓는 작혈법(作穴法)은 천만가지가 다 같지 않고 와 겸유돌(窩鉗乳突) 사상(四象)에서 사십구체(四十九體)로 변환하는 것이니 그것을 열거하면 다음과 같다.

1. 바로 정맥(正脈)에 맺는 穴.

2. 편맥(偏脈)에 맺는 穴.

3. 은맥(隱脈)에 맺는 穴.

4. 누맥(漏脈)에 맺는 穴.

5. 변생변사맥(邊生邊死脈)에 맺는穴.

6. 상장하단순요(上長下短脣褥)에 맺는 穴.

7. 양봉(兩峰)이 쌍조(雙照) 하면서 맺는 穴,

8. 단봉(單峰)에 의지하고 맺는 穴.

9 -10. 선익(蟬翼)이 있는 곳에 맺는 穴과 없는 곳에 맺는 穴.

11. 협수(挾水)하고 맺는 穴.

12. 협수(挾水)없이 맺는 穴.

13. 미망운중(微茫暈中)에 맺는 穴.

14. 평광상(平壙上)에 맺는 穴 .

15-22. 활와(闊窩) 협와(挾窩) 심와(深窩) 천와(淺窩)의 左右에

맺는 穴.

23. 와중(窩中)의 평평한 곳에 맺는 穴.

24. 와중(窩中)의 돌(突)에 맺는 穴.

25. 상와하겸(上窩下鉗)에 맺는 穴.

26. 사겸변운중(斜鉗變暈中)에 맺는 穴.

27-30. 장돌(長突) 단돌(短突)방돌(方突) 원돌(圓突)에 맺는 穴.

31. 돌중(突中)의 와(窩)와 돌중(突中)의 평평한 곳에 맺는 穴.

32. 쌍돌(雙突)에 맺는 穴.

33. 유돌(乳突)에 한자리(一穴)만 맺는 穴.

34. 현담(懸膽)에 맺는 穴.

35. 복종(伏鐘)과 복부(伏釜)에 맺는 穴.

36. 조천(朝天)하는 맥(脈)에 맺는穴 .

37. 물가(水邊)에 맺는 穴.

38. 높은산(高山)에 맺는 穴.

39. 평평한 들녘(平洋)에 맺는 穴.

40. 순기룡(順騎龍)에 맺는 穴.

41. 도기룡(倒騎龍)에 맺는 穴.

42. 배조(拜祖)하여 맺는 穴.

43. 회룡고조(回龍顧祖)하여 맺는 穴.

44. 수중(水中)에 맺는 혈.

45. 석상(石上)에 맺는 穴.

46. 수중석곽(水中石槨)에 맺는 穴.

47. 석중토(石中土)에 맺는 穴.

48. 횡락(橫落)으로 맺는 穴 .

49. 차조(借朝)하여 맺는 혈.

2. 작혈법 사십구체 해설(作穴法 四十九體 解說)

❋ 정맥이낙자(正脈而落者) : 정맥(正脈)에서 떨어저 맺은 穴은 반드시 후룡(後龍)이 층층(層層)으로 꺾어 방향전환(方向轉換)을 하고 마디마디 가지가 생겨 左로 비틀 右로 비틀 우쭐대며 내려올 제 東쪽으로 뛰다가 다시 西쪽으로 달리고 南으로 갔다가 다시 北으로 달리고 번뜩 번뜩 종적을 감추기도 하고 行하는 법도가 변화무쌍(變化無雙)하니라. 그러나 결국 한곳에 도달하여 봉만(峰巒)이 특립(特立)하여 左右로 개(介)자로 벌리고 중심에 일맥(一脈)이 꾸불꾸불 진기(眞氣)를 토(吐)하면서 다시 수삼절(數三節) 마디를 이루고 나서 穴이 맺으니 이것은 본산(本山)에서 웅급(雄急)하여 성난듯한 기운이 다 벗어났으므로 정맥에 똑바로 穴을 맺어도 살기(殺氣)가 없으니 도리어 吉地가 되느니라.

❋ 편맥이낙자(偏脈而落者) : 한쪽에 치우친 脈에 맺은 穴은 山이 흘러내려와서 穴을 맺기 직전 입수처(入首處 : 穴맺기 직전의 들머리)에 이르러서 기봉(起峰)한 峰우리가 뾰쪽뾰쪽 크고 깎아 세우듯 높아서 脈이 곧고 웅급(雄急)하여 穴 짓기가 어려우므로 다시 부드럽고 연한 脈이 한 가닥 나와 꾸벅거리며 미끌리듯 미미하게 내려와 左右로 굴러 떨어저 그 세(勢)가 반드시 역수(逆水)로 된 국세(局勢)로 穴이 맺으니 이것은 곁가지이지만 큰 줄기맥의 기운을 띈 것이라 오히려 정맥(正脈)에 맺은 穴 보다도 역량(力量)이 장원(長遠)하느니라.

❋ 은맥이낙자(隱脈而落者) : 숨은 맥(脈)에 떨어진 穴은 큰 줄기맥(大幹脈)이 지나갈 때에 생기(生氣)가 옆으로 토출(吐出)하여 좌(左)로 비틀 우(右)로 비틀 흔들거리고 내려올 때 맥이 혹은 끊어

지기도 하고 혹은 이어지기도 하고 은은히 미미하게 풀 속을 지나가는 뱀처럼 유형 무형 나타나며 배 짜는 북실이 실구멍을 지나가듯 가느다랗게 내려와서 穴을 개국(開局)할 곳에 도달하여 물을 거슬러 역수(逆水)로 그치고 또한 좌우선궁격(左右仙宮格)으로 짓는 경우도 많으니라.

또한 주봉(主峰)이 높은 바위로 벽(壁)처럼 서서 그 아래 널찍한 언덕이 매달렸으면 진기(眞氣)가 의지하여 머물지 못하므로 그 가장 아랫 쪽에 희미한 훈중에 와겸혈(窩鉗穴)이 맺기도 하고 유돌혈(乳突穴)이 맺기도 하느니라.

또한 본산(本山)으로부터 한가닥 가지가 횡(橫)으로 끌고 나와 혈전(穴前)을 싸돌며 가는 물을 역수(逆水)로 걷어주면 길지(吉地)가 되느니라. 이런 穴은 첩신혈(貼身穴- 몸에 붙어서 맺힌穴)이나 쌍룡합기혈(雙龍合氣穴-두용(龍)이 하나로 합친穴)에 많으리라.

❀ **누맥이낙자(漏脈而落者)** : 새어나온 脈에서 떨어진 穴은 행룡(行龍)이 높이 솟아 뛰엄뛰엄 멀리서부터 곧게 내려와서 개국처(開局處)에 이르러 어병이나 어장체를 벌려놓고 아래에는 이끌고 간 맥이나 등성이가 없고 또 몸을 않고 또는 지각도 없고 다만 횡으로 나간 좌우 사격이 평평한 들밖에 나열하니 그중에 넓고 허랑하여 호탕하고 아득할 뿐 穴 맺는 법이 없을 것 같아 속안(俗眼)은 허화(虛花)라고 하며 취하지 않는 수가 많다. 그러나 현무(玄武 -穴後의 主山)가 머리 숙일 때 일선미맥(一線微脈)이 땅속에 새어잠겨 가다가 희미하게 지상(地上)에 노출(露出)하여 산화체(散花體). 산주체(散主體). 혹은 잠자는 거북. 잠겨있는 용(龍) 등의 형상(形象)이 되니 이런 것들은 우주 조화의 공덕을 빌리지 않고서는 진가(眞價)를 분별하기 어려울 것이다.

❀ 변생변사자(邊生邊死者) : 이는 한쪽 변(邊)은 生하고 한쪽 변(邊)은 사맥(死脈)인 경우이니 맥(脈)이 한쪽은 두텁고 한쪽은 얇아 두텁게 내려온 쪽이 生氣요 얇게 내려온 쪽이 死脈이다. 재혈(裁穴)할 때 두터운 쪽에 3분의 1을 얇은 쪽에 3분의 2를 주어 재혈(裁穴)하여 후(厚)하고 박(薄)한 사이로 하여금 정기(正氣)를 잃지 않도록 하여야할 것이니라.

❀ 상장하단무순혈(上長下短無脣穴) : 오는 맥(脈)이 비록 길지만 穴맺은 곳에 이르러 대통 자른듯 혹은 발을 개고 앉은 다리처럼 穴下에 남은 여기(餘氣)가 없고 뚝 끊기면 후손이 없으니 중국 원서(原書)에 말하기를 山이 여기가 없으면 반드시 후손이 없다 하였으니 어찌 안 믿겠는가. 아이 요나 방석같은 순전(脣氈)이 없고 짧게 단축된 穴은 左右의 가까운 사격(砂格)이 혈장(穴場)을 긴하게 둘러 안고 매미날개처럼 우익이 되고 앉은 자리밑에 합기(合氣)한 미미한 훈(暈 : 달무리같은 태두리)이 있어 앞의 부족한 기운을 보강하여 당국의 세(勢)가 흘러 새지 못하게 한즉 자손(子孫)과 노복(奴僕)이 다같이 성(盛)하며 이는 절처봉생(絶處逢生)의 이기작용(理氣作用)이니라.

❀ 쌍조이결자(雙照而結者) : 두 봉(峰)이 혈처(穴處)의 左右에 나란이 비쳐서고 높고 얕고 멀고 가까움이 상등(相等)하여야 완벽한 길지(吉地)가 되나니 만약 쌍봉(雙峰)이 左右로 갈라서지 않고 단일봉(單一峰)만 있으면 반드시 수하(水下)에 봉(峰)이 서서 역수국(逆水局)으로 되어야 하고 이런 증좌들이 있으면 穴이 참되고 적실함을 분별하기 어렵지 않을 것이니라.

❊ **선익이결자(蟬翼而結者)** : 용맥(龍脈)이 점점 길게 나와 꾸불꾸불하다가 곧게 내려와서 돌(突)도 없고 와(窩)도 없고 기세(氣勢)가 나약하고 쇠잔한즉 점혈(點穴)이 어렵나니 이런 때는 나비 눈썹이나 매미 날개처럼 생긴게 있어 本身의 우익(右翼)이 있어야 하고 혹 선익(蟬翼)이 없이 穴이 되면 반드시 후절(後節)에 크고 작은 팔자형(八字形)의 사격(砂格)이 있은 연후에 穴이 맺는다.

❊ **협수이결자(挾水而結者)와 무수이결자(無水而結者)** : 혈변(穴邊)의 左右水가 앞에 合하는 것을 금어수(金魚水)라 하며 이는 山허리에 짓는 穴에 많다.

물을 끼지 않고 맺는 穴은 주로 山중에 작국(作局)이 되고 左右 사격(砂格)이 穴을 에워 싸면 물이 없어도 당국의 氣가 세어나가지 못한다. 또한 평지들녘의 山은 거의 역수(逆水)하고 그치므로 안고 돌아가는 물이 없어도 穴이 吉 할 수 있다.

❊ **미망훈중혈(微茫暈中穴)과 평광혈(平壙穴)** : 무릇 우주 조화의 흔적은 반드시 비밀로 위주하니 크게 귀한 穴을 맺고자 하면 반드시 내맥(來脈)이 혈처(穴處)까지 이르러서 달무리 같은 둥근 훈(暈)이 있고 태극(太極)같은 원훈(圓暈)이 미미하게 형적(形赤)이 있어 극히 추졸(醜拙)하며 설렁거린 가운데 오목하게 꺼진 곳에 겨우 관(棺)하나 용납할 정도로 맺히나니 방서(方書)에 말하기를 천리행룡(千里行龍)에 일석지지(一席之地)라 하였느니라. 만약 혈처(穴處)가 평평하고 넓거나 깊숙하여 3, 4분(墳)을 쓸 수 있다면 기(氣)가 완만한 지라 단혈(單穴)만 같지 못 하느니라.

❊ **와겸(窩鉗)** : 와(窩)와 겸(鉗)의 명칭이 각각 다르니 12가지

로 대별할 수 있다. 활와(闊窩 : 넓은 와)와 협와(挾窩 : 좁은 와)는 와의 상변을 수삼척 당겨 재혈하여야 물의 침범을 면하며 심와(深窩 : 깊은 와)는 얕게 파고 쓰며 천와(淺窩 : 얕은 와)는 깊게 파고 써야 맥(脈)에 접(接)하고 맥의 중앙을 뚫고 써야 사기(死氣)가 범하지 못한다.

이 와(窩)는 활와(闊窩) 협와(挾窩) 심와(深窩) 천와(淺窩) 가 左右로 각변(各邊)한 8격과 와중(窩中)의 돌격(突格)과 겸격(鉗格)도 4격으로 변환하니 합하여 모두 12격으로 대별할 수 있느니라 와(窩) 가운데가 두툼하거나 돌(突)한 곳이 있으면 거기를 파고 써야하며 와중(窩中)에 아래로는 겸(鉗-족집게)처럼 되고 변두리는 달무리같이 훈(暈)이 있기도하니 그런 경우 겸구(鉗口)에 재혈(裁穴)하기도 하고 훈중(暈中)에 재혈하기도 하나니 정밀 관찰하여 결정해야 하느니라.

❀ 유돌(乳突) : 유와 돌에도 이름이 각각 다르니 9가지로 대별할 수 있다. 장돌은 매미날개처럼 선익(蟬翼)이 있어야 가히 쓸 것이며 단돌(單突)은 선익이 없어도 左右에 가끼이 싸안은 사격(砂格)이 있으면 쓸 것이요. 원돌(圓突)은 山에 突이 앉으면 突上에 불거진 곳을 파괴하지 말 것이며. 방돌(方突)은 토체(土體)가 분명치 않거든 쓰지 말 것이며 突이 가운데에 窩로 되면 중앙에 재혈(裁穴)하고 突하여 평평한즉 변두리를 취하여 재혈(裁穴)하고 쌍돌(雙突)에 쌍유(雙乳)가 가지런히 들었으면 둘다 취하고 乳와 突이 같이 있는데 장단이 같지 않으면 긴것을 버리고 짧은 것을 취하여 乳와 담(膽)이 서로 형태가 같고 종(鐘)과 솥(釜)이 형태가 같으나 유(乳)와 담(膽)은 머리를 파고 쓰며 솥과 종은 형(形)은 같으나 혈(穴)이 다르니 솥은 변을 취하고 종은 밑부분에 재혈(裁穴)하느니라.

❀ **조천결혈자(朝天結穴者)** : 선녀(仙女)가 촛대를 받든 형과 천마(天馬)가 말굽을 하늘로 처든 혈(穴)이니 의미를 말하자면 대간맥(大幹脈)이 지나갈 때 별도로 山上에 딴 局을 벌이고 前後 左右 四方 山이 치밀하게 둘러싸여 바람이 들어오지 못하게 되어야 穴이 맺으니 이는 그 발응(發應)이 가장 쾌속(快速)하나 복록(福祿)이 일시에 반짝일 뿐 누대에 걸쳐 장원(長遠)하지 못하며 또한 子孫이 끊기는 절사(絕嗣)의 환(患)이 있다.

❀ **수변결혈자(水邊結穴者)** : 물을 배고 맺는 穴로써 山과 물이 같이 갈 때에 한가닥 유순한 눈맥(嫩脈)이 큰 줄기의 脈에서 밀쳐 나와 기울어져 물가에 이르러 굽뻑 일어선 봉(峰)우리가 역(逆)으로 돌아 局을 열어 穴이 맺는데 이 경우 음택(陰宅-묘지)은 작고 양택(양택-집터)이 크게 지나니 중국의 방서(方書)에 있는 말을 빌리면 물이 현무(玄武)로 돌아오면 山도 따라 얽힌다고 했다.

❀ **고산결혈자(高山結穴者)** : 높은 山에 맺은 穴은 높은 山에 맺은 突이니 대간룡(大幹龍)이 횡(橫)으로 달려 山의 이마에 그치거나 山 허리에 그처 좌국(坐局)이 준고(峻高) 하지만 급하지 않고 기울어지지 않고 평평한 곳에 작혈(作穴)되니 前後 左右 四山이 가지런히 옹위하고 긴하게 막고 서서 바람을 꺼리지 않고 穴下의 날카로운 사격(砂格)들이 보이지 않으면 穴前에 평평하게 물이 모여드는 대명당(大明堂)이 없고 흐르는 물이 없어도 대귀(大貴)가 나타나니 그래서 山中엔 물을 논하지 않고 야중(野中)엔 바람을 논하지 않는다.

❀ **평양결혈자(平洋結穴者 : 평야에 맺는 (穴): 한줄기 미미한 脈

이 혹은 노출(露出)하고 혹은 숨어 비틀거리고 굴곡할 때에 맥의
등성이가 견실하고 강장(强壯)한 자는 기(氣)가 왕성하여 길한 혈
이 맺어저 부귀(富貴)가 나고 만약 평평하여 느리고 연약한 脈이면
요부(饒富)가 난다. 그러나 반드시 수법(水法)과 어울려서 보아야
하니 평지에서는 수법(手法)이 가장 큰 관건이다.

❁ 순기룡자(順騎龍者) : 요금정(寥金精)이 말하기를 이 穴은 山
에 많이 있지만 반드시 뒷산은 환송하고 앞산은 따뜻이 맞이하는
영송(迎送)의 정이 분명하고 청룡(靑龍)과 백호(白虎)와 안대(案
對)가 자연히 이루어지고 앞과 뒤로 벌린 팔자수(八字水)가 左右로
합한 연후에 순수(順水)로 작혈(作穴)하며 앞으로 가는 맥(脈)을
뚤어 기가 새어 나기지 못하게 하고 횡(橫)으로 쏟아지게 한다 하
였는데 이 穴은 山이 내려와서 다 그칠 무렵 앞에 일맥(一脈)이 굽
뻑 일어나 봉(峰)을 세우고 형세가 흡사 나는 새가 날개를 펼치듯
하고 또한 좌우 가지들이 물소 뿔처럼 혈장(穴場)을 둘러 않은듯
하여야 귀(貴)한 穴이 맺는다고 생각 되지만 중국과 우리는 완급이
같지 않아 차별이 있다.

❁ 도기룡자(倒騎龍者) : 래용(來龍)이 역(逆)으로 국(局)을 벌
려 작혈(作穴)하는 것을 말하는 것이니 이는 중국 땅에 많이 있고
우리나라에서는 산세(山勢)가 웅급(雄急)하고 높아 경직하므로 이
격이 드물다. 금세(今世) 속사(俗師)들이 잘못알고 오판하여 사람
들을 많이 치패(致敗)하게하니 신중해야 할 것이다.

❁ 배조형(拜祖形) : 배조(拜祖)와 고조형(顧祖形)은 서로 특별히
다르지는 않지만 배조형은 본산(本山)으로부터 맥(脈)이 떨어져 나

와 봉(峰)이 우뚝 일어서지 않고 마디 맺음이 약간 불룩불룩 일어나고 또한 左右 가지들이 본신을 호위하여 맥이 거의 다 그칠 무렵에 이르러 봉(峰)이 우뚝 솟아 역수국(逆水局)으로 작국(作局)하여 오는 용(龍)을 직향(直向)하여 穴이 져서 형태가 읍(揖)하고 절하듯 하니 회룡배조(回龍拜祖)라 하느니라.

❊ **고조형(顧祖形)** : 고조형(顧祖形)의 穴은 내려오는 맥(脈)이 배조형(拜祖形)과 다를 것이 없으나 다만 용(龍)이 行하는 법도와 세(勢)가 파자(巴字)로 돌고 또한 지각(枝脚 : 가지와 다리)이 없어 호송하지 않고 결혈처(結穴處)에 도달해서 혹은 본조산(本祖山)을 向하기도 하고 혹은 중조봉(中祖山)을 향하므로 배조형과 다르다.

❊ **수중낙자(水中落者)** : 이는 신안(神眼 : 신의 경지에 이른 안목)이라야 능히 알 것이며 석중토혈(石中吐穴)은 도안(道眼 : 도의 경지의 안목)이라야 능히 알 것이니 물이나 석중(石中)에 은밀이 맺힌 穴을 아무나 엿보고 측정할 수 없는 것이다. 함부로 논할 것이 못된다. 이런 혈을 관찰컨대 물기가 지적지적 습한 곳에 밑에 오색토(五色土)가 단단하고 윤택하게 차례로 있는 수가 있으니 이는 물은 기(氣)의 母이므로 기(氣)가 왕(旺)하면 물로 화(化)하여 지면(地面)에 새어 나오는 것이니라.

❊ **석상혈(石上穴)** : 높은 바위와 반석위에 흙이 여러질 두텁게 쌓여 있는 곳에 장사(葬事) 지내고 혹 부귀(富貴)를 하니 이도 또한 山上의 큰 맥(脈)에 穴이 맺힌 것으로 이는 발복(發福)이 가장 쾌속하게 일어난다. 그러나 돌(石)은 본시 살기(殺氣)가 있으니 너무 깊이 파서 살기가 범한 즉 도리어 해(害)가 되므로 한번 발복한

후에는 즉시 이장(移葬)함이 옳다.

✽ **수중석곽혈(水中石槨穴)과 석중토혈(石中土穴)** : 우주의 조화는 이치에 따라 묵묵히 명명지중(冥冥之中)을 운행하니 사람으로 하여금 쉽게 알지 못하게 되어 있다. 혹은 돌이 쌓이거나 반석아래에 숨어 있어 진룡(眞龍)의 정령(精靈)이 숨어 엎어지기도 하고 혹은 양석(兩石)이 나란히 대치한 사이에 머물러 종적을 감추고 형태마저 엄폐했다가 복(福)이 있는 사람을 기다리는 수가 많으니 그러므로 고인(古人)이 말하기를 혈익기즉(穴益奇則) 지익난의(知益難矣)라 했으니 즉 穴이 더욱 기특하면 알기도 더욱 어렵다하였다.

✽ **산지횡결지(山之橫結者)** : 山이 횡(橫)으로 비껴서 穴이 맺은 것이니 이것은 반드시 뒤에 낙산(樂山)이 있다. 낙산이란 음기(陰氣)를 등에 짊어지고 양기(陽氣)를 안아들인다는 의미이니 음양(陰陽)을 같이 행사(行事)한다는 뜻에서 낙산(樂山)이라 하였다. 그러므로 백보내(百步內)에 있으면 가장 가깝고 상등(上等)이며 이백보밖에 있으면 다음 가는 곳이며 삼백보(三百步) 밖에 있으면 힘이 약한 것이다.

✽ **차조이결자(借朝而結者)** : 차조(借朝)하여 맺은 穴은 정락(正落)으로 떨어져 있지만 가깝게 있는 안산(案山)이 벽(壁)처럼 급하게 서서 혈처(穴處)를 압제하여 누르면 한번 반짝 발복(發福)했다가 즉시 그치니 이러할 때는 坐向을 옮겨 외면(外面)에 특별히 조응(照應)하는 山을 가려 안(案)을 삼으면 발운(發運)이 길고 그치치 않을 것이다.

대저 작혈(作穴)하는 법이 천만가지이나 모두 같지 않으니 古人

이 말하기를 땅 보는 것이 사람 얼굴 보는 것과 같다고 하였다.

관상하는사람은 한사람의 상(相)을 보아 한사람의 길흉(吉凶)을 쉽게 알지만 萬人의 길흉을 알지 못하고 땅을 相 보는 것도 한산의 길흉(吉凶)은 알기 쉽지만 만산(萬山)의 길흉(吉凶)은 분별하기 쉽지 않으니 우주 조화의 현묘한 기틀을 파악하지 않고서야 어찌 穴을 놓치지 않고 다 찾는다 할 수 있으리요. 그렇기에 중국 고원전(古原典)에도 오직 사람의 정신(精神)과 심술(心術)에 달려 있다고 하였다.

제2편
12용격(龍格)과
명혈비도
(名穴秘圖)

제1장 십이용격 도형(十二龍格 圖形)

제1절 1생룡도(生龍圖) – 12살용도(殺龍圖).

1. 생용도(生龍圖).

생용(生龍)은 조종산(祖宗山)에서 출발한 龍이 전후(前.後) 좌우(左右)로 행용(行龍)하며 기복(起伏)위이 하여 생기(生氣)가 차있어 살아 움직이는 용(龍)의 형태(形態)이다. 혈처(穴處)가 단정하고 응안(應案)이 분명하며 인정생왕부귀(人丁生旺富貴)가 최길(最吉)하며 분아(分牙), 분조(分爪) 지각(枝脚)한다.

生 龍 圖(생용도)

2. 강용도(强龍圖).

강용(强龍)은 조종산(祖宗山)에서 출발하여 용(龍)의 형세(形勢)가 높이치켜 웅강(雄强)하고 세력(勢力)이 분주하며 기세(氣勢)가 강성(强盛)하다. 융결(融蚘)하여 穴이 되면 큰 위세(威勢)와 명예(名譽)가 있다. 공업(功業)이 강성(强盛)하고 최귀취래(最貴驟來)하며 발복(發福) 부장(不長)한다.

强 龍 圖(강용도)

3. 순용도(順龍圖).

순용(順龍)은 조종산(祖宗山)을 떠나 날개를 펴고 앞을 향하여 할아버지가 손자를 껴안아 주듯 안아주는 용(龍)이다. 용중에 가장 길(吉)한 용이다. 부귀장원(富貴長遠 : 부와 귀가 오래동안 유지됨)하고 백자천손(百子千孫 : 자손이 다수 번성함)하며 효자화목(孝子和睦)하고 다수복(多壽福)한다.

順 龍 圖(순용도)

4. 진용도(進龍圖).

진용(進龍)은 조종산(祖宗山)을 떠나온 용(龍)이 용신(龍身) 자체가 마디마다 높고 조종산이하 혈후(穴後)까지 높은대서 낮은대로 큰대서 작은대로 험(險)한대서 부드러운대로 내려온 순서가 분명하며 국(局)이 길(吉)한 용(龍)이다. 문장부귀(文章富貴), 쌍전다자손(雙全多子孫), 발복유구(發福悠久)한다.

進 龍 圖(진용도)

5. 복용도(福龍圖).

복용(福龍)은 조종산(祖宗山)에서 출발한 용(龍)이 전후(前後)
좌우(左右)에 보호수종(保護樹種)이 주밀하고 지각(枝脚)이 응대
(應對)하지 않아도 창고사(倉庫砂)가 있고 조밀하여 상하로 복(福)
을 받는 용(龍)이다. 부수강녕(富壽康寧). 자화효의복용(慈和孝義
福龍) : 부자로 장수하며 건강하고 평안하게 살며 어질고 화목하며
효도하고 바르게 사는 복을 받는다.

福 龍 圖(복용도)

6. 사룡도(死龍圖).

사룡(死龍)은 기복(起伏)이 없고 조종산(祖宗山) 이하로 조악(粗惡)하고 둔대(鈍大)하며 가지가 없고 굴곡(屈曲)도 없고 나무토막이나 사추(死鰍 : 죽은 미꾸라지)같이 뻣뻣하고 생기(生氣)가 없고 가화(假花)가 많다. 빈천패절(貧賤敗絶) 한다 : 가난하고 천하며 집안이 망하고 자손이 끊긴다.

死 龍 圖(사룡도)

7. 약룡도(弱龍圖).

약용(弱龍)은 용맥(龍脈)이 조종산(祖宗山)을 떠난후 의지없이 험준하고 용(龍)의 힘줄과 뼈가 노출하고 기복(起伏)도 없이 게으르고 완만하여 화합치 못하고 얽혀 맺지 못한다. 고빈질병곤약(孤貧疾病困弱)한다 : 외롭고 가난하며 병들고 곤고하여 약해진다.

弱 龍 圖(약용도)

8. 역룡도(逆龍圖).

역용(逆龍)은 지각(枝脚)이 뒤로 뻗어가고 입혈지(入穴地)의 청용(靑龍)백호 (白虎)가 역(逆)으로 뻗는다 이러한 용(龍)에는 오역(忤逆), 수형(受刑) 등 흉악(凶惡)한 일들만 생긴다.

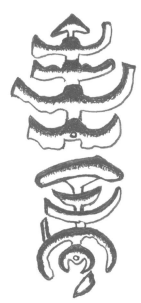

逆 龍 圖(역용도)

9. 퇴룡도(退龍圖).

퇴룡(退龍은)은 조종산(祖宗山) 아래로 조(祖)는 약(弱)하고 손(孫)은 강(强)하여 용(龍)은 낮고 穴은 높으니 가지도 처음은 짧고 끝은 길다. 흉(凶)한 격이니 이러한 穴은 한때 발복(發福)하고 곧 퇴운(退運)한다.

退 龍 圖(퇴용도)

10. 병룡도(病龍圖).

병용(病龍)은 조종산(祖宗山) 아래로 좌우(左右)가 일미일악(一美一惡), 일결일반(一缺一半), 일원일파(一圓一破), 송종(送從)이 주밀하지 못하다. 이는 화복(禍福)이 상반(相半)하다. 일등병용(一等病龍)은 파수(破水)가 합법(合法)이나 과협결인(過峽結咽)이 파쇄(破碎)되고 길로 끊끼면 용지불가(用之不可)라.

病 龍 圖(병용도)

11. 귀룡도(鬼龍圖).

귀룡(鬼龍)은 조종산(祖宗山) 이하로 좌우(左右) 분벽(分壁)이
바르고 비뚤어짐을 분간치 못하며 바람에 날리듯 염소떼가 호랑이
앞에 달아나지 못한다. 이러한 용(龍)은 가장 흉(凶)하다. 신단(神
壇)을 설치하면 가장 영험(靈驗)이 있다.

鬼 龍 圖(귀용도)

12. 살용도(殺龍圖).

살용(殺龍)은 조종산(祖宗山) 이하로 뾰족뾰족하고 추악험준(醜惡險竣)하고 파쇄(破碎)하고 악(惡)하게 생긴 흉용(凶龍)이니 이러한 곳에 묘(墓)를 쓰면 비명횡사(悲命橫死)한다.

殺 龍 圖(살용도)

제2장 전국 유명 명혈도(全國 有名 明穴圖)

제1절 상제봉조형(上帝奉朝形)-비봉축소형(飛鳳築巢形).

● 경남 의령군 저굴산 동15리 소재(慶南宜寧郡저굴山東15里 所在)

상제봉조형(上帝奉朝形).

임래해작을파(壬來亥作乙破) 용장호단(龍長虎短) 우수좌류(右水左流) 전대로대천(前大路大川) 인석(印石) 후종산중첩(後從山重疊) 조산나열(朝山羅列). 당대발복(當代發福) 장상오대(將相五代).

입각 8.9대(入閣8.9代) 24세봉군지지(24世封君之地)일월한문안(日月悍門案).

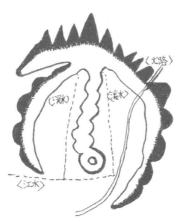

상제봉조형 용혈도(上帝奉朝形 龍穴圖).

● 서울서 50리 삼각산작주 사마치 결인(司馬峙 結咽) 질마치
 정락병좌(質馬峙 丁落丙坐) : 장군대좌형(將軍大坐形).
 갑주안(甲胄案) 천태을(天太乙) 일월한문(日月悍門)
 아미옥대구비(蛾眉玉帶俱備). 남부마 여왕비(男附馬 女王妃).

장군대좌형 용혈도(將軍大坐形 龍穴圖).

● 경기도 과천남 5리 검암산 소재.(京畿道 果川南 5里 劍岩山).
 선인무수형(仙人舞袖形). 횡금안(橫琴案),
 세세청환연면후(世世淸宦連綿後). 백의정승출(白衣政丞出).

선인무수형 용혈도(仙人舞袖形 龍穴圖).

● 경기도 안성 동쪽 소재(京畿道 安城 東方 所在).

비룡재천형(飛龍在天形).

장후(葬後) 10年 대발(大發) 부귀관세 富貴冠世).

비룡재천형 용혈도(飛龍在天形 龍穴圖).

● 전주시 동북방 화심리 작약화심처(全州時 東北方 花心里 所在).

작약화심처 선인야유상(芍藥花心處 仙人夜遊賞格).

신동봉옥촉(神童奉玉燭) 옥녀금반봉(玉女金盤峰)

정신화초중 옥인금반좌(丁申花草中玉印金盤坐)

장후 13년 신동출(葬後十三年 神童出).

선인야유상격 용혈도(仙人夜遊賞格 龍穴圖).

● 전남 장성군(全南長城郡) 손룡 선녀직금형(巽龍 仙女織錦形).
　석곽혈 천장지비(石槨穴 天藏地秘). 오대왕비(五代王妃)
　칠대한림(七代翰林). 종묘배향(宗廟配享) 귀신내수(鬼神乃守).

선녀직금형 용혈도(仙女織錦形 龍穴圖).

● 충남 진산면 동 5리 방동북 소재(忠南 珍山面 東 5里 方東北).
　비룡등공형(飛龍登空形) 옥륵안(玉勒案).
　일월마상귀인등공형(日月馬上貴人登空形)천태을 삼길육수 연
　임삼태래조(天太乙 三吉六秀 然 臨三台來照).
　용이팔문구자지법칙(龍以八門九紫之法則) 당대발복 백자천손
　공경연출(當代發福 白子千孫 公卿連出).

비룡등공형 용혈도(飛龍登空形 龍穴圖).

● 전북 정읍시 산내면 구태인 남 30리 왕자봉(全北 井邑市
　舊泰仁 南 30里 王坐峰). 상제봉조형(上帝峰朝形),
　팔백연화나열(八百煙花羅列)과거룡횡작혈(過去龍橫作穴).
　전 홍문 후 신배 이장방후 삼장수전(前 虹門 後 臣拜 二將防後
三將守前). 서유배례전(西有拜禮田) 비신안난재(非神眼難裁)
　사십구대장상지지(四十九代將相之地)
　삼년시발 여천지동행(三年始發 與天地同行).

상제봉조형 용혈도(上帝奉朝形 龍穴圖).

◉ 충남진잠군(忠南 鎭岑郡) - 大德郡 - 大田廣域市로 됨. 九峰山 南

경전우형(耕田牛形)임좌병향 곤신수 진파(壬坐丙向 坤申水辰破).

장후 당대발복 백자천손(葬後 當代發福 百子千孫) 명공거경 부지기수(名公巨卿 不知其數) 천하지보 수지시인인불긍(天下至寶雖指示人人不肯).

현상양장 부지기수(賢相良將不知其數)성거사운천하지보(成去士云天下至寶) 상지상혈야(上之上穴也).

경전우형 용혈도(耕田牛形 龍穴圖).

◉ 충남 온양(忠南 溫陽) 南 10리 온천동(溫泉東).

회룡고조형 해수미파(回龍高祖形 亥水未破)

개역수수전 현무 혈성풍후(皆逆水水纏玄武穴星豊厚). 용호중중 대안단정(龍虎重重. 對案端正) 손삼봉수출 신봉삽천(巽三峰水出 辛峰揷天) 부귀발음 백세부실장부지명(富貴發蔭 百歲不失丈夫之名) 비주뇌백신지(非主腦 伯愼之).

회룡고조형 용혈도(回龍顧祖形 龍穴圖),

● 경기도 여주시(京畿道驪州市) 동해막 신혈(東海幕 新穴),

　비룡함주형(飛龍含珠形) 신용신래경좌(辛龍申來庚坐)

　용하시승왕상기수(用下時乘王相棄囚)

　용팔문구자지법칙 불선이응발(用八門九紫之法則 不旋而應發).

　백자천손 삼십대발복지지(百子千孫 三十代發福之地).

비룡함주형 용혈도(飛龍含珠形 龍穴圖).

● 경남 진주시 서이십리 (慶南 晉州市 西 二十里 所在)

　비룡등공형(飛龍登空形).

　기치나열좌우(旗幟羅列左右) 천태을 일월한문화표수구(天太乙
日月悍門華 表水口). 장후15년발복(葬後15年發福) 구대장상지지
(九代將相之地).

비룡등공형 용혈도(飛龍登空形 龍穴圖)

● 경기도 양주군(京畿道 楊州郡) 반엽산(半葉山) 소재

　장심형(掌心形).

　속발장상연출지지(速發將相連出之地).

장심혈 용혈도(掌心形 龍穴圖).

◉ 충북 단양군 북칠리(忠北 丹陽郡 北七里) 所在
  금반형 옥녀안(金盤形 玉女案).

  5년발복 생자기특(五年發福 生子奇特)

  청현명진타방(淸賢名振他邦)

금반형 용혈도(金盤形 龍穴圖).

◉ 경기도 양평군 양근 동(京畿道 楊平郡 楊根 東) 소재
  무공단좌형(武功端坐形). 괘궁안(掛弓案).

  용호회포(龍虎回抱) 주안상대(主案相對)

  십오년발복(十五年發福) 장상연출(將相連出).

무공단좌형 용혈도(武功端坐 龍穴圖).

● 경기도 평택시(京畿道 平澤市) 진위 칠궤정(振威 七槐亭 東)
所在.

영라입수형(靈螺入首形) 간좌손득신파(艮坐巽得辛破).

이십년발복 희세지보(二十年發福 稀世之寶).

영라입수형 용혈도(靈螺入首形 龍穴圖).

● 경북 상주시 북쪽(慶北 尙州市 北方) 소재(所在).

금구몰니형(金龜沒泥形).

신태행룡(辛兌行龍) 혈재로방(穴在路傍) 천봉출동(千峰出東)

안대홀유좌원(案對笏酉坐原) 인소기지(人所棄之)

당대발복(當代發福) 백자천손지지(百子千孫之地).

금구몰니형 용혈도(金龜沒泥形 龍穴圖).

● 충남 공주시(충남공주시) 유구동 천보내(維鳩銅川堡內) 所在.
　연화도수형(蓮花倒水形).
　장후십이대(葬後十二代) 만석거부(萬石巨富)
　삼십육대장상지지(三十六代 將相之地) 일점일퇴(一点一堆).

연화도수형 용혈도(蓮花倒水形 龍穴圖)

◉ 충남 천안시 목천 남록(忠南 天安市 木川 南麓) 聖住山下.

　선인취소형(仙人吹蕭形). 운적안(雲笛案).

　　임래해작갑파(壬來亥作甲破) 우유봉두산(右有鳳頭山)

　　좌유등곡산(左有登谷山) 전유서당동(前有書堂洞)

　　후유삽천문필(後有揷天文筆) 왕장봉위조(旺長峰爲祖)

　　독산근안어병원안(獨山近案御屛遠案)

　　소천합류원천역류선인(小川合流遠川逆流仙人)

　　당대발복만대영화지지(當代發福萬代榮華之地)

선인취소형 용혈도(仙人吹蕭形 龍穴圖)

◉ 忠南 溫陽南 二十里 新昌東 二十里 公州北 二十里 三邑界 茂城山 慶德山間 東海谷.(충남 온양 남20리 신창동20리 공주북 30리삼읍계. 무성산 경덕산동해곡)

　오룡쟁주형(五龍爭珠形).

　당대발복 부귀무쌍 불가전언(當代發福 富貴無雙 不可傳言).

오룡쟁주형 용혈도(五龍爭珠形 龍穴圖)

◉ 경북 영주시 풍기 금계촌(慶北 영주시 豊基 金鷄村).

아동국 십승지지중 제일왈 풍기금계촌야 현상양장계세이출

(我東國 十勝之地中 第一日 豊基金鷄村也 賢相良將繼世而出).

계성악악하시요 제세진인해상래 차진주

(鷄聲　何時　濟世眞人海上來 此眞主).

양택지 천하무비지지(陽宅地 天下無比之地).

금계촌 용혈도(金鷄村 龍穴圖).

◉ 청주시 동방 방축동에 있는 맹호하산형(猛虎下山形).

면견안(眠犬案)을 하고 있다. 이 자리는 만일 혈을 잘못 잡아쓰면 15년간 광인(狂人)이 出하고 정혈(正穴)을 쓰면 원수(元帥)가 나오나 신안(神眼)이라야 그 진가(眞價)를 알 수 있는 비혈(秘穴)에 속하는 혈장(穴場)이다.

맹호하산형 용혈도(猛虎下山形 龍穴圖)

◉ 경기도 여주군 소재 양택 (京畿道 驪州郡 所在 陽宅)
　양택 금반형(陽宅 金盤形).
　문무장상 부귀겸전(文武將相 富貴兼全).
　소위오금반 경기동부수대기 천하지보
　(所謂五金盤 京畿東部首大基 天下之寶).

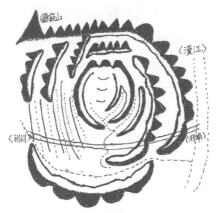

금반형 용혈도(金盤形 龍穴圖).

● 경기도 파주시 소재 양택 (京畿道 坡州市 所在 陽宅).

　양택 오동엽형(陽宅 梧桐葉形).

　경기도 북부수대지(京畿道 北部首大地).

　부무적 귀무적 여천지동행 무가지보

　(富無敵 貴無敵 與天地同行無價之寶).

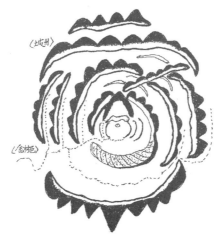

오동엽형 용혈도(梧桐葉形 龍穴圖)

◉ 충남 연기군 전의읍 서십오리 古峙정 下流

(忠南 燕岐郡 全義邑 西十五理) 황룡부주형(黃龍負舟形).

유적석 수구삽천문필봉 전유활목성 오봉산단정 경태작.

(有積石 水口揷天文筆峰 前有活木星 五峰山端正 庚兌作).

당대발복 십대한림연출 지지(當代發福 十代翰林連出 之地).

황룡부주형 용혈도(黃龍負舟形 龍穴圖).

◉ 청주시 팔봉산하 소재 (淸州市 八鳳山下 所在).

비봉축소형(飛鳳築巢形).

저산위소조학천봉위부 노고의장입(猪山爲小祖鶴天峰爲父 老姑依杖立).

수구삽천문필 술입수건좌 손향곤파 혈재로방인불지

(水口揷天文筆 戌入首乾坐 巽向坤破 穴在路傍人不知).

삼십육대장상지지 충청팔대지중일야(三十六代將相之地 忠淸八大地中一也).

비봉축소 용혈도(飛鳳築巢 龍穴圖).

제3장 전국 비혈도(全國 秘穴圖).

제1절 연화도수형(蓮花倒水形)—오선위기형(五仙圍棋形).

◉ 충남 공주시 유구동 천보내(維鳩銅川堡內) 所在.

연화도수형(蓮花倒水形).

장후십이대(葬後十二代) 만석거부(萬石巨富)

삼십육대장상지지(三十六代 將相之地) 일점일퇴(一点一堆).

연화도수형 용혈도(蓮花倒水形 龍穴圖)

● 충남 천안시 목천 남록(忠南 天安市 木川 南麓) 聖住山下.

선인취소형(仙人吹簫形). 운적안(雲笛案).

임래해작갑파(壬來亥作甲破) 우유봉두산(右有鳳頭山)

좌유등곡산(左有登谷山) 전유서당동(前有書堂洞)

후유삽천문필(後有揷天文筆) 왕장봉위조(旺長峰爲祖)

독산근안어병원안(獨山近案御屛遠案)

소천합류원천역류선인(小川合流遠川逆流仙人)

당대발복만대영화지지(當代發福萬代榮華之地)

선인취소형 용혈도(仙人吹簫形 龍穴圖)

● 忠南 溫陽南 二十里 新昌東 二十里 公州北 二十里 三邑界 茂城山 慶德山間 東海谷.(충남 온양 남20리 신창동20리 공주북 30리삼읍계. 무성산 경덕산동해곡)

　오룡쟁주형(五龍爭珠形).

　당대발복 부귀무쌍 불가전언(當代發福 富貴無雙 不可傳言).

오룡쟁주형 용혈도(五龍爭珠形 龍穴圖)

● 경북 영주시 풍기 금계촌(慶北 영주시 豊基 金鷄村).

　아동국 십승지지중 제일왈 풍기금계촌야 현상양장계세이출
　(我東國 十勝之地中 第一曰 豊基金鷄村也 賢相良將繼世而出).

　계성악악하시요 제세진인해상래 차진주
　(鷄聲　 何時　 濟世眞人海上來 此眞主).

　양택지 천하무비지지(陽宅地 天下無比之地).

금게촌 용혈도(金鷄村 龍穴圖).

● 전남 담양군 삼인산 하(全南 潭陽郡 三人山 下) 所在
양택 만물시생형(陽宅 萬物始生形).

차천하제일지지운 성현장상연출지

(此天下第一之地云 聖賢將相連出地)

부귀무적 여천지동행(富貴無敵 與天地同行)

만물시행형 용혈도(萬物始生형 龍穴圖)

● 경기도 여주군 소재 양택 (京畿道 驪州郡 所在 陽宅)

양택 금반형(陽宅 金盤形).

문무장상 부귀겸전(文武將相 富貴兼全).

소위오금반 경기동부수대기 천하지보

(所謂五金盤 京畿東部首大基 天下之寶).

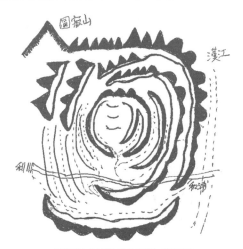

금반형 용혈도(金盤形 龍穴圖).

● 경기도 파주시 소재 양택 (京畿道 坡州市 所在 陽宅).

양택 오동엽형(陽宅 梧桐葉形).

경기도 북부수대지(京畿道 北部首大地).

부무적 귀무적 여천지동행 무가지보

(富無敵 貴無敵 與天地同行無價之寶).

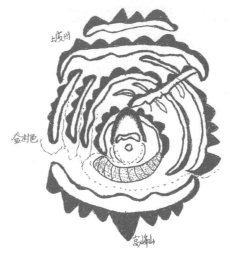

오동엽형 용혈도(梧桐葉形 龍穴圖)

● 충남 연기군 전의읍 서십오리 古峙정 下流
(忠南 燕岐郡 全義邑 西十五理) 황룡부주형(黃龍負舟形).
유적석 수구삽천문필봉 전유활목성 오봉산단정 경태작.
(有積石 水口挿天文筆峰 前有活木星 五峰山端正 庚兌作).
당대발복 십대한림연출 지지(當代發福 十代翰林連出 之地).

황룡부주형 용혈도(黃龍負舟形 龍穴圖).

● 청주시 팔봉산하 소재 (淸州市 八鳳山下 所在).

비봉축소형(飛鳳築巢形).

저산위소조학천봉위부 노고의장입

(猪山爲小祖鶴天峰爲父 老姑依杖立).

수구삽천문필 술입수건좌 손향곤파 혈재로방인불지

(水口挿天文筆 戌入首乾坐 巽向坤破 穴在路傍人不知).

삼십육대장상지지 충청팔대지중일야

(三十六代將相之地 忠淸八大地中一也).

비봉축소 용혈도(飛鳳築巢 龍穴圖).

● 청주(淸州) 맹호하산형(猛虎下山形).

청주 동쪽 방축(防築)안에 맹호하산형이 면견안(眠犬眼)을 하고 있다. 이 자리는 만일 穴을 잘못 잡아 쓰면 매장후(埋葬後) 15年에 광인(狂人:精神이싱자)이 나고, 정혈(正穴)을 쓰면 원수(元帥)가 난다. 신안(神眼)이 아니고서는그 진가(眞價)를 판별하기 어렵다. (一耳僧)

맹호하산형 용혈도(猛虎下山形 龍穴圖)

● 보은(報恩) : 운련반월형(雲連半月形).

　충남 보은군 속리산 아래에 운련반월형이 토성입수(土星入首)로 되어 있다. 이 자리는 장례후(葬禮後) 18年에 대발복(大發福)하고 五代 한림(翰林)이 나는 명혈지(明穴地)이다. (一耳僧)

운련반월형 용혈도(雲連半月形 龍穴圖).

● 보은(報恩) : 금구하수형(金龜下水形).

　충남 보은군 동쪽, 영동(永同) 남쪽 十里되는 천마리(天磨里)
에 금구하수형(金龜下水形)이 되어 있으니 이는 주안상대(主案相
對)하고 혈성(穴星)이 풍후(豊厚)하다. 이 자리는 장례후(葬禮後)
10년에 대발복(大發福)하여 명공거경(名公巨卿)이 부절(不絶)하
고 혈식군자(血食君者)가 3人이 난다. (一耳僧)

금구하수형 용혈도(金龜下水形 龍穴圖).

● 공주(公州) : 장군대좌형(將軍大座形).

　공주 견산 남쪽 5리 쯤의 유동(柳洞)에 장군대좌형(將軍大坐形)
이 병래갑좌(丙來甲坐)로 앉아 좌마우군(左馬右軍)을 거느리고
일월안(日月案)을 하고 있다. 이 자리는 장례후(葬禮後) 15年에
시발(始發)하여 주석장상(柱石將相)이 나와 7代를 이어가고 세세
기화(世世奇貨)한다.

장군대좌형 용혈도(將軍大坐形 龍穴圖)

● 공주(公州) : 비룡형(飛龍形).

공주 서쪽 十里쯤 원산정(元山亭)에 비룡형(飛龍形)이 노성산(魯城山)을 안대(案對)하고 있으니 오정룡(午丁龍)이 사룡입수(巳龍入首)에 신유파(辛酉破)로 되었다. 이 자리는 장례후(葬禮後) 7-8年에 자손등과(子孫登科)할 부귀(富貴) 대지(大地)이다. (杜師忠)

비룡형 용혈도(飛龍形 龍穴圖).

● 공주(公州) : 마화위룡형(馬化爲龍形). 귀룡은산형(鬼龍隱山形)

공주 동쪽 四十里 흑룡(黑龍)아래 옥촌(玉村)위에 마화위룡형(馬化爲龍形)이 술좌(戌坐)에 오득(午得)으로 되어 있다. 이 자리는 장례후(葬禮後) 5-6年에 대발(大發)하여 그 부(富)가 온나라를 뒤덮고 이름이 만방에 떨친다. 혹운(或云) 귀룡은산형(鬼龍隱山形)이라고도 한다. 이는 취주산(翠珠山)을 太祖로 하고 계룡산(鷄龍山)을 소조(小祖)로 하여 십리행룡(十里行龍)에 한자리를 만들었으니 남절룡(南絕龍) 북흑촌(北黑村) 동청수산(東靑樹山)에 운뢰안(雲雷案)을 하였다. (杜師忠)

마화위룡형(馬化爲龍形). 귀룡은산형(鬼龍隱山形) 용혈도(龍穴圖).

● 진잠(鎭岑 : 大田) : 행주형(行舟形).

진잠 동쪽 十五里에 행주형(行舟形)이 되어 있으니 이는 안대로 된 삼로안(三櫓案)이 문필봉(文筆峰)이 되어 있다. 이 자리는 장례후(葬禮後) 三年 안에 삼자등과(三子登科)한다. (杜師忠)

행주형(行舟形) 용혈도(龍穴圖)

● 충남 금산(忠南 錦山) : 천마시풍형(天馬嘶風形).

금산 북쪽 마수리(馬首里)에 건래곤락(乾來坤落)으로 경태도두
(庚兌到頭)하여 천마시풍형(天馬嘶風形)이 안갑안(按甲案)을 하
고 있다. 이 자리는 팔문구자법(八門九紫法)을 쓰면 장례후(葬禮
後) 즉시 응이 있고 10년에 대발(大發)하여 백자천손(百子千孫)
하고 선거부(先巨富) 후 시랑(侍郎)이 난다.

천마시풍형 용혈도(天馬嘶風形 龍穴圖).

● 금산(錦山) : 회룡은산형(回龍隱山形).

충남 금산 동쪽 十五里 덕기봉(德奇峰) 행룡(行龍)에 회룡은산형(回龍隱山形)이 되어 있다. 주안(主案)은 중중(重重), 용호(龍虎)는 균적(均的), 혈성풍우(穴星豊厚). 수전현무(水纏玄武). 이 자리는 장례후 7-8년에 시발(始發)하여 자손다귀거부(子孫多貴巨富)한다. (杜師忠)

회룡은산형 용혈도(回龍隱山形 龍穴圖).

● 은진(恩津: 論山) : 회룡고조형(回龍顧祖形).

충남 논산(은진) 등동산(燈洞山), 사병룡(巳丙龍)에 곤신태(坤申兌)로 입수(入首)하여 회룡고조형(回龍顧祖形)이 되어 있으니 이는 역룡역수(逆龍逆水)로다. 이 자리는 구사작문(龜蛇作門)되고 유자웅(有雌雄). 범간불사(泛看不似). 유좌(酉坐). 穴앞에 봉인석(封印石)이 있으니 당대발복(當代發福)에 9대 장상지지(將相之地)로다. (一耳僧)

회룡고조형 용혈도(回龍顧祖形 龍穴圖).

◉ 은진(恩津 : 論山) : 선당괘등형(仙堂掛燈形).

충남 논산(恩津) 남쪽의 신사용당동(薪寺龍塘洞) 갑맥(甲脈)에 간좌(艮坐) 정수경파(丁水庚破) 선당괘등형(仙堂掛燈形)이 이 촉대안(燭對案)을 하고 있다. 이 자리는 팔문구자법(八門九紫法)으로 용사(用事)를 하면 장례후 10년에 대발(大發)하고 백자천손(百子千孫)에 현군자(賢君子)가 끊이지 않고 代를 이어 천추(千秋)에 이어 진다. (一耳僧)

선당괘등형 용혈도(仙堂掛燈形 龍穴圖).

● 은진(恩津 : 논산) : 비천오공형(飛天蜈蚣形).

　충남 논산(恩津)남쪽 五里 시묘동(侍墓洞) 신사(薪寺)에서 낙
맥(落脈)하여 비천오공형(飛天蜈蚣形)이 계관안(鷄冠案)을 하고
있다. 동쪽에는 조산(祖山). 남쪽에응 응봉(鷹峰)이 있어 발은 기
운이 하늘을 덮고 천태을(天太乙)이 표묘(縹緲)하고 일월한문(日
月悍門)이 갖추어져 있으니 산택통기(山澤通氣)로 용사(用事)하
면 장후(葬後) 3年에 시발(始發)하여 백자천손(백자천손)하고 공
경(公卿)이 연이어 난다. (一耳僧)

비천오공형 용혈도(飛天蜈蚣形 龍穴圖).

● 직산(稷山 : 천안) : 하화출수형(荷花出水形). 매화반개형
　(梅花半開形).

　직산 정리(井里) 밖에 하화출수형(荷花出水形). 일운(一云) 매
화반개형(梅花半開形)이 되어 있다. 앞에 두못 즉 화라수(花羅水)
가 있으니 이는 만대영화지지(萬代榮華之地)로다.

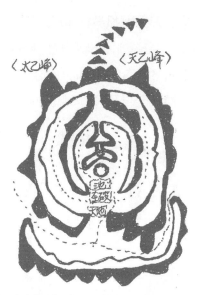

하화출수형. 매화반개형 용혈도(荷花出水形,梅花半開形 龍穴圖).

◉ 직산(稷山 : 천안) : 성니산대지(聖尼山大地).

　직산(천안) 동쪽 十里의 성니산(聖尼山) 래용(來龍)에 손작(巽作) 정미득(丁未得) 신파(辛破)로 큰 자리가 되어 있으니 이는 7代 대현지지(大賢之地)로다. (杜師忠)

성니산대지 용혈도(聖尼山大地 龍穴圖).

● 부여(扶餘) : 봉소포란형(鳳巢抱卵形).

부여 석탄평야(石灘平野)에 봉소포란형(飛鳳抱卵形)이 임좌(壬坐)로 되어 있고 물이 3-4회(回) 회류(回流)하고 있다. 이 자리는 장례후 20년에 귀자치마금마문(貴子馳馬金馬門)한다. (杜師忠)

봉소포란형 용혈도(鳳巢抱卵形 龍穴圖).

● 부여(扶餘) 상제봉조형(上帝奉朝形).

부여에서 삼십리의 태잠(泰岑) 아래에 상제봉조형(上帝奉朝形)이 지좌오향)(子坐午向)으로 앉아 군신안(君臣案)을 하고 있다. 이 자리는 내외수구(內外水口)가 석봉외외지상(石峰嵬嵬之像)으로 장후(葬後) 30年에 발음(發蔭)하여 보국지재(輔國之才)가 나와 영화(榮華)가 무궁하리라. (杜師忠)

상제봉조형 용혈도(上帝奉朝形 龍穴圖).

● 남포(藍浦 : 보령) : 만대영화지(萬代榮華地).

남포에 당대발복(當代發福) 만대영화지지(萬代榮華之地)가 되어 있다.

만대영화지지 용혈도(萬代榮華之地 龍穴圖).

◉ 비인(庇仁 : 서천:舒川) : 복종형(覆鐘形).

비인(庇仁) 월명산(月明山) 남용(南龍)의 개복교(開服橋)아래
종천(鐘川) 위의 임감용(壬坎龍)에 복종형(覆鐘形)이 갑묘입수
(甲卯入首)에 해좌(亥坐)로 穴이 平地에 맺어 있다. 이 자리는 부
귀면원(富貴綿遠)하고 명공거경(名公巨卿)과 장상(將相)이 부절
(不絕)하고 백자천손(百子千孫)하리니 삼가 함부로 전하지 마라.
분포(盆浦) 위에 묘득미파(卯得未破)로 염하(廉下)에 穴이 또 있
으니 이는 무동안(舞童案)을 하고 있도다. (杜師忠)

복종형 용혈도(覆鐘形 龍穴圖).

◉ 전주(全州) : 비비정 천석혈(飛飛亭 千石穴).

전주 비비정(飛飛亭)에 해래건작(亥來乾作)으로 된 穴이 대강
안(大強案)을 하고 있다. 장례시에 만약 넉자(四尺)가 지나서 물
이 나면 보토(補土)를 해서 써라. 이 자리는 장례후 10년에 발복
하여 백자천손(百子千孫)에 삼품직(三品職)이 나고 천석부(千石
富)가 끊이지 않고 代를 이어 난다. (一耳僧)

비비정 천석혈 용혈도(飛飛亭 千石穴 龍穴圖).

● **전주(全州) : 비연구소형(飛燕構巢形).**

　전주 북쪽 十五里 금강 위에 있는 갑묘룡(甲卯龍)에 깁락(甲落)
을회두(乙回頭)하여 비연구소형(飛燕構巢形)이 되었다. 이는 횡
량(橫樑)으로 안대(案對)하여 묘좌(卯坐)애 생수고파(生水庫破)
로 되었다. 穴이 대로변(大路邊)에 있어 많은 사람이 천(賤)하다
고 버리나 복(福)있는 사람이 이를 만나면 장례후 10년에 대발(大
發)하여 백자처손(百子千孫)하고 부귀(富貴)와 공경(公卿)이 끊
이지 않고 代를 이어 나는 곳이다. (一耳昇)

비연구소형 용혈도(飛燕構巢形 龍穴圖).

● 남원(南原) : 장군격고출동형(將軍格鼓出洞形).

　남원에 장군격고출동형(將軍擊鼓出洞形)이 되어있으니, 뇌후첩
암(腦後疊巖) 십리행룡(十里行龍)이 검극치주상(劍戟馳走象)과
같고, 둔군나열(屯軍羅列) 백리(百里)가 모두 다 기치(旗幟)와 같
도다. 시운(詩云)에 이화낙진(梨花落盡)하고 산조비래(山鳥飛來)
하니 복인득용(福人得用)하면 이십년내(二十年內)에 대발(大發)
하여 백자천손(百子千孫)하고 구대장상(九代將相)에 명전천추(名
傳千秋)하여 공수죽백(功垂竹帛)하리라 하였으니 함부로 전(傳)
하지 마라. (一耳僧)

장군격고출동형 용혈도(將軍格鼓出洞形 龍穴圖).

● 남원(南原) : 창오분수형(蒼鰲噴水形).

　남원 오수(鰲樹) 東쪽에 창오분수형(蒼鰲噴水形)이 간래축작
(艮來丑作)으로 되어 있구나, 혈심(穴深)은 두자(二尺). 하관(下
棺)은 진시(辰時). 주인은 안(安). 서(徐). 조(趙)씨이다.

창오분수형용혈도(蒼鰲噴水形 龍穴圖).

● 고산(高山 : 완주(完州) : 갈마음수형(渴馬飮水形).

고산(완주) 北쪽 五十里에 갈마음수형(渴馬飮水形)이 자좌(子坐)에 묘득(卯得) 둔괘(屯卦)로 되어 있구나. 이 자리는 큰 물이 횡류(橫流)하고 앞에는 태산(太山)이 자리하고 수구호전(水口虎纏)하였으니 장례후 비록 초패(初敗)가 있겠으나 15년 뒤에는 대발(大發)하여 백자천손(百子千孫)하고 부귀연면(富貴連綿)한다. (杜師忠)

갈마음수형 용혈도(渴馬飮水形 龍穴圖).

◉ 금구(金溝 : 김제 : 金堤) : 유연앙모형(乳燕仰母形).

　금구 원평(院坪) 위의 대로변(大路邊)에 있는 손사병룡(巽巳丙
龍)에 유연앙모형(乳燕仰母形)이 횡량안(橫樑案)을 하고 있고 연
산(燕山)이 탁립(卓立)하구나. 이 자리는 장례후 3년에 발복(發
福)하여 천석부(千石富)와 과환(科宦)이 부절(不絕)한다. 그러나
익화지기(翼火之氣)를 범(犯)하면 당대에 代가 끊긴다. (杜師忠)

유연앙모형 용혈도(乳燕仰母形 龍穴圖).

◉ 여산(勵山 : 익산 : 盆山) : 연소형(燕巢形).

　여산 서쪽 二十里의 낭산(朗山)아래에 연소형(燕巢형)이 횡금
안(橫琴案)을 하고 을래갑좌(乙來甲坐)로 되어 있다. 이 자리는
장례후 10년에 대발(大發)하여 백자천손(百子千孫)하고 부귀면
원(富貴綿遠)한다. (一耳僧)

연소형 용혈도(燕巢形 龍穴圖).

● **여산**(勵山 : 익산 : 익산) : **현종형**(懸鐘形).

여산의 서쪽 三十里의 토교(土橋) 남쪽에 현종형(懸鐘形)이 되어 있다. 이 자리는 금문화표(金門華表)가 앞에 있고 옥대사(玉帶砂)와 홀사(笏砂)가 서로 조응(照應)하고 있으니 장례후 10년에 大發하여 왕비(王妃)와 명상(名相)이 나와 세세전가(世世傳家) 한다.

현종형 용혈도(懸鐘形 龍穴圖).

◉ 익산(益山) : 용마음수형(龍馬飲水形).

　익산 북쪽 십리 지경에 세 마리의 용마음수형(龍馬飲水形)이 금
산항괘(金山恒卦)로 되어 있고 앞에는 입석(立石)이 있다. 이 자
리는 7代 文科에 이품직(二品職)에 오른다. (杜師忠)

용마음수형 용혈도(龍馬飲水形 龍穴圖).

◉ 용안(龍安 : 翼山) : 와룡행운형(臥龍行雲形).

　용안 동쪽 十里에 정산촌(亭山村) 뒤의 건해룡(乾亥龍)에 와룡
행운형(臥龍行雲形)이 유룡역수(遊龍逆水)에 회룡고조(回龍顧
祖)로 되어 수전현무(水纏玄武)하였다. 이 자리는 팔문구자법(八
門九紫法)으로 용사(用事)를 하면 장례후 10년에 大發하여 백자
천손(百子千孫)하고 경상(卿相)과 대부(大富)가 7代를 이어간다.
(杜師忠)

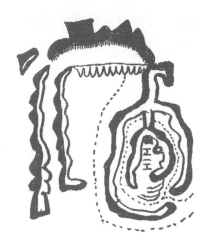

와룡행운형 용혈도(臥龍行雲形 龍穴圖).

● 임피(臨陂 : 옥구-군산) : 복구형(伏狗形).

　임피 술산(戌山)에 복구형(伏狗形)이 연화장중(蓮花帳中)에서
추출맥(抽出脈)하였다. 이 자리는 곤태(坤兌), 신술(辛戌), 건해
(乾亥), 임감(壬坎)으로 입수(入首)하여 계좌정향(癸坐丁向)에
손경득(巽庚得) 정미파(丁未破)로 되었다. 穴은 최씨집 후원에 있
고 穴 아래는 감나무가 한주 서 있다.

복구형 용혈도(伏狗形 龍穴圖)

◉ 고부(古阜 : 井邑) : 선인포전형(仙人鋪氈形).

고부 남부면(南部面) 두승산(斗升山) 아래에 손사룡(巽巳龍)에 선인포전형(仙人鋪氈形)이 되어 있으니 이는 연화개장(蓮花開帳)하여 자기충천(紫氣沖天)하고 갱개소장(更開小帳)하니 일선미맥(一線微脈) 갱기정신(更起精神) 혈작포전형(穴作鋪氈形)이다. 이 穴을 얻는 자는 천자만손(千子萬孫)에 명공거경(名公巨卿)이 나와 출입장상(出將入相)한다. 穴이 구슬도 같고 계란도 같아(如珠如卵) 속사는 점지하기 어렵다.

선인포전형 용혈도(仙人鋪氈形 龍穴圖).

◉ 고창(高敞) : 금반옥호형(金盤玉壺形).

고창 흥덕(興德) 서남쪽 三十里 지경의 호암(壺岩)에 금반옥호형(金盤玉壺形)이 되었으니 대천(大川)이 횡류(橫流)하고 외용호(外龍虎)가 둘러싸고 (回抱)있는 갑사중(甲砂中)의 토혈(土穴)이다. 이 자리는 변총(卞塚) 상하지간에 진혈(眞穴)이 숨어 있으니 속안(俗眼)은 점지하기 어렵다. 이 자리는 방동산(方東山 : 方丈山)에서 내려온 龍이 초초위이(超超) 三十里에 작혈대세기상(作

穴大勢氣像)을 이루 었으니 백자천손(百子千孫)에 富貴 겸전지지 (兼全之地)이다. (蘆汀)

금반옥호형 용혈도(金盤玉壺形 龍穴圖).

● 순창(淳昌) : 용사취회형(龍蛇聚會形).

순창 삼방 남쪽 十里 지경의 장성(長城)과의 경계에 용사취회형 (龍蛇聚會形)이 되어있으니 용삼호삼(龍三虎三)하고 갑묘지맥(甲卯之脈)에 물은 정방(丁方)에서 건방(乾方)으로 흐르고 회룡은산 (回龍隱山)에 선인대국(仙人對局)하니 穴은 횡수간(橫水間)에 숨어 있다.

용사취회형 용혈도(龍蛇聚會形 龍穴圖).

● 강진(江津 : 임실 : 任實) : 비봉귀소형(飛鳳歸巢形).

　강진(江津) 北쪽 十里에 비봉귀소형(飛鳳歸巢形)이 있으니 이
는 36대 부귀영화지지(富貴榮華之地)이다.

비봉귀소형 용혈도(飛鳳歸巢形 龍穴圖).

● 광주(光州) : 회룡은산형(回龍隱山形).

　광주 남쪽 이십리 용추동(龍湫洞)에 회룡은산형(回龍隱山形)
이 토산정괘(土山井卦)로 되어 있다. 이 자리는 혈토(穴土)는 백
색(白色). 혈하(穴下)에는 샘이 있고 호이용삼(虎二龍三)에 左右
사간수(四澗水)가 회포(回抱)하여 동북방(東北方)에서 나와 서
남(西南)쪽으로 흐르니 7대 문장(文章)이 나고 삼판서(三判書)가
날 오음지지(五蔭之地)이다.

회룡은산형 용혈도(回龍隱山形 龍穴圖).

● 광주(光州) : 상제봉조형(上帝奉祖形).

　광주 동쪽 十里에 있는 군왕봉(君王峰) 각화촌(角花村) 뒤의 최고봉에 상제봉조형(上帝奉朝形)이 군신안(君臣案)을 하고 있다. 이 자리는 병오룡(丙午龍)에 갑묘맥(甲卯脈)에 내외명당(內外明堂)이 광활(廣闊)하니 재학문과(才學文科)가 5-6代 부절(不絶)한다.

상제봉조형 용혈도(上帝奉朝形 龍穴圖)

● 광주(光州) : 장군대좌형(將軍大坐形).

광주 북쪽 四十里 막군치(幕軍峙) 용구산(龍龜山) 금계봉(金鷄峰) 아래에 서쪽 기슭에(西麓) 장군대좌형(將軍大坐形)이 둔군안(屯軍案)을 하고 있다. 이 자리에는 화개(華蓋)가 경방(庚方)에 있고 시암검석(矢岩劍石)이 진방(震方)에 열지어 있고 내착외광(內窄外廣)하고 천군(千軍)이 나열하고 양간수(兩澗水)가 합류귀남(合流歸南)하고 穴은 군막(軍幕) 밖에 임좌(壬坐)로 되어 있다.

장궁대좌형 용혈도(將軍大坐形 龍穴圖).

● 영광(靈光) : 비봉귀소형(飛鳳歸巢形).

영광 동쪽 四十里의 봉산촌(鳳山村) 병오룡(丙午龍)에 비봉귀소형(飛鳳歸巢形)이 금롱안(金籠案)을 하고 있다 이 자리는 손좌(巽坐)에 곤수(坤水) 계축귀(癸丑歸)로 먼 후손의 부호지혈(富豪之穴)이다.

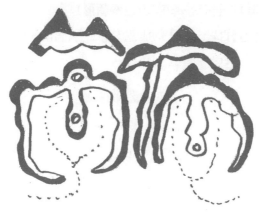

비봉귀소형 용혈도(飛鳳歸巢形 龍穴圖).

● 영광(靈光) : 축구망승형(逐狗望僧形)

영공 동쪽 二十里의 봉정산(鳳停山) 아래에 축구망승형(逐狗望僧形)이 와구(臥狗)로 안대를 하고 있다. 이 자리는 임감입수(壬坎入首)하여 임좌병향(壬坐丙向)에 손득사파(巽得巳破)로 되었다. 이 자리는 안출백운(案出白雲)하니 장례후 7년에 발복하여 선부후귀(先富後貴) 한다.

축구망승형 용혈도(逐狗望僧形 龍穴圖).

● 장성(長城) : 군신봉조형(君臣奉朝形).

　장성 백암산(白岩山) 산중에 군신봉조형(君臣奉朝形)이 삼석봉
(三石峰)으로 안대를 하고 있다.

군신봉조형 용혈도(君臣奉朝形 龍穴圖).

● 장성(長城) : 비룡등공형(飛龍騰空形).

　장성 동북쪽 三十里에 손룡(巽龍)이 12節 아래에서 甲으로 회두
(回頭)하였으니 이는 비룡등공형(飛龍騰空形)이다. 이 穴은 암석
(巖石) 가운데 있으니 육안으로는 심히 찾기 어렵겠다. 吉人이 이
를 만나면 장례후 10년에 발응(發應)하여 백자천손(百子千孫)하
고 12대에 시중(侍中)이 난다. 穴中에 삼우석(三隅石)이 있으니
파손되지 않게 해야 한다. (一耳僧)

비룡등공형 용혈도(飛龍騰空形 龍穴圖).

● 담양(潭陽) : 장군대좌형(將軍大坐形).

담양 남쪽 四十里에 장군대좌형(將軍大坐形)이 임좌병향(壬坐
丙向)으로 되어 있다 이 자리는 前後 左右가 진중(陣中)이고 주안
(主案)은 높고 청룡(靑龍)은 길게 돌아 수구(水口)를 막고 백호
(白虎)는 중첩(重疊)하여 수구를 보호하고 물은 짧게 와서 길게
나가니 비록 속발(續發) 하지는 못하더라도 백화(白花) 2人에 부
귀면원(富貴綿遠)한다.

장군대좌형 용혈도(將軍大坐形 龍穴圖)

● 창평(昌平 : 潭陽) : 황룡부주형(黃龍負舟形).

　담양 창평 서쪽 十里에 황룡부주형(黃龍負舟形)이 곤좌(坤坐)에 을득(乙得) 임파(壬破)로 되어 있다. 진혈(眞穴)은 찾기가 어렵게 되어 있다. 진혈(眞穴)은 고총(古塚)과 일척지간(一尺之間)의 사이에 있으니 혈구(穴口)는 지곡(芝谷)의 정총(鄭塚)에 있고 훈(暈)이 태극(太極)으로 되어 있다. 이 자리는 백자천손(百子千孫)에 백화(白花) 문과(文科)가 연이어 삼공(三公)에 이이른다.

화룡부주형 용혈도(黃龍負主形 龍穴圖).

● 구례(求禮) : 비룡상천형(飛龍上天形).

　구례에, 혹은 합천운운, 비룡상천형(飛龍上天形)이 병래오작(丙來午作)으로 되어 있다. 이 자리는 당대에 명현(名賢)이 나고 2대 거부(巨富)와 방백(方伯)에 오대(五代) 재상(宰相)이 날곳이다.

비룡상천형 용혈도(飛龍上天形 龍穴圖).

● **여천(麗川) : 노서하전형(老鼠下田形).**

　여천 남쪽 사십리의 서이산(鼠耳山) 아래에 노서하전형(老鼠下田形)이 퇴화안(堆禾案)을 하고 있다. 이 자리는 감룡(坎龍)에 임혈(壬穴)로 용삼호삼(龍三虎三)하고 穴은 귀위에 있도다. 만일 쥐머리에서 穴을 求하는 자는 패사(敗死)한다.

노서하전형 용혈도(老鼠下田形 龍穴圖).

● 순천(順天) : 장군격고형(將軍擊鼓形).

　순천 남쪽 三十里 첨산(尖山) 아래에 장군격고형(將軍擊鼓形)
이 무동안을 하고 있다. 이 자리는 임감레(壬坎來) 계작(癸作)으
로 용삼호삼(龍三虎三)하고 穴은 포중(抱中)에 있고 금고(金鼓)
와 검극(劍戟)은 左右에 나열 하였고 아기(牙旗 : 장군기)는 곤방
(坤方)에 서 있고 오호한문(五戶悍門)이 군룡(郡龍)에 있으니 삼
상(三相)에 다섯사람의 문과(五文科가 나는 자리이다.

장군격고형 용혈도(將軍擊鼓形 用穴圖)

● 순천(順天) : 구호와령형(九虎臥嶺形).

　순천 북쪽 四十里에 구호와령형(九虎臥嶺形)이 있으니 일용이
호(一龍二虎)에 왼쪽에는 호암(虎岩)이 있고 穴은 석돈지중(石墩
之中)에 있다. 이 다리는 손사절절(巽巳節節) 갑묘절절(甲卯節節)
구봉(九峰)의 구호(九虎)가 되었고 갑묘입수(甲卯入首)하여 을
좌신향(乙坐辛向) 위에 곤득(坤得) 임파(壬坡)로 9대 9相이 나고
대대로 文章이 난다.

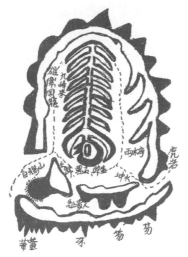

구호와령형 용혈도(九虎臥嶺形 龍穴圖)

● 화순(和順) : 옥녀탄금형(玉女彈琴形).

화순 동쪽 二十里에 옥녀탄금형(玉女彈琴形)이 쌍귀관사(雙貴
官紗)로 안대(案對)를 하고 있다. 이 자리는 갑묘(甲卯)로 위이
장원(長遠)하여 간좌(艮坐)로 되어 있고 물은 정건수(丁乾水)가
신경방(申庚方)으로 현류(玄流)하였으니 백화다출(白花多出)하
고 백대향화(百代香火)한다.

옥녀탄금형 용혈도(玉女彈琴形 龍穴圖).

● 화순(和順) : 앵무봉충형(鸚鵡逢蟲形).

화순 서쪽 二十里의 앵무산(鸚鵡山) 아래에 앵무봉충형(鸚鵡逢蟲形)이 되어 있다. 이 자리는 해룡장원(亥龍長遠)하여 임감작혈(壬坎作穴)하고 용삼호사(龍三虎四)에 곡곡유신(谷谷流神)하고 노화편룡(蘆花鞭龍)하니, 태산래용(泰山來龍)이 진회두(盡回頭)라 금수유어봉수회(金蛇游魚逢水喜)라. 남쪽에는 비스듬이 날아가는 한아(寒鴉)가 자리하고 화표한문(華表悍門)은 오호(五戶)에 줄지었고 퇴화적고간(堆禾積庫間)은 겹겹이 둘러싸이고 길로 인하여 허리가 잘린 것은 흉(凶)하지만 색반위지(塞返爲之)하니 도리어 吉하도다 상운(祥雲)이 비래(飛來)하여 손신상(巽辛上)에 있으니 몸이 삼공(三公)에 이르러 세불이(世不移) 하리라 穴은 돌위를 여러모로 자세히 살펴보아야 찾을 수 있을 것이다.

앵무봉충형 용혈도(鸚鵡逢蟲形 龍穴圖).

● 능주(綾州 : 화순) : 금장괘은구혈(金帳掛銀鉤穴).

능주 동남쪽 풍류동에 금장괘은구형(金帳掛銀鉤形)이 되어 있으니 경태맥(庚兌脈)에 유좌묘향(酉坐卯向)이다. 물은 손사득(巽巳得)에 갑파(甲破)이다. 이 자리는 삼양(三陽)이 단아(端雅)하고 회룡번신(回龍飜身)하여 금토산곤괘(金土山坤掛)다. 정총(鄭塚)이 비록 동북쪽의 왼쪽 골짜기를 범했으나 진혈(眞穴)은 그 가운데에 있도다 대대로 부귀(富貴)를 이어갈 자리로다.

금장괘은구형 용혈도(金帳掛銀鉤形 龍穴圖)

◉ 능주(綾州 : 화순) : 비학심소형(飛鶴尋巢形).

능주 북쪽 二十里에 비학심소형(飛鶴尋巢形)이 군신안(君臣案)을 하고 있다. 이 자리는 임감룡(壬坎龍)에 경갑수(庚甲水) 임좌(壬坐)로 되어 있다. 이 자리는 자손이 장수(長壽)하고 부귀(富貴)를 함께하며 고고한 선비가 나와 세상의 모범(模範)이 된다.

비학심소형 용혈도(飛鶴尋巢形 龍穴圖)

◉ 능주(綾州 : 화순) : 현종형(懸鐘形).

능주 북쪽 五十里의 종괘산(鐘掛山) 아래에 현종형(懸鐘形)이
되어 있으니 갑묘(甲卯) 간맥(艮脈)에 간좌(艮坐)이다. 이 자리는
늘 깨어 있는 선각자(先覺者)가 나와 민족을 지도 계몽(啓蒙)하는
지도자로 나라의 큰일을 도모한다.

현종형 용혈도(懸鐘形 龍穴圖).

◉ 능주(綾州 : 화순) : 황사출초형(黃蛇出草形).

능주 서북쪽 봉산(鳳山) 아래에 황사출초형(黃蛇出草形)이 주
와안(走蛙案)을 하고 있다. 이 자리는 토와(土蛙)가 경방(庚方)에
있고 인사(印砂)가 부오호(富五戶)하고 穴은 해래계작(亥來癸作)
하였고 수전현무(水纏玄武) 하였으니 발복장원(發福長遠)한다.

황사출초형 용혈도(黃蛇出草形 龍穴圖)

● 능주(綾州 : 화순) : 행주형(行舟形).

능수 서쪽 四十里에 行舟形이 탁봉안(棹峰案)을 하고 있다. 이
는 경태룡(庚兌龍)에 건좌(乾坐)이다. 물은 계정득(癸丁得)에 을
진파(乙辰破) 양탄지상(兩灘之上)에 있으니 백자천손(百子千孫)
에 백화(白花)가 부요지지(富饒之地)로다.

행주형 용혈도(行舟形 龍穴圖).

● 동복(同福 : 화순) : 연소형(燕巢形).

　동복 적벽수구(赤壁水口) 위에 연소형(燕巢形)이 되어 있다. 이
산은 백아산(白鴉山)을 조산(祖山)으로 하여 내려오면서 초초기
복 (超超起伏)몇마장쯤에 갑묘병오(甲卯丙午)로 전환하여 갑묘입
수 (甲卯入首) 갑좌 (甲坐)에 건수양양(乾水洋洋) 유현정방(流玄
丁方)하였고 석량(石樑)이 혈순(穴脣)되고 용삼호삼(龍三虎三)하
니 백자천손(百子千孫)에 삼공(三公)이 난다.

연소형 용혈도(燕巢形 龍穴圖).

● 보성(寶城) : 비안상천형(飛雁上天形).

　보성 동쪽 十里의 안치(雁峙)에 비안상천형(飛雁上天形)이 벽
파안(碧波案)을 하고 있다. 이 자리는 경태룡(庚兌龍)에 배절향
(背絶向)으로 되어 있고 穴은 양(兩) 무릎사이에 있으나 이는 연
이어 2대 문과(文科)가 날 자리이다.

비안상천형 용혈도(飛雁上天形 龍穴圖)

◉ 흥양(興陽 : 고흥) : 단군형(團軍形). 옥녀단좌형(玉女端坐
   形). 복치형(伏雉形). 복주형(覆舟形).

　흥양에 단군형(團軍形)이 있으니 과거룡(過去龍)에 횡락혈(橫
落穴)로 진래(震來)에 갑을혈(甲乙穴) 두자리가 되어 있다. 갑자
(甲子) 건득(乾得) 경파(庚破)이고 을좌(乙坐)는 임득(壬得) 곤
파(坤破)이다. 이 자리는 삼봉(三峰)에 호수에 열지어 있고 고축
(誥軸)이 삼문(三門)에 있고 모사(謀士)가 사우(四隅)에 자리하
며 穴은 양 무릎위에 있고 혈심(穴深)은 5-6尺에 경신방(庚辛方)
이 다수(多數)하니 무재(武才)가 연이어 난다. 또 관리(官里) 후
룡(後龍)에 옥녀단좌형(玉女端坐形)이 소이산(少耳山)을 안대
(案對)하고 있고 그 아래에 복치형(伏雉形)과 복주형(覆舟形)이
있다.

단군형 용혈도(團軍形 龍穴圖).

◉ 흥양(興陽 : 고흥) : 상수구형(上水龜形).

　흥양 축도(丑島) 앞에 상수구형(上水龜形)이 배룡안(拜龍案)
을 하고 있으니 용래갑묘(龍來甲卯)에 무불등영(無不登榮)할 자
리이다.

상수구형 용혈도(上水龜形 龍穴圖)

◉ 흥양(興陽 : 고흥) : 주마격고형(走馬擊鼓形).

흥양 남쪽 四十里에 주마격고형(走馬擊鼓형)이 궁쟁안(弓錚案)
을 하고 있다. 이 자리는 해래임자(亥來壬坐)이다.

주마격고형 용혈도(走馬擊鼓形 龍穴圖).

● 흥양(興陽 : 고흥) : 지주결망형(蜘蛛結網形).

흥양 동쪽 四十里에 지주결망형(蜘蛛結網形)이 비청안(飛鯖案)을 하고 있다. 이 자리는 해래태작(亥來兌作)으로 뒤에는 건망봉(建望峰)이 있고 앞에는 망지산(望蜘山)이 있어 혈이 사산중에 되어 있으니 석숭과 같은 부자가 나고 貴는 裵度(당나라 文人으로 회채(淮蔡)를 평정시켜 普國公으로 被封)와 같은 사람이 나온다.

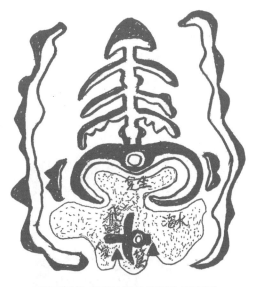

지주결망형 용혈도(蜘蛛結網形 龍穴圖)

● 흥양(興陽.: 고흥) : 일월명당(日月明堂).

흥양 동쪽 六十里에 일월명당(日月明堂)이 되어 있으니 앞에는 칠성안(七星案)이 뒤에는 삼태(三太)가 穴에는 太陽이 右白虎에는 太乙이 있어 동국절승지지(東國絕勝之地로) 그 천만기상(千萬氣像)을 더 기록할 수가 없구나. 이 자리는 삼상칠판(三相七判)에 홍백화(紅白花)가 세세부절(世世不絕)하고 백자천손(百子千孫)에 만세무궁(萬世無窮)한다.

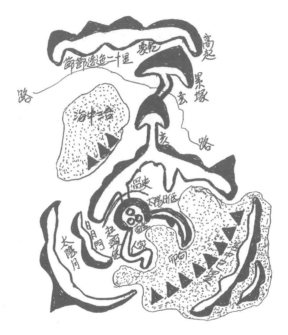

일월명당 용혈도(日月明堂 龍穴圖)

● 흥양(興陽 : 고흥) : 군왕대좌형(君王大坐形).

흥양 북쪽 五十里의 군왕봉에 군왕대좌형(君王大坐形)이 군신안(君臣案)을 하고 있으니 석모(席帽) 가까이에 어병(御屏)이 있고 진간용(震艮龍) 계갑맥(癸甲脈)에 난기(鸞旗)가 좌우에 나열하였고 군봉(群峰)이 전후에서 읍(揖)을 하고 있고 손신방(巽辛方)에 문필봉(文筆峰)이 우뚝 솟아 있다. 오(吳)씨가 범접해 있으나 진혈(眞穴)은 그 위에 있으니 혈은 군봉읍전(群峰揖前)의 베꼽아래 일보(臍中一步)에 있다. 혈심(穴深)은 굴지육척(掘之六尺). 이는 장자방(張子房)과 같은 영화(榮華)를 얻으리라.

군왕대좌형 용혈도(君王大坐形 龍穴圖)

● 흥양(興陽 : 고흥) : 진무대좌형(鎭武大坐形).

흥양 북쪽 五十里에 진무대좌형이(鎭武大坐形)이 패고안(旆鼓案)을 하고 있다. 이 자리는 임감래용(壬坎來龍)에 계간(癸艮)으로 작혈(作穴)되었고, 경수(庚水)가 용두(龍頭)로 돌아갔고 좌패우쟁(左旆右鎗)하고 용두(龍頭)에는 석각(石脚)이 있고, 백옥공경(白屋公卿) 앞에는 고산(鼓山)이 있고 부민소거(富民所居)하고 일용삼호(一龍三虎)하고 혈은 배꼽(臍中)가운데에 있다.

진무대좌형 용혈도(鎭武大坐形 龍穴圖).

● 흥양(興陽 : 高興) : 구사취회형(龜蛇聚會形). (四龜二蛇形)
　와우형(臥牛形). 생사출동형(生蛇出洞形).

　흥양 서쪽 四十里에 사구이사형(四龜二蛇形 :龜蛇聚會形)이 일
주안(一珠案)을 하고 있다. 이 자리는 병오맥(丙午脈)에 혈작사정
(穴作巳丁)하고 수래진경(水來震庚)에 오성수원(五星守垣)하였
으니 도학군자(道學君子)와 한림(翰林)이 날 영구향화지지(永久
香火之地)이다. 또 사도(蛇島)왼쪽에 와우형(臥牛形)이 있고 오른
쪽에는 생사출동형(生蛇出洞形)이 있다.

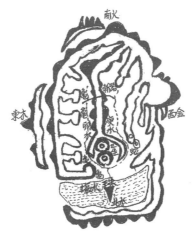

구사취회형 용혈도(龜蛇聚會形 龍穴圖).

◉ 흥양(興陽 : 高興) : 파상비룡형(波上飛龍形).

　흥양읍 서남쪽의 녹도(鹿島)오른쪽에 파상비룡형(波上飛龍形)
이 대강안(大江案)을 하고 있다. 용래해감산지계간(龍來亥坎山之
癸艮)으로 우주좌패(右珠左旆)하고 용사호삼(龍蛇虎三)하고 수
류동파(水流東破)이다.

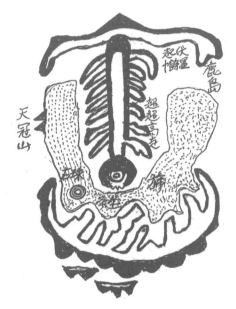

파상비룡형 용혈도(波上飛龍形 龍穴圖).

◉ 장흥(長興) : 금구예미형(金龜曳尾形).

　장흥 봉미산(鳳尾山) 아래에 금구예미형(金龜曳尾形)이 되어
있으니 뒤에는 금대가 되어 있고 앞에는 연화(蓮花)가 움터오르고
대로가 앞에 있고 임산(壬山)에 수류병방(水流丙方)이다. 만약 이
穴을 얻으면 공경(公卿)이 만세(萬世)에 이어 진다.

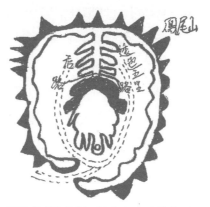

금구예미형 용혈도(金龜曳尾形 龍穴圖).

● 장흥(長興) : 현종형(懸鐘形).

　장흥 봉미산(鳳尾山) 아래에 종정촌(鐘亭村)에 현종형(懸鐘形)
이 횡양안을 하고 있구나 이 자리는 진간용(震艮龍) 계갑맥(癸甲
脈)에 이룡삼호(二龍三虎)하고 穴은 순변(脣邊)에 있고 고각(鼓
脚)이 탁립(卓立)해 있고 몸에는 두인(斗印)을 차고 있으니 홍백
화(紅白花)가 난다 이 자리는 박씨가 이미 썼다.

현종형 용혈도(懸鐘形 龍穴圖).

◉ 장흥(長興) : 토우은복형(土牛隱伏形).

장흥 봉미산(鳳尾山)아래에 토우은복형(土牛隱伏形)이 되어 있으니 경태룡(庚兌龍) 미곤맥(未坤脈)에 용근호원(龍近虎遠)하고 수류용두(水流龍頭)하였다. 이 자리는 간방(艮方)에 삼봉(三鳳) 있고, 경방(庚方)에 매화(梅花)가 있고 건해방(乾亥方)이 병수(竝秀)하니 당대에 영화(榮華)를 누린다.

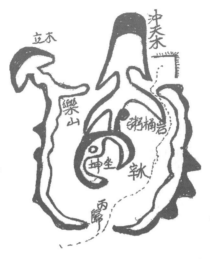

토우은복형 용혈도(土牛隱伏形 龍穴圖).

◉ 장흥(長興) : 쌍구봉수형(雙龜逢水形).

장흥 봉미산(봉미산)아래 종정(鐘亭) 뒤 마산정(馬山亭)위의 선창(船艙) 왼쪽에 쌍구봉수형이(雙龜逢秀形)이 되어 있으니 임감룡(壬坎龍)에 건해혈(乾亥穴)은 사자등영(四子登榮)하고 건해룡(乾亥龍)에 임감혈(壬坎穴)은 금쟁봉장(金鎗逢章)하고 좌우유첨(左右有詹)문무병영(文武竝榮)한다. 혈처(穴處)앞에는 일고수류진방(一庫水流辰方)이다.

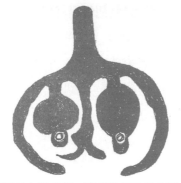

쌍구봉수형 용혈도(雙龜逢水形 龍穴圖).

● 장흥(長興) : 도화낙지형(桃花落地形).

장흥부 남부 밖 도화평(桃花坪)에 도화낙지형(桃花落地形)이 호접안(蝴蝶案)을 하고 있다. 이 자리는 임감룡(壬坎龍) 건해맥(乾亥脈)에 호근용원회(虎近龍遠回)하여 혈작천황(穴作天皇)하고 갑묘득(甲卯得) 정미파(丁未破)로 되었다. 이 자리는 형제동방(兄弟同榜)하고 일한림(一翰林)에 20대를 영귀(榮貴)할 땅이다.

도화낙지형 용혈도(桃花落地形 龍穴圖).

● 장흥(長興) : 호승예불형(胡僧禮佛形).

　장흥 봉미산(鳳尾山)아래에 호승예불형(胡僧禮佛形)이 되어 있으니 건해룡에회룡좌(乾亥龍回龍坐) 병오낙맥(丙午落脈)으로 신수귀(辛水歸)되었다. 이 자리는 성만(星巒)이 영이(穎異)하니 이혈을 얻는자는 총명하고 명석한 현감(縣監)을 낳게 된다.

호승에불형 용혈도(胡僧禮佛形 龍穴圖).

● 장흥(長興) : 금구농월형(金龜弄月形).

　장흥 대흥면(大興面) 거정리(巨鼎里)에 금구농월형(金龜弄月形)이 태입수(兌入首) 유좌묘향(酉坐卯向)에 간수귀갑(艮水歸甲)하고 수구(水口)에는 쌍화표(雙華表)가 되어 있다.

금구농월형 용혈도(金龜弄月形 龍穴圖).

● 장흥(長興) : 옥녀직금형(玉女織錦形).

　장흥 동쪽 三十里의 제암산(帝岩山)아래에 옥녀직금형이 되어
있으니 7대 대장(大將)에 5대 한림(翰林)이 나고 문무대발(文武
大發)하고 미모재고(美貌才高)한다.

옥녀직금형 용혈도(玉女織錦形 龍穴圖).

● 장흥(長興) : 월조계림형(月照桂林形).

　장흥 북쪽 三十里에 월조계림형(月照桂林形)이 되어 있다. 이
자리는 건해주봉(乾亥主峰)에서 삼정행룡(三丁行龍)이 을자체
석로상(乙字體石露上)에 일자강류(一字江流)하고 아래는 논(畓)
이 있고 대로(大路)는 횡장(橫長)하고 안산(案山)에는 사인석(四
人石)이 우뚝하고 갑좌경향(甲坐庚向)에 혈토중(穴土中)에는 제
비집(燕巢)이 있다. 혈은 주점에서 바라다 보이는 곳에 있으니 혈
이 높이 져있고 입술은 볼 수 있어도 다리는 볼 수 없고 지동(枝
洞)에서는 잘 보인다.

월조계림형 용혈도(月照桂林形 龍穴圖).

● 장흥(長興) : 천마시풍형(天馬嘶風形).

장흥 북쪽 三十里에 천마시풍형(天馬嘶風形)이 되어 있으니 산지오(山之五)에 좌지정(坐之丁)이다. 이 자리는 수래건(水來乾)하고 감인갑방(坎寅甲方)이 다봉(多峰)하고 가지산(加智山)이 암조(暗照)하고 벽옥산(碧玉山)을 向하였으니 시마(嘶馬)가 어찌 봉(峰)에 있을고, 머리를 천문북(天門北)으로 向하였으니 세세장상(世世將相)이나고 문무겸전(文武兼全)이나고 백자천손(百子千孫)한다.

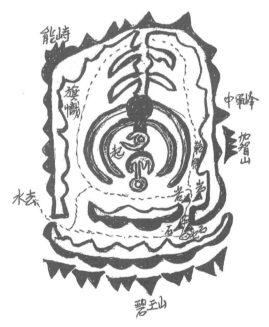

천마시풍형 용혈도(天馬嘶風形 龍穴圖).

● 장흥(長興) : 오룡쟁주형(五龍爭珠形).

제1 청룡(靑龍) : 뇌문입수(雷門入首)하여 을좌신향(乙坐辛向) 임수귀경(壬水歸庚). 구슬이 안변에 있고 혈심(穴深)은 5척팔촌(五尺八寸) 석함(石函)에는 쌍잉어가 있을 것이니 백자천손(百子千孫)에 여천지동노(與天地同老)한다. 병영(兵營)의 신영화(申永化)가 범뇌장(犯腦葬). 석물구비(石物具備) 진혈(眞穴)은 아래에 있다.

제2 백룡(白龍) : 삼기행룡(三奇行龍)이 우두입수(牛頭入首)하여 배절향연(背絶向連) 임갑봉(壬甲峰)이 용출(聳出)하고 구슬이 안변(案邊)에 있고 혈심은 사척구촌(四尺九寸) 삼색토(三色土)이다. 오른쪽 어깨에 문총(文塚)이 범(犯)해 있고 또 세 무덤이 犯하여 파뇌(破腦)된 상태이고 진혈(眞穴)은 양중음(陽中陰)에서 求해야 한다.

제3 흑용(黑龍) : 천황행룡(天皇行龍)이 보신입수(保身入首)하여 임좌병향(壬坐丙向). 갑경수(甲庚水)가 유정(流丁). 구슬이 미치지 못하는 곳에 있으니 가위 나룡(懶龍)이다. 그러나 백운(白雲)이 당하니 발복이 장원한다. 혈심(穴深)은 5척4촌(五尺四寸). 오색토(五色土). 다음의 석함에 쌍잉어가 나온다. 曹氏가 상하장(上下葬)을 犯했다. 穴은 중좌변(中左邊)에 있다.

제4 자룡(紫龍) : 남극행룡(南極行龍)이 노인입수(老人入首)하여 배후향시(背牛向市). 임해수(壬亥水) 귀경방(歸庚方). 구슬은 호변(湖邊)에 있고 혈심(穴深)은 오척구촌(五尺九寸). 상견하허(上堅下虛)하고 삼색토(三色土). 미구(未久)에 文氏가 입장(入葬)할 수 있다.

제5 황룡(黃龍) : 천시행룡(天市行龍)이 금우입수(金牛入首)하여 계좌정향(癸坐丁向). 지당지변(池塘之邊)에 구곡지상(九曲之

上), 물외인간(物外人間) 만물지기(萬物之基)에 산장수회(山藏水回)하였으니 여천지장노(與天地長老)한다.

오룡쟁주형 용혈도(五龍爭珠形 龍穴圖)

● 강진(康津) 용마음수형(龍馬飮水形).

강진 서쪽 二十里의 월각산(月角山) 아래에 용마음수형(龍馬飮水形)이 되어 있다. 이 자리는 양수(兩水)가 합금(合襟)되었고, 월각(月角)이 왼쪽에 있고 석제(石梯)가 오른쪽에 있다. 인자로(人子路) 위의 어깨에 한 穴이 있고 귀(耳)에 한 穴이 있으니 견부(肩富) 이귀(耳貴)한다.

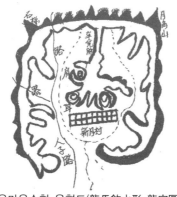

용마음수형 용혈도(龍馬飮水形 龍穴圖).

● 우수영(右水營 : 海南) : 복종형(伏鐘形).

　우수영 후록(後麓)에 복종형(伏鐘形)이 되어 있다. 이 자리는
장군(將軍)이 영병도남형국(領兵渡南形局)으로 아기(牙旗)와 검
극(劍戟)이 동우(東隅)에 열지었고 천주삽천(天柱揷天)하고 창산
간중중(倉山間重重)하고 어대근석사(魚袋近石蛇)하고 혈재종순
(穴在鐘脣)한다.

복종형 용혈도(伏鐘形 龍穴圖)

● 대구(大丘) : 매화낙지형(梅花落地形).

　대구 화원(花園) 창고(倉庫)에 매화낙지형(梅花落地形)이 되었
으니 이는 양택(陽宅)이다 손래진(巽來辰)으로 입수(入首)하여
사좌(巳坐)로 되었으니 이는 세세거부지지(世世巨富之地)이다.
주인은 盧.姜 鄭씨가 된다.

매화낙지혈 용혈도(梅花落地形 龍穴圖).

◉ 대구(大丘) : 전라토육형(田螺土肉形)

대구 구라동(九羅洞)에 전라토육형(田螺土肉形)이 건술래(乾戌來)에 해좌(亥坐)로 되어 있다. 이는 공후지지(公候之地)로다. 혈심(穴深)은 다섯자(五尺) 하관(下棺)은 인시(寅時). 主人은 洪, 申, 片씨가 된다.

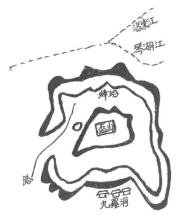

전라토육형 용혈도(田螺土肉形 龍穴圖).

◉ 대구(大丘) : 황우도강형(黃牛渡江形).

대구부 우두점(牛頭店) 서쪽에 황우도강형(黃牛渡江形)이 건술래(乾戌來)에 자좌(子坐)로 되어 있으니 이는 양택(陽宅)으로 백의제상지지(白衣宰相之地)이다. 主人은 盧. 柳 曺씨이다.

황우도강형 용혈도(黃牛渡江形 龍穴圖).

● 경주(慶州) : 선녀헌과형(仙女獻菓形).

경주시 서산(西山)의 선도산(仙挑山)에 앙천와혈(仰天窩穴)이 졌으니 이는 선녀헌과형(仙女獻菓形)이다. 이 자리는 신래곤작(申來坤作)에 미좌(未坐)로공후지지(公侯之地)로다. 혈심(穴深)은 석자(三尺). 하관(下棺)은 유시(酉時). 주인은 韓, 康 씨이다.

선녀헌과형 용혈도(仙女獻菓形 龍穴圖).

● 경주(慶州) : 추성형(樞星形).

경주 백율사(柏栗寺) 오른쪽 지룡(枝龍)에 손래진작(巽來辰作)에 사좌(巳坐)로 되어 있으니 이는 공경지지(公卿之地)로다. 혈심(穴深)은 이척반(二尺半) 하관(下棺)은 술시(戌時). 主人은 姜. 崔씨.

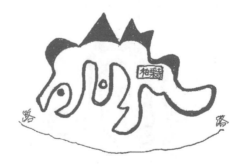

추성형 용혈도(樞星形 龍穴圖).

● 현풍(玄風. 달성: 대구) : 태극형(太極形).

현풍읍 북쪽 상산(常山) 대로(大路) 아래에 태극형(太極形)이 되어 있으니 이는 묘래해좌(卯來亥坐)로 물가에 있는 옥녀산발격 (玉女散發格)이다. 이 자리는 공후지지(公侯之地)이다.

태극형 용혈도(太極形 龍穴圖).

● 경산(慶山) : 주장고모형(走獐顧母形).

경산의 옛 장산읍 터위에 주장고모형(走獐顧母形)이 건래해작 (乾來亥作)으로 되어 있구나. 이는 공후지지(公侯之地)로다. 혈심 (穴深)은 석자반(三尺半) 하관(下棺)은 오시(午時) 주인은 朴. 金 씨

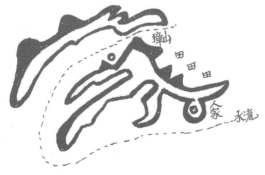

주장고모형 용혈도(走獐顧母形 龍穴圖).

● 압량(鴨良 : 慶山) : 십자형(十字形).

압량(鴨良 : 慶山 押梁)의 고도(古都)터에 十字形이 되어 있으니 이는 후비 장상지지(后妃 將相之地)로다. 혈심(穴深)은 두자(二尺).하관(下棺)은 진시(辰時).

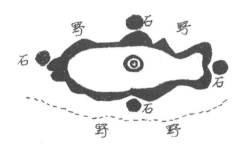

십자형 용혈도(十字形 龍穴圖).

● 하양(下陽 : 경산) : 구인형(蚯蚓形).

하양에 구인형(蚯蚓形)이 건래술작(乾來戌作)에 해좌(亥坐)로 되어 있으니 이는 공후지지(公侯之地)로다 혈심(穴深)은 다섯자(五尺). 하관(下棺)은 자시 (子時) 主人은 權 . 皇甫씨.

구인형 용혈도(蚯蚓形 龍穴圖).

● 영천(永川) : 만궁형(彎弓形).

영천 청통역(靑通驛)뒷터에 만궁형(彎弓形)이 손래사좌(巽來巳坐)로 되어 있으니 이는 양택(陽宅)으로 세세거부 방백지지(世世巨富 方伯之地)로다. 主人은 黃. 張씨.

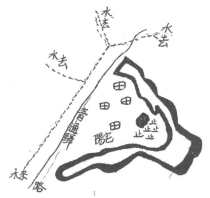

만궁형 용혈도(彎弓形 龍穴圖)

● 안동(安東) : 계군학립형(鷄群鶴立形) /

안동 학가산(鶴駕山) 위에 토성혈(土星穴)이 졌으니 이는 계군학립형(鷄群鶴立形)으로 건래해좌(乾來亥坐)로 되어 있다. 이 자리는 후비지지(后妃之地)로다 穴深은 한자(一尺)이니 배토장(培土葬)을 해야하고 下棺은 五時 주인은 金. 權씨

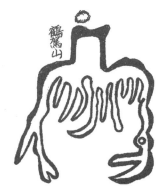

계군학립형 용혈도(鷄群鶴立形 龍穴圖).

● 봉화(奉化) : 중추형(中樞形).

봉화에 중추형(中樞形)이 신래곤작(申來坤作)에 신좌(申坐)로 되어 있다. 이는 공후지지(公侯之地)로다 穴深은 두자(二尺), 下棺은 辰時, 주인은 李, 鄭 . 權씨.

중추형 용혈도(中樞形 龍穴圖)

● 예천(醴川) : 금성혈(金星穴).

예천 금당곡(金堂谷) 서쪽의 금성만(金星巒) 아래에 금성혈(金星穴)이 건해(乾亥)로와서 술좌(戌坐)로 되었다. 이는 방백지지(方伯之地)로다. 혈심은 여섯자(六尺). 下棺은 卯時. 주인은 丁. 嚴씨.

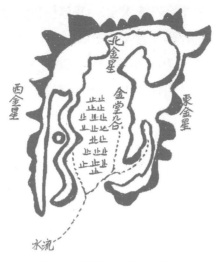

금성혈 용혈도(金星穴 龍穴圖).

● 문경(聞慶) : 연엽부수형(蓮葉浮水形).

　　문경 가서면(加西面) 대정리(大井里)에 연엽부수형(蓮葉浮水
形)이 음양택(陰陽宅)으로 되어 있으니 음택(陰宅)은 경래신작
(庚來申作)에 유좌묘(酉坐卯)로 이는 공후지지(公侯之地)로다.
혈심(穴深)은 다섯자(五尺). 하관(下棺)은 자시(子時). 主人은
鄭. 李씨 陽宅은 丁來酉坐이다.

연엽부수형 용혈도(蓮葉浮水形 龍穴圖).

● 상주(尙州) : 풍취유지형 용혈도(風吹柳枝形 龍穴圖).

　상주 구만동(九萬洞) 오른쪽에 풍취유지형(風吹柳枝形)이 축래 간작(丑來艮作)에 인좌(寅坐)로 되어 있다. 이는 방백지지(方伯之地)이다. 穴深은 석자(三尺). 하관(下棺)은 巳時. 주인은 洪. 房. 禹씨이다.

풍취유지형 용혈도 (風吹柳枝形 龍穴圖).

● 상주(尙州) : 만궁사적형(彎弓射敵形).

　상주에 만궁사적형(彎弓射敵形)이 되어 있으니 수구(水口)가 금용사(金龍寺 초입(初入)으로 나 있고 간래축입(艮來丑入)에 인좌(寅坐)로 되어 있다. 이는 공후지지(公侯之地)이다. 穴深은 석자(三尺). 하관(下棺)은 午時. 主人은 徐, 黃씨이다.

만궁사적형 용혈도(灣弓射敵形 龍穴圖).

◉ 상주(尙州) : 마제혈(馬蹄穴).

　상주 남장사(南長寺) 동구(洞口)의 오른쪽 지룡(枝龍)에 마제혈(馬蹄穴)이 건술래해좌(乾戌來亥坐)로 되어 있구나. 이는 방백지지(方伯之地)이다. 穴深은 두자(二尺) 하관은 寅時. 主人은 金. 洪 씨이다.

마제혈 용혈도(馬蹄穴 龍穴圖).

◉ 상주(尙州) : 석조투림형(夕鳥投林形).

　상주 노음산(老陰山) 지맥(枝脈)에 석조투림형(夕鳥投林形)이 건래술(乾來戌)로 入首하여 손행사좌(巽行巳坐)로 되었도다. 穴深은 이척(二尺). 하관은 巳時. 주인은 黃. 宋씨다.

석조투림형 용혈도(夕鳥投林形 龍穴圖).

◉ 인동(칠곡-구미). 仁同-漆谷-龜尾 : 구룡농주형(九龍弄珠形).

인동 갑중(甲中)의 구(舊) 향교(鄕校) 옛터에 양택이 되어 있다. 이는 간래축좌(艮來丑坐)에 구룡농주형(九龍弄珠形)으로 세세공경(世世公卿) 거부지지(巨富之地)이다. 주인은 소, 곽씨(蘇. 郭氏)이다.

구룡농주형(용혈도(九龍弄珠形 龍穴圖)

◉ 인동(칠곡-구미). 仁同(漆谷-龜尾) : 복치형(伏雉形)

인동에 복치형(伏雉形)이 간래축좌(艮來丑坐)로 되어 있다. 이 자리는 공경지지(公卿之地)이다. 혈심(穴深)은 두자반 (二尺半). 하관(下棺)은 오시(午時). 주인은 張, 禹, 郭씨이다.

복치형 용혈도(伏雉形 龍穴圖).

● 의흥(군위). 義興(軍威) : 상비형(象鼻形).

　의흥(義興)에 양택(陽宅)으로 상비형(象鼻形)이 되어 있으니 소하회(小河回) 손간작(巽艮作)에 인좌(寅坐)로 되어 있다. 이 자리는 공후지지(公侯之地)로 주인은 朴 權씨이다.

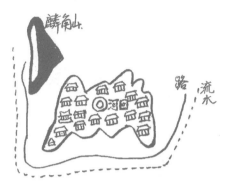

상비형 용혈도(象鼻形 龍穴圖)

● 김천(金泉) : 옥녀개궁형(玉女開宮形).

　김천읍 앞산의 주천(酒泉)위에 옥녀개궁형(玉女開宮形)이 손래 사작진입(巽來巳作辰入)에 사좌(巳坐)로 되어 있다. 이 자리는 백자천손지지(百子千孫之地)이다. 혈심(穴深)은 다섯자반(五尺五寸). 하관(下棺)은 신시(申時) 주인은 鄭, 朱, 盧씨 이다.

옥녀개궁형 용혈도(玉女開宮形 龍穴圖).

◉ 금산(김천). 金山(金泉) : 쌍유혈(雙乳穴).

　금산(金山) 군남(郡南) 이십리의(二十里) 동자봉(童子峰) 아래
에 쌍유혈(雙乳穴)이 손래사작(巽來巳作)에 진좌(辰坐)로 되어
있다. 이 자리는 공경지지(公卿之地)이다. 혈심은 두자. 하관은 해
시 주인은 柳, 成, 李 曺씨이다.

쌍유혈 용혈도(雙乳穴 龍穴圖).

◉ 청도(淸道) : 난포부수형(卵苞浮水形).

　청도 계수동(桂樹洞) 위에 난포부수형(卵苞浮樹形)이 건래곤작
(乾來坤作에 신좌(申坐)로 되어 있다. 이 자리는 巨富 文官지지
(巨富 文官之地) 穴深은 다섯자 하관은(五尺). 申時 주인은 張 吳
씨이다.

난포부수형 용혈도(卵苞浮水形 龍穴圖).

● 청도(淸道) : 만궁형(彎弓形).

청도에 만궁형(彎弓形)이 곤래건작(坤來乾作)에 술좌(戌坐)로
되어 있다. 이 자리는 세세문장(世世文章)명관지지(名官之地)이
다. 혈심(穴深) 칠척(七尺). 하관(下棺)은 해시(亥時). 주인은 李,
朴, 文씨이다.

만궁형 용혈도(彎弓形 龍穴圖).

● 거창(居昌) : 방백오천혈(方伯五千穴).

거창 송하(松下)에 오래병작(午來丙作)으로 큰 穴이 되어 있다.
이 자리는 주자(朱子)와 같은 큰 인물이 한 사람 나고 방백오천명
(方伯五千名)이 난다.

방백오천혈 용혈도(方伯五千穴 龍穴圖).

● 거창(居昌) : 선인입산형(仙人入山形).

거창 진목리(眞木里)뒤에 선인입산형(仙人入山形)이 진목촌(眞
木村)으로 안대(案對)를 하고 손래건작(巽來乾作)으로 되어 있
다. 이러한 자리에 祖上의 묘지(墓地)를 조성하면 그 후손이 현인
문장가(賢人 文章家)가 나오고 고관대작(高官大爵)으로 입신양명
(立身揚名)한다.

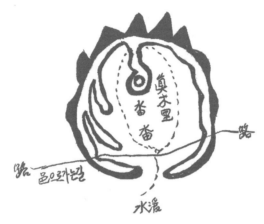

선인입산형 용혈도(仙人入山形 龍穴圖).

● 거창(居昌) : 비연심소형(飛燕尋巢形).

거창 진목리(眞木里) 뒤에 비연심소형(飛燕尋巢形)이 곤래손작
(坤來巽作)으로 되어 있다. 이러한 명당(明堂)에 祖上의 유체(遺
體)를 쓰면 그 子孫이 부귀(富貴)가 겸전(兼全)한다.

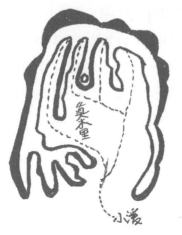

비연심소형 용혈도(飛燕尋巢形 龍穴圖).

◉ **함양(咸陽) : 와룡은전형(臥龍隱田形).**

　함양 개평동(介坪洞) 뒤뜰 평파맥(平破脈)에 와룡은전혈(臥龍隱田穴)이 신술래 건해작(辛戌來 乾亥作)에 유좌(酉坐)로 되어 있다. 이 자리는 장상지지(將相之地)이며 혈심(穴深)은 석지(三尺) 하관(下棺)은 辰時 主人은 鄭, 愼씨 이다.

와룡은전형 용혈도(臥龍隱田形 龍穴圖)

◉ 함양(咸陽) : 화심형(花心形).

　　함양 화장산(花藏山)에 화심형(花心形)이 두자리가 되어 있다.
건래해작(乾來亥作)으로 된 자리는 백세장상(百世將相)에 후비
현인지지(後妃 賢人之地)이고 축래간작(丑來艮作)으로 된 자리는
성현배출(聖賢輩出)에 장상(將相)이 숲을 이루고 백자천손(百子
千孫)에 국내에서 제일가는 甲族이 된다.

화심형 용혈도(花心形 龍穴圖).

◉ 함양(咸陽) : 호전니형(虎前怩形).

　　함양읍 서남(西南)쪽 十餘里 상산(象山) 아래에 신술(辛戌)로
내려온 우사맥(藕絲脈)에 호전니형(虎前怩形)이 乾入亥作으로 되
어 있다. 이 자리는 대부지지(大富之地)이다. 主人은 高, 田 許씨
이다.

호전니형 용혈도(虎前니形 龍穴圖)

● 합천(陜川) : 학두형(鶴頭形).

　합천 소학산(巢鶴山)에 학두형(鶴頭形)이 갑래(甲來)에 건해작
(乾亥作)으로 되어 있다. 이 자리는 당세등운(當世登雲)에 무상지
지(武相之地)이다. 손좌손(巽坐巽)에서 물이 갈려 간다.

학두형 용혈도(鶴頭形 龍穴圖).

● 합천(陝川) : 여룡농주형(驪龍弄珠形).

　합천에 여룡농주형(驪龍弄珠形)이 갑래곤입수(甲來坤入首)에
신좌(申坐) 혹 경좌(庚坐)로 되어 있다. 이 자리는 이십세(二十
世) 장상지지(將相之地)로 갈마산(渴馬山)은 차주(借主)가 되고
소학산(巢鶴山)에서 물이 갈라 졌도다. 주인은 朴 李 金씨 이다.

려룡농주형 용혈도(驪龍弄珠形 龍穴圖).

● 초계(합천). 草溪(陝川) : 학족침강형(鶴足沈江形).

　초계 소학산(巢鶴山) 아래에 학족침강형(鶴足沈江形)이 신래미
작(申來未作)으로 되어 있다. 이 자리는 당대에 입상(入相)하고
29代 거부(巨富) 공경지지(公卿之地)이다.

학족침강형 용혈도(鶴足沈江形 龍穴圖).

◉ 삼가(합천). 三嘉(陜川) : 금계전혈형(金鷄展翅形).

삼가(三嘉) 노곡(蘆谷)에 금계전혈형(金鷄展翅形)이 경래유작
(庚來酉作)으로 되어 있다. 이 자리는 방백(方伯) 3人에 현인(賢
人) 2人으로 문무겸전(文武兼全)할 곳이다.

금계전혈형 용혈도(金鷄展혈形 龍穴圖).

● 창녕(昌寧) : 노구희손형(老嫗戲孫形).

창녕에 노구희손형(老嫗戲孫形)이 손래묘좌(巽來卯坐)로 되어
있다. 이 자리는 백자천손지지(百子千孫之地)로다. 혈심(穴深)은
석자(三尺) 하관(下棺)은 인시(寅時), 주인(主人)은 金, 權씨이다.

노구희손형 용혈도(老구 戲孫形 龍穴圖).

● 창녕(昌寧) : 지중혈(池中穴).

창녕 지중혈(池中穴)은 못 가운데 실혈(實穴)이 있으니 배토(培
土)하여 주변 전체를 금체(金體)로 만들고 그 가운데에 작혈(作
穴)을 해야 한다. 곤좌(坤坐)에 혈심(穴深)은 두자반(二尺半), 하
관(下棺)은 유시(酉時) 이穴은 공후지지(公侯之地) 主人은 權,
趙, 崔씨이다.

지중혈 용혈도(池中穴 龍穴圖).

◉ 영산(창녕). 靈山(昌寧) : 장군개가형(將軍凱歌形).

　영산(靈山)에 장군개가형(將軍凱歌形)이 간래계좌(艮來癸坐)로
되어 있다. 이 자리는 공후지지(公侯之地)이다. 혈심(穴深)은 다
섯자(五尺), 하관(下棺)은 축시(丑時), 主人은 鄭, 朱씨이다.

장군개가형 용혈도(將軍凱歌形 龍穴圖).

● 밀양(密陽) : 산호망시형(山狐望尸形).

　밀양부(密陽府) 남쪽 二十里의 오호현내국(五狐峴內局)에 산호
망시형(山狐望尸形)이 해래건작(亥來乾作)에 술좌(戌坐)로 되어
있다. 이 자리는 방백지지(方伯之地)이다 혈심(穴深)은 다섯자(五
尺) 하관(下棺)은 유시(酉時), 主人은 公. 具씨 이다.

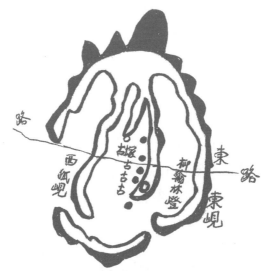

산호망시형 용혈도(山狐望尸形 龍穴圖).

● 밀양(密陽) : 선기형(璇璣形).

　밀양 동쪽 二十里의 역유천(驛楡川)에 선기형(璇璣形)이 곤래
신작(坤來申作)에 미좌(未坐)로 되어 있다. 이 자리는 공경지지
(公卿之地)이다. 혈심(穴深)은 석자(三尺). 하관(下棺)은 신시(申
時). 主人은 劉. 玉. 李씨 이다.

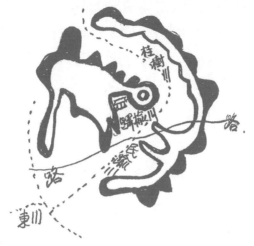

선기형 용혈도(璇璣形 龍穴圖).

● 밀양(密陽) : 동월형. 서월형 용혈도(東月形. 西月形 龍穴圖).

밀양 북쪽 이 십리(二十里)의 월산동 좌우에 동월형과 서월형이 건술래(乾戌來) 해좌(亥坐)로 되어 있다. 이 자리는 삼태현안지지 이다. 혈심은 두자리가 다 같아 두자이고, 하관은 인시, 주인은 孟彭魚씨 이다.

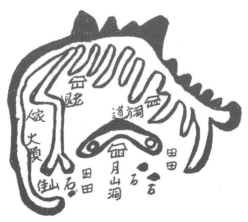

동월형. 서월형 용혈도(東月形 西月形 龍穴圖)

● 울산(蔚山) : 금상부수형 용혈도(錦裳浮水形 龍穴圖):

　울산 송정리(宋亭里)의 병영(兵營) 東쪽에 금상부수형(錦裳浮水形)이 손래사좌(巽來巳坐)로 되어 있다 이 자리는 후비(後妃). 장상지지(將相之地)이다. 혈심(穴深)은 여섯자(六尺) 하관(下棺)은 신시(申時). 主人은 楊. 朱. 張 氏 이다.

금상부수형 용혈도(錦裳浮水形 龍穴圖).

● 울산(蔚山) : 방백지지(方伯之地).

　울산의 백양사(白陽寺) 오른쪽 지맥(枝脈)에 穴이 맺혔으니 간래축작(艮來丑作)에 인좌(寅坐)로 되었다. 이 자리는 방백지지(方伯之地)이다 혈심(穴深)은 다섯자(五尺). 하관(下棺)은 인시(寅時). 主人은 朴. 盧氏 이다.

방백지지 용혈도(方伯之地 龍穴圖).

● 양산(梁山) : 영구하강형(靈龜下江形),

양산 구포(龜浦) 남창(南倉)의 주룡(主龍)에 영구하강형(靈龜下强形)이 서남향을 向하고 축래인작(丑來寅作)에 간좌(艮坐)를 하고 있으니 이 자리는 후비지지(后妃之地)이다. 혈심(穴深)은 두 자반(二尺半), 하관(下棺)은 진시(辰時), 主人은 鄭, 尹씨 이다.

영구하강형 용혈도(靈龜下江形 龍穴圖).

● 김해(金海) : 황룡부주형(黃龍負舟形).

김해부(金海府) 남쪽 十里에 황룡부주형(黃龍負舟形)이 곤신래미작(坤申來未作)에 오좌(午坐)로 되어 있다. 이 자리는 장상지지(將相之地)이다. 혈심(穴深)은 여섯자(六尺)이고, 하관시(下棺時)는 축시(丑時), 主人은 金, 許, 廉씨이다.

황룡부주형 용혈도(黃龍負舟形 龍穴圖).

◉ 창원(昌原) : 정병산 거부혈 용혈도(丁屛山 巨富穴 龍穴圖).

창원 정병산(丁屛山) 아래에 큰 穴이 맺혔으니 건해래술작(乾亥來戌作)에 자좌(子坐)로 되어 있다. 이 자리는 문관 거부지지(文官 巨富之地)이다. 혈심(穴深은 석자(三尺), 하관(下棺)은 자시(子時)이고, 主人은 高 薛氏이다.

정병산 거부혈 용혈도(丁屛山 巨富穴 龍穴圖)

◉ 창원(昌原) : 신풍령귀룡(新豊嶺貴龍).

창원부 동쪽 신풍령(新豊嶺) 갑묘하(甲卯下)에 묘을작(卯乙作)으로 귀혈(貴穴)이 되어 있다. 이 자리는 당대 문관지지(文官之地)이다. 혈심(穴深)은 두자반(二尺半) 主人은 金. 朴 씨이다.

신풍령귀룡 용혈도(新豊嶺貴龍 龍穴圖).

◉ 칠원(함안). 漆原. (咸安) : 갈치 석맥혈(葛峙 石脈穴).

칠원 현(縣) 남쪽 다섯마장(五里) 지경의 전령(前嶺) 대로중(大路中)의 석맥(石脈)에 자좌(子坐)로 穴이 맺혔다. 혈심(穴深)은 두자(二尺) 하관시(下棺시)는 유시(酉時). 主人은 朴, 金, 周, 姜, 石, 李, 崔, 丁, 柳, 氏이다.

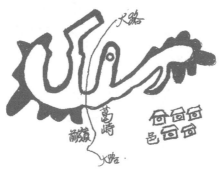

갈치 석맥혈 용혈도(葛峙 石脈穴 龍穴圖).

◉ 칠원(함안). 漆原(咸安) : 야호상산형(野狐上山形).

칠원에 야호상산형(野虎上山形)이 곤래신작(坤來申作)에 미좌(未坐)로 되어 있다. 이 자리는 제상지지(宰相之地)이다. 혈심(穴心)은 다섯자(五尺) 하관시(下棺時)는 자시(子時), 主人은 姜, 黃, 朴氏이다.

야호상산형 용혈도(野虎相山形 龍穴圖).

◉ 의령(宜寧) : 금섬형(金蟾形).

의령 도굴산(堵堀山) 금섬형(金蟾形)이 건래술작(乾來戌作)에
해좌(亥坐)로 되어 있다. 하관시(下棺時)는 묘시(卯時)이다.

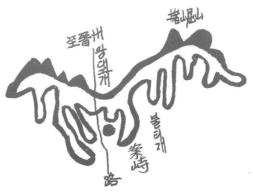

금섬형 용혈도(金蟾形 龍穴圖).

◉ 진주(晉州) : 와우형(臥牛形).

진주 서쪽 百里의 망우치(望牛峙) 三峰 아래에 와우형(臥牛形)
이 속초안(束草案)을 하고 있다. 이 자리는 석숭(石崇)과 같은 富
가 나리라. 지금은 하동우치 (河東 牛峙)이다.

와우형 용혈도(臥牛形 龍穴圖).

◉ 하동(河東) : 모란반개형(牡蘭般開形).

　하동 북쪽 시오리 (十五里) 화개동(花開洞)에 모란반개형(牡丹
半開形)이 되어 있으니 이는 前後 左右가 흠 잡을 데 없는 貴格이
다. 이 자리는 장례후 10년에 발복(發福), 후비 경상지지(后妃 卿
相之地)이다.

모란반개형 용혈도(牡丹半開形 龍穴圖).

◉ 사천(泗川) : 삼태반락형(三台半落形).

　사천 남양(南陽) 와룡동(臥龍洞)에 삼태반락형(三台半落形)
이 음양택(陰陽宅)으로 되어 있다. 양택(陽宅)은 곤래신입(坤來
申入)에 미좌로 세세현인 경상지지(世世賢人 卿相之地)이고 음택
(陰宅)은 건래자좌(乾來子坐)로 혈심(穴深)은 칠척(七尺) 하관시
(下棺時)는 진시(辰時)이다.

삼태반락형 용혈도(三台半落形 龍穴圖).

● 곤양(사천), 昆陽(사천). 연화출수형(蓮花出水形).

곤양 서쪽 대강(大江) 앞에 연화출수형(蓮花出水形)이 되어 있다. 연꽃이 물을 만났으니 穴은 화심(花心)에 있다.

연화출수형 용혈도(蓮花出水形 龍穴圖).

● 웅천(창원). 熊川(昌原- 鎭海): 유지맹춘형(柳枝萌春形).

웅천 웅신사(熊新寺) 석맥(石脈)에 유지맹춘형(柳枝萌春形)이 간래인작(艮來寅作)에 축좌(丑坐)로 되어 있다. 이 자리는 거부지지(巨富之地)이다. 혈심(穴深)은 두자(二尺). 하관(下棺)은 묘시(卯時). 主人은 秋, 甘, 沈 씨이다.

유지맹춘형 용혈도(柳枝萌春形 龍穴圖).

◉ 진천(鎭川) : 장수지지(將帥之地).

청안. 진천(淸安-鎭川) 경계 두타산(頭陀山) 좌 삼십리(最 三十
里) 행룡(行龍)에 장수지지(將帥之地)가 치표되어 있다. (杜師忠)

장수지지 용혈도(將帥之地 龍穴圖).

◉ 황간(영동). 黃澗(永同) : 귀룡음수형(歸龍飮水形).

황간 석천(石川) 동쪽 十里에 있는 木星에 귀룡음수형(歸龍飮水
형)이 되어 있다. 이 자리는 장례(葬禮)후 20년에 대발(大發)하여
명공거경(名公巨卿)이 나고 칠대연기(七代連起)한다. (一耳僧)

귀룡음수형 용혈도(歸龍飮水形 龍穴圖).

● 공주(公州) : 삼대출상지지(三代出相之地).

　공주 서쪽 이십리(二十里)에 있는 감룡(坎龍)에 임자(壬子)에 곤신수(坤申水) 진파(震破)로 자리가 되어 있다. 혈중(穴中)에 오색자석(五色紫石)이 있으니 이 자리는 삼대출상지지(三代出相之地)이다.

삼대출상지지 용혈도(三代出相之地 龍穴圖).

● 진잠(대전). 鎭岑.(大田) : 경전와우형(耕田臥牛形) /

　진잠 구봉산(九峰山) 애래 남쪽에 경전와우형(耕田臥牛形)이 임좌(壬坐)에 곤신수(坤申水) 진파(震破)로 되어 있다. 이 자리는 당대에 발복(發福)하여 백자천손(百子千孫)에 공명거경(公名巨卿)이 부지기수(不知己數)로 난다. 가히 천하지보(天下之寶)라고 할 수 있다.

경전와우형 용혈도(耕田臥牛形 龍穴圖)

● 진산(금산), 珍山(錦山) : 비룡등공형(飛龍騰空形. 嚴山洞).

진산 동쪽 십리(十里)의 엄산동(嚴山洞)에 비룡등공형(飛龍騰空形)이 경좌(庚坐)에 손수축파(巽水丑破)로 되어 있다. 이 자리는 장례후 15년에 백자천손(百子千孫)하고 삼품직(三品職)과 천백석(千百石) 부자(富者)가 연대부절(連代不絶)한다.

비룡등공형 용혈도(飛龍騰空形 龍穴圖).

◉ 진산(금산), 珍山,(錦山) : 약마부적형(躍馬赴敵形).

　　진산 북쪽 十里에 약마부적형(躍馬赴敵形)이 토산절괘(土山節
卦)되어 있다. 이자리는 장례후 10년 후에 백자천손(百子千孫)에
시빈(侍賓)이 나고 연기 삼대(連起三代)한다. (一耳僧)

약마부적형 용혈도(躍馬赴敵形 龍穴圖).

◉ 부여(扶餘) : 고제동(高堤洞). 주자만문지혈(朱紫滿門之穴)

　　부여 고제동(高堤洞)에 유좌(酉坐)로 큰자리가 되었다. 백자천
손(百子千孫)에 문장(文章)과 청현(淸顯)이 많이 나겠으니 이는
주자만문지지(朱紫滿門之地)로다. (一耳僧)

주자만문지혈 용혈도(朱紫滿門之穴 龍穴圖).

◉ 부여(扶餘) : 구룡쟁주형(九龍爭珠形).

부여 작천 북쪽에 구룡쟁주형(九龍爭珠形)이 묘래곤좌(卯來坤坐)로 앉아 대강안(大江案)을 하고 있으니 이는 태산(泰山) 아래 토성(土星)이로다. 이 자리는 장례후 20年에 대발(大發)하여 명공거경(名公巨卿)이 부지기수(不知己數)난다.

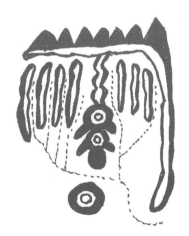

구룡잰주형 용혈도(九龍爭珠形 龍穴圖).

● 전주(전주) : 황학등공형(黃鶴騰空形),

　전주 덕진(德津)의 대로변(大路邊에 황학등공형(黃鶴騰空形)이 대수(大水)를 회류(回流)하여 얻었구니. 이 자리는 장후 7년에 神童이 나고 출장입상(出將入相)하여 8- 9대를 이어가고 그 이름이 만방에 떨치고 세세기화(世世奇貨)하려니 삼가고 함부로 傳하지 마라. (一耳僧)

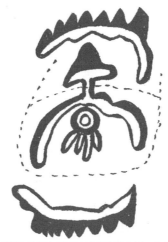

황학등공형 용혈도(黃鶴騰空形 用穴圖).

● 고부(정읍). 古阜(井邑) : 명금형(鳴金形).

　고부 남부면(南部面) 두승산(斗升山) 팔봉(八峯)아래의 금쟁평(金錚坪)에 명금형(鳴錦形)이 되어 있으니, 이는 반등룡십전구도(半登龍十轉九倒) 초성운무(初成雲霧), 재성금하(再成錦霞), 여검여뢰(如劍如雷), 평지개수성(平地開水城), 손사(巽巳) 갑묘(甲卯) 갑자(甲子)에 임병수(壬丙水) 귀신(歸辛)이로다 아래에 건지(乾池)가 있어 간곤상대(艮坤相對) 이 자리는 효자(孝子)와 문사(文士)가 많이나고 이무집권(以武執權)하여 공경병출(公卿竝出)하고 백자천손(百子千孫)한다.

명금형 용혈도(鳴錦形 龍穴圖).

● 고부(정읍). 古阜(井邑) : 선인포전형(仙人鋪氈形).

　고부 남부면(南部面) 두승산(斗升山)아래에 손사룡(巽巳龍)에
선인포전형(仙人鋪氈形)이 되어 있으니 이는 연화개장(蓮花開帳)
하여 자기충천(紫氣沖天)하고 갱개소장(更開小帳)하니 일선미맥
(一線微脈), 갱기정신(更起精神), 혈작포전형(穴作鋪氈形)이로
다. 이 穴을 얻는자는 천자만손(天子萬孫)에 명공거경(鳴公巨卿)
이나와 출장입상(出將入相)한다. 혈이 구슬도 같고 계란(如珠如
卵)도 같아 속사는 점지하기 어렵다.

선인포전형 용혈도(仙人鋪轉形 龍穴圖)

● 순창(淳昌) : 금경투지형(金鏡投地形).

순창 남쪽 十五里 아미산(蛾眉山) 아래에 금경투지형(金鏡投地形)이 되어 있다. 이 자리는 용호(龍虎)가 회포(回抱)하여 대장(大帳)을 여는 가운데 일절(一節)이 남쪽으로 떨어져 명당을 만들었으니 간수(澗水)는 西北方에서 東쪽으로 흐르고 삼양(三陽)이 나열하고 손신방(巽辛方)이 상대(相對)하였으니 백화(白花)와 문과(文科)와 남행(南行)이 대를 이어 끊이지 않고 오대 승상(丞相)에 군왕종묘(君王宗廟)에 배향(配享)하고 2대 현사(賢士)에 문무병출(文武竝出)할 만대명현지지(萬代明顯之地)이다.

금경투지형 용혈도(金鏡投地形 龍穴圖).

● 순창(淳昌) : 금반옥호형(金盤玉壺形).

　순창 삼방(삼방) 南쪽 다섯마장(五里)에 금반옥호형(金盤玉壺形)이 되어 있다. 이 자리는 백호(白虎)는 없고 청룡(靑龍)이 돌고 외백호(外白虎)가 회포(回抱)하고 해래임작(亥來壬作)에 곤수귀을(坤水歸乙) 서류남귀(西流南歸)로 백화(白花) 삼인(三人)에 부호지지(富豪之地)이다.

금밤옥호형 용혈도(金盤玉壺形 龍穴圖).

● 순천(順川) : 양계쟁소형(兩鷄爭巢形)

순천 서쪽 四十里의 계치(鷄峙)아래 계곡 위에 양계쟁소형(兩鷄 爭巢形)이 있으니 용삼호사(龍三虎四)에 곡곡유수(谷谷流水)하 고 벽당청류(碧幢淸流)로다. 이 자리는 건해이혈(乾亥二穴)에 임 감삼혈(壬坎三穴)이니 신안(神眼)이라야 분별할 수 있지 속안(俗 眼)은 분별(分別)키 어렵다. 왼쪽에는 삼곡(三谷)이 있고 오른쪽 에는 삼암(三巖)이 있고 아홀(牙笏)이 열지어 서 있으니 세세대발 (世世大發)하여 장사필출(壯士必出)하고 문장(文章)이 부절(不 絕)한다.

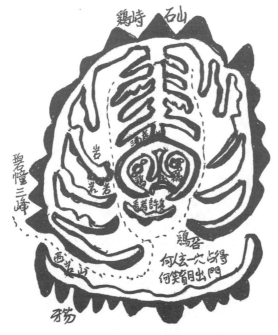

양계쟁소형 용혈도(兩鷄爭巢形 龍穴圖).

● 광주(光州) : 보검장갑형(寶劍藏匣形).

광주 석곡면(石谷面 : 1955년 석곡면을 폐지. 1957년. 1973년. 1980년 행정구역 개편으로 동구, 북구에 분리 편입) 해산(亥山)에 보검장갑형(寶劍藏匣形)이 되어 있다. 이 자리는 천전도수(穿田渡水)하여 기적이종(奇跡異踪)하니 속안(俗眼)은 찾기 어렵다. 이 자리는 대장(大將)이 2人 나오고 그 이름이 타국(他國)에 떨치고 열사(烈士)가 3人이 날 땅이다.

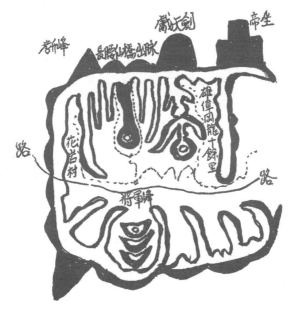

보검장갑형 용혈도(寶劍藏匣形 龍穴圖)

● 영광(靈光) : 옥녀산발형(玉女散髮形).

영광 동쪽 四十里의 낭월산(朗月山) 아래(長城 三溪)에 건해장원(乾亥長遠) 경태회(庚兌會)로 옥녀산발형(玉女散髮形)이 장기(粧器)를 앞에 하고 있다. 이 자리는 매화고각(梅花鼓角)이 오호(五戶)로 열지었고 전고(展誥)가 당전(當前)하니 현관다출(賢官多出), 외양방창고(外陽方倉庫), 중첩내당작혈(重疊內堂作穴), 경수래(庚水來), 계방유거(癸方流去), 손좌(巽坐)이다. 이 자리는 장례후 8년에 대발(大發)하여 선부후귀(先富後貴), 영장중계(榮長仲季), 예흥중방(裔興中房), 발무연 왕병등(發武蓮杆竝登), 장구향화(長久香花)한다.

옥녀산발형 용혈도(玉女散髮形 龍穴圖).

● 영광(靈光) : 순룡음수형(順龍飮水形).

영광 동쪽 二十里에 순룡음수형(順龍飮水形)이 운무안(雲霧案)을 하고 있다. 이 자리는 건해임감(乾亥壬坎)으로 기뇌(起腦)를 지나서 임감입수(壬坎入水)하여 임좌병향(壬坐丙向)에 곤을득(坤乙得) 정귀(丁歸)로 되었다. 이 자리는 백화문과(白花文科)가 대대로 연이어 등용문에 올라 삼공(三公)에 이르고 백자천손(百子千孫)할 것이다 .

순룡음수형 용혈도(順龍飮水形 龍穴圖).

● 담양(潭陽) : 와우형 (臥牛形).

  담양 서쪽 二十里의 삼각산(三角山) 아래 와우리(臥牛里) 왼쪽 위에 와우형(臥牛形)이 삼인산(三人山) 속초봉(束草峰)으로 안대(案對)를 하고 있다. 이 자리는 穴이 인후중(咽喉中)에 병좌임향(丙坐壬向)으로 되어 있고 탐랑수(貪狼水)가 조림(照臨)하니 삼세영화(三世榮華)요. 속초봉(束草峰)이 높으니 부(富)가 만년(萬年)한다.

와우형 용혈도(臥牛形 龍穴圖).

● 옥과(곡성). 玉果(谷城) : 생사축와형(生蛇逐蛙形).

  옥과 동쪽 十里에 생사축와형(生蛇逐蛙形)이 되어 있다. 이 자리는 장례후 10년에 발복(發福)할 자리로서 먼 뒷날의 후손(後孫)이 번성(繁盛)할 부호지지지(富豪之地)이다.

생사축와형 용혈도(生蛇逐蛙形 龍穴圖).

● **여천(麗川) : 영취거익형(靈鷲擧翼形).**

여천 동북쪽 二十里에 영취거익형(靈鷲擧翼形)이 탁소안(卓巢案)을 하고 있다. 이 자리는 묘룡을혈(卯龍乙穴)로 삼룡사호(三龍四虎)에 양수합류(兩水合流)하고 그 세(勢)가 나망(羅網)과 같으니 석숭(石崇)과 같은 부(富)가 나고 5人의 미희(美姬)가 난다.

영취거익형 용혈도(靈鷲擧翼形 龍穴圖).

● 장흥(長興) : 오공형(蜈蚣形).

　장흥 봉미산(鳳尾山) 아래에 오공형(蜈蚣形)이 되어 있으니 임
감룡(壬坎龍) 계간맥(癸艮脈)에 용삼호삼(龍三虎三)하고 穴은 겸
(鉗)안에 있고 사신(四神)이 병수(竝秀)하니 오자등과(五子登科)
한다.

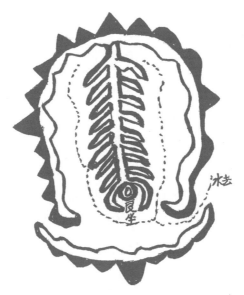

오공형 용혈도(蜈蚣形 龍穴圖).

● 장흥(長興) : 숙방형(宿 尨形).

　장흥 월천사(月川寺) 뒤에 숙방형(宿 尨形)이 추견안(雛犬案)
을 하고 있으니 이는 갑묘룡(甲卯龍)에 혈작을(穴作乙)로 물은 北
쪽에서 와서 西쪽으로 나간다. 이 자리는 龍이 비록 기장(奇壯)하
지만 혈장(穴場)이 옅고 노출되어 있어 후손이 소풍(小豊)할 땅이
로다.

숙방형 용혈도(宿尨形 龍穴圖).

● 장흥(長興) : 노승진념형(老僧眞念形).

장흥 북쪽 二十里에 노승진념형(老僧眞念形)이 인로지하(人路地下). 지천지상(池泉之上)에 되어 있다 이 자리는 우회(右回)하면 대로(大路)와 대수(大水)가 있고 앞에는 山이 나열해 있고 삼양(三陽)이 구길(俱吉)하고 미래태작에(未來兌作)에 간수귀갑(艮水歸甲)으로 되어 있다. 이 자리는 좌혈(坐穴)의 내당수(內堂水)가 직류(直流)하니 초빈후(初貧後)에 대발귀(大發貴)하여 상공거경(相公巨卿)이 代를 이어서 나오고 백자천손(百子千孫)에 영귀무궁(榮貴無窮)한다.

노승진념형 용혈도(老僧眞念形 龍穴圖).

● 장흥(長興) : 군왕대좌형(君王大坐形).

   장흥 北쪽 五十里에 군왕대좌형(君王大坐形)이 군신안(君臣案)
을 하고 있으니 건해룡(乾亥龍) 간진갑맥(艮辰甲脈)에 穴은 포중
(抱中)에 있다. 안유천봉(案有千峰)에 용삼호사(龍三虎四)하고
왼쪽에는 영천(靈泉)이 있고 수전현무(水纏玄武)하고 인사(印砂)
가 수면(水面)에 떠 있고 진외(鎭外)에는 화표(華表)가 둘러처쳐
있고 화개(華蓋)는 백호(白虎)머리에 있고 고열오호(鼓烈五戶)
하였으니 발복장구(發福長久)한다.

군왕대좌형 용혈도(君王大坐形 龍穴圖).

● 장흥(長興) : 선인무수형(仙人舞袖形).

　장흥 서쪽 十里에 선인무수형(仙人舞袖形)이 황금안(橫琴案)을
하고 있으니 이는 풍잠지상(風岑之上), 예강지하(汭江之下), 적동
지내(笛洞之內)에 병정(丙丁)으로 수두(睡頭)하여 신좌인향(申坐
印向)에 을수유임(乙水流壬)으로 되었다. 혈심(穴深)은 오척오촌
(五尺五寸)으로 오색(五色)이 나온 다음 금사간(金沙間)에 보검
(寶劍)이 있을 것이니 이 자리는 일부구남(一父九男)에 구경입상
(九卿入相)한다.

선인무수형 용혈도(仙人舞袖形 龍穴圖).

● 장흥(長興) : 상수구형(上水龜形).

　장흥 서쪽 옆 十三里에 상수구형(上水龜形)이 되어 있다. 이 자
리는 건래감작(乾來坎作)으로 이진태이회고(以震胎而回顧)하고
좌견유수(左肩流水)하고, 좌면치지하(左面峙之下)의 봉잠(蜂岑)
이 南쪽에 있고 穴앞에는 길이 있고 穴은 견구(肩口)에 맺혔다. 만
약 이 穴을 얻으면 삼성(三聖)이 나고 현인양사(賢人良士)가 간간
이 나와 제정(帝庭) 가까이에 있게 된다.

상수구형 용혈도(上水龜形 龍穴圖).

● 문경(聞慶) : 군조조봉형(群鳥朝鳳形).

문경 관기(館基)에 군조조봉형(群鳥朝鳳形)이 음양택(陰陽宅)
으로 되었으니 양택(陽宅)은 술래건작(戌來乾作)에 자좌(子坐)로
되었고, 음택(陰宅)은 곤미래유작(坤未來酉作)으로 되었구나. 이
자리는 세세장상지지(世世將相之地)이다. 혈심은 석자반(三尺半)
하관(下棺)은 유시(酉時). 주인은 申. 壬. 林 씨이다.

군조조봉형 용혈도(群鳥朝鳳形 龍穴圖).

● 거창(居昌) : 주장고모형(走獐顧母形).

거창에 주장고모형(走獐顧母形)이 건래술입(乾來戌入)에 해좌
(亥坐)로 되어 있다. 이 자리는 공후지지(公侯之地)이고 혈심(穴
深)은 사척(四尺). 주인은 盧, 鄭, 趙 氏이다.

주장고모형 용혈도(走獐顧母形 龍穴圖).

● 진해(鎭海) : 오선위기형(五仙圍碁形).

　진해 회문산(回文山)에 오선위기형(五仙圍碁形)이 건해래(乾亥來)에 자작(子作)으로 되어 있다.

오선위기형 용혈도(五仙圍碁形 龍穴圖).

제3편
도해 형상 풍수지리
(圖解 形象 風水地理)

제 3편 도해 형상 풍수지리

目次

44-1. 老蚌戲珠形(노방희주형) 45. 老鼠下田形(노서하전형)

46. 鸕鶿晒翅形(노자쇄시형) 47. 老猿抱子形(노원포자형)

48. 老學守魚形(노학수어형) 49. 老虎曳尾形(노호예미형)

49-1. 老虎乳兒形(노호유아형) 50. 鹿之似魚形(녹지사어형)

51. 腦生數褶形(뇌생수습형) 52. 丹鳳御書形(단봉어서형)

53. 大劍之形(대검지형) 54. 大象過田形(대상과전형)

55. 帶印之形(대인지형) 56. 桃花落地形(도화낙지형)

57. 獨脚旗形(독각기형) 58. 突起形(돌기형)

59. 頭開兩指形(두개양지형) 60. 挽藍之形(만람지형)

61. 埋牙之象形(매아지상형) 62. 梅花落地形(매화낙지형)

63. 猛虎跳江形(맹호도간형) 64. 猛虎出林形(맹호출림형)

65. 猛虎下山形(맹호하산형) 66. 眠犬乳兒形(면견유아형)

67眠狗守兜形(면구수두형) 68. 眠弓之形(면궁지형)

69. 眠象之形(면상지형) 70. 眠牛之形(면우지형)

71. 鳴珂之水形(명가지수) 72. 母鷄帶兒形(모계대아형)

73. 木丹之形(모란지형) 74. 無對山穴(무대산혈)

75. 舞峰之形(무봉지형) 76. 舞蝶之形(무접지형)

77. 無枝脚之形(무지각지형) 78. 文星低天柱高形(문성저천주고형)

79. 文筆連於誥軸形(문필연어고축형) 80. 美女劍客形(미녀검객형)

81. 美女兜鞋形(미녀두해형) 82. 美女照鏡形(미녀조경형)

83. 美女穿珠形(미녀천주형) 84. 美女梳桩形(미녀소장형)

85. 美女出交形(미녀출교형) 86. 美女抱鏡形(미녀포경형)

87. 美女鋪氈形(미녀포전형) 88. 美女下輦形(미녀하연형)

89. 美女懷胎形(미녀회태형) 90. 彌勒蓋睡形(미륵개수형)

91. 彌勒放袋形(미륵방대형) 92. 美惡不均衡(미악불균형)

93. 撲壁之形(박벽지형) 94. 半龍之形(반룡지형)

95. 反渡水之形(반도수지형) 96. 반배지형(반배지형)

97. 盤鳳之形(반봉지형) 98. 反蛇之形(반사지형)

99. 反月之形(반월지형) 100. 反掌之形(반장지형)

101. 蚌蟹盤湖形(방해반호형) 102. 蚌蟹出泥形(방해출니형)

103. 排衙之形(배아지형) 104. 泛水龜之形(범수귀지형)

105. 泛水蜈蚣形(범수오공형) 106. 보검출갑형(보검출갑형)

107. 寶鏡之形(보경지형) 108. 伏犬之形(복견지형)

108-1. 伏狗之形(복구지형) 109. 福龍之形(복룡지형)

110. 覆釜之形(복부지형)	111. 覆鐘之形(복종지형)
112. 伏雉之形(복치지형)	113. 伏兎之形(복토지형)
114. 伏虎之形(복호지형)	115. 鳳凰鼓翼形(봉황고익형)
116. 鳳凰歸巢形(봉황귀소형)	117. 鳳凰翅形(봉황쇄시형)
118. 鳳凰殿翼形(봉황전익형)	119. 鳳凰出動形(봉황출동형)
120. 鳳凰出龍形(봉황출용형)	121. 鳳凰出林形(봉황출림형)
122. 鳳凰下田形(봉황하전용)	123. 鳳凰抱卵形(봉황포란형)
124. 鳳凰含印形(봉황함인형)	125. 負屛之形(부병지형)
126. 浮牌之形(부패지형)	127. 北斗七星形(북두칠성형)
128. 奔崖蜈蚣형(분애오공형)	129. 奔牛之形(분우지형)
130. 奔海龍形(분해용형)	131. 飛龍之形(비룡지형)
131-1. 飛龍昇天形(비룡승천형)	132. 飛龍合珠形(비룡합주형)
133. 飛龍出動形(비룡출동형)	134. 飛鳳之形(비봉지형)
135. 飛鳳歸巢形(비봉귀소형)	136. 飛鳳架形(비봉조가형)
137. 飛鳳沖宵形(비봉충소형)	138. 飛鳳抱卵形(비봉포란형)
139. 飛鵝泊屋形(비아박옥형)	140 飛鵝投水形(비아투수형)
141. 飛雁下田形(비안하전형)	142. 飛天龍之形(비천용지형)
143. 飛天蜈蚣形(비천오공형)	144. 飛鵠抱卵形(비혹포란형)
145. 飛虎之形(비호지형)	146. 飛鶴投湖形(비학투호형)
147. 四仙出洞形(사선출동형)	148. 獅子之形(사자지형)
149. 獅子過江形(사자과강형)	150. 獅子伏地形(사자복지형)
151. 獅子笑天形(사자소천형)	152. 獅子燒香形(사자소향형)
153. 獅子抱毬形(사자포구형)	154. 獅子戱毬形(사자희구형)
155. 舍錢之形(사전지형)	156. 三公瑨圭形(삼공진규형)
157. 三星在戶形(삼성재호형)	158. 三台星之形(삼태성지형)
159. 上水鯉魚形(상수잉어형)	160. 嬋娥出殿形(상아출전형)
161. 象牙之形(상아지형)	162. 詳雲逢月形(상운봉월형)
163. 上帝奉帝形(상제봉제형)	164. 生蛇過水形(생사과수형)
165. 瑞龍昇天形(서룡승천형)	166. 犀牛望月形(서우망월형)
167. 丹鳳卿書形(단봉함서형)	168. 犀牛脫角形(서우탈각형)
169. 瑞雲圓月形(서운원월형)	170. 石理之形(석리지형)
171. 石下穴形(석하혈형)	172. 仙娥駕鳳形(선아가봉형)
173. 仙翁釣魚形(선옹조어형)	174. 仙人過橋形(선인과교형)
175. 仙人蝨形(선인교슬형)	176. 仙人翹足形(선인교족형)

177. 仙人足形(선인교족형)	178. 仙人騎象形(선인기상형)
179. 仙人騎鶴形(선인기학형)	180. 仙人端坐形(선인단좌형)
181. 仙人讀書形(선안독서형)	182. 仙人舞袖形(선인무수형)
183. 仙人覆掌形(선인복장형)	184. 仙人鼓形(선인부고형)
185. 仙人束帶形(선인속대형)	186. 仙人伸足形(선인신족형)
187. 仙人仰臥形(선인앙와형)	187-1. 仙人仰掌形(선인앙장형)
188. 仙人圍棋形(선인위기형)	189. 仙人照鏡形(선인조경형)
190. 仙人聚筵形(선인취연형)	191. 仙人聚臥形(선인취와형)
192. 仙人側腦形(선인측뇌형)	193. 仙人側掌形(선인측장형)
194. 仙人打球形(선인타구형)	195. 仙人彈琴形(선인탄금형)
196. 仙人吐珠形(선인토주형)	197. 仙人擺袖形(선인파수형)
198. 仙人佩劍形(선인패검형)	199. 仙人獻掌形(선인헌장형)
200. 仙鶴游空形(선학유공형)	201. 仙鶴引駕形(선학인가형)
202. 仙鶴下田形(선학아전형)	203 垂直之形(수직지형)
204. 水遷之形(수천지형)	205. 水堆羅磨形(수퇴라마형)
206. 膝頭之形(슬두지형)	207. 神蛟出峽形(신교출협형)
207-1. 神駒棹尾形(신구도미형)	207-2. 新月之形(신월지형).
208. 雙龍渡江形(쌍룡도강형)	209. 雙龍飮水形(쌍룡음수형)
210. 雙龍爭珠形(쌍룡쟁주형)	211. 雙鳳扶輦形(쌍봉부련형)
212. 雙鳳爭珠形(쌍봉쟁주형)	213. 雙峰齊飛形(쌍봉제비형)
214. 雙鳳脚書形(쌍봉함서형)	215. 雙龍呈祥形(쌍룡정상형)
216. 蛾眉山之形(아미산지형)	217. 餓猪抄兜形(아저초두형)
218. 餓虎獐形(아호간장형)	219. 餓虎銜屍形(아호함시형)
220. 雁宿沙汀形(안숙사정형)	221. 仰天海螺形(앙천해라형)
222. 野鷄下田形(야계하전형)	223. 野游蚌蟹形(야유방해형)
224. 野猪下山形(야저하산형)	225. 楊柳之形(양류지형)
226. 兩虎相交形(양호상교형)	227. 魚翁撒網形(어옹살망형)
228. 黎沙象形(여사상형)	229. 力士蹇旗形(역사건기형)
230. 燕巢之形(연소지형)	231. 蓮葉出水形(연엽출수형)
232. 蓮花浮水形(연화부수형)	233. 蓮花出水形(연화출수형)
234. 蓮花倒地形(연화도지형)	235. 靈龜顧子形(영구고자형)
236. 靈龜曳尾形(영귀예미형)	237. 靈猫捕鼠形(영묘포서형)
237-1. 靈蚌吐珠形(영방토주형)	238. 靈鼠投倉形(영서투창형)
239. 靈蜃吐氣形(영신토기형)	240. 梧桐之形(오동지형)

241. 五龍爭珠形(오룡쟁주형)	242. 五虎檎羊形(오호금양형)
243. 五虎聚會형(오호취회형)	244. 玉女紡車形(옥녀방차형)
345. 玉女織錦形(옥녀직금형)	246. 玉女彈琴形(옥녀탄금형)
247. 玉女抱琴形(옥녀포금형)	248. 玉女抛梭形(옥녀포사형)
249. 玉女獻花形(옥녀헌화형)	250. 玉尺之形(옥척지형)
251. 玉兎望月形(옥토망월형)	252. 玉鰕浮水形(옥하부구형)
253. 臥龍隱山形(와룡은산형)	254. 臥牛之形(와우지형)
255. 臥虎之形(와호지형)	256. 腰帶之形(요대지형)
257. 腰落之形(요락지형)	258. 鳥啄蛇形(요조탁사형)
259. 龍鳳呈詳形(용봉정상형)	260. 龍子飮乳形(용자음유형)
261. 龍子漲江形(용자창강형)	262. 龍虎交路形(용호교로형)
263. 龍虎短縮形(용호단축형)	264. 龍虎背反形(용호배반형)
265. 龍虎飛走形(용호비주형)	266. 龍虎相射形(용호상사형)
267. 龍虎相爭形(용호상쟁형)	268. 龍虎相鬪形(용호상투형)
269. 龍虎成剛形(용호성강형)	270. 龍虎順水形(용호순수형)
271. 龍虎絶臂形(용호절비형)	272. 龍虎推車形(용호추거형)
273. 雲邊初月形(운변초월형)	274. 雄鷄鼓翅形(웅계고시형)
275. 雄牛趕雌牛形(웅우간자우형)	276. 猿採果形(원후채과형)
277. 月出東湖形(월출동호형)	278. 流犢顧母形(유독고모형)
279. 游龍之形(유룡지형)	280. 游蜂採花形(유봉채화형)
281. 游山虎之形(유산호지형)	282. 游星宮過形(유성궁과형)
283. 乳長之形(유장지형)	284. 雙垂乳形(쌍수유형)
285. 子龍朝母形(자룡조모형)	286. 자룡환골형(자룡환골형)
287. 雌雄相會形(자웅상회형)	288. 芍藥之形(작약지형)
289. 潛龍之形(잠룡지형)	290. 將軍端坐形(장군단좌형)
291. 將軍勒馬形(장군늑마형)	292. 將軍甲形(장군사갑형)
293. 將軍按劍形(장군안검형)	294. 將軍按劍問因形(장군안검문인형)
295. 將軍躍馬赴敵形(장군약마부적형)	296. 將軍出動形(장군출동형)
297. 將軍打球形(장군타구형)	298. 將軍佩印形(장군패인형)
299. 將軍下馬形(장군하마형)	300. 藏龜出形(장귀출형)
301. 長老坐禪形(장노좌선형)	302. 長短不均形(장단불균형)
303. 壯士關宮形(장사관궁형)	304. 長紅旦天形(장홍단천형)
305. 長紅飮水形(장홍음수형)	306. 全偏式形(전편식형)
307. 折角蜈蚣形(절각오공형)	308. 正體龍形(정체용형)

309. 烏鵲上坐形(조작상좌형)   310. 左旗右鼓形(좌기우고형)

311. 坐獅之形(좌사지형)   312. 左虎之形(좌호지형)

313. 走馬退朝形(주마퇴조형)   314. 竹蒿打蛇形(죽고타사형)

315. 衆龍相會形(중룡상회형)   316. 衆蛇出草形(중사출초형)

317. 衆星拱月形(중성공월형)   318. 蜘蛛結網形(지주결망형)

319. 星之形(찬성지혈)   320. 蒼龍飲水形(창룡음수형)

321. 蒼龍蒼水形(창룡창수형)   322. 倉板之水形(창판지수형)

323. 綵鳳迎仙形(채봉영선형)   324. 天馬雲形(천마섭운형)

325. 天馬嘶風形(천마시풍형)   326. 天鼈臨河形(천별임하형)

327. 穿臂水形(천비수형)   328. 天師步斗形(천사보두형)

329. 天心十道形(천심십도형)   330. 天風之形(천풍지형)

331. 天鰕濯水形(천하탁수형)   332. 初月臨池形(초월임지형)

333. 聚翁倒地形(취옹도지형)   334. 鍬皮之形(초피지형)

335. 出屈蛇形(출굴사형)   336. 沖天燭之形(충천촉지형)

337. 側礧之形(측뢰지형)   338. 側螺之形(측라지형)

338-1. 側乳之形(측유지형)   339. 蟄龍山天形(칩룡산천형)

340. 脫龍之形(탈용지형)   341. 太公釣魚形(태공조어형)

342. 兎子望月形(토자망월형)   343. 鬪斧之形(투부지형)

344. 鬪牛之形(투우지형)   345 特樂之形(특락지형)

346. 風吹羅帶形(풍취나대형)   347. 風吹楊柳形(풍취양유형)

348. 海螺出食形(해라출식형)   349. 海螺吐珠形(해라토주형)

350. 海螺吸日形(해라흡일형)   351. 海駺之形(해랑지형)

352. 蟹伏之形(해복지형)   353. 海蝦弄珠形(해하농주형)

354. 海鰕戲水形(해하희수형)   355. 行山象形(행산상형)

356. 行雨龍形(행우용형)   357. 賢人憑机形(현인빙궤형)

358. 樺榴垂燈形(화류수등형)   359. 活龍之形(활용지형)

360. 活蛇避蜈蚣形(활사피오공형)   361. 黃獺魚形(황달간어형)

362. 黃龍奔江형(황용분강형)   363. 黃龍戲珠形(황룡희주형)

364. 黃馬爭毬形(황마쟁구형)   365. 黃蛇趕合形(황사간합형)

366. 黃蛇聽蛤形(황사청합형)   367. 黃蛇出動形(황사출동형)

368. 黃蛇吐氣形(황사토기형)   369. 黃蛇捕鼠形(황사포서형)

370. 黃牛兜車형(황우두거형)   371. 黃鷹打蛇形(황응타사형)

372. 黃鵠博風形(황곡박풍형)   372-1. 回龍顧祖形(회룡고조형)

373. 橫劍之形(회검지형)   374. 橫琴之形(횡금지형)

375. 橫笛之形(횡적지형)

376. 窺水之形(규수지형)

377. 降伏之形(강복지형)

378. 怪石前案(괴석전안)

379. 交會之形(교회지형)

380. 群鴉躁屍形(군아조시형)

381. 貴人謝恩形(귀인사은형)

382. 金門上馬水形(금문상마수형)

383. 金梭之形(금사지형)

384. 金鵝抱卵形(금아포란형)

385. 鹿之形(녹지형)

386. 帶印笏形(대인홀형)

387. 倒掛金鈎形(도괘금조형)

388. 燈高之形(등고지형)

389. 眠牛之形(면우지형)

390. 眠牛乳子形(면우유자형)

391. 沒泥穴形(몰니혈형)

392. 美惡不均衡(미악불균형)

393. 石骨入相形(석골입상형)

394. 衙刀之形(아도지형)

395. 魚袋之形(어대지형)

396. 燕子泊梁形(연자박양형)

397. 玉机之形(옥궤지형)

398. 汪洋之形(와양지형)

399. 龍虎相降(용호상강)

400. 臍中之形(제중지형)

401. 枝角短形(지각단형)

402. 斬關之形(참관지형)

403. 天乙太乙形(천을태을형)

404. 鐵鎖繫金牛(철쇄계금우)

405. 平洋之形(평양지형)

406. 平田之形(평전지형)

407. 回龍入首形(회룡입수형)

408. 劫殺明堂形(겁살명당형)

409. 傾倒明堂形(경도명당형)

410. 寬暢明堂形(관창명당형)

411. 廣野明堂形(광야명당형)

412. 廣聚明堂形(광취명당형)

413. 交鎖明堂形(교쇄명당형)

414. 大會明堂(대회명당)

415. 徒瀉明堂形(도사명당형)

416. 繞抱明堂形(요포명당형)

417. 朝進明堂形(조진명당형)

418. 周密明堂形(주밀명당형)

419. 破碎明堂形(파쇄명당형)

420. 偏側明堂形(편측명당형)

421. 평탄명당형(平坦明堂形)

422. 逼窄明堂形(핍착명당형)

423. 反背明堂(반배명당)

424. 窒塞明堂形(질색명당형)

425. 融聚明堂形(융취명당형)

426. 橫水城形局(횡수성형국)

427. 斜水城形局(사수성형국)

428. 朝水城形局(조수성형국)

429. 順水城形局(순수성형국)

430. 陽水口(양수구. 양파구)

431. 陰水口(음수구. 음파구)

432. 陰. 陽合水口(음. 양합수구)

433. 穴前貯水池有(혈전저수지유)

434. 穴前水無. 野有(혈전수무. 야유)

435. 雨時乾水有時(우수건수유시)

436. 水口不確認凶水口(수구불확인흉수구)

437. 四面海水時(사면해수시)

438. 暗拱水(암공수)

439. 金城之水(금성지수)

440. 木城之水(목성지수)

441. 水城之水(수성지수)

442. 土城之水(토성지수)

제1장 도해 형상 풍수지리(圖解 形象 風水地理)

1. **架上金盆形(가상금분형)** : 이 형국은 花盆이 시렁위에 놓인 것처럼 보이는 형상이다. 혈(穴)은 화분에 있는 중앙꽃술에 있고 안산(案山)은 화분의 꽃가지이다.

   ◈ 花盆形의 명당은 花盆形象의 종류에 따라 그 發福의 대, 소(大, 小)나 기간 (期間)이 차이가 날 수 있다. 분재(盆栽)로 된 큰 화분형(花盆形)이냐 일반적인 보통 花盆形이냐의 구별을 잘 해야한다. 이 형국의 명당 발복은 절세가인(絶世佳人)이 나와 그 명성(名聲)을 떨친다. 그리고 연예계(演譽界)로 진출하면 크게 成功한다.

2. **渴驥奔池形(갈기분지형). 2-1 渴馬飲水形(갈마음수형) :**

   2) 갈기분지형 : 갈증(渴症)이난 말이 물을 먹기 위하여 못(池)으로 달려 가는 형국(形局)이다. 혈(穴)은 말의 이마에 있고 안산(案山)은 말구유, 마구간, 풀(草)더미, 채칙 등이다.

2-1) 갈마음수형 : 목마른 말이 못이나 호수에서 물을 마시는 형상이다. 혈은 말의 이마에 있고 안산은 말구유 풀더미 등이다.

◈ 말의 形象이 正南方을 向해 있으면 적토마(赤免馬)로 보며 고대 중국의 관운장이 탔다고 하는 애마(愛馬)로 빨강털의 말이다. 말의 形象이 正北方을 向해 있으면 오추마(烏騅馬)로 보며 고대 중국의 항우(項羽)가 탔던 愛馬로 검은 털에 흰털이 섞인 말이다. 말의 形象이 正東方을 向해 있으면 청총마(靑聰馬)로 보며 아주 영리한 파랑색의 말이다. 말의 形象이 正西方을 向해 있으면 백마(白馬)로 보며 貴族들이 탔다고 하며 하얀털로 된 말이다. 말의 形象이 西南方을 向해 있으면 재상마(宰相馬)로 보며 宰相들이 탔다고 하는 말이다. 말의 形象이 西北方을 向해 있으면 어사마(御使馬)로 보며 주로 御使들이 타고 다녔다고 한다. 말의 形象이 東南方을 向해 있으면 무안마(撫按馬)로 보며 주로 高級 官吏들이 탔다고 한다. 말의 形象이 東北方을 向해 있으면 장원마(壯元馬)로 보며 주로 장원급제한 사람이 탔다고 하는 말이다. 이 形局의 明堂 발복은 주로 貴를 얻는다. 위와같이 말은 대개 벼슬하는 분들이 타는 특별한 동물이다.

註 : 漢字解說 : 架 : 시렁 가, 집세울 가, 횃대가, 틀세울 가.   盆 : 동이 분, 소라 분, 의웃뼈 분, 젖가슴뼈 분, 약이름 분.   渴 : 급할 갈, 목마를 갈, 물잦을 걸.   驥 : 천리마 기.   奔 : 분주할 분, 달아날 분, 급히달아날 분, 패할 분, 야합할 분.   騅 : 푸르고 흰털얼룩말 추.

● 절세가인(絶世佳人) : 이 세상에서는 견줄 사람이 없을 정도로 뛰어나게 아름다운 여인.

3. 渴鹿奔崖形(갈록분애형).

3-1 渴鹿飮水形(갈록음수형) :

3) 갈록분애형 : 갈증(渴症)이 난 사슴이 시냇물로 물을 마시러 언덕을 내려오는 形局. 뒤

에는 사슴을 상징하는 砂格이 있고 앞에는 시냇물이 있다. 혈(穴)은 사슴의 이마에 있고 안산(案山)은 앞에 보이는 절벽이다.

3-1) 갈록음수형 : 목이마른 사슴이 못이나 시냇물에서 물을 마시는 형국이다. 혈은 사슴의 이마에 있고, 혈은 앞에 보이는 절벽이다.

⊗ 사슴 形局에 祖上의 유체(遺體)를 안장(安葬)하면 그 子孫들의 性品이 고상 하고 선비적이며 學問하기를 좋아하고 청렴(淸廉)한 高級官吏 나오며 富貴가 겸전한다.

4. 渴牛飮水形(갈우음수형) : 목마른 소(牛)가 시냇가나 우물 가까이서 물을 마시려하는 형국(形局)이다. 앞에 냇물이나 호수(湖水), 못(池) 등이 있고 혈(穴)은 소의 머리위에 있으며 안산(案山)은 소가 먹는 풀(草)더미이다.

⊗ 소의 形局에 祖上의 유체(遺體)를 안장(安葬)하면 성실(誠實)하고 건실(健實)한 子孫이 出生되며 건장(健壯)하고 뚝심이 센 子孫이 태어나 마음이 너그럽고 고직하여 항상 남의 존경(尊敬)을 받으며 大富를 이루는 形局이다.

5. 渴虎飮水形(갈호음수형) : 목마른 범(虎)이 물을 마시려는 形局이다. 앞에는 냇물이나 샘(泉), 湖水, 못(池) 등이 있다.穴은 호랑이

의 코에 있으며 案山은 호랑이가 잡아 먹는 짐승이다.

   ⊗ 이 形局에 祖上의 遺體를 安葬하면 용전무퇴(勇戰無退)하는 성격(性格)의 子孫이 나오며 萬事에 술법(術法)과 권능(權能)이 있어 大人이 나와 영귀(榮貴)하나 다만 강한 性格을 타고 나므로 人性을 잘 다듬는 교육이 필요하고 스스로 自制하는 자세가 요구되며 자기의 반대편을 잘 포용(包容)하는 일에도 보다 적극성이 요구되는 形이라고 할 수 있다.

註 : 鹿 : 사슴 록, 작은수레 록, 술그릇 록, 칼이름 록, 곡식모지게쌓을 록. 飮 : 마실 음. 虎 : 호랑이 호, 범 호. 廉 : 쌀 렴, 험할 렴, 청렴할 렴, 맑을 렴, 검소할 렴, 조촐할 렴, 점검할 렴, 살필 렴, 서슬 렴. 勇戰無退 : 전쟁터에서 결코 물러서지 않고 싸운다.

6. **甲內金釵形(갑내금채형)** : 상자(箱子)안에 금(金)비녀가 들어 있는 形局이다. 상자 안에는 금비녀만이 들어있는 것이 아니고 다른 물건들도 함께 있을 수 있다. 따라서 이 形局의 판단을 함에 있어 주의깊게 관찰(觀察)하여 眞穴의 위치를 재혈(裁穴)해야 한다.

   ⊗ 이러한 形局에 陰宅이나 陽宅을 조성(造成)하면 그 子孫中에 富를 달성하며 평생 복록(福祿)을 유지하나 다만 이 富를 남과 함께할 수 있는 배려심(配慮心)이 부족할 수 있으므로 이 분야에 마음을 열고 배푸는 자세가 필요한 形局이다.

7. **江豚涌狼形(강돈용랑형)** : 돌고래가 파도(波濤)치는 形局이다. 돌고래가 물결에서 펄쩍펄쩍뛰며 노는 形이다. 穴은 돌고래의 머리에 있고

안산(案山)은 돌고래가 일으키는 물결이다.

◈ 이러한 形局에 祖上의 遺體를 安葬하면 그 子孫이 유능한 운동선수가 나오며 때로는 유능한 技能인 高級技術者, 이름있는 科學者 등이 배출 될 수 있으나 이 形象을 잘못 판단하면 큰 재앙(災殃)을 당할 수 있으 니 形象 판단에 각별한 주의가 요구되는 形이다.

8. **孤雁騰雲形(고안등운형)** : 외 로운 기러기(雁) 한 마리가 구름위로 훨훨날아 올라가는 形局이다. 외로움은 있지만 아무도 건드리지 않는 위치에 서 마음껏 자기의 希望을 펼 칠 수 있는 확 트인 환경에 있 어 앞날이 양양(揚揚)한 形이 다. 案山은 구름이고 穴은 기 러기의 머리이다.

◈ 이러한 形局은 平凡 한 곳에 있는것 같으면서도 구별하기가 어려우므 로 形局을 판단하는데 세심(細心)한 관찰(觀察)이 요구되는 形局으로 써 子孫이 貴하고 외로운 처지(處地)에 놓이나 부단한 끈기와 노력으 로 萬人을 거느릴 수 있는 地位에 오르는 形이다.

註 : 釵 : 비녀 채, 비녀 차. 豚 : 돼지 돈, 물돌 돈, 우리속돼지 돈. 涌 : 물솟을 용. 狼 : 이리 랑, 낭자할 랑, 땅이름 랑, 랑패 랑, 와자헐 랑. 騰 : 오를 등, 달릴 등, 뛰놀 등. 災 : 재앙 재, 천벌 재, 횡액 재. 殃 : 재앙 앙, 벌 앙, 허물 앙. 災殃 : 천변지이(天變地異)로 말미암은 불행한 사고. 觀 : 볼 관, 보일 관, 대궐 관, 모양 관, 집 관,구경 관, 놀 관. 察 : 상고할 찰, 살필 찰, 깨끗할 찰, 편벽되게볼 찰, 알 찰, 볼 찰, 밝힐 찰. 處 : 곳 처, 처치할 처.

9. **孤雁投湖形(고안투호형)** : 한마리의 기러기(雁)가 湖水를 向

해 온 몸을 던저 물에 내려 앉
는 形局이다. 穴은 기러기 형
의 머리위에 있고 안산은 호
수위에 있는 거북(龜)이나 물
고기 등이다.

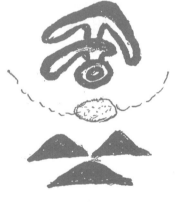

⊛ 이러한 形局에 조상의 유체를 안
장하면 어떠한 고난(苦難)을 당하여도 이를 극복해 나가는 인물이 나
와 國家와 社會를 위해 헌신하는 形이나 본인을 둘러싼 사람들과 마찰
을 일으킬 수 있는 우려가 있으므로 이를 충분히 감안하여 장법(葬法)
에 유의를 要하는 形이라고 할 수 있다.

10. **孤月沈江形(고월침강형)** : 이
形局은 달(月)이 江물에 가라
앉는 形이다. 앞에는 江이 있
으며 主山은 둥그스럼하고 穴
은 主山의 中央부분에 있다
案山은 구름(雲)이다.

⊛ 이 形局은 가난을 벗어나 점차 나
아지는 환경에서 日就月將 하는
家門으로 거듭나게 되는 形局다.
깜깜한 밤에 달이 뜨거나 달을 의미하는 형국은 어려움에서 벗어나는
의미가 있기 때문에 이러한 해석(解析)이 가능하다고 생각한다 .

11. **困龍守珠形(곤룡수주형)** : 피
곤한 龍이 구슬(珠)을 가지고
앉아 있는 형상이다. 穴은 龍
의 이마나 코에 있고 案山은
구슬이며 山 峰우리가 구슬처
럼 생겼다.

⬡ 용에 비유한 형국은 수십 형태가 있다. 그 대표적인 것을 적시하면 갈용심수형(渴龍尋水形), 비룡함주형(飛龍含珠形), 회룡고조형(回龍顧祖形), 잠룡입수룡(潛龍入水形), 갈용고수형(渴龍苦水形), 오룡쟁주형(五龍爭珠形), 용마음수형(龍馬飮水形), 회룡입수형(回龍入水形), 비룡승천형(飛龍昇天形), 황룡도강형(黃龍渡江形), 황룡출수형(黃龍出水形), 회룡은산형(回龍隱山形), 용자음유형(龍子飮乳形), 용자창강형(龍子漲江形) 등 수많은 龍에 비유한 形局이 있다. 이에 대하는 관련 난의 페이지에서 각각 그 說明을 하고자 한다.

註 : 孤 : 아비없을 고, 홀로,고, 외로울 고, 배반할 고, 나 고, 저버릴 고, 우뚝할 고. 雁 : 기러기 안.

12. 觀音坐海形(관음좌해형) : 관세음보살(觀世音菩薩)이 바닷가에서 바다를 바라보며 조용히 앉아 있는 形局이다. 앞에는 넓은 바다가 있고 穴은 관세음보살(觀世音菩薩)의 배꼽에 있다고 본다. 안산은  觀世音菩薩에게서 가르침을 받고 있는 修行者들이다.

⬡ 이 形局에 陽宅이나 陰宅을 잡아 造成하면 그 後孫들이 고고한 性格의 學者나 科學者, 敎授 등이 배출되고 혹 神童이 나와 유명인사가 되기도 하는 形局이다.

註 : 菩 : 보리나무 보, 보살 보, 깨칠 보, 薩 :보살 살.

13. 掛燈穴(괘등혈). 13-1 擧燈穴(거등혈).

13) 괘등형(掛燈穴) : 괘등혈은 매우 가파른 山 중턱에 있는 穴로 마치 등잔대(燈盞臺)에 걸린 등잔(燈盞) 불과 같다하여 비유한 이름이다. 穴은

낭떨어지 위 등잔(燈盞)을 올려 놓은 곳에 있으며 혈장(穴場) 바로 밑에 샘(泉)이 있거나 마르지 않는 물이 있어야 한다. 이 물을 등잔의 기름으로 본다.

13-1) 거등혈(擧燈穴) : 거 등혈은 옛날에 밤길을 가려면 긴 장대에 사각(四角)으로 창 호지(窓戸紙)를 발라 등을 만 들어 들고 다녔다. 이와 같이 들고 다니는 등과 같다하여 비유한 이름이다. 거등형의

혈은 등의 끝부분에 結穴 된다. 案山은 人體로 본다.

⊗ 이 穴은 높은 山에서 龍脈이 급하게 내려오다 갑자기 平坦해 지는 곳에 結穴한다. 주로 窩穴로 맺는다. 고대 中國의 唐나라에서 國師 칭호를 받은 구빈 양균송(救貧 楊筠松)先生은 이 掛燈穴은 急한 脈中에 완만한 곳에 穴이 있다고 한바 있다. 掛燈穴은 速發하고 速敗하는 것이 특징인데 燈에 불이 빨리 붙기도 하지만 등병(燈瓶)에 기름이 없어지면 바로 불이 꺼진다는 원리에서 나온 해석이다. 그러나 龍脈히 厚重하고 大龍脈은 옥촉 조천혈(玉燭照天穴)이라고 하여 玉촛대에 있는 촛불이 하늘을 비추어 밝힌다는 의미로 千年을 비추는 長久한 形으로 그 發福이 오랫동안 지속한다고 보는 것이다.

註 : 盞 : 술잔 잔. 掛 : 걸 괘, 걸릴 괘, 달 괘, 달아둘 괘. 燈 : 촛불 등, 잔 등, 금동풀 등, 등 등. 燭 : 비칠 촉, 촛불 촉, 밝을 촉, 약이름 촉, 풀이름 촉. 照 : 빛날 조, 비칠 조, 비교할 조. 瓶 : 물장군 병, 병 병. 久 : 오랠 구, 기다릴 구. 脈 : 맥 맥, 줄기 맥.

14. 掛壁金釵穴(괘벽금채혈) : 이 形局은 金비녀가 벽(壁) 에 걸려 있는 形이다. 穴은 金비녀의 머리부분에 있다. 案山은 빗(梳:소)이나 경대

화장대이다.

◈ 이러한 形局에 陰, 陽宅을 造成하면 주로 富를 이루는 形局이며 각종 葬法을 잘 適用하여 裁穴의 正確性을 기하는데 소홀히하면 이루었던 富도 오래가지 못하므로 坐向, 得水 破口 등을 면밀히 살펴 매장해야 한다.

註 : 壁 : 벼이름벽. 벽벽. 진터성벽.

15. **巧匠鑄錢穴(교장주전혈)** : 장인(匠人)이 동전(銅錢)을 만드는 것처럼 된 形局 이다. 穴은 匠人의 가슴에 맺는다.

◈ 이 形局은 부단한 努力으로써 富와 貴를 이루어 내는形으로 現場에서 찾아보기 드물다. 따라서 이 形局에 매장(埋葬)한 곳을 찾아 보기 어렵다.

16. **群鹿出遊形(군록출유형)** : 이形局은 사슴이 떼지어 노는形이다. 혈(穴)은 사슴의 이마에 있으며 案山은 앞에 있는 山이 엎드려 있는 호랑이形이라야 한다.

◈ 이러한 形局에 터를 잡으면 훌륭한 사회복지가 나오며 가난한 國民을 위해 헌신하는 큰 지도자가 나온다. 現場에서 보면 이와 유사한 형태의 山들이 많으므로 이를 선택 하는 데는 正確한 진단과 판단이 必要한 사항이다.

註 : 巧 : 교할 교, 재주 교, 똑똑할 교, 예쁠 교, 공교할 교. 匠 : 장인 장. 鑄 : 부을 주, 쇠를녹여 틀에부을 주. 錢 : 돈 전, 가래 전, 전전. 穴 : 굴 혈, 구멍 혈, 움 혈, 틈 혈, 굿 혈, 광중 혈. 遊 : 놀 유,

벗사귈 유, 나그네 유.　群 : 무리 군, 많을 군, 떼 군, 벗 군, 모을
군, 짐승세마리 군.

17. **群羊出棧形(군양출잔형)** : 이
    形局은 많은 羊이 때를 지어
    울타리 밖으로 나오는 形局이
    다. 羊처럼 모양이 아름다운
    작은 山 峰우리들이 모여 羊
    처럼 보이며, 穴은 羊의 이마
    에 있으며 案山은 풀(草)더미
    이다.

⊗ 이러한 形局에 陽宅이나 陰宅의 자리를 잡아 實 行하면 훌륭한 교육자
　가 나와 많은 제자들을 길러내며 그 제자들이 훌륭한 人才로 자라는데
　큰 功을세우며 國家로부터 높은 단계의 勳章을 받는 形局이다.

18. **捲簾殿施形(권렴전시형)** : 이
    形局은 한쪽의 龍脈이 길게
    뻗었고 반대쪽 龍脈은 짧고
    작은 줄기맥이 마디마디로 뻗
    어 나간 形局이다. 비록 짧은
    주기맥이나 强龍의 脈으로써
    氣가 많이 품은 脚이며 비록
    下級職級으로 試驗에 合格하

여 출발하나 忍耐와 끊기로 高級職에까지 昇進하는 形局이다.

⊗ 枝角이 많아 各龍 마다의 穴處를 잘살펴 선택함이 필요하다. 때로는 맨
　윗 枝角龍에 結穴될 수도 있고 中間龍나 그 다음의 龍脈등 어느곳이 眞
　穴이 맺혀 있는지를 細心히 觀察해서 點穴해야 하므로 龍脈을 꿰뚫어
　보는 眼目이 반드시 있어야 찾을 수 있는 形局이라고 할 수 있다.

19. **貴人攀鞍形(귀인반안형)** : 이 形局은 貴人이 말 안장(鞍装)을 잡고 있는 形局으로 貴人처럼 생긴 峰우리 옆에 말등처럼 생긴 峰우리가 있고 穴은 貴人의 무릎이나 팔뚝에 있다 이穴의 案山은 말의 鞍装이다.

⊗ 風水地理學에서 貴人峰은 木星體를 의미하고 또 이는 文筆家나 文章家의 출현도 예정하므로 거기에 말(馬)이 있어 이 동물이 상징하는 것은 언제나 벼슬하는 사람이 함께하고 있다는 것을 암시하고 있어 이 形局은 能力있는 사람이 출세가도를 달릴 수 있는 형국이나 이에 대한 방해사격(妨害砂格)를 잘 분별해야 發福이 순탄(順坦)하게 나갈 수 있으므로 이의 장애를 잘파악해서 재혈(裁穴)해야 한다.

註 : 捲 : 거둘 권, 힘우직근쓸 권.　簾 : 발 염.　攀 : 휘어잡을 반.　鞍 : 안장 안.　妨害砂格 : 묘지를 둘러싸고 있는 주변의 산들이 이 묘지를 해롭게하는 형태.

20. **龜蛇相會形 (귀사상회형)** : 거북(龜)과 뱀(蛇)이 江물을 사이에 두고 서로 마주 보고 있는 形局이다. 穴은 거북의 등이나 눈에 있다. 案山은 뱀이 된다.

⊗ 거북(龜)은 우직하고 長壽하는 動物이다. 모든 生物的 存在는 本能的으로 오랫동안 生命 活動하기를 바란다. 우리 人間은 보다더 强하게 長壽하기를 바라는 動物的 존재이다. 이러한 바람으로 본다면 이 形局에 陰.陽宅地를 찾아 실행하면 반드시 長壽하면서 子孫이 변창(繁昌)하는 家 門이 지속된다고 본다. 또 뱀의 形이 함께하고 있으므로 두뇌가 명석한 자손이 나와 學問을 열심히 닦아 훌륭히 大成하는 敎育者가 배출되는 形局이다.

21. **貴人立馬形**(귀인입마형) : 貴
人이 말(馬)을 타려고 말 옆
에 서 있는 形局이다 귀인 말
처럼 생긴 峰우리 옆에 말잔
등처럼 생긴 峰우리가 있다
穴은 말 안장(鞍裝)밑에 있고
案山은 양산(陽傘)이다.

◈ 貴人처럼 생긴 峰우리는 文筆峰으로 문장가나 혹은 시인 學問을 하는
學者나 자기가 專攻하는 과 정의 考試에 합격하여 出世하는 形局이다.

22. **貴人張弓形**(귀인장궁형) : 이
形局은 貴人이 활을 당기고
있는 形局으로 貴人처럼 생긴
峰우리 앞에 활처럼 생긴 峰
우리가 있다 穴은 貴人의 배
꼽이나 활의 자리에 있다.

◈ 이 形局에 立地하면 훌륭한 武士가 배출하는 후손들 중 武人이 다수 배
출되며 正義로운 일에 앞장서 는 人物이 나오는 형국이다.

註 : 龜 : 거북 귀, 별이름 귀, 접칠 귀, 본뜰 귀, 손얼어터질 균, 나라이름
구.　蛇 : 뱀 사, 구렁이 사, 든든하게 여길 이.　張 : 빌릴 장, 장할
장, 활당길 장, 베풀 장, 고칠 장, 큰체할 장.　文筆峰 : 산모양이 마
치 붓과 같으며 묘주변에 이러한 산봉이 있으면 문장가가 나온다.

23. **貴人展誥形**(귀인전고형) : 貴
人이 자리에 앉아 뭇 사람에
게 가르침을 해주는 形局이
다. 穴은 貴人의 배꼽에 있고
案山은 書臺(서대 : 책을 올

려놓은 대가 된다).

◎ 이러한 形局에서는 學問하기 좋아하는 後孫이 나오며 장차 훌륭한 教育者나 小說家, 혹은 詩人 등 有名한 作家가 배출되는 形局이다.

24. **貴人坐衙形**(귀인좌아형) : 貴人이 官衙에 앉아 있는 形局이다. 主山의 형태(形態)는 타원형(楕圓形)과 비슷하며 穴은 貴人의 배꼽위에 있고 案山은 印章(인장 : 앞에 동그란 峰우리)이 된다.

◎ 이러한 形局에 陰.陽宅地(음.양택지)를 選定(선정)하면 必是(필시) 그 後孫들이 高級官吏(고급관리)가 나와 家門을 빛내고 國家를 위해 큰일을 하는 人物이 나온다.

25. **貴人柱笏形**(귀인주홀형) : 貴人柱笏形은 貴人이 손가락으로 홀(笏)을 잡는 形局이다. 穴은 홀에 있고 案山은 향을 피우는 대(臺)이다.

25-1) **貴人揷笏形**(귀인진홀형) : 貴人揷笏形은 貴人이 笏을 桶에다 꽂는 形局이고 笏은 貴人의 손에 있고 穴은 貴人의 배꼽에 있으며 案山은 香을 피우는 香臺에 있다.

25-2) **貴人執笏形**(귀인집홀
혈) : 貴人執笏形은 貴人이
笏을 잡고 있는 形局이다. 穴
은 笏의 윗쪽에 있고 案山은
貴人이 쓰는 모자(帽子)이다.

25-3) **貴人佩劍上殿刑**(패검
상전형) : 貴人佩劍上殿形은
貴人이 칼을 차고 올라 가는
形局이다. 貴人의 옆에 칼처
럼 생긴 山이 있으며 穴은 貴
人의 배꼽에 자리잡고 案山은
宮殿이다.

✧ 이 形局에서 말하고 있는 笏이란 朝廷이나 家門에서 전통적인 행사(각
종 제례 의식 등)를 할 때 사용하는 것으로 玉으로 만들어진 것도 있
고 상아(象牙)로 만들어진 것도 있다. 위 形局에 祖上의 유체를 안장하
면 孝子孝女가 나고 賢母良妻가 나와 家門에 榮光을 안겨주고 늘 平安
하고 幸福한 가정을 이루어 간다. 위의 세가지 笏의 形局의 發福은 대개
비슷하다고 할 수 있으며 各形象에 不完全한 부분이 있을 경우에는 發
福이 기대한만큼 되지 않는점에 대하여 그 形局을 면밀히 분석해보아야
한다. 네 번째의 貴人佩劍上殿形의 發福은 임금(王)을 지켜주는 호위무
사를 배출하는 形局이지만 만일 칼처럼 생긴 山의 모양이 등(背)을 지고
있는 形이라면 역모를 도모하는 形이므로 이를 세밀히 觀察해야 한다.

註 : 笏 : 홀 홀. 搢 : 꽂을 진, 떨칠 진. 執 : 가질 집, 밥을 집, 지킬 집,
아비친구 집. 賢母良妻 : 어진어머니 이면서 어진 아내.

26. **金鷄保曉形**(금계보효형) : 金
鷄保曉形은 금계가 홰를치며
새벽이 되었음을 알리는 形局
이다. 兩 날개인 靑龍과 白虎
脈이 生動感이 넘치고 穴은

金鷄의 부리에 있으며 案山은 새벽의 둥근 달이다.

26-1) 金鷄相鬪形(금계상투

형) : 金鷄相鬪形은 금계 두
마리가 마주보고 싸우는 形局
이다 穴은 머리의 벼슬이나
부리위에 있으며 안산은 마주
보는 金鷄가 된다. 두 山峰우
리 사이로 흘러오는 냇물이
있어야 좋은 形局으로 본다.

◇ 금계(金鷄)는 어둠을 해치고 밝은 世上을 알리는 光明의 이정표 역할
을 하는 동물이다. 다른 말로하면 원대한 希望을 갖고 새출발을 의미
하므로 젊은이가 양양한 앞날을 향해 약동(躍動)하는 후손을 出生하여
미래 지향적(指向的) 지도자(指導者)로 성장하는 발복(發福)을 누리게
된다. 젊은이들이 선의(善意)의 競爭으로 당당하게 자기의 未來를 개
척(開拓)해 나가는 形局이라고 할 수 있다.

註 : 誥 : 깨우쳐고할 고, 가르칠고.   衙 : 마을 아, 벌의집 아.   躍 : 뛸
약.   競 : 다툴 경, 나갈 경, 성할 경, 굳셀 경, 높을 경.   鷄 : 닭 계,
배짱이 계,   曉 : 깨달을 효, 새벽 효, 달랠 효, 쾌할 효.   拓 : 개척
할 탁, 주울 척, 개간할 척.   爭 : 다툴 쟁, 다스릴 쟁, 분변할 쟁. 옳
다끓다할 쟁.

27. 金龜沒尼形(금구몰니형) :

金龜沒尼形局은 거북이가 진
흙속으로 기어들어 가는 形
局이다. 혈은 거북이 등(背)
에 있으며 안산은 소라나 개
구리이다.

27-1) 金龜飮水形(금구음수
형) : 金龜飮水形은 목이마른
거북이가 물을 마시는 形局
이다. 거북이 모양의 山 바로
앞에 냇물이나 샘물이 있고
穴은 거북이의 등(背)에 있
으며 案山은 뱀, 개구리, 조
개 등이다.

27-2) 金龜朝北斗形(금구조
북두형) : 金龜朝北斗形은 거
북이가 하늘의 北斗七星을 바
라보는 形局이다. 이 形局의
앞에 있는山들이 아름답게 보
이며 穴은 거북이의 눈(眼)에

있고, 案山은 北斗七星이다. 별(星)모양의 山 峰우리나 바위
등이 마치 北斗七星처럼 일곱개의 형태로 配列되어 있다.

27-3) 金龜出水形(금구출수
형) : 金龜出水形은 거북이
가 물속에서 물 밖으로 나오
는 形局이다. 거북이의 꼬리
가 물을 向해 있고. 혈은 거북

의 등(背)에 있고 案山은 거북의 앞에 있는 山이다.

27-4) 金龜出峽形(금구출
협형) : 金龜出峽形(금구출
협형)은 거북이가 좁은 골짜
기에서 골짜기 밖으로 나오

는 形局이다. 靑龍과 白虎가 길고 거북이의 등이나 눈에 穴
이 있고 案山은 뱀, 개구리, 조개 등이다.

⊗ 거북이 形은 대체로 그 發福 내용이 健康하고 長壽하는 것이 대부분이
다. 침착하고 강건(强健)한 자손이 번창(繁昌)하고 끈기와 인내심(忍
耐心)이 굳건하여 웬만한 일에는 화내지 않고 배려하고 용서하는 인물
로 萬人이 존경(尊敬)하는 人物이 나온다.

註 : 峽 : 물낀산골 협, 산이름 협.   繁 :성할 번, 번잡할 번, 많을 번, 말
배때끈 반.   耐 :견딜 내, 참을 내.   沒 : 잠길 몰, 빠질 몰, 다할 몰,
지날 몰, 건물로뺏을 몰.

28. 金盤形(금반형) : 금으로 만
든 쟁반처럼 생긴 형국이다.
山 봉우리가 야트막하고 둥글
며 넓적하다. 혈은 그 중앙에
있고 안산은 금반에 있는 과
일이다.

28-1) 金盤浴鳩形(금반욕구
형) : 金盤浴鳩形은 비둘기가
금쟁반(金錚盤) 위에서 沐浴
하는 形局이다. 앞에 맑은 물
이 흐르고 穴은 비둘기의 頭
上에 있고 안산은 금으로 만
든 새장이다.이 새장이 비둘
기 집이다.

⊗ 이 形局의 明堂은 溫和한 성품을 지닌 자손을 배출한다. 용모가 아름
답고 뭇사람과 和睦하게 지내며 이러한 것이 福이 되어 富貴를 얻게
된다.

29. **金箱紗形(금상사형)** : 이 形
局은 金으로 만든 箱子라는
뜻으로 土城이나 작은 山이나
바위가 낮은 곳에 평평하게
있는 것을 말한다. 主龍에 붙
어 있거나 案山 또는 祖山이
되거나 水口에 있으면 吉하다.

⊘ 이 형국의 명당 발복은 富를 얻는 형상이다. 이러한 명당의 眞穴에 조
상의 묘를 쓰거나 陽宅을 지어 살면 그 후손이 祖上의 음덕을 받아 富
를 상속(相續)받고 그 富를 계속 잘지켜 나가면서 부를 더욱 확대시켜
나가 큰 富者가 된다.

註 : 盤 : 소반 반, 받침 반, 더럼 반, 즐길 반, 느릴 반, 목욕탕 반, 편안할
반, 서릴 반.   箱 : 상자 상, 쌀고 상.   鳩 : 비들기 구.   睦 : 친목할
목, 화목할 목, 믿을 목, 공경할 목.

30. **金鵝抱卵形(금아포란형)** : 이
形局은 金거위가 알을 품고
있는 形局이다. 靑龍 白虎가
적당한 크기에 적당한 간격으
로 잘 감싸고 있으며 穴은 金
거위의 가슴에 있다. 案山은
穴앞에 거위의 알처럼 생긴
둥그런 작은 峰우리가 있다.

⊘ 金거위 형국의 明堂의 發福은 貴를 享有하는 子孫들이 배출되며 그의
후손들의 人品이 훌륭하고 고매하여 學問을 깊게 연구하여 그 바탕 위
에서 富와 貴를 겸전한다.

31. **金烏啄屍形**(금오탁시형).: 이
    形局은 金까마귀가 시체를 쪼
    고 있는 形局이다. 穴은 부리
    위에 있고 案山은 시체(屍體)
    처럼 생긴 山이다.

⊗ 이 形局의 明堂에 祖上의 유체를 안장하면 그 후손들이 富와 貴를 누리
  는 發福을 한다. 다만 당해 龍脈이 얼마나 후중하게 뻗어 왔느냐에 따
  라 發福의 정도는 차이가 있을 수 있다.

31-1) **金針穿珠形**(금침천주
  형) : 이 形局은 바늘로 구슬
  을 꿰는 것처럼 생긴 形局이
  다. 穴은 바늘에 있으며 안산
  은 실, 구슬, 목걸이 등이다.

⊗ 이 形局의 明堂에 陰.陽宅地를 선
  정(選定)하면 그 후손들이 특히
  손재주가 좋은 기술자(技術者)가
  배출되며 장차 국기(國伎)의 소유
  자가 되는 분도 배출(輩出)되는 形局이다.

註 : 鵝 : 거위 아. 屍 : 송사 시, 주검 시. 針 : 바늘 침, 침 침, 바느질
  할 침, 찌를침. 穿 : 통할 천, 뚫을 천, 구멍 천, 꿸 천. 選 : 가릴 선,
  뽑을 성, 셀 선, 재물 선, 조금있다가 선. 輩 : 무리 배, 물 배, 패
  배, 견줄 배. 術 : 술업 술, 재주 술, 꾀 술, 심술부릴 술, 길 술. 伎
  : 재주 기, 능통할 기. 珠 : 진주 주, 구슬 주. 烏 : 까마귀 오, 어찌
  오, 어디 오, 하하 오, 호흡다할 오, 진나라곡조 오. 啄 : 쪼을 탁,
  문두드릴 탁(叩 : 두드릴고). 抱 : 품을 포, 안을 포, 아름 포, 낄
  포. 卵 : 알 란.

32. **金蟹捕魚形(금해포어형)** : 이
    形局은 게(蟹)가 물고기를 잡
    는 形局이다. 穴은 물고기의
    끝에 있으며 案山은 거품이나
    그물(網)이다.

⊗ 이 형국의 명당발복은 富를 얻는
   형상이다. 그 자손이 勤勉誠實하
   고 절약 저축을 지속함으로 富를
   이루어 간다.

33. **騎龍形(기룡형)** : 험준(險峻)
    하고 높은 山등성이에 있는
    穴이니 교혈(巧穴)로 볼 수
    있다. 龍脈이 다 끝나가는 곳
    에서 앞으로 나아간 山 峰우
    리가 날개를 편 새(鳥)와 같
    은 모양이고 穴뒤의 左右 角
    이 牛角과 같은 모양으로 穴

場을 감쌀 경우 앞과 뒤의 거리가 멀지 아니하여야만 穴을 맺
는다.

⊗ 기룡혈(騎龍穴)은 龍脈의 등성이 말안장처럼 생긴곳에 맺는 괴혈(怪
   穴)이다. 혈판(穴板) 가까운 곳에 案山이 있고 달리는 말위에 몸을 실
   은 격이니 생기(生氣)가 매우 왕성(旺盛)한 혈이다. 어떤 形象이든 그
   에 形象에 합당한 穴을 맺기 위하여는 그 龍脈의 흐름이 격에 맞아야
   하고 진룡(眞龍)이어야 함은 風水地理에서의 하나의 眞理라고도 할 수
   있는 것이다. 騎龍穴은 큰 龍의 氣가 强하여 마치 사람이 말의 등에
   올라 탄듯한 모양의 怪穴의 일종으로 보는 穴이다. 穴場의 左右에 龍虎
   가 없어도 그 주위에 水勢가 분명하고 天心十道. 조응(照應), 환포(環
   抱) 등의 형태가 잘 갖추어지면 正穴을 결혈(結穴)하게 되는 것이다.
   騎龍穴에는 귀배형(龜背形)과 우배형(牛背形)이 있다. 다시 말하면 거북의 등이나 소의 등에 올라 탄듯한 모양의 교혈(巧穴)이며 기맥(氣脈)이 맺고 끊어진 곳에 穴을 맺는다.

34. **麒麟形(기린형)** : 이 形局은 기린처럼 생긴 形局이다. 穴은 麒麟의 머리에 있고 案山은 麒麟앞에 있는 풀(草)더미이다.

◇ 이러한 麒麟形局에 陰. 陽宅地를 選定하여 사용하면 그 후손들이 人格이 고매한 人物을 배출하며 덕망(德望)이 높고 품성(稟性)이 선량(善良)한 성현군자(聖賢君子)가 나오며 많은 사람들에게 德을 배푼다.

註 : 蟹 :게 해.　捕 : 잡을 포.　騎 : 말달릴 기, 마법 기.　怪 : 기이할 괴, 의심할 괴, 괴이할 괴, 요물 괴, 괴망스러울 괴, 깜짝놀랄 괴. 環 : 옥고리 환, 둘릴 환, 둥글 환, 도리옥 환.　麒 : 기린 기.　麟 : 길린 린.　聖賢君子 : 성인현인 학식과 덕행이 높은 사람.

35. **羅漢出洞形(나한출동형)** : 聖者인 아라한이 골짜기 밖으로 나오는 形局이다. 이 形象의 주변에 목탁(木鐸)이나 염주(念珠) 지팡이처럼 생긴 峰우리들이 있고 穴은 아라한의 배꼽에 있다. 案山은 향(香)을 피우는 향대(香臺)다.

◇ 이러한 나한 形局의 明堂에 祖上의 분묘를 마련하면 大宗敎家 등 聖者가 배출되어 어두운 世上에 빛을 밝혀주고 고통속에서 허덕이는 불우한 사람들을 구제하는 위대한 일을 하는 偉人이 나오는 形局이다.

36. 落地金釵形(낙지금채형) : 이
形局은 金비녀가 땅에 떨어진
形局이다. 穴은 비녀의 머리
부분에 있으며 案山은 빗이나
경대(鏡臺)다.

⬡ 이 形局의 明堂은 현모양처(賢母良妻)가 나와 家 門을 빛나게 한
다. 만일 形局을 잘못 판단하여 祖上을 모신다면 가산(家産)을 탕진하
는 음탕한 婦女子가 나와 가문을 욕되게하고 한 집안을 패가망신하게
만들게 되므로 形局을 잘 판단해야 한다. 穴의 위치를 잘못 選定하거나
金비녀의 形이 아님에도 金비녀로 본다거나 하면 이는 假穴에 용사하
는 것이 되므로 주의를 要해야하는 것이다.

37. 落蒼形(낙창형) : 이 形局은
창포꽃이 땅에 떨어진 것처
럼 생긴 形局이다. 靑龍과 白
虎가 쭉 길게 뻗어 있으며, 穴
은 창포꽃의 꽃술에 있고 案
山은 이 꽃을 꽂아 놓은 화병
(花瓶)이나 꽃을 심어 놓은
화분(花盆)이나 혹은 꽃을 보
고 날아든 벌(蜂 : 봉)이나 나비(蝶 : 접) 등이다.

⬡ 이 形局의 明堂에 陰宅地나 陽宅地를 잡아 용사하면 절세의 미인이 나
오는 形局이다 뼈대있는 가문에서는 美人도 나올 뿐만아니라 더불어
귀족(貴族) 집안으로 出家하여 여걸(女傑)로 成長할 수 있다고 보는形
이다.

註 : 羅 : 벌릴 나, 벌 나, 깁 나, 새그물 나. 鏡 : 거울 경. 臺 : 대 대, 높
을 대, 집 대, 하인 대, 코골 대. 落 : 떨어질 낙, 마을 낙, 하늘 낙,
쌀쌀할 낙, 헤질 낙, 낙성제 낙, 마지기 낙. 蒼 : 푸를 창, 창생 창,
창졸 창, 흰털 창, 풀난들질펀할 창. 蜂 : 벌 봉. 蝶 : 니비 접. 傑
: 영걸 걸, 두더러질 걸.

37-1) 駱駝卸寶形(낙타사보
형) : 이 形局은 낙타가 길에
다 보물을 떨어뜨린 形局이
다. 穴은 낙타의 목에 있고 案
山은 떨어뜨린 보물 보자기이
다.

⬡ 이 明堂의 形局에서는 어려운 여건 하에서도 不屈 의투지로 이를 극복
하여 大富를 이루는 形象이다. 낙타라는 동물은 매마르고 황막한 사막
의 에서도 꿋꿋히 주인의 길잡이로써 굳건이 여행을 같이하는 강건한
동물이다. 따라서 이 形局은 불굴(不屈)의 의지(意志)로 고난을 극복하
고 成功하는 形의 明堂 局이다.

註 : 卸 : 벗을 사, 집부릴 사.

38. 駱駝飮水形(낙타음수형) :
이 形局은 목마른 낙타가 물
을 마시는 形局이다. 앞에 냇
물이나 湖水 江물등이 있으
며 穴은 낙타의 배에 있다.
案山은 못이나 湖水가 된다.
그리고 江건너 풀(草)더미가
있다.

⬡ 대게 낙타 형국은 위에서 설명 한바와 같이 不屈의 意志로 고난을 극복
하고 成功하는 形局이 많다고 할 수 있다. 본 形局도 그 發福에 있어서
위의 내용과 대동소이 하다고 할 수 있다.

39. 駱駝進寶形(낙타진보형) : 이
形局은 낙타가 寶物(보물)을
싣고 와서 바치는 形局이다.
낙타처럼 생긴 峰우리 앞에

寶物 궤짝이 있으며 穴은 寶物 궤짝 위에 있고 案山은 낙타의
채찍이다.

⊗ 위에서도 말했지만 낙타 形局의 明堂은 꿋꿋하고 인내심이 강한 人物
을 배출한다. 어떠한 고난도 당당하게 극복한다. 자손들이 商業이나 무
역업을 하여 大富를 이룬다.

註 : 駱 : 약대 낙, 검은갈기의흰말 낙.   駝 : 약대 타, 곱사등이 타.
寶 : 보배 보, 귀할 보, 돈 보.   進 : 나아갈 진, 천거할 진, 더할진,
오를진, 본받을 진, 올릴 진, 힘쓸 진, 선물 진.

40. **鸞鳳駕輦形(난봉가연형)** : 이
形局은 봉황(鳳凰)새가 이끄
는 수레를 임금님이 타고 宮
中으로 들어가는 形局이다.
穴은 수레형의 앞쪽에 있고
案山은 연(輦)이다.

⊗ 이 形局의 明堂은 子孫들이 富貴를 얻고 임금을 가까이에서 모시는 宮
中의 高級官吏가 되며 忠信으로서 임금님의 총애를 받는 臣下가 된다.

41. **鸞鳳相對形(난봉상대형)** : 이
形局은 봉황(鳳凰)과 난새가
서로 마주하여 기뻐하는 形局
이다. 두 形局의 사이에 인장
(印章)과 같은 바위나 峰우리
가 있다. 穴은 鳳凰의 부리위
에 있고 案山은 상대방에 있
는 鸞(난)새가 된다.

⊗ 봉황 形局의 明堂은 富貴가 겸전(兼全)한다. 특이 이러한 形局에 祖上
의 陰宅地를 마련하면 그 後孫들이 난세(亂世)를 잘 다스리는 명관리
(名官吏)가 나오곤 하였다.

42. 亂雲裏月形(난운이월형) : 이
    形局은 달이 구름에 둘러 쌓
    인 것처럼 생긴 形局이다. 主
    山은 달처럼 둥그스럼하고 穴
    은 主山의 中央部位에 있고
    案山은 구름이다.

⊗ 이 形局의 明堂에 祖上의 墓를 쓰면 女傑이 나와 큰 人物이 되는 形局
  이다 女性界에서 큰 역할을하며 더 나아가 國家的 人物로 成長하여 長.
  次官의 업무를 맡아 수행하는 직책을 맡게 된다.

註 : 鸞 : 난새 난. 임금타시는수레방울 란. 칼방울 란.   亂 : 어지러울
  난, 다스릴 난, 풍류장단 난.   裏 : 옷속 이, 속 이, 안 이.   墓 : 무덤
  묘, 산소 묘.   雲 : 구름 운.

43. 老龍顧子形(노룡고자형) : 이
    形局은 늙은 龍이 새끼龍을
    돌아 보는 形局이다. 이 形局
    은 엄마龍과 새끼龍의 形象이
    하나의 龍으로 連結되어 있
    다. 穴은 엄마 龍의 이마나 코
    에 있고 案山은 새끼龍이다.

⊗ 이 形局의 明堂은 百子千孫의 後孫들이 번창하여 家門의 榮光을 누리
  는 形象이다. 하나의 龍脈에 두 개 龍의 形象이 만들어 지는 일은 극히
  드물기 때문에 富貴가 함께하는 최고의 形局이 아닐 수 없다. 이러한
  形局일수록 葬法을 잘 해야한다. 靑鳥經에 보면 "穴吉 葬凶이면 여기시
  동(如棄屍同)이라고 한바를 보더라도 아무리 吉한 穴을 찾았다고 해도
  葬法을 잘하지 않으면 시체(屍體)를 버리는 일과 같다고 하였다. 風水
  地理의 심오함을 새삼 상기하지 않을 수 없다.

44. 老蚌弄月形(노방농월형) : 이 形局은 늙은 조개가 달을 구경하며 즐기는形局이다. 穴은 조개의 中央에 있고 案山은 달이나 구슬이다.

44-1)老蚌戲珠形(노방희주형) : 이 形局은 늙은 조개가 구슬을가지고 노는 形局이다. 穴은 조개의 입에 있고. 案山은 구슬이다.

◈ 노방농월형국의 明堂은 口辯이 좋은 女性 人物이 나오는 形局으로 알려져 있다. 말재주가 좋아서 社交性이 능란하여 社交界에서 出世한다. 노방희주 형국의 明堂도 女性이 活動力이 탁월하여 사회에 두각을 나타낸다. 자기가 다스리는 부하를 잘 대해주고 아끼며 리더해가는 재주가 뛰어난다.

45. 老鼠下田形(노서하전형) : 이 形局은 늙은 쥐가 먹을 것을 求하려고 밭으로 내려오는 形局이다. 穴은 쥐의 배에 있고 案山은 밭에 쌓여 있는 노적, 창고, 곡식 더미이다.

◈ 이 形局의 明堂은 요령이 좋고 근면한 사람을 배출한다. 智謀가 뛰어니 그로 인해 富貴를 얻으며 子孫中에 大富가 나온다.

註 : 顧 : 돌아볼 고, 돌보아줄 고, 도리어고 생각 고. 棄 : 버릴 기, 잊어버릴 기, 잃을 기. 蚌 : 조개 방. 弄 : 희롱할 롱. 鼠 : 쥐 서. 戲 : 희롱할 희. 謀 : 꾀 모, 의논할 모.

46. **鸕鷀晒㢧形**(노자쇄시형) :
이 形局은 白鷺(백로)가 빛을
향하여 높이날라 오르는 形
局이다. 앞에 냇물이 흐르며
穴은 머리에 있고 안산은 해
(日)이다.

◈ 이 形局의 明堂에 祖上의 墓를 造成하면 훌륭한 子孫이 出生하여 考試
에 합격하고 관직에 나아가 高級官吏로 成功하며 아울러 富도 함께 누
리며 家門을 빛내는 人物이 된다.

47. **老猿抱子形**(노원포자형) : 이
形局은 늙은 어미 원(猿)숭이
가 새끼 猿숭이를 품어 안고
있는 形局이다, 靑龍 白虎가
새끼 원숭이를 안고 있는 모
습으로 穴은 원숭이의 머리와
이마에 있고 案山은 새끼 원
숭이이다.

◈ 이 形局에 祖上의 묘를 造成하면 아주 영리한 子孫이 出生하며 고향을
떠나 입신양명(立身揚名)한다. 단체 생활에 능숙하며 총명하여 적응력
이 우수한 人物이 난다.

48. **老鶴守魚形**(노학수어형) :
이 形局은 늙은 鶴이 물고기
를 지키는 形局이다. 穴은 학
의 가슴에 있고 案山은 물고
기이다.

◈ 이 形局의 明堂은 人品이 고매하
고 청순한 人物이 나는 形象이다.

선비형 리더자가 되며 항상 他의 모범을 보이므로써 뭇 사람들의 尊敬을 받는다. 그리고 이 形局은 특히 天性的으로 健康을 타고 나서 長壽하는 집안이다. 鶴은 대춘지수중(大椿之壽中)의 하나로 세상 사람들이 鶴과 같은 人品의 소유자 처럼 살고자 하는 것은 주지의 사실이다. 인간은 누구나 건강하게 長壽하고픈 것은 本能的인 것으로 볼 때 鶴처럼 고고한 삶을 갈망하나 그리 쉬운 일이 아니다.

註 : 鸕 : 더펄새 노.   鷀 : 더펄새 자.   晒 : 볕쪼일 쇄.   栖 : 날개벌릴 시.   卸 : 벗을 사.   猿 : 원숭이 원.   鶴 : 학 학, 두루미 학, 흴 학, 새털흠치르를할 학.

49. 老虎曳尾形(노호예미형) : 노호예미형은 은 늙은 호랑이가 꼬리 를 끌면서 어슬렁 어슬렁 걸어 다니는 모습과 흡사한 形局이다. 穴은 범의 머리에 있고. 案山은 앞에 있는 호랑이의 먹이감인 짐승이다.

49-1) 老虎乳兒形(노호유아형) : 늙은 호랑이가 어린 새끼를 않고 있는 형국이다.

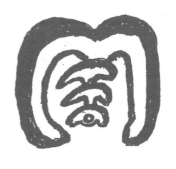

◇ 늙은 호랑이는 노쇠(老衰)하여 生氣가 약(弱)하므로 크거나 강(强)한짐승은 잡아 먹지 못하고 작은 짐승이나 힘빠진 弱한 짐승만을 잡아 먹는다. 따라서 民家로 내려와 닭이나 개같은 가축(家畜)을 노리는 경우가 있으나 그렇다고 사람이 함부로 이를 대할 수가 없는 것이다. 이 形局의 明堂은 자기 고집이 세고 性格이 거친 人物이 나온다.

50. **鹿之似於形**(녹지사어형) : 이
形局은 사슴과 같이 생긴 形
局이다. 穴은 사슴의 이마에
있고 案山은 사슴의 앞에 있
는 풀 더미이다.

⊗ 사슴 形局의 明堂은 그 후손들의
성품(性稟)이 고고하고 청렴(淸
廉)한 人物들을 배출하고 특히 女
性은 용모가 수려(秀麗)하고 學問
에 정진(精進)하여 富와 貴를 겸전(兼全)하는 形象이다. 항상 남을 배
려하고 尊重하는 자세를 갖는다.

51. **腦生數褶形**(뇌생수습형) : 정
뇌(頂腦)의 龍이 여러 갈래로
갈라져 羊의 갈비뼈와 같은
모양의 形局이다.

⊗ 이와 같은 形局 에 祖上의 墓를 쓰
면 집안에 범법자가 생겨나고 혹
은 조난을 당하거나 범죄를 저지
르고 감옥 가는 등 대단히 凶한 일
만 생기는 形局이므로 혹세무민
(惑世誣民)하는 사람들의 말을 듣고 비싼 경비만 들이고 敗家亡身하는
일이 없도록 각별히 주의를 요하는 形象이다.

註 : 曳 : 당길 예, 끄을 예.　尾 : 꼬리 미, 꼬랑이 미, 흘래할 미, 끝 미,
별이름 미.　衰 : 쇠할 쇠, 약할 쇠, 약할 쇠, 모손할 쇠, 비등할 최,
상복 최.　腦 : 머리골 뇌.　惱 : 번뇌할 뇌.　褶 : 슬갑 습, 덧옷 첩,
겹옷 첩.　惑世誣民 : 세상사람을 미혹하게 하여 속이는것.　敗家亡
身 : 가산을 없애고 몸을 망치는 것.

52. 丹鳳御書形(단봉어서형) : 단
봉어서 形局은 봉황(鳳凰)이
册을 받는 形局이다. 鳳凰의
앞에는 책이 놓여 있고 穴은
鳳凰의 가슴에 있으며 案山은
책이다.

52-1) 丹鳳傳書형(단봉전서형) :
단봉전서 形局은 鳳凰이 책
을 들고와 전해주는形局이
다. 봉황처럼 생긴 봉우리 앞
에 책이 있고 穴은 책위에 있
다. 案山은 책을 올려놓은 서
대(書臺)이거나 책을 받는
仙人이다.

❀ 鳳凰 形局의 明堂은 항상 현명한 지도자가 出現 한다고 본다. 당해 形
局의 용맥의 大.小와 규모 절수에 따라 發福의 정도가 달라질 수 있다.
이는 보는 이에 따라 그 평가가 달라질 수 있지만 그 形局이 鳳凰이라
는 영조(靈鳥)인가의 확실하고 정확한 판단이 관건이다.

53. 大劍之形(대검지형) : 대검지
형은 靑龍과 白虎의 끝에 칼
처럼 생긴 山 줄기가 뻗어나
온 形이다.

53-1) 大牙刀形(대아도형) :
대아도형은 휘어진 칼과 같이
생겼고 大劍은 곧게 생긴점이
다르다.

◈ 이렇게 생긴 青龍과 白虎 안쪽의
明堂에 祖上의 유체를 모시면 그
子孫中에 무사인 장군이 배출된
다. 장군대좌형(將軍對坐形)이나
장군출진형(將軍出陣形)과 같은 形局에 祖上을 묘셔도 장군이 배출되
는 形象으로 본다.

54. 大象過田形(대상과전형) : 이
    形局은 큰 코끼리가 밭을 지
    나가는 形局이다. 穴은 코끼
    리의 머리나 코 등에 있고 案
    山은 풀 더미이다.

◈ 코끼리 形局의 明堂은 그 家門에
天下壯士나 힘 세고 건장한 후손
이 나와 명성을 떨친다. 때로는 길
을 잘못 들면 주먹세계로 나가는 경우도 있으 니 좌향을 잘 선정해야
한다.

註 : 丹 : 붉을 단, 새이름 단.   御 : 모실 어, 어거할 어, 거느릴 어, 나
    갈 어, 막을어, 주장할 어, 맞을 아.   劍 : 칼 검.   象 : 코끼리 상, 형
    상할 상, 풍류곡조 상, 법받을 상.   過 : 지날 과, 그릇할 과, 지난날
    과, 예전 과, 넘을 과, 허물 과.

55. 帶印之形(대인지형) : 대인지
    형은 青龍과 白虎에 둥근 흙
    무더기가 즉 구슬처럼 둥근
    둔덕이 붙어 있는 것이다.

55-1) 帶印笏形(대인홀형) :

대인홀형은 靑龍, 白虎의 한 쪽 끝에 둥그런 山 봉우리나 둔덕이 붙어 있고 다른 한쪽 끝에는 홀(笏)처럼 생긴 山줄기가 붙어 있는 形象이다.

⊗ 帶印之形이 있는 明堂은 자손중에 신동이 나와 학문이 출중하여 명성을 떨치고 높은 관직에 오르며, 帶印笏형은 萬人을 거느리는 영웅이 나와 國家를 다스리는 長官직에 오른다.

56. 桃花落地形(도화낙지형) : 이

形局은 복숭아 꽃이 땅에 떨어진 形局이다. 생김새가 매화낙지형(梅花落地形)과 비슷하다. 穴은 꽃술에 있고 꽃술중에서도 암술에 眞穴이 結穴된다. 案山은 화분, 화병, 벌, 나비 등이다.

⊗ 이 形局의 明堂은 絕世佳人의 美人이 나온다 이 形의 龍脈은 끊어진듯 보이나 은맥으로 이어지는 形이다. 길을 잘못들면 화류계(花柳界)로 빠질 수가 있으므로 坐向과 水法을 잘 적용해야 한다.

57. 獨脚旗形(독각기형) : 이 形

局은 깃대위에 깃발이 달려있는 것처럼 생긴 形局이다.깃대가 길게 뻗어 있고 穴은 깃대 맨위에 달려 있는 깃대봉에 있으며 案山은 將軍, 貴人, 북(鼓 : 고) 등이다.

⊙ 이 形局의 明堂은 유능하고 용전무퇴(勇戰無退)하는 大將軍이 배출하며 軍으로 보면 參謀總長級(참모총장급)의 지도자가 나온다. 만일 案山이나 主山등이 배주형상(背走形象)을 하면 반역자(叛逆者)가 나올 수 있으므로 자세히 관찰해 장법(葬法)을 적용함에 있어서도 주의를 요한다.

58. 突起形(돌기형) : 이 形局은 主山에서 平地로 뚝 떨어져 나온 용맥이 갑자기 불룩하게 솟아 올라 結穴한 形局이다. 용맥은 모양이 좁은 형태이지만 强龍으로 탄탄하게 뭉쳐져 있어 生氣가 충만한 穴이다.

⊙ 이 形局의 明堂은 어렸을 때 외로운 환경에서 자라면서 수많은 苦生을 겪으면서 不屈의 意志로 고난을 극복하고 입신양명(立身揚名)하는 形局이다. 그러나 가기의 정체성이 어디서 어떻게 왔는지를 항상 그리워하면서 마음의 고독을 않고 살아가나 그러나 항상 기대와 希望을 가지고 앞으로 나아간다.

註 : 桃 : 복숭아 도. 脚 : 다리 각. 旗 : 대장기 기, 기 기. 突 : 오뚝할,돌, 부딪칠 돌, 냅뜰 돌, 급할 돌, 굴뚝 돌. 起 : 일어날,기, 설 기, 기동할 기, 시작할 기. 立身揚名 : 출세하여 세상에 이름을 드날림.

59. 頭開兩指形(두개양지형) : 이 形局은 山 峰우리가 두 개의 가지로 갈라저 꼭대기가 뾰쪽하며 이 꼭대기가 반대편을 향하고 있는 보기드문 形局이다.

⊕ 이 形局은 그 봉우리가 文筆峰처럼 수려하나 峰 우리가 두 개로 갈라져 비뚤어져 있다. 文章은 있으나 왜곡된 글을 쓰고 과거에 열 번 응시하여 아홉 번은 낙방하고 官을 얻으나 그 명성을 얻지 못하며 잘못된 길로 들어서면 오역자(忤逆者)가 되어 범법자가 될 수도 있으므로 이러한 곳을 明堂이라고 하여 혹세무민하는 경박한 知識으로 善良한 사람을 현혹하는 자들을 조심해야 한다. 砂 格의 매천필(罵天筆)과 비슷하므로 정확히 구분하기가 어려운 점도 잘파악해야 하다.

60. **挽籃之形(만람지형)** : 이 形局은 사람의 발(足)처럼 생긴 것으로 그 모양은 사람이 다리를 궤고 앉아있는 形局이다. 靑龍과 白虎가 穴場을 잘 감싸주고 있다.

⊕ 이 形局의 明堂에 墓를 쓰면 每事가 늦게서야 일을 成就한다. 그러나 정당한 방법이 아닌 便法을 많이 사용하여 성사하기 때문에 남의 눈총을 받게되어 올바른 사회 생활을 하는데 많은 지장을 받으므로 보다 많이 배풀어야 한다 .

註 : 挽 수레끌 만, 상여군 노래 만, 만장 만.   藍 : 쪽 람, 옷추루할 남, 절 람.   就 : 나갈 취.

61. **埋牙之象形(매아지상형)** : 이 形局은 코끼리가 어금니를 감추고 있는 形局이다. 앞에는 강물이나 냇물이 흐른다. 穴은 감춰진 어금니(牙) 위에 맺는다 안산은 코끼리 안에 있는 풀더미이다.

⊗ 이 形局의 明堂은 性格이 원만하고 매사에 진중한 자손이 나오며 남을 위해 헌신하는 사회복지가를 배출한다. 사회복지 분야에 종사하면 크게 成功하여 國家 社會에 이바지한다.

62. 梅花落地形(매화낙지형) : 이
    形局은 梅花가 땅에 떨어진
    것처럼 생긴 形이다. 穴은 꽃
    수술에 있다. 꽃 수술 중에서
    도 암수술에 가장 좋은 穴土
    가 나오는 穴이 맺는다. 案山
    은 화분(花盆), 화병(花瓶),
    화환(花環), 벌(蜂), 나비
    (蝶) 등이 된다.

⬡ 이 形局은 山 峰우리가 낮게 形成되며 穴도 낮은 山峰우리에 맺는다.
  이 形局의 明堂은 모진 고난 속에서도 굳건한 意志로 난관을 극복하고
  입신양명(立身揚名)하는 人物이 나온다 체격은 작지만 意志가 강하고
  단단한 체격으로 매사를 잘 헤쳐 나간다.

63. 猛虎跳江形(맹호도강형) : 이
    形局은 호랑이가 江물을 뛰
    어 건너는것처럼 생긴 形局이
    다. 앞에 江물이 흐른다 穴은
    호랑이의 이마에 있고 案山은
    호랑이가 즐겨 잡아 먹는 짐
    승처럼 생긴 山이다.

⬡ 이 形局의 明堂은 고집이 샌 무사
  기 나온다 기골이 長大하고 힘이
세며 용감한 將軍을 배출하 는 形이다. 고집이 있어 남에게 지기를 싫
어하고 자기 주장만을 앞세우다보니 다른 사람들의 반대가 많고 부딪
치는 일들이 자주 발생하게 되어 일을 추진하는데 난관에 봉착하는 경
우가 자주 있게 된다. 이것을 주의해야 할 요점이 된다.

註 : 埋 : 묻을 매, 감출 매. 牙 : 북틀 아, 어금니 아, 짐승이름 아. 梅
   : 매화나무 매, 갈매나무 매, 양매나무 매, 상재형용 매.   猛 : 위험

스러울 맹, 날랠 맹, 사나울 맹, 짐승이름 맹, 엄할 맹, 고을이름 맹.
跳 : 뛸 조, 건널 조. 도.

64. **猛虎出林形(맹호출림형)** : 이
    形局은 호랑이가 숲속에서 뛰
    어 나오는 것처럼 생긴 形局
    이다. 혈은 호랑이의 이마에
    있고 案山은 호랑가 좋아하는
    짐승형의 山이다.

　◇ 이 形局은 龍脈이 힘차게 뻗어 내
려와 생동감이 있어 龍脈에 흐르는 生氣가 강하다. 따라서 이러한 形
局의 明堂은 기개가 넘치고 지략을 잘 活用하는 대장급의 將星이 배출
된다. 형국이 오역자가 출생하는 형상인지를 세밀히 관찰하여 定穴해
야 한다.

65. **猛虎下山形(맹호하산형)** : 이
    形局은 호랑이가 山에서 사냥
    감을 찾아 내려오는 것처럼
    생긴 形局이다. 山勢가 旺盛
    하고 山脈이 厚重하여 明穴이
    맺힌다는 증좌가 여러모로 나
    타나고 있는 形象이다. 穴은

호랑이 의 머리 부분에 있고 案山은 호랑이가 먹이 감으로 좋
아 하는 짐승형의 작은 野山이다.

　◇ 이 形局의 明堂은 주로 武官이 배출되는 形으로써 山의 形勢가 빈약하
면 중도에 좌절하는 경우가 생기게 된다. 모든 形局이 공통된 사항이
만 風水地理의 최고 경전인 靑鳥經도 "山有吉氣나 因方所主라(山에 좋
은 氣가 있는데 이는 方位로 인하여 主人을 맞는다)고 한바와 같이 坐
向을 잘 定해야 만이 당해 明堂의 발복을 온전히 받을 수 있는 것이다.

66. **眠犬乳兒形**(면견유아형) : 이 形局은 졸고 있는 개(犬)가 개의 새끼에게 젖을 먹이고 있는 것처럼 생긴 形局이다. 穴은 개 젖의 위에 있고 案山은 강아지이다.

◈ 이 형국의 명당 발복은 주로 貴를 얻는다. 이러한 명당에 조상의 묘를 쓰거나 주택을 지어 살면 그 자손이 장차 治安을 담당하는 공직에 나아가 그 능력을 발휘하여 간부직에 승진하여 명성을 날라며 고위직까지 오른다

註 : 將 : 장수 장, 장차 장, 문득 장, 보낼 장, 거느릴 장, 받들 장, 청할 장, 가질 장, 쟁그렁쟁그렁할 장, 으리으리할 장.   星 : 별 성, 반짝거릴 성.   盛 : 성할 성, 많을 성, 장할 성, 클 성, 이룰 성, 담을 성, 곡식 성.   勢 : 권세 서, 불알 세, 형세 세.   眠 : 졸 면, 졸음 면, 캥길 면, 잘 면, 쉴 면.   乳 : 젖 유, 기를 유.   靑烏經(청오경) : 고대 중국의 한나라때 청오자가 저술 했다고 전해지는 풍수지리에 관한 최초의 저서임.

67. **眠狗守兜形**(면구수두형) : 이 形局은 졸고 있는 개가 하늘의 별을 바라보고 있는 것처럼 생긴 形局이다. 穴은 개의 이마에 있고 案山은 하늘의 별과 구름이다.

◈ 이 形局의 明堂은 武官이 배출되는 形象으로 독불장군형의 武士가 나와 적군을 크게 무찔어 전공을 세운 공로로 훈장을 받는다.

68. **眠弓之形**(면궁지형) : 이 形
    局은 平地의 案으로 낮게 돌
    아서 활(弓)을 놓아둔 것처
    럼 생긴 形象이다. 穴은 활의
    中央에 있고 案山은 武人, 말,
    과녁 등이다.

   ◈ 이 形局의 明堂은 다른 사람의 도움없이 외롭게 혼자의 힘으로 武人으
     로써 出世한다. 그러나 자만에 빠지면 금방 나락에 떨어지는 形象으므
     로 항상 긴장하며 살아야 한다.

69. **眠象之形**(면상지형) : 이 形
    局은 코끼리가 졸고 있는 것
    처럼 생긴 形局이다. 山勢가
    낮게 뻗어 내려와 穴을 맺는
    다. 穴은 코끼리의 兩 이빨 사
    에 있고 案山은 코끼리가 먹
    으려는 풀더미이다.

   ◈ 코끼리 形象의 明堂은 과묵하고 점잖은 신사형 人物을 배출하고 언제
     나 中庸을 못토삼아 일을 잘 처리하는 형의 고급 관리자가 되어 國家와
     社會를 위하여 헌신한다.

70. **眠牛之形**(면우지형) : 이 形
    局은 소가 잠을 자는 것처럼
    생긴 形局이다. 穴은 소 形의
    이마에 있고 앞에 있는 풀더
    미이다.

   ◈ 이 形局의 明堂은 두령격의 人物
     이 나는 形象이다 매사에 건실하
     며 느리게 움직이는 단점이 있고

명예욕이 강하다. 초년에 고생하고 말년에는 太平하며 早失父母 하나 절도 있는 생활로 끝맺음을 잘한다.

註 : 狗 : 개 구, 강아지 구.　兜 : 반할 두, 투구 두.　庸 : 쓸 용, 떳떳할 용.　早失父母 : 어린 나이에 부모를 여의다.

71. 鳴珂之水形(명가지수형) : 이
　　 形局은 아름다운 소리를 내면
　　 서 흐르는 물이다. 흐르는 물
　　 소리에 따라서 吉하고 凶함을
　　 판단하는 形이 물에 관한 形
　　 이다. 물흐르는 소리가 천둥
　　 소리 같다거나 통곡하는 소리
　　 와 같다든가 하면 不吉한 氣
　　 運을 발한다. 그러나 물흐르

는 소리가 아름답게 들리는 소리는 吉한 氣運을 發하므로 좋다고 할 수 있다. 例를 들면 물이 돌과 돌사이를 흐르면서 옥구슬이 굴르면서 내는 소리와 같다거나 나지막한 북소리 같으면 吉한 것으로 穴場에 좋은 氣運을 전달 해준다.

72. 母鷄帶兒形(모계대아형) : 이
　　 形局은 어미닭이 병아리를 대
　　 리고 다니는 形局이다. 어미
　　 닭처럼 생긴 峰우리 앞에 병
　　 아리처럼 생긴 둔덕형이 있
　　 다. 穴은 둥지에 있다. 案山은
　　 새장이 된다.

　⊗ 이 形局의 明堂은 未來를 예지(叡智)하는 능력있는 인물을 배출한다.
　　 人情이 많고 希望이 원대하여 남을 위해 아주 좋은 일을 많이하는 形象

이다. 성정이 강하고 용감성이 있으나. 마음이 좁은편이어서 實行이 弱할 수 있다.

註 : 叡 : 임금 예, 밝을 예, 성인 예, 어질 예. 智 : 사리에밝을 지, 지혜
지. 氣 : 숨 기, 기운 기, 정기 기, 생기 기, 공기 기. 運 : 운전할
운, 옮길 운.

73. 木丹之形(모란지형) : 이 形
局은 모란꽃처럼 생긴 形局
이다. 모란꽃 形은 모란완개
형(木丹完開形)과 모란반개
형(木丹半開形) 즉, 모란이
완전히 피어 있는 것처럼 생
긴 것과 모란이 반쯤피어 있
는 것처럼 생긴 형이다. 매화

낙지형(梅花落地形), 연화부
수형(蓮花浮水形), 도화낙지형(桃花落地形)보다는 위에 있다
땅에 떨어진 形이 아니기 때문이다. 모란꽃 形의 穴은 꽃술이
나 꽃의 중심에 맺는다 案山은 花盆이 된다.

⊗ 이 형국의 明堂은 絶世佳人의 美人이 나오고 賢母良妻가 한가문을 빛
내며 淑夫人이나 貞敬夫人이 나온다.

74. 無對山穴(무대산혈) : 無對
山 穴은 案山이 없다. 그 대
신 穴場 앞에 물 즉, 湖水나
바다나 江물이 앞을 환포(環
抱)해 주어야 한다. 이 물이
案山을 대신 한다고하여 이
러한 形局을 수이대지(水而
代地)라고 한다.

◈ 이러한 形局의 明堂은 獨不將軍으로 出世하는 人物이 나오는 形局이
다. 어느 누구의 도움이 없이 오직 자신의 굳건한 意志외 노력으로 國
家와 社會를 위해 獻身하는 일을 충실히 해내는 職責을 맞는다.

75. **舞鳳之形(무봉지형)** : 이 形
局은 鳳凰이 춤추며 떼지어
나는 것과 같이 생긴 形局이
다. 앞에 玉구슬, 金으로된
새장, 가락지 등이 있다. 穴
은 鳳凰의 가슴에 있고 案山
은 옥구슬 혹은 새장이 된다.

◈ 이 形局의 明堂은 어지러운 亂世
에 賢明한 지도자가 나와 세상을
平溫하게 하는 훌륭한 人物이 나오는 形局이다. 다만 形局을 잘못 판단
하여 鳳凰의 形局이 아님에도 鳳凰의 形局으로 적용하면 도리어 역적
(逆賊) 노릇을 하여 수많은 희생자를 만들 수 있으니 鳳凰인지 혹은 기
러기인지 등을 세밀히 관찰해야 한다.

註 : 職 : 장할 직, 벼슬 직, 맡을 직, 직분 직, 공직할 직, 떳떳할 직.   獻
: 드릴 헌.   貞敬夫人 : 조선조 때 정일품, 종일품의 문무관의 아네
에게 주던 봉작.   淑夫人 : 조선조 때 정삼품의 당상관 아내의 봉작.

76. **舞蝶之形(무접지형)** : 무접지
형국은 나비가 춤을 추며 날
아다니는 것처럼 생긴 形局이
다. 穴은 나비의 수염 中央에
있고 案山은 꽃이다

76-1) **蝶壁之形**(접벽지형)
: 접벽지형국은 나비가 壁에
붙어 있는 것처럼생긴 形局
이다 이형은 급(急)하게 경
사(傾斜)진곳에 穴을 맺기
때문에 安葬을 할때 그 穴자
리를 정확히 잡아야 하고 용
사의 요령을 잘 活用해야 하
는 穴이다.

⊕ 이 形局의 明堂은 고향을 떠나 他鄕에서 苦生 끝에 성공하는 形象으로
써 여기 저기 떠돌아 다니면서 좋은 기회를 잘 잡아 고생 끝에 大業을
이루는 形이다.

77. **無枝脚之形**(무지각지형) : 이
形局은 뻗어 내려오는 龍脈에
지각(枝脚)이 전혀없는 形이
다. 이 龍脈은 힘차게 살아 움
직이는 뱀처럼 구불구불하게
뻗어내려 오다가 멈추어 서
면서 穴場을 만들고 穴을 맺
는 形局이다. 이를 다른말로
하면 호화편룡이라고도 한다.

호화편룡은 枝脚없는 힘찬 龍脈이 튼튼하게 走行하다가 生氣
가 충만(充滿)한 혈장(穴場)에 穴을 맺는 龍脈이다.

⊕ 이 形局의 明堂은 좋은 집안의 환경에 태어나서 거칠 것이 없이 正道
코스를 밟아가며 出世하는 形象이다. 그러나 穴場에 임하여 점혈의 중
요성을 알지 못하고 자만(自慢)에 빠져서 오만(傲慢)을 自制하지 않으
면 잠시의 富貴도 헛되이 되고 마는 때가 도래할 수 도있으니 겸손(謙
遜)해야 함을 유념(留念)해야한다.

註 : 傲 : 거만할 오(倨 :거만할거).　慢 : 게으를 만, 느릴 만, 거만할
만,방자할 만.　謙 : 겸손할 겸.　遜 : 겸손할 손, 도망할 손, 순할
손, 사양할 손.　留 : 기다릴 유, 머무를 유, 오랠 유, 막힐 유.　念
: 생각할 염.　制 : 금제할 제, 임그말씀 제, 마루젤 제, 지을 제. 제
도 제.

78. **文星低天柱高形**(문선저천주
고형) : 이 형국은 玄武頂 後
龍은 높으나 文筆峰이 아득히
멀다. 文章은 나오지만 貴는
없고 長 壽하는 形局이다.

　⊗ 이 形局은 나오지만 현달하지 못
하는형이다. 文筆峰이 穴과 너무
멀어 제대로 그 氣를 받지 못하므
로 貴를 얻기 어려우나 長壽하는
形局이다.

79. **文筆連於誥軸形**(문필연어고
축형) : 火星山이 첨수(尖秀)
하게 솟아나면 文筆이라고 한
다. 山이 가로로 놓이고 양쪽
끝이 높이 솟아난 形象을 말
한다. 山이 또 일설에서는 고
축(誥軸)은 가로 놓인 木星인

데 너무길고 수축하면 안된다고 하였다. 양쪽의 머리가 약간
일어나면 전고(殿誥)라 하며 고축(誥軸)과 거의 같이 通한다.
석모사(石帽砂)는 머리가 있고 어깨가 있으며 머리가 약간 둥
글고 어깨가 늘어지지 않는 석모에 다리가 붙으면 당모(唐帽)
가 된다. 머리가 약간 둥글고 어깨가 늘어지면 철모(鐵帽)가

되고 머리가 평평하여 적고 꼭대기가 길면 차입(借笠)이 되니
잘 분변하여야 한다. 土星이 고대하여 모나고 평평하다면 어
병(御屛)이 된다.

80. 美女劍客形(미녀검객형) : 이
    形局은 아름다운 女人이 얼굴
    을 곱게 꾸미는 形이다. 山峰
    우리는 타원형이고 貴人과 비
    슷하다. 穴은 女人의 젖가슴
    이나 배에 있다. 案山은 경대
    와 화장대이다.

⊗ 이 形局의 明堂은 美人이 나오며
  演技를 잘하는 演藝人으로 그 名
  聲을 떨친다. 만일 坐向을 잘못 定
하면 花類系로 빠지게 되므로 용사시 裁穴에 각별히 주의해야 한다.

註 : 低 : 굽힐 저, 낮을 저.   筆 : 붓 필.   軸 : 굴레 축, 장추 축, 중요
할 축, 바디집 축, 질책 축, 축 축, 앓을 축.   帽 :모자 모, 사모 모.
屛 : 병풍 병.   演 : 통할 연, 윤택할 연, 넓을 연, 줄창흐를 연.
藝 : 제주 예, 글 예, 법 예, 대중할 예, 심을 예, 극진할 예.   鐵 : 검
은쇠 철, 병장기 철, 단단한 철.

81. 美女兜鞋形(미녀두혜형) : 이
    形局은 아름다운 女人이 가죽
    신을 신은 形局이다 美人처럼
    생긴 峰우리 앞에 가죽신 모
    양의 山峰우리가 있다. 穴은
    가죽신의 발판에 자리잡는다.
    案山은 화장대이다.

⊗ 이 形局의 明堂에는 女傑이 나오는 形이다. 男性들 압도하는 性格의 소
유자로 女性을 대표하는 벼슬을 얻고 그 임무를 誠實하고 당차게 잘 遂
行하며 名聲을 날리고 또한 美貌로도 뭇사람의 주시를 받는다.

82. **美女照鏡形** (미녀조경형) :
이 形局은 아름다운 女人이
자기 얼굴을 거울에 비쳐보는
것이다. 美女처럼 생긴 山峰
우리 아래에 못(池)이 있다.
穴은 女人의 젖가슴이나 배꼽
에 자리한다. 案山은 경대가
된다.

⊗ 이 形局의 明堂은 심청이와 같은 孝女가 나오며 家長노릇하면서 社會
에 봉사하는 일을 하며 크게 成功한다. 이렇게하여 富도 이루고 이 富
를 다시 어려운 사람을 위하여 투자한다.

註 : 鞋 : 가죽신혜.　遂 : 인할 수, 마침내 수, 성취할 수, 마칠 수, 통달
할 수, 나아갈 수, 다할 수, 간출수, 뜻과같을 수.　貌 : 모양 모, 졸
모, 모뜰 막, 멀 막.

83. **美女穿珠形** (미녀천주형) :
이 形局은 아름다운 女人이
구슬을 꿰고 있는 것이다. 주
변에 실, 바늘, 구슬처럼 생긴
山이 있고 특히 구슬은 美女
의 앞에 솟아 있는 山峰이다.
穴은 구슬위에 있고 案山은
化粧臺이다.

⊗ 이 形局의 明堂에는 賢母良妻가 나오며 외로운 여인의 몸으로 家庭을
이끌며 子女들을 훌륭하게 길러 나라의 棟樑(동양)으로 出世시킨다.

84. **美女梳粧形**(미녀소장형) : 이
形局은 아름다운 女人이 머리
를 빗으며 몸단장을 하는 것
처럼 생긴 形局이다. 穴場을
감싸 주는 靑龍 白虎가 빈틈
이 없이 잘 생겼다. 穴은 女人
의 젖가슴과 배(腹)에 있다.
案山은 화장대나 거울 빗 등
이다.

⊗ 이러한 形局의 明堂에서는 역시 家門을 빛내는 賢母良妻가 나오며 이
율곡선생의 어머니이신 신사임당과 같은 유능하고 고고한 性稟의 人物
로서 정경부인급의 女性 人物이 배출되는 形局이다.

85. **美女出交形**(미녀출교형) : 이
形局은 이름다운 女人이 가마
를 타고 밖으로 출타하는 것
처럼 생긴 形局이다. 穴은 가
마에 자리잡고, 案山은 거울
이나 化粧臺이다.

⊗ 이러한 形局의 明堂은 女傑이 政
府의 高級 官職에 올라 두각을 나
타내는 形局이다. 陰, 陽의 경쟁에
서 陰이 앞서 이겨내며 최고 지도자의 信任을 받으며 國政을 충실히 수
행한다.

註 : 粧 : 단장할 장.   棟 : 들보 동.   樑 : 기둥 량.   稟 : 품선품(性情).
     梳 : 빗 소, 머리빗을 소.   腹 : 배 복. 두려울복.

86. **美女抱鏡形**(미녀포경형) : 이 形局은 아름다운 女人이 거울을 안고 있는 形局이다. 穴場을 감싸고 있는 靑龍, 白虎 안쪽에 못(池)이 있다. 穴은 女人의 가슴에 있고 案山은 女人의 앞에 있는 鏡臺가 된다.

◈ 이러한 形局의 明堂에서는 祖上으로부터 富를 이 어 받아 풍부한 財産을 소유하며 이러한 財産을 남을 위해 투자하는 誠心(성심)을 발휘하는 人物이 나온다. 이러한 形局은 극히 드물게 形成 되는데 形局 자체를 誤認(오인)해서 適用(적용)하면 큰 弊害(폐해)를 입을 수 있으니 形局을 分別하는데 豐富(풍부)한 知識(지식)과 고매한 經驗(경험)이 절대적으로 요구된다 할 것이다.

87. **美女鋪氈形**(미녀포전형) : 이 形局은 아름다운 女人이 양탄자에 앉아 있는 것처럼 생긴 形局이다. 美人처럼 생긴 峰우리 앞에 양탄자가 있다. 穴은 양탄자의 중심에 있고 案山은 美人의 짝이 되는 男性이다.

◈ 이러한 形局의 明堂은 貞婦人이나 叔婦人정도 급의 女性 人物이 나오며 貞淑하고 家統을 잘 이어가는 形局이다. 女性 人物이 배출되는 形局은 간혹 잘못 판단하여 淫蕩(음탕)한 女人이 나오는 形局에 祖上을 묘셔 놓은 현장을 가끔씩 보게되면 가슴이 아플 때가 있음을 상기 할 때 재혈(裁穴)의 중요성을 아무리 강조해도 지나치지 않다고 여겨 진다.

88. **美女下輦形**(미녀하련형) : 이 形局은 아름다운 女人이 輦을 내리고 宮전으로 들어 가는 것처럼 생긴 形局이다. 美女 앞쪽

에 輦이 있다. 穴은 輦에 있고
案山은 궁궐형(宮闕形)의 山
峰이다.

◈ 이 形局의 明堂은 國家 考試에 合
格하여 國家 公 職에 임명되어 모
범적인 공직을 遂行하는 人物이
나온다. 人倫 道德的 稟性이 잘 훈
련된 고급 공무원으로 앞날이 촉
망되는 人物이 된다.

註 : 鋪 : 펼 포, 병들 포, 문고리 포, 전방 포.   氈 : 전 전, 담 전, 담자리
전, 전방석 전.   誤 : 그릇할 오, 잘못할 오.   認 : 알 인, 허락할 인.
弊 : 해칠 폐, 곤할 폐, 끊을 폐, 폐단 폐, 궁리항 폐, 무너질 폐.   淫
: 파할음, 넘칠 음, 음란할 은, 탐할 음, 심할 음, 적실 음, 오랠 음.
蕩 : 클 탕, 질펀할 탕, 방탕할 탕, 법없어질 탕.   輦 : 연 연, 당길
연.   驗 : 증험할 험, 보람 험, 조짐 험, 시험할 험.

89. **美女懷胎形(미녀회태형)** : 이
形局은 아름다운 女人이 아
기를 受胎한 것처럼 생긴 形
局이다. 穴은 美女의 가슴이
나 배에 있다. 案山은 美女가
잉태(孕胎)한 아기이다. 아기
峰우리는 둥그렇다.

◈ 이 形局의 明堂에 祖上의 陰宅地
를 造成하면 子孫이 크게 번창
(繁昌)하는 形象이다. 靑烏經에서 : "산돈수곡(山頓水曲)이면 자손
천억(子孫千億)"이라고 하였드시 이러한 形局에도 반드시 "山이모
여 쌓이고 물이 감돌아 들어야 자손이 번창한다"는 것을 銘心해야 할
것이다.

90. **彌勒蓋睡形**(미륵개수형) : 이 形局은 미륵보살(彌勒菩薩) 이 단정히 앉아서 三昧에든것 처럼 생긴 形局이다. 穴은 미륵보살의 배꼽에 있고 案山은 미륵보살이 메고 다니는 배랑 이다.

⊗ 이 形局의 明堂에 祖上의 墓를 쓰 면 名聲있는 宗敎家가 나온다. 큰스님, 총무원장 등의 유능한 宗敎人이 세상을 敎化시키는데 큰 役割을 한다.

91. **彌勒放袋形**(미륵방대형) : 形局은 미륵보살(彌勒菩薩)이 바랑자루를 앞에 놓고 앉아 있는 것처럼 생긴 形局이다. 미륵보살처럼 생긴 峰우리 앞에 바랑처럼 생긴 山峰우리 가 있다. 穴은 바랑자루에 있고 案山은 보살(菩薩)이 가지고 다니는 목탁(木鐸), 지팡이 등이다.

⊗ 이 形局의 明堂에 祖上의 墓를 安葬하면 巨僧이 배출된다. 원효대사나 무학대사같은 큰 스님이 나와 政治文化 등에도 나라에 큰 영향을 미치 는 역량을 발휘한다.

註 : 懷 : 품을 회, 상할 회, 생각할 회, 품 회, 돌아올 회.   胎 : 삼 태, 애 밸 태(孕), 태 태.   彌 : 그칠 미, 활지을 미, 더할 미, 오렐 미, 마칠 미.   勒 : 자갈 늑, 새길 늑, 억륵항 늑.   蓋 : 덮을 개, 뚜께 개, 대개 개, 일산 개, 가릴 개, 이영 개, 이영덮을 합, 지붕이류 합, 부들 자리 합.   睡 : 졸 수, 졸음 수. 袋 : 주머니 대.

92. **美惡不均形**(미악불균형) : 이
形局은 한쪽 枝脚이 아름답고
다른 한쪽 枝脚은 凶하게 생
긴 龍脈이다. 한쪽의 지각은
단정하고 힘차게 잘 뻗었는데
반대편의 지각은 짧거나 飛
走하거나 험상궂게 깨져있다.
이러한 龍의 穴에다 陰, 陽宅
地를 造成하면 吉보다는 凶이
더 많이 作用해 苦痛을 격는
形象이다.

◈ 이 形局은 半吉 半凶으로 보나 吉보다는 凶의 작용이 더 많게 작용하여
惡貨가 良貨를 構築한다는 理致와 같다고 할 수 있는 形局이므로 穴場
을 選定하는데 각별히 주의를 요하는 形象이라고 할 수 있다.

93. **撲壁之形**(박벽지형) : 이 形
局은 아주 높은 곳에 穴이 맺
어 있는 怪穴의 一種이다. 깎
아지른 벽(壁)에 나방이처럼
밑에서 보면 아주 위태롭기만
하고 홀로 떨어져 있어 외롭
게 보인다. 그런데 穴處에 가
보면 무척 아늑하다 또 사방

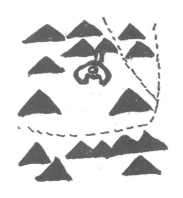

의 山과 물이 穴처를 둘러싸고 있어 아주 수려(秀麗)하고 다
정(多情)하게 보인다.

◈ 이러한 形局에 墓地를 造成하면 貴한 집안에서 출생하여 貴하게 成長
하나 항상 외로운 처지에 놓이게 되고 獨不將軍格(독불장군)으로 자기
밖에 모르는 고집쟁이 노릇을 일삼기 때문에 排他的(배타적)일 수 밖
에 없으며 항상 타인에게 뒤에서 손가락질을 당하나 이를 본인은 알지

못하고 자신만을 호화롭게 살면서 他人의 고통(苦痛)을 외면함으로써
많은 사람들에서 배척(排斥)을 당하는 꼴이 된다.

94. 半龍之形(반룡지형) : 이 形
    局은 龍이 또아리를 틀고 있
    는 形象이다. 靑龍 白虎中 어
    느 하나가 둥글고 길게 뻗어
    있으며 穴은 龍의 코의 위에
    자리잡고 있으며 案山은 龍
    의 꼬리 부분이다.

◎ 이 形局은 靑龍쪽이 더길게 뻗은 경우와 白虎쪽이 더 길게 뻗은 두가지
  의 경우가 있는데 前者를 右短股 後者를 左短股라고 한다. 右短股일 경
  우에는 靑龍이 穴場을 길게 깜싸고 있기 때문에 長孫집안이 주로 發福
  을 받고 左短股일 경우에 白虎가 穴場을 길게 감싸고 있기 때문에 次孫
  이나 女人들의 집안이 주로 發福을 받는다.

註 : 痛 : 사할 롱, 아플 통, 심할 통, 병 통. 構 지을 구, 집세울 구, 닥나
     무 구, 모두일 구. 築 : 다질 축, 쌓을 축. 撲 : 엎드러질 복, 씨름
     할 복, 서로부딪칠 복, 부딪칠 박.

95. 反渡水之形(반도수지형) : 이
    形局은 물의 흐름이 穴場을
    감싸주지 아니하고 꺼꾸로 등
    을 돌려 흐르는 물의 形局이
    다. 穴앞에 反弓水가 흐르면
    이는 대단히 凶한 形局으로
    본다. 왜냐하면 물이 穴場을
    감싸지않고 흐르므로 穴場의

生氣를 보호하지 못하기 때문이다. 즉 물의 흐름이 혈장을 環
抱해 주어야 혈장의 生氣를 보호하게 된다.

⊗ 이러한 形局에 墓를 쓰면 집안에 도적(盜賊)이 나오고 자손이 父母를 거역하고 夫婦間 父母 兄 弟間 생이별이 우려된다. 사람에게 배반당하거나 배반한다 자손들의 성품이 악(惡)해지고 거칠어진다 .

96. **反背之形(반배지형)** : 이 形
局은 혈장을 감싸고 있어야
하는 靑龍과 白虎 穴場을 감
싸지 아니하고 反對편으로 등
을 지고 구부러져 있는 形象
을 말한다. 穴이 있다고 하더
라도 이러한 곳을 陰, 陽宅地
로 사용해서는 절대로 금(禁)
해야 한다.

⊗ 이러한 곳에 明堂이라고 하여 墓를 쓰거나 집을 지어 생활하면 집안에 항상 불란이 일어나고 父母, 子息間에나 兄弟間에 늘 다투며 和合하지 못하고 生 이별하며 살고 남남이나 다름이 없이 지낸다. 또 반역자(叛逆者)나 오역자(忤逆者) 배반자(背反者) 등이 나와 집안이나 社會나 國家에 큰 죄(罪)를 지으며 형옥(刑獄)을 면치 못하는 形象이니 절대적으로 注意를 要하는 形象이다.

97. **盤鳳之形(반봉지형)** : 이 形
局은 鳳凰이 小盤위에 앉은
것처럼 생긴 形局이다. 소반
이란 집안에서 늘 우리 생활
에 사용하는 用器로써 여기서
의 소반은 金小盤을 의미한
다. 鳳凰은 아무곳이나 함부

로 앉지 아니하는 영조(靈鳥)이기 때문이다 穴은 主山의 中央에 있고 案山은 앞의 작은 山峰이다.

⊗ 이 形局의 明堂에 祖上의 墓를 쓰거나 집터로 집을 지어 살면 장차 英才가 出生하여 國家 社會를 위하여 큰일을 하는 지도자가 나와 榮光스러운 家門을 이어나가게 하는 찾기 어렵고 아주드문 大型 明堂이라고 할 수 있다.

註 : 渡 : 건널 도, 건네줄 도.　盜 : 도적 도, 훔칠 도.　賊 : 도둑 적, 역적 적, 헤칠 적.　靈 : 신령 영, 신통할 영, 혼 영, 영할 영, 좋을 영, 괴일 영.　型 : 골 형, 본보기 형.

98. 反蛇之形(반사지형) : 이 形局은 뱀이 또아리를 치고 있는 形象이다. 龍脈이 둥그렇게 휘감아 도는 形으로 穴은 뱀의 머리에 있고 案山은 뱀의 꼬리이다.

⊗ 이 形局의 明堂은 매사에 민첩하고 臨機應變에 能한 人物이 나오는 形象이다. 그러나 사람들이 늘 警戒하는 形으로 접근을 꺼려하므로 자신의 眞心을 잘나타는 것을 항상 가슴에 새겨야 한다. 머리가 영리하고 세상일에 잘 適應하며 겉으로 보면 왠지 차갑게 느껴지는 形이다.

99. 半月之形(반월지형) : 이 形局은 반달(半月처럼 생긴 形象이다. 新月 보다는 더 넓고 둥글다. 穴은 主山의 中央에 있고 案山은 구름(雲), 토끼(兎), 궁궐(宮闕) 등이다.

⊗ 이 形局의 明堂은 한나라에서 손꼽히는 美人이 나는 形이다. 美人으로 크게 出世하며 남편을 똑똑

한 사람을 만나 더욱 名聲을 떨치며 아미산형(蛾眉山形)에 버금가는 發福을 받으며 그 子孫 또한 美人을 배출하는 形局으로 아주 貴한 明堂이다.

100. **反掌之穴(반장지혈)** : 이 形局은 손바닥을 위로 펴놓은 것처럼 생긴 形局이다. 손바닥의 한 가운데가 약간 움푹 들어가고 그 모습이 환하게 웃음웃는 얼굴처럼 밝고 반듯하다. 穴은 손바닥 한 가운데 있고 案山은 앞에 있는 손가락이다.

⊕ 이 形局의 明堂은 穴은 四象穴의 하나인 窩形穴과 비슷하다고 할 수 있다. 窩形은 窩中에 반드시 突이 있어야 眞穴이 되므로 보다 詳細한 觀察이 필요한 形이다. 窩穴의 發福은 활와(闊窩), 천와(淺窩), 협와(狹窩), 심와(深窩) 등의 종류에 따라 다소간 다를 수 있다.

註 : 臨 : 임할 임, 다다를 임, 볼 임, 클 입, 여럿이울 림, 굽힐 임.   機 : 배틀 기, 기미 기, 고동 기, 기계 기, 기회 기, 별이름 기.   應 : 응할 응, 빽빽 응, 꼭 응, 사랑할 응, 대답할 응, 풍류이름 응, 응다 응.   掌 : 손바닥 장, 맡을 장, 주장할 장.   蛾 :누에나비 아, 나비눈섭 아.

101. **蚌蟹盤湖形(방해반호형)** : 이 形局은 蚌게가 湖水에 앉아 있는 形局이다. 穴은 배꼽위에 있고 案山은 물고기, 소라, 조개 등이다.

⊕ 이 形局의 明堂은 원래 富者집 子孫이 父母의 德으로 富裕한 생활

을 하는 形局이다. 평생 자기 직업없이도 잘먹고 잘사는 形局이나 後孫들에게는 希望이 밝지 않다. 이러한 形象은 坐向과 分金을 잘 처리해야 한다.

102. **蚌蟹出泥形(방해출니형)** : 이 形局은 蚌게가 蚌게 구멍에서 밖으로 기어 나오는 形局이다. 게 앞에 논이 있고 穴은 방게의 배꼽위에 있으며 案山은 물고기 거북 소라 등이다.

◎ 이 形局의 明堂은 名聲있는 指導者를 배출한다. 敎育者 事業家 賢人君子 등의 人物이 나와 가기의 能力을 잘 발휘하며 子孫이 繁昌하는形象이다.

103. **排衙之形(배아지형)** : 이 形局은 靑龍 白虎에서 작은 줄기(旁龍)들이 뻗어나와 겹겹으로 포개져 있는 形象이다.

◎ 이 形局의 明堂에 祖上의 墓를 쓰면 그 子孫들이 高級 國家織 公職에 오르고 또 유능한 學者가 배출되며 후손들이 크게 繁昌하며 다수가 富貴를 兼全한다.

註 : 排 : 밀 배, 물리칠 배, 가만이둘 배, 벌려놓을 배.   兼 : 겸할 겸, 벼두묶음 겸.   泥 : 막힐 이, 수렁 이, 진흙 이, 흙바를 이, 이슬에젖을 이, 야들을할 이.   繁 : 번성할 번.

104. 泛水龜之形(범수귀지형) : 이
　　 形局은 거북이가 물위에 떠
　　 있는 形局이다. 냇물이 거북
　　 이를 휘감고 돌아가는 形勢
　　 로 穴은 거북이 등에 있고 案
　　 山은 조개, 개구리, 뱀, 貴人
　　 등이 된다.

  ❂ 이 形局의 明堂에 조상의 墓를 쓰면 富貴 長壽 하는 子孫들이 나오고
항상 남을 配慮하고 어려 운 사람을 도와주는 義人이 나온다.

105. 泛水蜈蚣形(범수오공형) : 이
　　 形局은 지네가 물위에 떠 있
　　 는 形局이다. 물이 지네를 휘
　　 감고 흐르는 形勢로 穴은 지
　　 네의 입 中央에 있고 案山은
　　 지네의 밥이 되는 벌레가 되
　　 고 닭 모양의 山이 안산이 되
　　 기도 한다.

  ❂ 이 形局의 明堂에 祖上의 墓를 쓰면 남에게 지기 싫어하고 자기 고집이
셴 사내다운 남자가 나오며 의약업계(醫藥業界)로 진출하면 大成하는
形象이다. 그러나 항상 나를 견제하는 경쟁자(競爭者)가 있어 모든 일
이 순탄치가 않다. 항상 경계(警戒)하며 살아가는 形象이다.

106. 寶劍出匣形(보검출갑형) : 이
　　 形局은 칼이 箱子에서 나오는
　　 形局이다. 穴은 칼자루에 있
　　 고 案山은 살아 있는 뱀이나
　　 혹은 적군(敵軍)이 된다.

⊗ 이 形局의 明堂에 陰, 陽宅地를 選定하여 實行하면 그 後孫中에 유능한 武官이 배출되며 용전무퇴(勇戰無退)하는 장수(將帥)로 전투(戰鬪)마다 승리(勝利)하여 나라에 크나큰 무공(武功)을 세우고 國家 최고훈장(最高勳章)을 받는다.

註 : 泛 : 물소리 범, 뜰 범, 덮을 봉, 엎을 봉.　配 : 도울 배, 짝할 배, 귀향보낼 배, 나눌 배.　慮 : 생각할 여, 의심할 여, 염려할 여, 군사앞의기 여, 땅이름 여, 칡같은풀 여.

107. **寶鏡之形(보경지형)** : 이 形局은 거울을 걸어놓은 것처럼 생긴 形이다. 穴은 거울의 중심에 있고 案山은 化粧臺 혹은 아름다운 女人이다.

⊗ 이 形局의 明堂에 조상의 墓를 쓰면 賢母良妻가 집안에 들어와 家門을 빛나게 한다. 孝女와 孝婦를 배출하고 절개있는 삶으로 世上 사람들의 칭찬을 한몸에 받으며 가통을 이어가는 형상이다. 그러나 方位를 잘못 선택하면 오히려 음탕(淫蕩)한 女人이 집안망신을 시킬수 있으니 法度에 맞게 用事를 잘해야 한다.

108. **伏犬之形(복견지형)** : 복견지형은 개가 엎드려 있는 形局으로써 穴은 개의 젖위에 있고 案山은 개의 밥그릇이다.

108-1) 伏狗之形(복구지
형) : 복구지형은 개가 엎드
려 있거나 졸고 있는 形局으
로써 穴은 개의 젖가슴이나
코에 있고 案山은 개의 밥그
릇이다.

◈ 이러한 개의 形局의 明堂은 治安
을 담당하는 직종인 경찰(警察)계
통의 직종에 종사하는 人物이 배
출되는 形局이다. 이 形局은 정확한 판단을 해서 결정해야 한다. 山은
천태만상(千態萬象)이므로 비슷비슷한 경우가 대단히 많기 때문에 形
象을 세밀히 관찰(觀察)하여 形象을 확정해야 착오가 없게 된다. 위의
1), 2)의 形局 모두 고위직 경찰계통의 人物이 배출되어 國家 社會에
헌신(獻身)하는 人物이 된다. 다만 坐向을 法度에 맞게 잘 定해야 한다.
만일 용좌혈법(龍坐穴法)에 어긋나거나 水法에 맞지 않는 用事를 하면
도리어 패가망신(敗家亡身)하는 결과를 초래케되니 주의를 요한다.

109. 福龍之形(복룡지형) : 이 形
局은 穴場까지 龍脈이 뻗어오
는 과정이 대단히 秀麗하고
龍脈을 보호하는 호종사(護
從砂)가 많고 前後가 서로 조
응(照應)하고 지각(枝脚)이
질서정연(秩序整然)하며 峰
우리가 단정하고 후중(厚重)
하다.

◈ 이 形局의 明堂은 富貴와 壽福의 最上의 吉格 穴場이다. 祖上의 陰德을
입고 아래로는 부하들의 도움을 얻어 安樂하고 福된 삶을 누리는 形象
이다. 이러한 形局은 대개가 깊은 山中에 形成되므로 이를 찾아 내기가
어렵고 또 검증(檢證)하기가 어려운 形象이다.

110. **覆釜之形**(복부지형) : 이 形
　　局은 가마솥을 엎어놓은 것
　　처럼 생긴 形象이다. 穴은 가
　　마솥의 中央에 있고 案山은
　　앞에 쌓아 놓은 땔나무 더미
　　이다.

　⊗ 이 形局의 明堂은 子孫이 繁昌하고 富貴가 兼全하는 形象이다. 기존의
　　祖上의 陰德으로 복부혈(覆釜穴)을 얻게되고 이 복부혈에 祖上의 墓를
　　쓰면 그 후손이 크나큰 富를 이루어 子孫 代代로 이어져 오며 官職에
　　도 나아가 높은 벼슬에 이르며 事業體도 번창하여 큰 企業도 경영(經
　　營)하는 大 吉地라고 할 수 있다.

111. **覆鐘之形**(복종지형) : 이 形
　　局은 鐘을 엎어 놓은 것처럼
　　생긴 形局이다. 穴은 鐘의 꼭
　　대기 혹은 鐘을 치는 종채에
　　있고 案山은 종루(鐘樓), 종
　　각(鐘閣)이다.

　⊗ 이 形局의 明堂에 祖上의 遺體를
　　安葬하면 名聲있는 달변가가 나아오고 글 잘쓰는 유명 言論人이 배출
　　되며 유능한 小說家 詩人 劇作家등이 배출되며 言論社를 운영하는 經
　　營人이되기도 하는 形象이다. 항상 글이나 말로써 남을 깨우쳐주는 입
　　장에서 활동하며 國家 最高 기관의 代辯人이 되는 등의 역할을 한다.

112. **伏雉之形**(복치지형) : 이 形
　　局은 꿩이 숲속에 숨어 있는
　　것처럼 생긴 形象이다. 穴은
　　매봉이 보이지 않는 곳의 근
　　처에 있다. 만일 꿩이 보이면

매에게 잡아 먹히게 되므로 꿩은 숲속에 숨어있는 形象이다. 案山은 숨어있는 꿩의 앞에 있는 작은 野山이다.

⊗ 이 形局의 明堂은 남모르게 努力하여 크게 成功하는 形象이다. 앞에 나서기를 꺼려하고 자기의 능력을 드러내지 아니하고 남모르게 가기의 실력을 養成하여 우뚝 일어서는 자수성가형(自手成家形) 성격으로 날랩하고 민첩하게 움직이는 근면형(勤勉形) 대업(大業)자가 되는 形局이다.

註 : 覆 : 도리킬 복, 회복할 복, 엎칠 복, 엎더질 복, 살필 복, 덮을 부, 군사매복할 부. 釜 : 마솥 부, 휘 부. 雉 : 꿩 치, 성위담 치, 폐백 치, 최고 뚜래 치, 폭맬 치.

113. 伏兎之形(복토지형) : 이 形局은 토끼가 엎드려 있는 形象이다. 穴은 토끼의 머리에 있고, 案山은 개가 된다.

⊗ 이 形局의 明堂에 祖上의 遺體를 安葬하거나 집을 건축하여 居住하면 子孫이 유순(柔順)하고 온화(溫和)한 성격(性格)을 타고 나며 孝子 孝女로 성장하며 또 많은 후손들이 번성(繁盛)하여 부유한 가업(家業)을 이어 가는 形象이고 벼슬에도 나아가 가문에 명성을 높여준다.

114. 伏虎之形(복호지형) : 이 形局은 호랑이가 엎드려 있는 형이다. 穴은 호랑이의 젖에 있고 案山은 호랑이가 잡아먹 짐승 즉 개(狗 :구), 소(牛 : 우), 말(馬 : 마), 사슴(鹿 : 록), 노루(獐 : 장) 등이다.

◈ 이 形局의 明堂에 祖上의 遺體를 安葬하면 그 子孫들이 强刃한 性格의 人物이 나와 용맹(勇猛)스러운 장성급(將星級)의 무인(武人)이 된다. 그러나 주위의 砂格(사격)이 화성체(火星體)로 사나운 바위산으로 되어 흉살(凶殺)이 있으면 본의 아니게 살생(殺生)을 하게 되어 크나큰 업보(業報)를 지게 되는 形局이 되므로 이에 대한 비보가 가능한 곳인지를 살펴서 적당한 조치를 취해야 한다.

115. **鳳凰鼓翼形(봉황고익형)** : 이 形局은 鳳凰이 날개로 북을 두드리는 것처럼 생긴 形局이다. 鳳凰 앞에 북이 있고 穴은 북위에 있고 案山은 비파, 피리 등이다.

◈ 이 형국의 明堂 發福은 富와 貴를 함께 얻는 형상이다. 그 후손이 장차 벼슬길에 나아가 크게 명성을 떨치며 富도 함께 이루어 잘 사는 형국이다.

116. **鳳凰歸巢形(봉황귀소형)** : 이 形局은 鳳凰이 둥지로 날라 들어오는 것처럼 생긴 形局이다. 이 穴은 鳳凰의 둥지처럼 와혈(窩穴)이거나 靑龍과 白虎가 잘 감싸주어야 한다. 그리고 주위에 오동나무나 대나무 같은 숲처럼 생긴 사격(砂格)이 있어야 한다.

◈ 이 형국의 명당 發福은 富와 貴가 함께 얻는 形象이다. 이러한 명당의 眞穴에 祖上의 墓를 쓰거나 住宅을 건축하여 살면 그 자손이 장차 벼슬길에 나아가 고위작에 올라 명성을 떨치며 富도 이루어 富者기 된다.

117. **鳳凰晒翅形**(봉황쇄시형) :
이 形局은 鳳凰이 해가 비치
는 곳을 向해 날라가는 것처
럼 생긴 形局이다. 穴은 鳳凰
의 가슴에 있고 案山은 해처
럼 생긴 봉우리이다 .

◇ 이 명당의 발복 내용은 아래 총괄
설명란에서 설명함.

118. **鳳凰殿翼形**(봉황전익형) : 이
形局은 鳳凰이 날개를 펴고
있는 形局이다. 穴은 머리 가
슴 부리등에 있고 案山은 새
장 활구슬 등이다.

◇ 이 명당의 발복 내용은 아래 총괄
설명란에서 설명함.

119. **鳳凰出動形**(봉황출동형) : 이
形局은 봉황이 골짜기에서 나
오는 形局이다. 穴은 가슴위
에 있고 案山은 그물이다.

◇ 이 명당의 발복 내용은 아래 총괄
설명란에서 설명함.

120. **鳳凰出龍形**(봉황출용형) : 이
形局은 鳳凰이 새장에서 나오
는 形局이다. 穴은 가슴 위쪽
에 있고 案山은 구슬이다.

◇ 이 명당의 발복 내용은 아레 총괄
설명란에서 설명함.

121. 鳳凰出林形(봉황출림형) : 이
　　 形局은 鳳凰이 숲속에서 나오
　　 는 形局이다. 穴은 부리위에
　　 있고 案山은 활(弓)이다.

　　 ◈ 이 형국의 명당발복은 富와 貴를
　　　 함께 얻는다. 이를 아래에서 총괄
　　　 적으로 설명한다.

122. 鳳凰下田形(봉황하전형) :
　　 이 形局은 鳳凰이 밭으로 내
　　 려오는 形局이다. 穴은 부리
　　 위에 자리 잡으며 案山은 구
　　 슬이다.

　　 ◈ 발복의 내용은 아래 출괄 설명란
　　　 에서 설명함.

123. 鳳凰抱卵形(봉황포란형) :
　　 이 形局은 하늘을 나는 鳳凰
　　 이 알을 품고 있는 것처럼 생
　　 긴 形象이다. 穴은 鳳凰의 날
　　 개 안쪽이나 가슴에 있다. 案
　　 山은 알이 있어야 하고 주변
　　 에 오동(梧桐)나무, 대(竹)나
　　 무 구름(雲)처럼 생긴 砂格이
　　 있어야 한다.

　　 ◈ 발복의 내용은 아래 총괄 설명란에서 설명함.

124. **鳳凰含印形(봉황함인형)** : 이
　　 形局은 鳳凰이 도장을 입에
　　 물고 있는 形局이다. 穴은 입
　　 의 근처에 있고 案山은 도장
　　 이며 도장은 앞의 둥그런 峰
　　 우리이다.

◈ 발복의 내용은 아래 총괄 설명란에
　 서 설명함.

☎ 위에서 說明한 여러 鳳凰 形象의 發福 내용이 大同小異 하므로
　 이의 중복 說明을 避하기 위하여 아래에 이를 總括的으로 설명
　 하오니 참고 하기 바람.

◈ 위의 鳳凰形 아홉 개의 形局에 대하여 총체적(總體的)으로 그 形象을
　 說明하고 發福에 대하여도 그 해설(解說)을 덧붙이고자 한다. 鳳凰새
　 로 말하면 상상속의 상서(祥瑞)로운 새로 영조(靈鳥)라고 하며 봉(鳳)
　 은 수컷, 황(凰)은 암컷을 말한다. 鳳凰의 머리는 닭(酉)과같이 생겼
　 고 목은 뱀과 같이 생겼으며 턱은 제비, 등은 거북, 꼬리는 물고기 모
　 양을 하였고 五色 빛에 五音의 소리를 낸다고 한다. 鳳凰새가 나타나면
　 영명(靈明)한 재왕(帝王)이나 아주 훌륭한 大統領 등 최고(最高)의 지
　 도자(指導者)가 나온다고 전해지고 있다. 風水地理學에서도 鳳凰과 관
　 련된 穴은 제왕지지(帝王之地)라는 뜻이 있으므로 龍도 최상격(最上
　 格)이고 국세(局勢)가 웅대(雄大)하고 장엄(莊嚴)해야만 鳳凰과 관련
　 된 穴名을 부여할 수 있다. 鳳凰과 관련된 穴의 發福은 매우 커서 성인
　 (聖人) 현인(賢人) 귀인(貴人)을 비롯해서 재왕(帝王) 제후(諸侯) 장
　 상(將相)이 배출된다. 學問과 文章이 출중하여 人品이 훌륭하여 따르
　 는 사람이 많다. 富貴가 저절로 들어 온다. 主山은 그 산세(山勢)가 매
　 우 수려(秀麗)하고 경치가 매우 빼어난 鳳凰山으로 탐랑목성체(貪狼木
　 星體)다. 여기서 개장한 靑龍 白虎는 날개로써 잘 감싸주어 아늑하기
　 그지 없어야 한다. 보국안에는 鳳凰에 해당하는 둥글게 생긴 예쁜 山이
　 있어야 한다. 하여튼 鳳凰과 관련된 穴場은 위와 같이 설명한데로 매우
　 貴하고 드문 형국으로 形成되기 어렵고 또 찾기가 아주 어려운 形局으

로 이를 찾으려고 수 십년을 심혈하러 산세를 찾아 헤매인 풍수지리가
가 그 얼마나 많았던가. 귀하고 좋은 터는 아무데나 있는 것이 아니므
로 이를 찾아 내기가 또한 아주 어려운 것이다.

註 : 卸 : 벗을 사, 짐부릴 사.   翅 : 날개 시, 나래 시, 돌아나를 시, 뿐
시.   翼 : 날개 익, 나래 익, 공경할 익, 붙을 익, 호위할 익.   含 : 먹
음을 함, 용납할 함, 무궁주로밥먹일 함.   詳 : 자세할 상, 다 상, 거
짓 양.   瑞 : 홀 서, 옥신부 서.   莊 : 씩씩할 장, 단정할 장, 공경할
장, 성할 장, 육거리 장, 별장 장.   嚴 : 엄할 엄, 굳셀 엄, 높을 엄,
공경할 엄, 씩씩할 엄, 계엄할 엄, 혹독할 엄, 위엄스러울 엄.   麗 :
고울 려, 빛날 려, 배물 려, 짝 여, 문루 여, 부딪칠 려, 나라이름 이.

125. **負屏之形**(부병지형) : 이 形
　　　局은 임금이 사용하는 병풍
　　　(屏風)을 등에 지고 있는 形
　　　局이다. 穴은 屏風의 中央에
　　　있고 案山은 앞에 있는 깃대
　　　다.

　　⊗ 이 形局의 明堂은 임금님을 지근 거리에서 보좌하는 有能한 臣下가 배
　　　출되는 形이다. 항상 임금의 곁에서 업무를 보는 직책(職責)이므로 옛
　　　날 같으면 도승지 역할을 하는 자리이고 현대로 말하면 대통령비서실
　　　장(大統領秘書室長)이라고 할 수 있다.

126. **浮牌之形**(부패지형) : 이 形
　　　局은 防牌(방패)가 물위에 떠
　　　있는 形局으로 穴은 防牌 中
　　　央에 있고 案山은 貴人이나
　　　武人이된다.

　　⊗ 이 形局의 明堂에서는 武人이 배
　　　출(輩出)되며 장차 장군(將軍)으
　　　로 出世한다. 항상 자기의 직분(職

分)을 성실(誠實)히 수행(遂行)하는 직업군인(職業軍人)으로써 역할
을 다하며 國家가 임전태세(臨戰態勢)에 이를 때에는 언제나 앞장서서
國家를 위해 목숨을 바친다.

127. 北斗七星形(북두칠성형) : 이
　　　形局은 하늘의 北斗七星처럼
　　　생긴 形이다. 북두칠성(北斗
　　　七星)은 일곱개의 별로써 이
　　　루어졌으니 일곱 峰우리가 7
　　　字형으로 솟아 올랐다. 穴은
　　　主山의 머리 부분의 위쪽에

있고 案山은 향(香)을 피우는 대(臺)와 신선(神仙)이다.

　⊗ 이 形局의 明堂은 萬人을 위해 자기자신의 빛을 내 어둠속에 불을 밝히
　　는 희생정신이 뚜렷한 지도자가 나오는 形象이다.

128. 奔崖蜈蚣形(분애오공형) : 이
　　　形局은 지네가 언덕을 빨리
　　　기어 올라가는形局이다. 穴은
　　　지네의 입(口) 中央에 있고
　　　案山은 깎아지른 절벽이다.

　⊗ 이 形局의 明堂은 위기를 잘 극복
　　해내는 지도자가 나오는 形局이
　　다. 어떠한 어려운 일에 부딪 치
　　더라도 이를 피(避)하지 않고 정
　　면으로 승부 하여 승리하는 기질
　　의 소유자로 난세(亂世)에 국란(國亂)을 극복(克服)하는 인물로 成長
　　한다.

129. **奔牛之形**(분우지형) : 이 形
局은 소가 빨리 달려가는 形
象이다. 穴은 소의 배에 있고
案山은 소가 먹는 풀(草)더미
이다.

⌾ 이 形局의 明堂에 祖上의 묘(墓)
를 쓰면 그 天性이 근면(勤勉)하
고 건실(健實)하며 마음이 풍족한
두령격(頭領格)이 나오며 행동(行
動)은 느리고 명예욕(名譽慾)이 강(强)하다. 조실부모(早失父母)할 수
있으며 항상 자기의 意志로 굳건히 개척(開拓)하여 出世하는 形局이다.

130. **奔海龍形**(분해룡형) : 이 形
局은 龍이 바다로 달려 나가
는 形局이다. 龍의 앞에 큰 물
이 있으며 穴은 龍의 뺨에 있
고 案山은 湖水 바다 큰못(大
池) 등이다.

⌾ 이 形局의 明堂은 어느 누구의 도
움없이 自手成家하며 비상한 재
주가 남달리 뛰어나 富貴를 누리는 형국이다. 평소에 자기의 主張이 强
하며 한번 결심한 사항은 절대로 포기하지 아니하며 모든 것에 전력투
구(全力投球)하여 기어이 성취(成就)해내고야 만다. 無에서 有를 창조
(創造)해 내는 불굴(不屈)의 지도자(指導者)로 成長한다.

131. **飛龍之形**(비룡지형) : 비룡지
형은 龍이 하늘로 날아 올라
가는 形象이다. 穴은 龍의 이
마, 코, 입 등에 있고 案 山은
구름 무지개 번개 등이다. 주

변의 山勢가 秀麗하고 전망이 아주 좋다. 龍脈이 強한 生氣를 품고 있어 이 氣가 穴場의 氣를 더욱 보완(補完)해주고 있어 더욱 發福을 많이 받는다.

131-1) **飛龍昇天形**(비룡승 천형) : 비룡승천형은 현무봉 (玄武峰)에서 길고 힘차게 뻗 어 내려온 龍이 결인속기(結 咽速氣)한 후 고개를 처들고 하늘로 向하는 모습의 形局이 다. 비룡입수형(飛龍入首龍) 이어야 하고 주변의 龍세가 매우 秀麗하고 경치가 아름

답다. 案山 주변에는 여의주(如意珠)같은 山峰이거나 상운사 (祥雲砂)가 있어야 한다. 穴은 龍의 이마, 코, 입 등에 있고 案 山은 무지개, 구름, 번개 등이다.

⊗ 이 形局의 明堂은 富貴가 兼全하는 人物이 나오며 龍이 등천(騰天)한 다는 의미는 고관대작(高官大爵)의 직위 오르는 것을 말한다. 따라서 이 形局에 陰, 陽宅地를 조성하여 실행하면 그 후손들이 국가의 高位職 에 오르며 성실근면(誠實勤勉)하여 富를 이루어 남들이 부러워하는 家 門을 이루는 形象이다.

註 : 鼓 : 북 고, 휘 고, 별이름 고. 勤 : 부지런할 근. 勉 : 힘쓸 면, 권 면할 면. 浮 : 넘칠 부, 뜰 부, 순히흐를 부, 성할 부, 맨데없을 부, 정치못할 부. 牌 : 조각 패, 패 패, 호패 패, 배지 패. 態 : 태도 태, 모양 태, 정줄 태. 崖 : 낭떠러지 애, 언덕 의, 비탈 의. 避 : 피할 피, 이길 피, 숨을 피. 慾 : 욕심낼 욕, 거염 욕. 拓 : 개척할 척, 주 물 척, 개간할 척. 健 : 건장할 건. 歸 : 돌아갈 귀, 시집갈 귀, 붙 일 귀, 던질 귀, 허락할 귀, 괘이름 귀, 돌아올 귀. 巢 : 새집 소, 새 보금자라 소, 새깃들일 소.

132. 飛龍合珠形(비룡합주형) : 이

形局은 힘차게 뻗어온 龍脈이
진혈처(眞穴處)에 이르러 고
개를 들고 하늘로 向하는 모
습의 形이다. 불룩하게 솟은
峰우리 부분에 穴을 맺으므
로 入首龍의 形態가 마치 龍
이 날아 오르는 것과 같다하여 붙여진 이름이다. 대게 入首龍
은 위에서 아래로 내려오는 것이 일반적인데 비룡입수(飛龍
入首)는 아래에서 위로 올라가 穴을 맺으며 飛龍이 昇天하는
모습이다.

⊙ 이형국의 명당 發福은 富와 貴를 함께얻는 形象이다. 장차 벼슬길에 나
아가 중요한 직책을 맡아 탁월(卓越)한 能力을 발휘하고 고위직에 올
라 크게 出世하는 형상이다. 또한 그 地位를 바탕으로하여 富도 이루어
평생 유복(裕福)한 생활을 한다.

133. 飛龍出動形(비룡출동형) : 이

形局은 龍이 날라서 골짜기
밖으로 나오는 形局이다. 白
虎가 날개처럼 보인다. 穴은
龍의 코나 입에 있고 案山은
구름, 번개, 구슬, 금빛, 날개
등이다.

⊙ 이 形局의 明堂에 祖上의 墓를 쓰면 그 後孫들 은 富貴를 겸전(兼全)하
며 國家의 고위 관직(官職)에 오르며 사업을 해도 크게 번성(繁盛)하
는 기업(企業)을 육성(育成)한다. 경영인(經營人)으로나 官職에나 모
두 成功하는 形局의 明堂인데 이를 찾기란 매우 어려우며 祖上의 음덕
(陰德)이 많고 德을 많이 쌓지 않으면 결코 얻기가 어렵다고 할 수 있
는 形象이다.

134. **飛鳳之形**(비봉지형) : 이 形
局은 鳳凰이 날개를 펴고 높
이 날아 오르는 形局이다. 穴
은 鳳凰의 가슴에 있고 案山
은 구름이다.

　◇ 鳳凰形局의 明堂은 앞에서도 말했
지만 聖人, 賢人, 貴人 등을 배출
한다. 學問과 文章이 출중하여 人
品이 매우 훌륭하여 따르는 사람이 많다. 富와 貴가 저절로 들어와 官
職에 나가는 자손들은 지위가 매우 고위직에 오르며 宰相이나 將相이
나오며 王后가 배출되기도 한다.

135. **飛鳳歸巢形**(비봉귀소형) :
이 形局은 앞에서 말한 봉황
귀소형(鳳凰歸巢形)과 그 形
象이 비슷하다. 하늘을 날아
다니는 鳳凰이 둥지로 내려
앉는 形局이다. 靑龍 白虎가
둥지처럼 둥그렇게 휘감고

穴은 鳳凰의 가슴에 있으며 案山은 짝이되는 鳳凰 또는 구름
이 된다.

　◇ 이 形局의 明堂은 聖人 賢人 貴人 君子 등이 나오며 人物이 출중하여
富貴가 兼全한다. 國家 의 公職에서도 고위직을 맡아 성실히 업무를 찰
처리하며 사업수완도 좋아 크게 富를 이뤄낸다.

136. **飛鳳跳架形**(비봉조가형) :
이 形局은 鳳凰이 날개를 펴
고 활개쳐서 날아 오르는 形
局이다. 穴은 날게 위쪽에 있

고 案山은 앞에 있는 山峰우리이다.

◎ 봉황형국의 명당 발복은 위에서 말한 내용과 大同小異하다. 따라서 說明의 중복을 피하기 위하여 이를 省略한다.

137. 飛鳳沖宵形(비봉충소형) : 이 形局은 鳳凰이 머리를 치켜들고 하늘 높이 치솟아 오르는 形局이다. 穴은 봉황의 가슴쪽에 있고 案山은 구름이다.

◎ 이형국의 명당발복도 위에서 말한 명당의 발복 내용과 같다.

138. 飛鳳抱卵形(비봉포란형) : 이 形局은 날르는 鳳凰이 알을 품고 있는 形局이다. 이 形局은 山勢가 아름다워 青龍 白虎가 穴場을 잘 감싸주어 아늑하다. 穴은 鳳凰의 가슴쪽 움푹한 곳에 있고 案山은 알(卵 : 란)이다.

◎ 이 형국의 명당 발복의 내용도 위에서 말한 명당의 발복 내용과 같다.

註 : 沖 : 깊을 충, 빌 충, 화할 충, 흔들릴 충, 위로나를 충, 어릴 충, 늘어질 충, 얼음끄는 충. 宵 : 밤 소, 작을 소. 略 :간략할 략, 꾀할 략, 省 : 살필 성, 마을 성, 덜 성, 자세할 생. 飛 : 빠를 비, 흩어질 비, 날을 비, 여섯말 비.

139. 飛鵝泊屋形(비아박옥형) : 이 形局은 하늘에서 날아 다니던 거위가 집으로 돌아와 날개를 접고 있는 形局이다. 거위 뒤에

집이 있고 앞에 물이 감돌아
흐르며 穴은 꼬리에 있고 案
山은 들에 사는 여우나 게장
이다.

◈ 이 형국의 명당발복은 貴를 얻는
다. 이러한 명당의 眞穴에 祖上의
墓를 쓰면 그 자손이 장차 治安분
야에 근무하는 공직자가 되어 立
身揚名한다.

140. 飛鵝投水形(비아투수형) : 이
形局은 하늘을 날던 거위가
물고기를 잡기위해 물속으로
들어가는 形局이다. 앞에 湖
水가 있거나 물이 돌아 흐르
기도 한다. 穴은 거위의 부리
에 있고 案山은 물고기이다.
案山이 곱고 바르게 생겼다.

◈ 이 형국의 명당은 성품이 강인(强忍)하고 인내심(忍耐心)이 강한 인
물이 나온다. 누구에게나 지기 싫어하며 자기 주장을 끝까지 고수한다.
武士 정신을 타고 났으므로 軍人의 적성을 잘 발휘하면 武人으로 크게
성공한다.

141. 飛雁下田形(비안하전형) : 이
形局은 하늘에서 날아 다니던
기러기가 밭으로 내려오는 형
국이다. 穴은 기러기의 무릎
위에 있고 案山은 그물이다.

◈ 이 형국의 明堂은 성품이 溫和하

고 형제간에 우애하며 父母에게 孝道하는 자손이 나온다. 효성이 지극하여 뭇사람들의 칭찬이 많아 國家로 부터 표창을 받는다.

142. **飛天龍之形**(비천용지형) : 이 形局은 龍이 하늘 에 수많은 山峰우리들이 겹겹으로 나열되어 있어 마치 구름이 펼쳐저 있는 形象으로 龍이 구름 위에 노는 것처럼 생긴 形局이다.

◈ 龍의 形象처럼 생긴 明堂은 富貴가 雙全하는 發福을 한다. 貴한 집안에 貴한 자손이 출생하여 명성이 떨치는 官職에 나아가 출세가도를 달린다. 어떤 일을 하던지 그 능력이 優秀하여 철저하게 정확히 처리하고 그 能力을 인정받아 最高의 職까지 승승장구하는 人物이 된다.

註 : 鵝 : 거위 아.   泊 : 배대일 박, 쉴 박, 그칠 박, 말쑥할 박, 포박할 박, 고요할 박.   屋 : 지붕 옥, 집 옥, 큰도마 옥, 수레덮게 옥, 거북껍질 옥.

143. **飛天蜈蚣形**(비천오공형) : 이 形局은 지네가 하늘을 나는 형국이다. 穴은 지네의입 가운데에 있고 案山은 지네 앞에있는 벌레들이다. 이 形象은 지네발처럼 생긴 작은 山들이 약동감이 넘쳐 힘있게 보인다.

◈ 이 形局의 明堂에 祖上의 遺體를 安葬하면 그 집안 대대로 百子千孫한다. 그러나 주위에 계룡(鷄龍)의 사격(砂格)들이 이 穴場을 압도하는 형국이되면 오히려 절손(絶孫)하게 되므로 무조건 이 形象만 보지말고

그 주변의 砂格을 자세히 살펴 보아야 한다.

144. **飛鶴抱卵形**(비학포란형) : 이 形局은 하늘을 나는 鶴이 알을 품고 있는 形局이다. 靑龍 白虎가 이 穴場을 길고 둥글게 잘 감싸주고 있어 둥지역할을 한다. 穴은 鶴의 가슴에 있고 案山은 알이다.

⊗ 이 形局의 明堂에 祖上의 遺體를 安葬하면 고고한 性稟의 人物이 나오며 學者, 文章家, 敎育者 등이 배출되며 學識이 풍부하여 官職에 나아가 훌륭한 고급관리가 되어 능력을 발휘하여 고위직에 오르며 부하들로부터 尊敬받는 관리가 된다.

145. **飛虎之形**(비호지형) : 이 形局은 호랑이가 마치 날라가듯 빨리 달려가는 形象이다. 穴은 호랑이의 이마에 있고 案山은 호랑이가 쫓아가는 짐승이다.

⊗ 이 形局의 明堂은 용감무쌍(勇敢無雙)한 武人이 배출되는 형국이다. 어려서부터 그 성품(性稟)이 쾌할하고 꾸밈이 없는 솔직하고 정직한 天性을 타고나며 장차 武人으로 나아가면 크게 출세한다. 지도력을 발휘하여 장군(將軍)으로 진급하여 軍人 계통에서 사성장군(四星將軍)이 되는 形局이다.

註 : 용감무쌍(勇敢無雙) : 용감 하기가 짝이 없다.　天性(천성) : 타고난성품.　性品 : 성질과 품격. 성질과 됨됨이.　性稟 : 性情 : 성질과 심정. 타고난본성(本性)

146. 飛鵠投湖形(비혹투호형) : 이 形局은 날아가던 고니가 물고기를 잡기위해 湖水로 뛰어드는 形象이다. 主山 앞에 湖水나 못이 있으며 穴은 고니의 이마에 있고, 案山은 물고기이다.

◈ 이 형국의 明堂에 祖上의 墓를 쓰면 저돌적인 성격의 후손이 태어나며 어떠한 어려움의 환경 에 처하여도 이를 잘 극복하여 成功을 이루어 낸다. 그러나 항상 위험을 안고 가는 길이기에 언제나 자신의 주위를 잘 살펴 보아야 한다.

147. 四仙出洞形(사선출동형) : 이 形象은 네 神仙이 골짜기 밖으로 나오는 形局이다. 秀麗한 峰우리 네 개가 솟아 있고 穴은 그중 한 개의 峰우리 아래에 있고 案山은 구름(雲)이다.

◈ 이 形象의 明堂은 그 품성(稟性)이 고고하고 청렴(淸廉)하며 정직한 인물이 나와 밝은 세상이 되도록 하는 모범을 보이며 사회정화(社會淨化)에 앞장서는 人物이 된다. 언제나 不當과 不正을 배척하고 正義를 앞장서서 실천하는 선비중의 선비형 인물이 나온다.

148. 獅子之形(사자지형) : 이 形局은 사자처럼 생긴 形局이다. 穴은 사자의 머리에 있고 案山은 사자가 즐겨 잡아먹는 짐승이다.

⊕ 사자형국의 明堂도 호랑이 形局의 明堂과 같이 용맹(勇猛)스러운 人物을 배출하여 자손들이 武人으로 名聲을 떨치며 富와 貴를 얻는 形象이다.

註 : 獅 : 사자 사, 사지 사. 鵠 : 관혁 곡, 고니 혹, 따오기 혹.

149. **獅子過江形(사자과강형)** : 이 形局은 사자가 江을 건너는 形象이다. 앞에 큰 물이 흐르며 穴은 사자의 이마에 있고 案山은 사자가 즐겨 잡아 먹는 짐승이다.

⊗ 이 形局의 明堂의 發福은 위의 사자형국(獅子形局) 明堂의 發福과 大同小異하다. 즉 용맹(勇猛)한 人物이 태어나 용감무쌍(勇敢無雙)한 무인(武人)으로 출세하고 富와 貴가 겸전(兼全)한다.

150. **獅子伏地形(사자복지형)** : 이 形局은 사자가 땅에 엎드려 있는 형국이다. 穴은 사자의 頭上에 있고 案山은 사자가 즐겨 잡아 먹는 짐승이다.

⊗ 사자형국의 明堂의 發福은 위의 사자형국 같이 그 발복의 내용이 비슷하다. 위 사자형국의 發福 내용을 참고하면 착오가 없을 것이다.

151. **獅子笑天形(사자소천형)** : 이 形局은 사자가 하늘을 보며 크게 웃고 있는 形局이다. 사자의 입이 크게 벌려저 있으며 穴은 사자의 이마에 임금

王字가 씨여져 있는 곳이다. 案山은 사자가 즐겨 잡아 먹는 짐
승이다.

⊗ 이 形局은 사자앙천형(獅子仰天形)과 비슷한 形局이다. 來龍脈이 비룡
입수형(飛龍入首形)으로 두 形象의 發福도 위에서 설명한 사자형국의
발복 내용과 별로 차이가 없다. 밀림의 帝王인 사자형 明堂은 용맹스러
운 인물이 태어나 그 名聲을 떨치며 國家 社會에 공헌(貢獻)하며 뭇사
람의 추앙(推仰)을 받는다.

註 : 笑 : 웃음 소, 욱을 소. 貢 : 바칠 공, 세바칠 공. 獻 : 드릴 헌, 바
칠 헌, 음식 헌, 개 헌, 어질 헌, 술단지 사(酒樽 : 주준: 술동우).

152. **獅子燒香形(사자소향형)** : 이
形局은 사자가 香을 불로 태
우는 形局이다. 사자가 근엄
하며 단정하며 穴은 사자의
입에 있고 案山은 香을 놓아
둔 향대(香臺)이다.

⊗ 이 形局의 明堂의 發福은 위에서
설명한 다른 사자형국 명당의 發
福과 비슷하므로 이를 참고하면
될것이다.

153. **獅子抱毬形(사자포구형)** : 이
形局은 사자가 공을 껴안고
있는 形象이다. 穴은 사자의
이마에 있고 案山은 사자가
가지고 있는 공이다.

⊗ 이 形局 明堂의 發福 內容도 위와
같이 설명한 다른 사자형의 發福
內容과 같다고 보고 있음.

154. 獅子戱毬形(사자희구형) : 이
     形局은 사자가 공을 가자고
     노는 형국이다. 穴은 사자의
     이마에 있고 案山은 공이다.

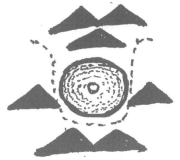

⊗ 이 형국 明堂의 發福도 위의 다른
   사자형 明堂의 發福 내용과 같다.

註 : 燒 : 불붙을소. 불사를소. 불땔소.
   불탈소. 불놓을소. 들불소. 毬 :
   제기구. 공구. 뇌주구. 화문담구. 띠이름구. 形 : 형상형. 꼴형. 형용
   형. 나타날형. 형편형.

155. 舍錢之形(사전지형) : 이 形
     局은 銅錢(동전)처럼 생긴 形
     局이다. 形象이 둥글고 넓으
     며 穴은 銅錢의 中央에 있고
     案山은 전대(錢臺)이나 궤짝
     이다.

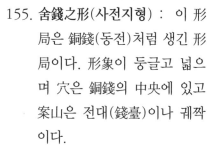

⊗ 이 형국의 明堂의 發福은 주로 財物을 많이 모아 큰 富者가 되는 형국
   이다. 財産을 모으는 탁월(卓越)한 재주가 있어 작은 자본으로 큰 富를
   이루어 장차 재벌(財閥)의 반열에 오른다. 기업(企業)을 창업(創業)하
   여 여러개의 會社를 운영하며 國家社會에 크게 기여한다.

156. 三公瑨圭形(삼공진규형) : 이
     形局은 세 政丞(정승)이 규
     (圭 :잣대처럼 생긴 것으로
     옛날 고관들이 업무를 볼 때
     사용하던 물건)를 잡고 있는
     것처럼 생긴형국이다. 세 겹

으로 생긴 山아래에 잣대 비슷한 圭이다. 穴은 圭에 있고 案山
은 三台星 귀인봉(貴人峰)다.

◈ 이 形局의 明堂에 祖上의 遺體를 安葬하면 富와 貴가 兼全한다. 明堂中
에서도 上位級 明堂에 속하며 장차 政丞에 반열에 오를 수 있는 人物이
나오고 큰 富를 이루는 形局이다. 三政丞이란 朝鮮조 때 영의정(領議
政), 좌의정(左議政), 우의정(右議政)을 말한다.

157. 三星在戶形(삼성재호형) : 이
　　形局은 세 별이 한 울타리 안
　　에 깃들어 있는 것처럼 생긴
　　形局이다. 穴은 主山의 峰우
　　리에 있고 案山은 主山의 앞
　　에 있는 山峰이다.

◈ 이 形局의 明堂은 주로 貴를 얻는
　發福을 하며 고위 官職에 오르는
자손이 태어나 그 名聲을 떨치며 家門의 영광(榮光)을 누리게 하는 形
象이다.

註 : 舍 : 집 사, 놓을 사, 베풀 사, 둘 사.　錢 : 돈 전, 가래 전, 전 전.
銅 : 구리 동, 동전 동, 산골 동.　卓 : 높을 탁(高).　越 : 넘을 월,
멀 월, 건늘 월, 뛸 월, 나라이름 월, 부들자리 활.　閥 : 가문 벌, 왼
편문 벌, 공로 벌.　創 : 상할 창, 증계할 창, 비로소 창.　瑨 : 옥돌
진(璡).　三政丞 : 조선조 때 영의정(領議政), 좌의정(左議政), 우
의정(右議政).

158. 三台星之形(삼태성지형) : 이
　　形局은 하늘의 별이 세 개가
　　나란히 솟아있는 것처럼 생긴
　　형국이다. 主山의 모양은 둥
　　그렇고 穴은 主山의 峰우리에

있고 案山은 香을 피우는 향대(香臺)나 신선(神仙)이다.

⊗ 이 形局 明堂의 發福은 위에서 말한 三星在戶형의 明堂 發福과 大同小異하다.

159. **上水鯉魚形**(상수잉어형) : 이
     形局은 잉어가 물위에서 노는
     형국이다. 穴은 잉어의 배꼽
     에 있으며 案山은 잉어가 잡
     아 먹는 물고기이다.

⊗ 이 形局의 明堂 發福은 주로 富를
   얻는 形局이다. 이러한 明堂에 祖
   上의 墓를 쓰면 祖上의 陰 德으로
부유한 家門을 유지하며 가장 安樂하고 마음 편하게 한평생을 살아간
다. 평생 財物로 걱정이 없이 지내며 아주 견고한 富를 지속하는 形局
이다.

160. **嫦娥出殿形**(상아출전형) :
     이 形局은 달속의 仙女가 宮
     殿으로 들어가는 것처럼 생
     긴 형국이다. 뒤에 달처럼 둥
     글게 생긴 山峰이 있고, 穴은
     仙女의 가슴이며 案山은 구
     름이 된다.

⊗ 이 形局의 明堂의 發福은 주로 아
   름다운 女人이 나오는 形이다. 달
   은 陰에 해당하므로 사람으로 치면 女人을 의미하고 달은 밤에 어둠을
밝혀주므로 아름다운 女人이 나와 어두운 곳에서 사는 뭇사람들에게
希望과 즐거움을 주며 名聲을 떨치는 연예인(演藝人)으로 大成한다.

註 : 鯉 : 잉어 이, 편지 이.   嫦 : 과부상(寡婦:과부).   娥 : 예쁠 아, 항
아 아, 선녀 아, 임금아내 아.

161. **象牙之形(상아지형)** : 이 形
局은 코끼리가 어금니를 밖으
로 내밀고 있는 것처럼 생긴
形이다. 앞에는 湖水나 냇물
이 있고 穴은 어금니에 있고
案山은 코끼리의 먹이인 풀더
미이다.

◈ 이 形局의 明堂에 陰, 陽宅地를 造成하여 墓를 쓰거나 주택을 지어 居
住하면 주로 富를 얻는 發福을 하며 그 자손들이 아주 진중하고 신중한
性稟의 人物이 나오며 많은 사람들로부터 尊敬받는다. 항상 남을 도와
주는 일을 계속하며 자신의 財物도 잘지켜내는 형이다.

162. **祥雲逢月形(상운봉월형)** : 이
形局은 祥瑞(상서)로운 구름
이 달을 떠 받치고 있는 것처
럼 생긴 형국이다. 主山은 둥
그렇게 생겼고 주변의 경치가
아름다우며 穴은 달의 중앙에
있고 案山은 구름이다.

◈ 이 形局의 明堂에 祖上의 遺體를
安葬하거나 住宅을 건축(建築)하
여 居住하면 절세가인(絕世佳人)
이 나오며 숙부인(淑夫人)이나 정경부인(正卿夫人)뿐만 아니라 영부인
(領夫人)도 나올 수 있는 明堂이다. 이러한 明堂의 形成이 극히 드물며
혹시 있다하더라도 이를 찾아 내기가 매우 어렵다.

163. **上帝奉朝形(상제봉조형)** : 이 形局은 하늘의 임금이 여러 神
仙들과 朝會를 하는것처럼 생긴 형국이다. 上帝形은 삼각형
으로 되어 있어 장군형(將軍形)과 비슷한데 將軍形보다 훨씬

더 웅장하고 단아하다 穴은
아래쪽에 있고 案山은 군선
이다.

◈ 이 形局의 明堂은 富와 貴를 兼全
하는 形局이다. 이러한 明堂은 明
堂中의 明堂으로 극히 드물게 形
成되며 거의 찾기가 어려운 明堂
이다. 이러한 明堂에 陰宅이나 陽
宅을 마련하면 聖人 王后 宰相 등
의 최고 지도자가 나오며 뭇사람
들의 존경을 받는다.

註 : 宰 :주장할 재, 재상 재, 잡을 재, 삶을 재.   兼 : 겸손 겸, 겸할 겸,
벼 두묶음 겸.   聖 : 성인 성, 착할 성, 통할 성.   后 : 임금 후, 왕
후 후.

164. **生蛇過水形(생사과수형)** : 이
形局은 마치 살아 있는 뱀이
물을 건너는 것처럼 생긴 형
국이다. 山이 물에 잠겨있어
생사출수형(生蛇出水形)이라
고도 한다. 穴은 뱀의 머리에
있고 案山은 쥐, 두꺼비, 개구
리 등이다.

◈ 이 形局의 明堂의 發福은 머리가 영리하고 글재주가 뛰어난 자손이 태
어나 學者나 文章家 敎育者가 명성을 떨친다. 學識이 뛰어나 官職에도
진출하여 크게 출세하며 특히 敎育者로 유능한 敎授나 學長 總長 등의
직책을 맡아 두각을 나타낸다.

165. **瑞龍昇天形**(서룡승천형) : 이
　　 形局은 祥瑞로운 龍이 하늘로
　　 높이 날라 오르는 것처럼 생
　　 긴 형국이다. 穴은 龍의 이마
　　 나 코에 있고 案山은 구름, 안
　　 개, 번개 등이다.

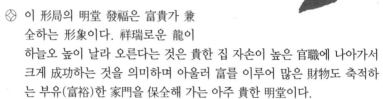

　　◈ 이 形局의 明堂 發福은 富貴가 兼
　　　 全하는 形象이다. 祥瑞로운 龍이
　　 하늘오 높이 날라 오른다는 것은 貴한 집 자손이 높은 官職에 나아가서
　　 크게 成功하는 것을 의미하며 아울러 富를 이루어 많은 財物도 축적하
　　 는 부유(富裕)한 家門을 保全해 가는 아주 貴한 明堂이다.

166. **犀牛望月形**(서우망월형) : 이
　　 形局은 물소가 달을 바라보는
　　 것처럼 생긴 형국이다. 청삼
　　 (靑衫)으로 천구(天衢)에 나
　　 아가며 穴은 물소의 배에 있
　　 고 案山은 달이 된다.

　　◈ 이 형국의 明堂 發福은 두뇌(頭腦)가 영리한 신동(神童)이 나와 관직
　　 에 나아가 임금을 가까이 모시며 임금의 총애를 받아 그 벼슬이 육경
　　 (六卿)에 오르며 청렴하고 正直한 공복으로써 그 名聲을 국가사회에
　　 떨친다.

註 : 六卿 : 六曹 : 고려와 조선때 주요한 국무를 처리하던 판부. 즉, 이조
　　 (吏曹), 호조(戶曹), 예조(禮曹), 병조(兵曹), 형조(刑曹), 공조(工
　　 曹)를 말함.

167. **丹鳳啣書形**(단봉함서형) : 이
　　 形局은 대궐에서 조서(調書)
　　 를 반포(頒布)하는 형국이다.

穴은 조서(調書)에 있고 案山은 臣下가 된다.

　⊗ 이 형국의 명당 發福은 貴를 주로 얻는 形象으로 장차 벼슬길에 나아가 임금의 곁에서 政事를 도와주는 역할을 한다. 때로는 六曹에 나아가 조정의 중심에서 국가의 직무를 수행하는 정무(政務)를 돌보는 중책(重責)을 맞는다.

168. **犀牛脫角形(서우탈각형)** : 이 形局은 코뿔소의 뿔이 떨어져 나간 형국이다. 穴은 뿔위에 있으며 案山은 달(月)이다.

　⊗ 이 형국의 명당發福은 건장(健壯)하고 강인(强忍)한 자손이 태어나 천하장사(天下壯士)로 명성(名聲)을 떨치며 체육계(體育界)로 진출하면 대성할 형국이다. 아울러 武人으로 진로를 정하여 나아가도 불굴의 의지로 어려움을 극복하고 크게 成功한다. 그러나 위험한 일을 처리하다가 부주의로 인한 신체에 상해(傷害)를 당하는 일을 겪을 수도 있으니 조심해야 한다.

169. **瑞雲圓月形(서운원월형)** : 이 形局은 祥瑞로운 구름위에 둥근달이 떠 있는 것처럼 생긴 형국이다. 主山 峰이 둥그렇고 穴은 主山의 中央에 있고 案山은 구름이다.

　⊗ 이 형국의 명당에 祖上의 遺體를 安葬하거나 家屋을 건축하여 居住 한다면 富貴가 쌍전(雙全)하며 현모양처(賢母良妻)가 나와 가문에 명예를 드높인다. 또 그 자손들이 국가직고시(國家職考試)에 合格하여 관직(官職)에 나아가 장차 고위직에 서국가의 중요한 政務를 수행하는 일을 하며 명성을 떨친다.

註 : 犀 : 물소 서, 무소 서, 박속 서. 裕 : 너그러울 유, 넉넉할 유, 늘어
질 유. 衢 : 거리 구. 杉 : 스기목 삼. 唧 : 명함 함. 脫 : 벗을
탈, 벗어날 탈, 간략할 탈, 그릇칠 탈, 풀어질 탓. 卿 : 벼슬 경, 재
상 경. 遺體 : 돌아가신 분의 시신을 존경하는 말. 安葬 : 매장을
편안하게 잘 하는것. 雙全 : 두가지 일을 함께 이루어짐(兼全).

170. **石理之形(석리지형)** : 이 형
   국은 단단한 바위(巖: 암) 한
   가운데 부분에 있는 穴이다.
   바위가 아주 깨끗하고 아름다
   우며 이 바위 한 가운데에 관
   (棺)이 들어갈 넓이의 穴土가
   있으며 이곳에 遺體를 安葬한
   다. 이러한 穴을 일명 石中之
   穴이라고도 한다.

  ◈ 이러한 형국의 明堂은 일종의 怪穴에 속하며 아주 보기드문 穴이라고
   할 수 있다. 이러한 穴의 가장 큰 장점(長點)은 여기에 머무르는 生氣
   가 밖으로 빠져 나가지 않으며 충염(蟲簾)이나 목염(木簾) 등 遺體를
   害롭게하는 흉물(凶物)이 범(犯)하지 못하고 적당한 온도를 오랫동안
   保全해주기 때문에 그 發福이 아주 오랫동안 유지시켜주는 아주 특별
   한 形의 明堂이라고 할 수 있다. 이 명당은 富貴가 대대로 겸전(兼全)
   發福하는 대명당(大明堂)이다.

171. **石下穴形(석하혈형)** : 이 形
   은 四方에 바위돌이 널려 있
   는 곳에 穴이 맺는 괴혈(怪
   穴)의 形局이다. 바위돌 사
   이에 흙이 있는 곳이 穴로써
   주변 바윗돌의 생김새가 凶
   하기 짝이 없다.

⊗ 이 石下穴은 用語의 意味로만 보면 돌의 밑에 穴이 맺어진것을 의미한다. 石理地穴이나 石中土穴과는 그 意味가 다르다. 이와는 달리 결어석중(結於石中)이라고 해서 돌과 돌 사이에 穴이 맺는 것을 말하고 또 석간명당, 암하지중, 양석병립지간, 적석혹반석지상, 반석지하(石間明堂, 岩下之中, 兩石幷立之間, 積石或盤石之上, 盤石之下) 등으로 傳해지고 있는데 이상의 穴은 石穴로 보지만 괴혈(怪穴)이나 은혈(隱穴)의 일종이지만 쉽게 찾아지지 않는다. 이러한 穴을 정확히 찾아 쓴다면 분명히 貴人이 난다고 하였다.

172. 仙娥駕鳳形(선아가봉형) : 이
形局은 仙女가 鳳凰이 맨 가
마를 타는 형국이다. 穴은 가
마에 있고 案山은 神仙의 무
리(群仙)이다.

⊗ 이 形局 明堂의 發福은 영리한 美
女가 나와 貴를 얻으며 정경부인
이나 더 잘되면 領夫人도 되는 최
고의 明堂이다. 仙女에 鳳凰까지 곁들어 진 形象으로 극히 드문 形局이
다. 女人으로서는 최고의 貴를 얻으며 뭇사람의 尊敬을 받는다.

註 : 駕 : 멍에 가, 임금탄수레 가, 멍에맬 가.   尊 : 높을 존, 귀할 존, 어
른 존, 술준 준.   敬 : 공경 경, 엄숙할 경, 삼갈 경.   群 : 무리 군,
떼 군, 모일 군, 벗 군.   神 : 신 신, 영검할 신, 검 신.   領 : 옷깃 령,
고개 영, 받을 영, 거느릴 영, 종료로울 영, 차지할 영, 깨달을 영.
案 : 안석 안, 책상 안, 기안할 안, 복안할 안, 등록할 안.

173. 仙翁釣魚形(선옹조어형) : 이
形局은 仙人이 낚시를 하는
것과 같이 생긴 형국이다. 옆
에 낚싯대처럼 생긴 山이 있
고 江물이 감돌아 흐르며 穴
은 神仙의 배꼽에 있고 案山

은 구름이다.

⊛ 이 형국의 明堂은 文章이 출중하고 學識이 뛰어 난 文人이 나오며 學者
敎育者나 小說家 詩人 극작가(劇作家)로 그 명성을 떨친다. 유명한 소
설로 富를 이루고 사는 形象이다.

174. 仙人過橋形(선인과교형) : 이
형국은 仙人이 다리를 건너는
것처럼 생긴 形局이다. 仙人처
럼 생긴 峰우리 앞에 다리처럼
생긴 山峰이 있고 穴은 다리
위에 있으며 案山은 水口에 있
는 화표사(華表砂)이다.

175. 仙人齩蝨形(선인교슬형) : 이
형국은 神仙이 이(蝨:슬)를 깨
물고 있는 것처럼 생긴 形이
다. 穴은 옷깃에 있고 案山은
옷자락이 합쳐지는 곳이다.

註 : 翁 : 늙은이 옹, 아비 옹, 새목털 옹, 훨훨나를 옹. 釣 : 낚시 조, 낚
을 조, 구할 조. 橋 : 다리 교, 줄띠어젤 교, 다리 교, 업신여길 교,
교나무 교, 땅이름 교. 劇 :심할 극, 희롱할 극. 蝨 : 이 슬. 翹 :
들 요, 우뚝할 요.

176 .仙人翹足形(선인요족형) : 이
형국은 仙人이 발돋음하고 우
뚝서서 먼곳을 바라보는 것처
럼 생긴 形이다. 山峰우리가
솟아 올라 있고 穴은 仙人의

배 한 가운데 있으며 案山은 神仙들이 노니는 선대이다.

177. 仙人蹻足形(선인교족형) : 이
형국은 仙人이 발을 쳐들고
있는 것 처럼 생긴 形局이다.
靑龍이나 白虎가 다리로서 길
게 뻗쳐 있고 穴은 仙人의 배
꼽 혹은 낭심에 자리 잡으며
案山은 발이다.

178. 仙人騎象形(선인기상형) :
이 형국은 仙人이 코끼리를
타고 있는 것처럼 생긴 形象
이다. 이 形局 뒤에 仙人처럼
생긴 峰우리가 있고, 앞에 코
끼리처럼 생긴 峰우리가 있
으며 穴은 코끼리의 눈에 있
고 案山은 코끼리가 먹는 풀
더미이다.

179. 仙人騎鶴形(선인기학형) : 이
형국은 仙人이 鶴을 타고 나
르는 것처럼 생긴 形局이다.
仙人처럼 생긴 峰우리 앞에
鶴처럼 생긴 峰리가 있고 穴
은 鶴의 머리에 있고 案山은
華表 혹은 구름이다.

180. 仙人端坐形(선인단좌형) :
이 형국은 仙人이 단정(端整)하게 앉아 있는 것처럼 생긴 形局이다. 穴은 仙人의 배꼽에 있고 案山은 仙女나 仙童이다.

181. 仙人讀書形(선인독서형) : 이 형국은 仙人이 册을 읽는 것처럼 생긴 形局이다. 穴은 仙人의 배꼽에 있고 案山은 册을 올려놓은 서대(書臺)이다.

182. 仙人舞袖形(선인무수형) : 이 형국은 神仙이 소맷자락을 펄럭이며 춤을추는 것처럼 생긴 形局이다. 靑龍白虎가 소맷자락인데 아주 수려(秀麗)하고 우아(優雅)히며 穴은 仙人의 배꼽에 있고 案山은 仙女나 仙童이다.

註 : 端 : 끝 단, 단정할 단, 비로소 단, 실마리 단, 쌀 단, 살필 단, 오로지 단.   整 : 신칙할 정, 정제할 정.   讀 : 읽을 독, 귀질 두.   舞 : 춤출 무.   袖 : 옷소매 수.   優 : 넉넉할 우, 이길 우, 광대 우, 희롱할 우, 놀 우.   雅 : 맑을 아, 항상 아, 바를 아, 거동 아, 풍류이름 아.

183. **仙人覆掌形**(선인복장형) : 이
형국은 神仙의 손을 엎어놓
고 있는 것처럼 생긴 形局이
다. 神仙처럼 생긴 峰우리 앞
에 손(手)처럼 생긴 山峰우리
가 솟아있고 穴은 손의 中央
에 있으며 案山은 거문고다.

184. **仙人枹鼓形**(선인부고형) :
이 형국은 仙人이 북채를 잡
고 북을 치고 있는 것처럼 생
긴 形局이다. 仙人처럼 생긴
峰우리 앞에 북처럼 생긴 峰
우리가 있고 穴은 북위에 있
으며 案山은 북채, 仙女, 仙童
등이다.

185. **仙人束帶形**.(선인속대형) : 이
형국은 仙人이 허리에 두른 허
리띠가 바람에 휘날리는 것처
럼 생긴 形局이다 靑龍 白虎가
허리띠처럼 겹겹으로 만들어
졌는데 穴은 仙人의 배꼽에 있
고 案山은 허리띠이다.

註 : 覆 : 도리킬 복, 회복할 복, 엎질 복, 엎더질 복, 살필 복, 덮을 부, 군
사매복할 부.　掌 : 손바닥 장, 맡을 장, 주장할 장.　帶 : 띠 대, 찰
대, 행할 대, 뱀 대, 풀이름 대.　枹 : 북체 북, 나무무더기로날 포.

186. 仙人伸足形(선인신족형) :
이 형국은 仙人이 다리를 쭉
뻗고 누어 있는 것처럼 생긴
形局이다. 穴은 仙人의 낭심
에 있고 案山은 누어 있는 소
(牛)이다.

187. 仙人仰臥形(선인앙와형) :
이 형국은 仙人이 하늘을 쳐
다보고 반듯하게 누어 있는
것처럼 생긴 形局이다. 穴은
仙人의 배에 있고 案山은 卓
上이다.

187-1) 仙人仰掌形(선인앙
장형) : 이 형국은 謁見形(알
현형)의 하나로 神仙이 손을
무릎 위에 올려놓고 앉아 있
는 것처럼 생긴 形局이다. 穴
은 손바닥 중심에 있으며 案
山은 손님이다.

註 : 仰 : 우러를 앙, 사모할 앙, 믿을
     앙. 臥 : 누울 와, 쉴 와, 잘 와.
     卓 : 높을 탁. 謁 : 보일 알, 아
     뢸 알.

188. 仙人圍棋形(선인위기형) : 이
형국은 仙人들이 마주앉아 바
둑을 두고 있는 것처럼 생긴
形局이다. 神仙처럼 생긴 山峰
우리들이 서로 마주보는 것처
럼 생겼는데 그 사이에 바둑
판처럼 생긴 둔덕이 있고 穴
은 바둑판에 맺어 있으며 案
山은 거문고 혹은 神仙이다.

189. 仙人照鏡形(선인조경형) : 이
형국은 仙人이 자기의 얼굴을
거울에 비쳐 보는 것처럼 생
긴 形局이다. 仙人처럼 생긴
峰우리 앞에 못(池)이 있으며
穴은 仙人의 배(腹:복)에 있
고 案山은 거울을 매달아 놓
은 경대(鏡臺)다.

190. 仙人聚筵形(선인취연형) : 이
형국은 仙人들이 대나무로 만
든 자리 위에 앉아 있는 것처
럼 생긴 形局이다. 仙人처럼
생긴 峰우리들이 빙 둘러 마
주서 있고 그 가운데 대나무
자리가 있고 穴은 대나무자리
에 있고 案山은 향을 피우는
향대(香臺)이다.

191. **仙人醉臥形**(선인취와형) : 이
형극은 神仙이 醉(취)하여 누
워 잠자고 있는 形局이다. 穴
주변에 술병 바둑판 등이 있
고 穴은 선이의 배에 있으며
案山은 바둑판이나 호리병 혹
은 구름이다.

192. **仙人側腦形**(선인측뇌형) : 이
형국은 仙人이 비스듬이 앉아
머리를 반쯤 뒤로 기대고 있
는 것처럼 생긴 形局이다. 穴
은 무릎이나 팔뚝이 있고 案
山은 나무가 우거진 숲이 된
다.

193. **仙人側掌形**(선인측장형) :
이 形局은 仙人의 손바닥이
옆으로 기울어진 것처럼 생
긴 形局이다. 어떤 물건을 집
으려고 하는 모습으로, 穴은
엄지 손가락 안쪽에 있고 案
山은 홀(笏)이나 인장(印章)
등이다.

註 : 醉 : 술취할 취, 괴란할 취, 참혹할취. 腦 : 머리골 뇌.

194. **仙人打球形**(선인타구형) : 이
형국은 仙人들이 공을치며 노
는 것처럼 생긴 形局이다. 仙
人들처럼 생긴 峰우리들이 마
주보며 서 있으며 그 가운데
둥그런 峰우리가 있는데 이곳
이 공이다. 穴은 공위에 있고
案山은 공이나 지팡이이다.

195. **仙人彈琴形**(선인탄금형) :
이 형국은 仙人이 거문고를
켜는 것처럼 생긴 形局이다.
仙人 앞에 거문고 처럼 생긴
山이 있고 穴은 거문고에 있
다. 손가락으로 누르는 곳이
혈처(穴處)이고 案山은 거문
고를 올려놓은 금대(琴臺)
나 춤추는 仙女 혹은 선동(仙
童)이다.

196. **仙人吐珠形**(선인토주형) : 이
형국은 仙人이 입안에서 구슬
을 뱉어내는 것처럼 생긴 形
局이다. 仙人처럼 생긴 峰우
리 앞에 구슬이 있으며 穴은
구슬에 있고 案山은 仙女나
仙童이다.

註 : 彈 : 탄환 탄, 쏠 탄, 퉁길 탄, 탄핵할 탄.　琴 : 거문고 금.　吐 : 토
할 토, 게울 토.

197. **仙人擺袖形**(선인파수형) :
이 형국은 仙人이 소맷자락
을 펼치는 것처럼 생긴 形局
이다. 穴은 소맷자락 끝부분
에 있고 案山은 仙女이다. 여
기서 선인이 입고 있는 옷은
仙人만이 입는 특수한 도복
처럼 생긴 소맷자락이 길고
넓은 신선복(神仙複)으로 볼
수 있다.

198. **仙人佩劍形**(선인패검형) :
이 형국은 仙人이 옆구리에
칼을 차고 있는 것처럼 생긴
形局이다. 칼처럼 생긴 용맥
(龍脈) 옆에 있으며 앞에는
거문고가 놓여 있고 穴은 仙
人의 배(腹)에 있고 案山은
거문고이다.

199. **仙人獻掌形**(선인헌장형) : 이
형국은 仙人이 팔을 뻗어 손
바닥을 편 것처럼 생긴 形局
이다. 仙人처럼 생긴 山峰우
리 앞에 팔뚝과 손처럼 생긴

둔덕이 있는데 穴은 손바닥 中央에 자리잡고 案山은 꽃이나 구슬이다.

⬡ 위에서 30개 形의 仙人에 대한 形局의 내용을 제시 설명하고 發福의 내용은 해당란에서 생략하였기에 여기에 전체 仙人형국의 發福에 대하여 총체적인의 내용을 설명하고자 한다. 그 이유는 전체적으로 볼 때 仙人 形局이 발복의 내용도 大同小異 하므로 그 발복의 총괄적인 부분을 여기서 설명하는 것이 지면(紙面)이나 時間상으로 볼 때보다 합리적 방안이라고 여겼기 때문이다. 신선형(神仙形) 즉 선인형국(仙人形局)의 明堂들은 거의가 그 形象을 만들고 있는 山봉우리나 山의 形勢(형세)가 매우 수려(秀麗)하고 경치가 아름다우며 그 주변의 砂格(사격)들이 조화(調和)를 잘 이루고 있는 것이 특징이다. 이러한 仙人形의 明堂들은 빼어난 人物을 배출하며 매우 지혜롭고 총명(聰明)하여 그 성품(性稟)이 고고하고 청렴하고 정직하며 온화(溫和)한 인물이 배출된다. 그리고 학문(學問)과 문장(文章)이 출중하여 고위직 國家의 관직(官職)에 올라 그 능력을 최대로 발휘하며 명성을 떨친다. 他人을 배려함이 남다르고 항상 겸손하며 어려움에 처한 사람을 나의 일처럼 돌봐주는 성인(聖人)같은 人物이 난다.

註 : 擺 : 벌릴 패, 헤칠 패, 두손칠 패.   袖 : 소매 수.   佩 : 패옥 패, 찰 패.

200. **仙鶴游空形(선학유공형)** : 이 形局은 鶴(학)이 하늘을 날아 다니며 노는 形局이다. 穴은 鶴의 이마에 있고 案山은 활 (弓) 또는 구름이다.

⬦ 이 형국의 明堂에 祖上의 墓를 쓰거나 집을 지어 居住하면 고상하고 聖人君子와 같은 人物이 나와 뭇사람들의 존경(尊敬)을 받는다. 자손이 장수(長壽)하며 부(富)를 이루어 平和롭고 행복(幸福)한 가문(家門)을 이루어 나간다.

201. **仙鶴引駕形(선학인가형)** : 이
形局은 鶴이 仙人의 가마를
끌고 가는 形局이다. 穴은 鶴
의 머리에 있고 案山은 가마
의 깃대, 가마를 덮은 털 덮개
이다.

　⊗ 이 形局의 明堂에 陰, 陽宅地를 造
成하여 祖上의 遺體를 安葬하거나
住宅을 건축(建築)하여 居住하면
그 후손들이 富貴를 얻는 發福을
한다. 子孫들이 번창(繁昌)하며
文人으로써 學問에 뛰어나 학식(學識)이 출중하여 세상에 그 명성(名
聲)을 크게 날리는 形局이다.

202. **仙鶴下田形(선학하전형)** : 이
형국은 하늘에서 놀던 鶴이
밭으로 내려 오는 形局이다.
鶴의 머리가 아래쪽에 있고
穴은 鶴의 頭上에 있고 案山
은 구슬로써 鶴이 이 구슬을
가지러 내려 오는 形象이다.

　⊗ 이 형국의 明堂에 조상의 墓를 쓰
거나 居住할 집을 지어 살면 장차
그 자손들이 富와 貴를 겸전(兼
全)하는 發福을 얻는다. 그리고 그 후손들이 백자천손(百子千孫)하며
家門 대대로 번창(繁昌)하며 장수(長壽)하는 福을 누리는 形局이다.

203. **垂直之形(수직지형)** : 이 形은 穴의 兩方에서 물이 급(急)하
게 흘러 내려와 하나로 合水되는 形局이다. 흐르는 물이 너무
험하게 보여 凶穴로 보기 쉬우나 물이 휘감아주고 砂格(사

격)이 조화(調和)롭게 配列(배열)되어 眞穴(진혈)을 맺는 形이다.

⊗ 이 형국의 明堂의 發福은 주로 富를 얻는 形이다 갑자기 富者가 될 수 있고 횡재(橫財)할 수도 있다. 그러나 모은 재산(財産)을 모두 들어 내놓고 살아야 한다. 다른 한 편으로는 성질(性質)이 너무 급(急)하여 손해(損害)를 볼 수도 있으니 조심해야 한다.

204. 水遷之形(수천지형) : 이 形은 穴이 물속에 잠겨 있는 形이다. 흔히 俗(속)된 用語로 물명당이라고 말하기도 한다. 이 물을 모두 옮기고 定穴하여 眞穴에 墓를 쓴다.

⊗ 이러한 형국의 明堂은 주로 富를 發福해주는 形이다. 風水地理學에서 수관재물(水管財物)이라고 하였듯이 물은 財物을 관장하므로 물明堂이야말로 富를 상징하기때문에 부유(富裕)한 재산(財産)을 향유(享有)하게 만들어진 明堂이라고 할 수 있다.

205. 水堆羅磨形(수퇴라마형) : 이 形局은 물이 물래방아를 돌리는 것처럼 생긴 形局이다. 四方에 물이 휘감고 돌아 가고 穴은 물래방아의 中央에 있고 노적(露積) 혹은 창고(倉庫) 등이 案山이 된다.

⊗ 이 형국의 명당도 역시 富를 發福하는 形象이다. 이러한 명당에 祖上의 유체(遺體)를 안장(安葬)하면 근면(勤勉)하고 성실(誠實)한 자손이 태어나 장차 큰 財物을 모아 大富가 되는 形이다. 오직 부지런하게 끊임이 없이 努力하고 절약하는 정신으로 낭비하지 않고 財産을 모아 富를 축적 한다.

註 : 遷 : 올길 천, 변할 천, 바낄 천, 귀양보넬 천, 옮을 천, 벼슬옮길 천.
　　堆 : 흙무데기 퇴.　磨 : 갈 마, 맷돌 마, 만질 마.　露 : 이슬 로.　積
　　: 쌓을 적, 모름 적, 저축할 자.

206. 膝頭之形(슬두지형) : 이 形

은 사람의 무릎에 穴이 맺어진 것처럼 생긴 形이다. 主山의 모양이 사람이 무릎을 꿰고 단정하게 앉아 있는 形象이며 穴處는 산 기슭에 있다. 靑龍 白虎가 하나는 길고 하나는 아주 짧아서 길게 뻗은 쪽이 짧은 쪽을 감싸 주는 모양의 形象이다.

⊗ 이 형국의 明堂은 靑龍이 길게 뻗어 감싸주느냐 白虎가 길게감싸주느냐에 따라 그 發福이 장손(長孫)에게 더 많이 가느냐 차손(次孫)이나 女息에게 더많이 가느냐하는 것이 야기될 수 있다. 靑龍이 白虎보다 더 후중(厚重)하게 혈장(穴場)을 많이 감싸 주었다면 長孫에게 더 많은 發福되고 만일 白虎가 靑龍 보다 더 厚重하고 튼튼하게 穴場을 잘 감싸 주었다면 次孫이나 여식(女息)들이 더 많은 發福을 받는 形이 되는 것이다.

207. 神蛟出峽形(신교출협형) : 이

형국은 神靈(신령)스러운 교룡(蛟龍)이 좁은 골짜기에서 나오는 形局이다. 山줄기가 부드러우면서도 생동감(生動

感)이 넘친다. 穴은 교룡(蛟龍)의 머리에 있으며 案山은 구름, 안개, 번개 등이다.

◇ 이 형국의 明堂은 富貴가 겸(兼)하여 發福되는 形이다. 이러한 明堂에 祖上의 遺體를 安葬 하거나 居住할 住宅을 건축하여 住居로 사용하면 그 자손들이 벼슬길에 올라 장차 能力을 크게 발휘여 고위직에 오르며 정승직(政丞職)까지 맡아 國政을 다스리는 形局이다.

207-1) 神駒棹尾形(신구도

미형) : 이 形局은 신령(神靈)스런 망아지가 꼬리를 흔드는 것처럼 생긴 形局이다. 穴은 망아지의 이마에 있고 案山은 꼬리가 된다.

◇ 이 형국의 明堂은 주로 貴를 얻는 發福을 한다. 주민의 治安을 맡는 직종(職種)에 나아가면 크게 成功한다. 경찰서장(警察署長)이나 경찰국장(警察局長), 경찰청장(警察廳長) 등의 요직(要職)을 맡으며 治安 담당자로 그 능력(能力)과 공로(功勞)를 인정받아 國家에서 훈장(勳章)을 받 을 수 있다.

註 : 膝 : 무릎 슬, 종지뼈 슬. 蛟 : 교룡 교,   협 : 물낀산골 협, 산이름 협. 駒 : 망아지 구, 애말 구. 棹 : 노 도(노 접).

207. 新月之形(신월지형) : 이 형

국은 초승달 처럼 생긴 形象이다. 主山은 둥글면서 그 폭이 좁으며 눈썹과 비슷하여 아미형(蛾眉形)과 유사하다. 穴은 主山의 中央에 있고, 案山은 옥토(玉兎)끼 구름 등이다.

⊗ 이 형국의 명당에 陰, 陽宅地를 선정(選定)하면 아름다운 美人이 나오며 연예계(演藝界)로 나가면 연기자(演技者)로 크게 성공하며 官界로 나가면 숙부인(淑夫人) 정경부인(正卿夫人) 영부인(領夫人)등이 되어 크게 명성(名聲)을 떨친다. 매우 아름다워 수많은 사람들의 시선을 독차지한다.

208. **雙龍渡江形(쌍룡도강형)** : 이 形局은 아주 보기 드문 形象으로 龍 두 마리가 江물을 건너가는 것처럼 생긴 形象이다. 大江水가 환포(環抱)해주어야 한다. 穴은 龍의 발에 있고 案山은 龍이 건너는 바로 앞쪽의 山峰이 된다.

⊗ 이 形局은 두 마리 龍이 江물을 건너는 것처럼 생긴 形象으로 아주 보기드문 形이다. 龍은 원래 鳳凰과 함께 상상의 동물로 상서(祥瑞)롭고 매우 貴하고 중요한 일이나 人物이 나와 슬기롭고 平和롭게 해결(解決)이 된다는 의미(意味)를 품고 있으며 즉 만사형통(萬事亨通)의 의미를 상징하고 있어 옛날부터 용꿈을 꾸면 좋은 일만 생긴다고 여겨왔고 지금도 이러한 관습은 현대 사회에서도 같은 생각들을 가지고 있다. 이러한 形象의 명당의 發福은 富와 貴가 겸전(兼全)하며 龍이 한마리만 나와도 아주 貴한 明堂으로 보는데 여기서는 龍이 두 마리가 나오는 것을 보면 아주 희귀한 形象으로 이러한 명당에 祖上의 遺體를 모시면 그 후손들이 자손대대로 子孫이 번창(繁昌)하며 富와 貴를 누리면서 행복하게 사는 明堂中의 明堂이다.

209. **雙龍飮水形(쌍룡음수형)** : 이 形局은 두 마리의 龍이 함께 물을 마시고 있는 것처럼 생긴 形象이다. 穴은 龍의 머리위에 있고 案山은 새, 해

등이다.

◈ 이 형국의 明堂에 祖上의 遺體를 모시면 그 後孫들이 위에서 설명한 바와 같이 富貴를 누리며 명성을 떨치는 形이다. 政界에 나서면 크게 두각을 나타내며 유명한 政治人이 되어 全國的인 人 物이 되며 企業을 경영(經營)해도 재벌(財閥)을 이루어낼 수 있는 有能한 경영인(經營人)이 되는 明堂이다.

210. **雙龍爭珠形**(쌍룡쟁주형) : 이 形局은 두 마리의 龍이 서로 마주보며 구슬을 먼저 차지하려고 다투는 것처럼 생긴 形象이다. 穴은 龍의 이마나 코에 있고, 案山은 구슬과 상대방 龍이다.

◈ 이 形局의 明堂도 위의 쌍룡음수형(雙龍飮水形)과 그 發福 내용이 大同小異하므로 이를 참고하면 되므로 그 說明을 생략(省略)한다.

211. **雙鳳扶輦形**(쌍봉부련형) : 이 形局은 두 鳳凰이 수레를 마주 붙잡고 있는 것처럼 생긴 形局이다. 穴은 鳳凰의 가슴에 있고 案山은 깃대가 된다.

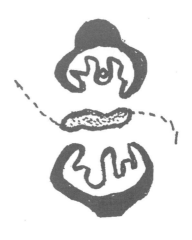

◈ 이 형국의 明堂에 祖上의 墓를 쓰면 富貴를 함께 누리는 形象이다. 國家 考試에서 막강 경쟁자들을 물리치고 우수한 성적으로 合格하여 정무직종(政務職種)에서 두각을 나타내며 장차 큰 人物로 成長하여 그 名聲을 떨친다.

212. 雙鳳爭珠形(쌍봉쟁주형) : 이
　　　形局은 두 鳳凰이 한 개의 구
　　　슬을 놓고 서로 차지하려고
　　　다투는 形象이다. 穴은 부리
　　　에 있고, 案山은 상대방의 鳳
　　　凰이다. 鳳凰의 크기와 생김
　　　새가 비슷하여 두 마리 鳳凰
　　　사이에 구슬과 같은 둥그런
　　　峰우리가 있다.

　　◇ 이 形局의 明堂도 富와 貴를 함께 發福하는 形象이다. 이러한 明堂에
　　祖上의 墓를 쓰면 그 子孫이 벼슬에 나아가 장차 고위직에 오르며 그
　　能力을 발휘하여 크게 名聲을 떨친다. 그리고 富도 이루어 財物도 많이
　　모아 富者가 되는 形局이다.

213. 雙鳳齊飛形(쌍봉제비형) : 이
　　　形局은 두 마리 鳳凰이 나란
　　　히 날아가는 것처럼 생긴 形
　　　이다. 穴은 무릎에 있고 案山
　　　은 그물이다. 두 마리의 鳳凰
　　　이 그 생김새가 비슷하다.

　　◇ 이 형국의 明堂은 위의 쌍봉쟁주
　　형(雙鳳爭珠形의) 明堂 發福 내용
　　과 大同小異하므로 이의 반복(反
　　復)說明을 생략(省略)한다.

214. 雙鳳啣書形(쌍봉함서형) : 이
　　　形局은 두 마리 鳳凰이 마주
　　　서서 편지를 함께 물고 있는
　　　것처럼 생긴 形局이다. 穴은

鳳凰의 부리위에 있으며 案山은 상대편에 있는 鳳凰 혹은 상대방에 있는 鳳凰이된다.

◈ 이 형국의 明堂도 위의 鳳凰形局의 명당 發福과 大同小異하므로 이를 참고하면 될 것이므로 여기서는 이를 생략(省略)한다.

215. **雙雁呈祥形(쌍안정상형)** : 이 形局은 한쌍의 기러기가 서로 마주보며 기뻐하는 것처럼 생긴 形象이다. 穴은 기러기의 가슴에 있고 案山은 마주보고 있는 상대의 기러기이다. 두 기러기 사이에 냇물이 있으며 기러기의 크기와 생김새가 비슷하다.

◈ 이 형국의 明堂에 祖上의 墓를 쓰면 夫婦間에 和合하고 父母에 孝道하는 子孫이 나오며 예의범절(禮儀凡節)이 바르고 항상 正義롭게 살아가는 정신(精神)을 고취하며 뭇사람들의 尊敬을 받는다.

216. **蛾眉山之形(아미산지형)** : 이 形局은 山形이 마치 아름다운 女人의 눈썹처럼 생긴 形이다. 穴은 눈썹의 바로 위에 있고 案山은 앞에 있는 山峰이다.

◈ 이 아미산형(蛾眉山形)의 明堂에 祖上의 墓를 쓰거나 이 龍脈에 속한 明堂에 住宅을 건축하여 居住하면 그 後孫中에 매우 아름다운 女人이 태어나 장차 궁비(宮妃)가 되거나 후비(后妃)가 될 수 있다. 금고화개(金誥花開)는 男子가 용모가 단정하고 미려(美麗)하여 公主와 혼인(婚姻)하여 부마도위(駙馬都尉)가 되기도 한다.

註 : 齊 : 제나라 제, 가지런할 제, 같을 제, 정제할 제, 모두 제, 삼갈 제, 빠를 제, 엄숙할 제, 공순할 제, 고를 제, 재계할 제, 상옷아랫단홀 자. 呈 : 보일 정, 들어낼 정, 평평할 정. 誥 : 깨우쳐고할 고, 가르 칠 고. 尉 : 벼슬이름 위, 편안하게할 위, 성 울. 駙馬都尉(부마도 위) : 임금님의사위. 蛾眉 : 아름다운 눈썹.

217. **餓猪抄兜形(아저초두형)** : 이
　　　形局은 배고픈 돼지가 다른
　　　곳에서 투구를 빼앗아온 것처
　　　럼 생긴 形象이다. 穴은 돼지
　　　의 머리에 있고, 案山은 투구
　　　이다.

　　⊗ 이 형국의 明堂에 祖上의 遺體를 모시면 子孫에게 주로 富의 發福을 얻
　　　는 形象이다. 자손 대대로 번창(繁昌)하며 재물(財物)을 많이모아 富者
　　　가 되며 처음에는 가난하고 어려운 환경에서 시작해도 이 어려운 상황
　　　을 굳건한 의지로 극복하고 마침내 큰 富를 축적하여 富者가 되는 形局
　　　이다.

218. **餓虎趕獐形(아호간장형)** : 이
　　　形局은 배고픈 호랑이가 노루
　　　를 쫓아가는 것처럼 생긴 形
　　　象이다. 穴은 노루의 입위에
　　　있고 案山은 호랑이 한테 쫓
　　　기는 形局이다.

　　⊗ 이 形局의 明堂은 武士가 나오는 形象이다. 性質이 강건하고 거칠어서
　　　그 생김새가 우람차고 巨大하여 함부로 접근 할 수 없다. 따라서 용맹
　　　(勇猛)한 장수(將首)로써 전쟁(戰爭)을 잘 수행하고 전쟁영웅(戰爭英
　　　雄)으로 國家로부터 무공훈장(武功勳章)을 받는 形象이다.

219. **餓虎銜屍形**(아호함시형) : 이 形局은 굶주린 호랑이가 屍體를 입에 무는 것처럼 생긴 形象이다. 穴은 호랑이의 코에 있고 案山은 죽은 짐승의 시신(屍身)이다.

⊕ 이 형국의 明堂은 위에서 말한 아호간장형(餓虎趕獐形)의 明堂發福과 大同小異하므로 본 形局의 發福 설명을 생략한다.

註 : 餓 : 굶을 아, 굶길 아. 猪 : 돼지 저, 도 저, 물괴일 저, 못이름 저. 抄 : 간략히할 초, 주릴 초, 등서할 초, 벗길 초. 獐 : 노루 장. 銜 : 재갈 함, 함오 함, 관함 함, 원망할 함, 느낄 함. 屍 : 주검 시.

220. **雁宿沙汀形**(안숙사정형) : 이 形局은 기러기가 바닷가 모래 사장에서 편안히 잠들어 있는 것처럼 생긴 形局이다. 앞에 냇물이 흐르며 穴은 기러기 머리위에 있고 案山은 활(弓)이다.

⊕ 이 형국의 明堂에 祖上의 墓를 쓰면 그 後孫중에 현모양처(賢母良妻)가 나오는 形이다. 아울러 孝子 孝女 孝婦가 나오고 품행이 단정하고 미모(美貌)도 수려(秀麗)하여 뭇사람들의 주목을 받는다.

221. **仰天海螺形**(앙천해라형) : 이 形局은 소라가 하늘을 쳐다보고 있는 것처럼 생긴 形象이다. 穴은 소라의 中央에 있고 案山은 空中에 있는 구름이 된다.

⊛ 이 形局의 明堂에 祖上의 墓를 쓰거나 住宅을 건축하여 居住하면 도덕군자형(道德君子形) 子孫이 태어나 선비로써의 名望을 떨치며 富를 이루는 形象이다.

222. 野鷄下田形(야계하전형) :

이 形局은 山이나 들에 살고 있는 野生 닭이 밭으로 내려오는 것처럼 생긴 形象이다. 穴은 부리에 있고 案山은 그물이다. 닭의 머리가 아래쪽에 있고 山峰의 모양이 아름답다.

⊛ 이 形局의 明堂은 자수성가(自手成家)하여 富를 이루며 개척자(開拓者) 정신(精神)으로 많은 사람들에게 깨우침을 주며 새로운 希望을 가지고 앞으로 진군할 수 있는 확신(確信)을 갖도록 한다. 성정(性情)이 强하고 용감성(勇敢性)도 있어 매사에 추진력이 强하여 큰 일을 해 낼 수 있는 人物로 成長하여 社會에 크게 기여한다.

註 : 汀 : 물가 정, 진흙수렁 정.   螺 : 소라 나, 나나니벌 나.   仰 : 우러를 앙, 사모할 앙, 믿을 앙.

223. 夜游蚌蟹形(야유방해형) : 이

形局은 방게가 밤에 놀고 있는 것처럼 생긴 形象이다. 穴은 방게의 눈에 있고, 案山은 달이 된다.

⊛ 이 形局의 明堂은 祖上의 陰德으로 많은 財産을 상속(相續)받아 평생 놀고 먹고 지내도 富者로 사는 形象이다. 人情이 많고 正直하고 얌전한 선비형의 人物이 나와 他人의 尊敬을 받는다.

224. **野猪下山形**(야저하산형) : 이 形局은 山돼지가 먹을 것을 찾아 밭으로 내려오는 것처럼 생긴 形象이다. 穴은 山돼지의 머리에 있고 案山은 山돼지 앞에 있는 노적(露積)이다.

⊗ 이 형국의 明堂은 그 子孫이 독립정신(獨立精神)이 强하고 백의종군하는 기질이 强하다. 매사를 막무가내식으로 밀어 부치고 뒤로 물러서는 일이 없는 성격이다. 재복(財福)이 따라주어 富者로 행세하며 사는 形象이다.

225. **楊柳之形**(양류지형) : 이 形象은 한쪽 龍脈은 길고 다른 反對편의 龍脈은 아주 짧아 弱한 形勢다. 한쪽은 너무 짧기때문에 중심에 있는 穴場을 전혀 감싸주지 못하고 길게 뻗은 쪽의 龍脈만이 穴場을 감싸준다.

⊗ 이러한 形象에 祖上의 墓를 쓰거나 집을 짓고 살면 그 發福이 半半이라고 할 수 있다. 즉 어느 子孫은 잘되고 또 어느 子孫은 빈한(貧寒)하게 된다. 또 어느 子孫은 부귀영화(富貴榮華)를 누리며 번창(繁昌)하고 어느 子孫은 고초를 겪으며 절손(絕孫)을 당하기도 하는 形象으로 본다.

註 : 游 : 헤엄칠 유, 떠내려갈 유, 순히흐를 유, 놀 유, 깃발 유.   蚌 :조개 방(蛤 : 조개 합).   蟹 : 개 해.   續 : 이을 속(繼 : 이을 계).   榮 : 영화 영, 무성할 영, 빛날 영, 추녀 영, 오동나무 영, 피 영.

226. 兩虎相交形(양호상교형) : 이
　　 形局은 호랑이 두 마리가 서
　　 로 붙어서 있는 것처럼 생긴
　　 形象이다. 穴은 두 호랑이의
　　 중간에 있고 案山은 호랑이가
　　 먹이감으로 좋아하는 짐승이
　　 다. 호랑이 형상의 山의 크기
　　 와 생김새가 서로 비슷한 形
　　 象이다.

　　 ⊗ 이 形局의 明堂에 祖上의 遺體를 安葬하거나 住宅을 건축하여 居住하면
　　 그 子孫의 兄弟가 벼슬길에 나아가며 兄弟가 모두 크게 出世하여 나라
　　 의 동량이 되며 그 名聲을 떨치는 形象이다.

227. 魚翁撒網形(어옹살망형) : 이
　　 形局은 고기를 잡는 老人이
　　 그물을 펼쳐놓는 것처럼 생긴
　　 形象이다. 穴은 그물로 된 주
　　 머니에 있고 案山은 물고기이
　　 다. 앞에는 큰 냇물이나 江물
　　 이 흐르고 있다.

　　 ⊗ 이러한 形象의 明堂에 陰. 陽宅地을 選定하여 墓를 쓰거나 住宅을 지어
　　 居住하면 근면성실(勤勉誠實)한 後孫이 나와 자수성가(自手成家)하며
　　 낭비하지 않고 절약하여 크게 財産을 모아 富者가 되는 形象이다.

228. 黎沙象形(여사상형) : 이 形
　　 局은 코끼리가 쟁기로 모래밭
　　 을 가는 것처럼 생긴 形局이
　　 다. 穴은 코끼리의 머리에 있
　　 고 案山은 코끼리 앞에 있는

풀더미이다.

⊙ 이 形局의 明堂은 주로 武人이 태어나 용맹(勇猛)스럽고 강건(强健)한
체력(體力)의 人物로 成長하며 장차武人의 길로 나아가 훌륭한 장군
(將軍)이 되는 形이다. 性格이 과묵하고 경솔하게 행동하지 않고 매사
에 신중하여 빈틈없이 맡은바 직무를 완벽하게 처리한다.

註 : 翁 : 늙은이 옹, 아비 옹, 새목털 옹, 훨훨나를 옹.   撒 : 헤쳐버릴
산.   網 : 그물 망(그물 고).   黎 : 무리 여, 검을 여, 동틀 여.   象 :
코끼리 상, 형상할 상, 풍류곡조 상, 법받을 상.

229. 力士蹇旗形 (역사건기형) :

이 形局은 힘이 센 力士가 적
군(敵軍)의 깃발을 빼앗는
것처럼 생긴 形局이다. 穴은
깃발의 위쪽에 있고 案山은
북이다. 力士처럼 생긴 山峰
우리 앞에 깃발처럼 생긴 山
이 있다.

⊙ 이 形局의 明堂 發福은 용맹(勇猛)스러운 武人이 태어나 전쟁터에 나
이가 적군(敵軍)을 크게 무찔러 승전보(勝戰譜)를 울리며 개선문(凱旋
門)을 통과하는 장군형(將軍形)이다 그부하들이 용감(勇敢)하여 將軍
을 충실히 보좌하며 단결된 힘을 과시한다.

230. 燕巢之形 (연소지형) : 이 形

局은 마치 제비의 둥지처럼
생긴 形象이다. 연소형(燕巢
形)의 穴은 제비의 둥지처럼
생긴 곳에 있고 案山은 빨래
줄이나 대들보가 된다. 燕巢
形의 특징은 전순(氈脣)이 없

고 급경사지(急傾斜地)에 穴을 맺으며 穴앞에는 반드시 빨래 줄과 같이 생긴 砂格이 있어야 한다.

✡ 이러한 形局의 明堂에 祖上의 墓를 쓰면 子孫들이 번창(繁昌)한다. 자손들이 총명(聰明)하고 지혜(智慧)로우며 청렴(淸廉)하고 정직(正直)하며 富와 貴를 함께 얻고 남들의 사랑과 尊敬을 받으며 행복(幸福)하게 살아가는 形象이다.

231. 蓮葉出水形 (연엽출수형) :

이 形局은 연엽(蓮葉)처럼 생긴 形局이다. 穴은 연입의 中央에 있다. 案山은 연입 앞에 있는 물고기이다. 연입형은 대게 물을 끼고 있어 그 穴을 찾기가 쉽지 않다. 원래 있던 물이 없어지면 凶하게 된다는 점을 알아야 한다.

✡ 연꽃나무에 관련된 明堂의 發福은 貴人과 賢人君子. 學者 뛰어난 사업가가 배출되며 그 후손들은 다방면으로 才能을 발휘하여 富를 얻고 또 자손들의 용모도 수려하다. 절세가인(絶世佳人)의 美女가 나오며 아울러 현모양처(賢母良妻)가 家門을 더욱 빛낸다.

註 : 謇 : 질 건, 절뚝발이 건, 충성다할 건, 머무를 건, 뺄 건. 旗 : 대장기 기, 기 기. 凱 : 착할 개, 화할 개, 싸움이긴풍류 개. 旋 : 빠를 선, 돌이킬 선, 오줌 선, 주선할 선, 종달 선, 돌아다닐 선, 구를 선, 둘릴 선. 燕 : 연나라 연, 제비 연, 편안할 연, 쉴 연. 氈 : 전 전, 담 전, 담자리 전, 전방석 전. 脣 : 입술 순, 입설 순. 急 : 급할 급, 군색할 급, 좁을 급, 제촉할 급. 傾 : 기울어질 경, 아까 경, 빌 공. 斜 : 흩어질 사, 끄낼 사, 빗길 사, 골이름야. 慧 : 똑똑할 혜, 지혜 혜, 총명할 혜, 밝을 혜, 민첩할 혜, 영리할 혜. 蓮 : 연밥 연. 葉 : 입 엽, 입사마귀 엽, 대 엽.

232. **蓮花浮水形(연화부수형)** : 이
形局은 연꽃이 물위에 떠있는
것처럼 생긴 形象이다. 냇물이
나 江물이 연꽃을 휘감고 흘러
기고 穴은 연꽃의 花心에 있다.
불룩하게 나온 꽃술이 혈처(穴
處)이며 案山은 꽃병이다.

⊕ 이 形局의 明堂의 發福은 위에서 설명한 바와 같이 富와 貴가 함께 發
福하는 貴한 明堂이다. 특히 이 形象은 아름다운 美人이 태어나며 장차
정경부인(正卿夫人)이나 영부인(領夫人)도 될수 있는 아주 드문 明堂
이다 또 男性은 벼슬길에 나아가 그 名聲을 크게 떨친다.

233. **蓮花出水形(연화출수형)** :이
형국은 못(池)에 있는 연나무
에서 꽃이피어 있는 것처럼
생긴 형국이다. 혈은 꽃의 중
심인 꽃술에 있고, 안산은 화
분이다. 앞에서 냇물이 휘감
아 돌아가고 있는 형상이다.

⊕ 이 形局의 明堂에 祖上의 遺體를 安葬하면 富와 貴를發福 한다 아름다
운 여성이 나와 賢母良妻가 되며 용모가 단정하고 健壯한 男兒가 태어
나 장 차 국가 공직에 나아가 리더십을 잘 발휘하여 高位職에 오르며
그 명성을 떨치고 富도 함께 이루어 名門家로 家統을 이어간다.

234. **蓮花倒地形(연화도지형)** :
이 形局은 연꽃이 땅에 떨어
진 것처럼 생긴 形象이다. 穴
은 꽃의 中心인 꽃술에 있다
꽃술이 여러개 있으면 穴도

여러개 있을 수 있다. 案山은 花瓶(화병)이나 花盆(화분)이 된다.

⊗ 이 형국의 明堂에 陰. 陽宅地를 마련하여 祖上 의 遺體를 安葬하거나 집을 지어 살면 그 자손에게 富와 貴를 얻는 發福이 된다. 學問과 지혜(智慧)가 뛰어나며 근면성실(勤勉誠實)하여 타의 모범이 된다. 美人이 태어나 國母級 女人상으로 성장하여 뭇사람들이 부러워하는 家門을 이룬다.

註 : 統 : 거느릴 통, 실머리 통, 벼리 통, 근본 통, 대이을 통. 倒 : 꺼꾸 러질 도, 자빠질 도.

235. **靈龜顧子形(영구고자형)** : 이 形局은 神靈스런 거북이 거북의 새끼를 돌아보는 것처럼 생긴 形象이다. 穴은 거북의 등에 있고 案山은 새끼 거북이다.

⊗ 이 形局의 明堂 發福은 富貴를 누리며 長壽하는 形象이다. 그 자손이 영명(英明)하여 뭇사람들의 칭송이 자자하고 인품이 비범하여 주위 사람들의 尊敬을 받는다. 두뇌(頭腦)가 명석(明晳)하여 벼슬길에 나아가 정무직(政務職)에 종사하며 富도 함께 이루어 家門을 빛낸다.

236. **靈龜曳尾形(영귀예미형)** : 이 形局은 神靈(신령)스런 거북이 꼬리를 끌고 다니는 것처럼 생긴 形象이다. 穴은 등에 있고 案山은 뱀이다.

⊗ 이 形局의 明堂 發福은 富와 貴를 겸전(兼全)하는 形象이다. 이러한 명당에 祖上의 遺體를 安葬 하면 五福을 누리며 장수하는 형상이

다. 이웃과 상호 和合하며 義좋게 지내면서 항상 가난한 사람들을 배려하여 이웃의 칭찬을 받으며 사는 形象이다.

237. **靈猫捕鼠形(영묘포서형)** : 이
形局은 神靈스런 고양(猫:묘)
이가 쥐(鼠:서)를 잡는 것처럼 생긴 形局이다. 穴은 고양이의 머리에 있고 案山은 고양이가 잡는 쥐이다.

◈ 이러한 形局의 明堂 發福은 사려(思慮)가 깊고 대단히 신중한 성품(性裏)의 사람을 배출하고 지혜(智慧)가 많아 그로 인하여 富貴를 얻는 形象이다. 學問에 조예(造詣)가 깊어 후학을 양성하는데 기여하고 治安을 유지하는 직종에 종사하며 고위직(高位職)에 오른다.

註 : 靈 : 신령 영. 龜 : 거북귀(구. 균). 曳 : 당길 예. 尾 꼬리 미. 描 : 고양이 묘. 鼠 : 쥐 서. 捕 : 잡을 포. 詣 : 이를 예, 학업에단통랗 예, 나갈 예.

237. **靈蚌吐珠形(영방토주형)** :
이 形局은 神靈스런 조개가
구슬을 토하는 것처럼 생긴 形局이다. 穴은 조개 머리에 있고 案山은 토(吐)한 구슬이다.

◈ 이 형국의 明堂 發福은 祖上의 遺體를 이러한 명당에 모시면 그 후손이 祖上의 陰德을 받아 勤勉誠實하여 富를 축적하여 장차 한고을의 甲富가 되는 形象이다.

238. 靈鼠投倉形(영서투창형) : 이
　　形局은 神靈스런 쥐가 먹을
　　것을 찾아 倉庫(창고)로 들어
　　가는 것처럼 생긴 形局이다.
　　穴은 쥐의 배에 있으며 案山
　　은 倉庫가 된다.

◇ 이러한 形局의 明堂에 祖上의 遺體를 모시면 그 후손이 富를 이루며 자
　손이 번창(繁昌)하는 形象이다. 앞에 고양이 形의 山峰이 높이 있으면
　富를 이루기 어렵고 낮게 있어 고양이가 쥐를 보지 못하는 形象이면 쥐
　의 希望은 이루어진다.

239. 靈蜃吐氣形(영신토기형) : 이
　　形局은 커다란 조개가 음식물
　　을 吐해내는 것처럼 생긴 形局
　　이다. 穴은 主山 아래 두툼한
　　곳에 있고 案山은 여기저기 깔
　　려 있는 돌무더기이다. 이돌은
　　조개가 吐해 놓은 것이다.

◇ 이러한 形局의 明堂 發福은 祖上의 陰德으로 富를 相續받아 富를 누리
　나 子孫들의 방탕한 생활과 무절제한 消費로 家産을 탕진해 점점 가운
　이 기울러저 가는 形象이다.

註 : 投 : 던질 투, 버릴 투, 나갈 투.　吐 : 토할 토, 게울 토, 펼 토.　倉 :
　　곳집 창, 슬퍼할 창, 슬플 창.　蜃 : 큰조개 신, 이슴 신, 이무기 신.
　　費 : 허비할 비, 비용 비.

240. 梧桐之形(오동지형) : 이 形
　　局은 祖山에서 穴星까지 이르
　　는 龍脈이 左.右로 뻗어나간
　　가지가 한결같이 생긴 形이

다. 즉 양변의 脈이 길고 혹은 짧고 크고 작고 하는 形象이 모두 서로 같고 正脈이 한가운데 中央으로 뻗어 내려와 穴星까지 내려온 형태이다.

⊗ 梧桐之形이란 龍脈이 마치 梧桐나무 가지처럼 뻗어 나간 것과 같다하여 梧桐之形이라 別名을 붙인것으로 이러한 龍脈은 上格으로 보며 大地中에서도 최고의 品格으로 보며 이러한 明堂의 發福은 最高의 富貴를 얻는 形局의 明堂 이라고 할 수 있다.

241. **五龍爭珠形(오룡쟁주형)** : 이 形局은 다섯 마리의 龍이 구슬 한 개를 놓고 서로 차지하려고 다투는 것처럼 생긴 形象이다. 穴은 龍의 이마에 있고 案山은 구슬이다.

⊗ 이 形局의 明堂 發福은 富와 貴가 함께 發福하는 아주 보기드문 形象이다. 이러한 形象의 明堂에 陰.陽宅地를 選定하여 祖上의 墓를 쓰거나 住宅을 건축하여 居住하면 그 後孫의 兄弟들이 모두 귀한 벼슬을 하며 富者로 영화(榮華)롭게 오랫동안 잘 살아가는 形局이다.

242. **五虎擒羊形(오호금양형)** : 이 形局은 호랑이 다섯마리가 한 마리의 羊을 놓고 서로 잡아 먹으려고 쫓아가는 것처럼 생긴 形局이다. 혈은 羊의 머리에 있고 案山은 호랑이가 쫓아가는 짐승이다.

⊗ 이러한 形局의 明堂에 祖上의 墓를 쓰거나 陽宅을 지어 居住하면 그 子孫들이 장차 武人이 되어 용맹(勇猛)한 장수(將帥)가 되어 武功을 크

게 달성하고 개선장군(凱旋將軍)이 된다. 형제들이 모두 현명(賢明)하여 국가에 헌신하는 직종에 종사하여 國家의 명예(名譽)를 드높이고 국가로 부터 훈장(勳章)을 받으며 역사에 길이 남는 국가적 人物이 되어 萬人의 칭송을 받는다.

註 : 華 : 빛날 화, 꽃필 화, 윤택할 화. 擒 : 사로잡을 금.

243. 五虎聚會形(오호취회형) : 이 形局은 호랑이 다섯마리가 한 곳에 모여 있는 것처럼 생긴 形局이다. 穴은 호랑이의 이마에 있고 案山은 호랑이가 쫓아가는 짐승이다.

⬡ 이 形局의 明堂 發福은 武人이 배출되어 國家가 위기에 처할 때 목숨을 걸고 전쟁(戰爭)터에 나아가 훌륭한 將軍으로 戰爭을 수행하여 武功을 크게 올린다. 형제들이 단합하여 어떠한 어려움이 닥쳐 오더라도 이를 극복(克服)해 가업(家業)을 일르켜 大富가 되는 形局이다.

244. 玉女紡車形(옥녀방차형) : 이 形局은 아름다운 女人이 물래로 실을 뽑는 것처럼 생긴 形局이다. 穴은 玉女의 배에 있고 案山은 실 꾸러미이다. 앞에는 휘돌아 감도는 물이 실로 보여야 한다.

⬡ 이 形局의 明堂 發福은 아름다운 여인이 태어나 賢母良妻가 되어 곤란한 집안을 부유(富裕)하도록 온 정성(精誠)을 다한다 양반집안의 가통(家統)을 면면히 이어가므로써 뭇 세상 사람들의 칭송(稱頌)이 자자하다. 국가 기관으로부터 효부상을 받으며 예의가 더욱 빛난다.

245. 玉女織錦形(옥녀직금형) : 이
形局은 아름다운 女人이 비단
을 짜는 것처럼 생긴 形局이
다. 美人이 배틀위에 앉아 있
는 모습으로 穴은 美人의 젖
가슴에 있고 案山은 배를 짤
때 실을 넣어두는 북이다.

　◈ 이 形局의 明堂 發福은 어려운 여
건 하에서도 굳건히 가난을 극복
해 내고 한 집안을 부흥시켜 富裕하게 하는 形象이다. 女人의 힘은 弱
하다. 그러나 그 엄마의 힘은 强하다는 옛말을 상기할 만큼 强한 여자
로 子孫을 키우고 집안을 일으켜 가통(家統)을 세워 나가는 形象이다.

註 : 稱 : 일컬을 칭, 이름할 칭, 저울질할 칭, 들 칭, 저울 칭, 같을 칭, 대
응할 칭, 마음에들 칭, 헤아릴 칭.　訟 : 송사할 송, 꾸짖을 송.　聚
: 모을 취, 모일취. 거둘 취, 많을 취, 쌓을 취.　織 : 짤 직, 나이 직,
실다듬을 지, 기 치.　紡 : 길쌈 방, 나흘 방.　錦 : 비단 금.

246. 玉女彈琴形(옥녀탄금형) : 이
形局은 아름다운 女人이 거문
고를 연주(演奏)하는 것처럼
생긴 形局이다. 美人처럼 생
긴 山峰앞에 거문고 처럼 생
긴 山이 있으며 穴은 거문고
에 있으며 손가락으로 누르는
곳이 혈처(穴處)이며 案山은
거문고를 올려놓은 금대(琴
臺)이다.

　◈ 이 형국의 明堂에 陰.陽宅地를 選定하여 祖上의 遺體를 安葬 하거나 住
宅을 건축하여 居住하면 그 後孫中에 절세가인(絕世佳人)의 美人이 나

오며 장차 연예계(演藝界)로 나아가 發福을 받으면 유명한 예술인(藝術人)이 되며 특히 音樂분야를 전공하면 유명한 연주가(演奏家)나 성악가(聲樂家)가 될 수 있는 形象이다.

247. **玉女抱琴形**(옥녀포금형) : 이 形局은 아름다운 女人이 거문고를 옆에 끼고 있는 것처럼 생긴 形局이다. 美人처럼 생긴 峰우리 옆에 거문고 처럼 생긴 山峰이 있다. 穴은 손가락으로 거문고 줄을 잡고 누르는 곳에 있고 案山은 풍소이다.

⊗ 이러한 형국의 명당 發福은 위에서 설명한 바와 같이 아름다운 美人이 나와 주로 연예인(演藝人)으로서 그 名聲을 떨치는 人物이 나오며 특히 음악가(音樂家)가 나와 그 두각을 나타낸다.

248. **玉女抛梭形**(옥녀포사형) : 이 形局은 아름다운 女人이 배틀에 앉아 배를 짜는 것처럼 생긴 形象이다. 손에 실을 넣은 북을 잡고 있으며 穴은 북에 있고, 북의 中央이 穴處이고 案山은 배틀의 망루이다.

⊗ 이 형국의 明堂에 祖上의 墓를 쓰거나 住宅을 지어 살면 그 자손들이 고급 기술자(技術者)가 되어 名聲을 날리며 부단한 努力과 근면성실(誠實勤勉)한 정신을 꿋꿋하게 지속적으로 실천해 감으로써 큰 富를 축적하여 大事業家로 성장한다.

註 : 彈 : 탄환 탄, 쏠 탄, 탈 탄, 퉁길 탄, 탄핵할 탄.　琴 : 거문고 금.
　　奏 : 아뢸 주, 나갈 주, 천거할 주, 풍류아뢸 주.　抛 : 던질 포, 버릴
　　포, 포기할 포, 잊어버릴 포.　梭 : 북 사.

249. **玉女獻花形(옥녀헌화형)** : 이
형국은 아름다운 女人이 꽃을
바치는 것처럼 생긴 形象이
다. 穴은 꽃에 있으며 案山은
꽃을 받는사람이다.

⊗ 이 형국의 명당 發福은 아름다운
美人이 나와 현모양처(賢母良妻)
가 되어 家門을 명예(名譽)롭게
그 位相을 높여 주는 形象이다. 부모에게 孝道하고 兄弟間에 友愛하며
다른 사람을 배려하며 이웃과도 소통을 잘하며 예의범절(禮儀凡節)이
투철한 인품(人品)의 소유자 形象이다.

250. **玉尺之形(옥척지형)** : 이 形
局은 玉으로 만든 잣대처럼
생긴 形局이다. 穴은 자의 中
央에 있고 案山은 저울이다.

⊗ 이 形局의 明堂 發福은 이러한 터
에 祖上의 墓를 쓰거나 집을 지어
살면 그 後孫들이 주로 富를 얻는
다. 특이 숫자를 잘다루고 計算이
빨라 商業분야로 나가면 큰 富를 이룬다. 企業을 창업하여 運營하면 훌
륭한 사업가가 되어 國益을 위해 외화를 많이 벌어 들이고 국가에 큰
功을 세운다.

251. **玉兎望月形(옥토망월형)** : 이
形局은 옥토끼가 달을 바라보
는 것처럼 생긴 形象이다. 穴
은 토끼의 머리에 있고 案山
은 달이다.

⊗ 이 형국의 明堂에 祖上의 墓를 쓰

거나 住宅을 지어 居住하면 마음이 온순(溫順)하고 청렴(淸廉)하며 지혜(智慧)로워 다른 사람들의 尊敬을 받는 다 도와주고 이끌어 주는 분들이 많아 그 德으로 富貴를 얻어 世上에 名聲을 떨친다.

註 : 營 : 경영할 영, 지을 영, 다스릴 영, 영문 영, 황송할 령. 溫 : 따슬 온, 따뜻할 온, 데울 온, 익힐 온, 화할 온, 숙부드러울 온, 온자할 온. 望 : 보름 망, 바랄 망.

252. 玉鰕浮水形(옥하부수형) : 이 形局은 새우가 물에 떠 있는 것처럼 생긴 形象이다. 穴은 가재의 눈이고 案山은 가재가 먹는 조개이다.

◈ 이 形局의 明堂 發福은 주로 富를 얻는 形象으로 본다. 資本을 形成하는 기반이 좋아 쉽게 상업(商業) 기반이 마련되고 그 바탕위에서 사업을 요령있게 운영(運營)을 잘하여 큰 富를 이룬다.

253. 臥龍隱山形(와룡은산형) : 이 形局은 龍이 山 골짜기 깊은 곳에 숨어서 누워있는 것처럼 생긴 形局이다. 穴은 龍의 이마나 코에 있고 案山은 구름, 번개, 안개 등이다.

◈ 이 형국의 明堂 發福은 주로 貴를 얻는 形의 明堂이다. 이러한 形局의 明堂에 祖上의 遺體를 安葬하면 그 子孫들이 벼슬길에 오라 그 名聲을 떨친다.

254. 臥牛之形(와우지형) : 이 形
　　　局은 소가 누어 있는 것처럼
　　　생긴 形象이다. 穴은 소의 젖
　　　가슴에 있고, 案山은 풀더미
　　　이다.

　⊗　이 형국의 명당 發福은 富와 貴를
　　　함께 얻는 形象이다. 이러한 明堂
　　　에 祖上의 遺體를 모시거나 住宅
　　을 지어 居住하면 勤勉誠實한 자손이 태어나 富貴를 얻으며 國家와 社
　　會를 위해 좋은 일을 많이 행하고 그 공덕으로 국가에서 勳章을 받으며
　　家門에 영예(榮譽)를 안겨준다.

註 : 臥 : 누울 와, 쉴 와, 잘 와.　隱 : 숨을 은, 몰래 은, 숨길 은, 수수께
　　끼 은, 어려울 은, 속걱정 은, 면담 은, 은미할 은, 쌓을 은, 불쌍히여
　　길 은, 아낄 은, 점칠 은.　梭 : 북 사.　鰕 : 앞코래 하, 새우 하, 하
　　어 하.　譽 : 기를 예, 즐길 예, 이름날 예.

255. 臥虎之形(와호지형) : 이 형
　　　국은 호랑이가 편안히 누어
　　　서 잠자는 것처럼 생긴 形
　　　局이다. 穴은 호랑이의 이마
　　　에 있고 案山은 호랑이를 잡
　　　기위해 쳐놓은 그물이나 창
　　　(槍)등이다.

　⊗　이 形局의 明堂 發福은 유능한 武人이 태어나 국가와 민족을 위해서 忠
　　誠을 다바치는 인물이 된다. 강건(强健)한 용맹(勇猛)으로 부하들의 모
　　범이 되고 매사에 선봉에 서서 率先 수범하는 지도자상으로 뭇사람들
　　의 추앙(推仰)을 받으며 군인 정신을 철저히 발휘하는 장군(將軍)이
　　된다.

256. 腰帶之形(요대지형) : 이 形
　　　局은 허리에 매는 허리띠와
　　　같이 생긴 것처럼된 形象이
　　　다. 穴은 허리띠의 中央에 있
　　　고 案山은 머리에 쓰고 있는
　　　頭巾(두건)이 된다.

　⊕ 이 形局의 明堂 發福은 주로 貴를
　　　얻으며 祖上의 遺體를 이러한 명
　　　당에 安葬하면 유능한 文人이 나
　와 行政家로써의 수완을 발휘하여 名望을 높이고 能力을 인정받아 國
　家的인 人物로 成長한다.

257. 腰落之形(요락지형) : 이 形
　　　局은 뻗어나온 龍脈의 餘氣가
　　　매우 强하여 그 여기(餘氣)가
　　　흐르는 支龍이 수십리(數十
　　　里)에 걸쳐 뻗쳐있는 괴혈(怪
　　　穴)의 一種이다.

　⊕ 이 形局의 明堂은 보기 드물어 찾
　　　이 내기가 매우 어려운 形象이다.
　　　이 形局의 明堂에 祖上의 遺體를
　　모시거나 住宅을 지어 子孫이 태어나면 女性은 王后가 되고 男性은 王
　位에 오르는 最高의 明堂이며 이를 찾아내는 것은 하늘의 별을 따오는
　것만큼이나 어려운 일이다.

註 : 腰 : 허리 요.　帶 : 띠 대, 찰 대, 행할 데, 뱀 대, 풀이름 대.　槍 :
　　　창 창, 혜상 쟁.　誠 : 정성 성, 살필 성, 믿을 성, 공경할 성, 과연
　　　성.　最 : 가장 최, 첫 번째 최, 대게 최, 뛰어날 최.

258. 鷂鳥啄蛇形(요조탁사형) : 이
　　　形局은 매가 뱀을 쪼아대는
　　　것처럼 생긴 形象이다. 穴은
　　　매의 날개 위에 있고 案山는
　　　매가 쪼아대는 뱀이다.

　　◈ 이 形局의 明堂에 祖上의 墓를 造
　　　成하면 그 子孫들이 富와 貴를 얻
　　　는 發福을 한다. 그 후손들이 강건
　　　(强健)하고 용감(勇敢)하며 의지
　　　가 굳건 하여 한번 세운 계획은 물
　　러섬이 없이 이를 성취할 때 까지 끝까지 밀어부쳐 기어이 成功하고야
　　마는 形象이다.

259. 龍鳳呈祥形(용봉정상형) :
　　　이 形局은 龍과 鳳凰이 서로
　　　마주보며 기뻐하는 것처럼
　　　생긴 形象이다. 穴은 龍과 鳳
　　　凰의 양쪽에 모두 있는 경우
　　　가 있고 案山은 상대방의 山
　　　峰이다.

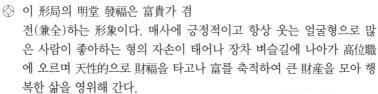

　　◈ 이 形局의 明堂 發福은 富貴가 겸
　　　전(兼全)하는 形象이다. 매사에 긍정적이고 항상 웃는 얼굴형으로 많
　　은 사람이 좋아하는 형의 자손이 태어나 장차 벼슬길에 나아가 高位職
　　에 오르며 天性的으로 財福을 타고나 富를 축적하여 큰 財産을 모아 행
　　복한 삶을 영위해 간다.

260. 龍子飮乳形(용자음유형) : 이
　　　形局은 새끼龍이 어미龍에게
　　　서 젖을 먹으며 어미龍의 품
　　　안에서 잠자는 것처럼 생긴
　　　形局이다. 穴은 어미용의 젖

에 있고 案山은 새끼龍이다.

◈ 이 형국의 明堂 發福은 富와 貴가 함께 發福하는 形象이다. 진중하면서
도 인자(仁慈)한 성품(性稟)의 인물이 나오며 장차 공직(公職)에 나아
가 그 능력을 발휘하여 高位職에 올라 名聲을 떨친다. 특히 백자천손
(百子千孫)하며 子孫이 번창(繁昌)하여 子孫代代로 富와 貴를 오랫동
안 지속시키는 아주 貴한 形象이다.

註 : 啄 : 쪼을 탁, 문두드릴 탁.   健 : 건장할 건.   慈 : 사랑할 자, 어질
자, 착할 자.   鷂 : 새매 요, 장끼 요.

261. 龍子漲江形(용자창강형) : 이
　　　形局은 어린 새끼龍이 어미龍
　　　의 품을 떠나 江물속으로 들
　　　어가는 形象이다. 穴은 어미
　　　龍의 이마에 있고 案山은 앞
　　　에 생긴 무지개가 된다.

◈ 이 形局의 明堂 發福은 富와 貴가
　함께 發福하는 形象이다. 이러한
　명당에 祖上의 遺體를 모시면 아
무리 어려운 처지에 있더라도 이를 꿋꿋이 극복함으로써 유력한 지위
에 오른다. 그리고 이러한 인내(忍耐)의 정신을 끝까지 지속하며 富를
이루어 장차 명망있는 사회적 지위를 차지하여 有能한 人事의 표본이
된다.

262. 龍虎交路形(용호교로형) : 이
　　　形局은 龍 虎의 사이로 길이
　　　교차하여 지나가 버리는 것처
　　　럼 생긴 形局으로 凶格으로
　　　본다 交路는 길(道)이 靑龍과
　　　白虎를 끊어 놓고 穴앞에서
　　　교차(交叉)하여 있는 形이다.

⊗ 이러한 형국에 祖上의 墓를 쓰면 子孫들중에 自殺하는 사람이 많고 사고로 죽거나 장애인(障碍人)이 되기도한다. 감옥(監獄)에 가는 子孫. 혹은 중병(重病)으로 앓아 누운 사람이 많다. 이러한 형국을 明堂이라고 소개 받아 祖上의 墓를 쓰면 그 子孫의 집안이 패가망신(敗家亡身)하는 경우가 자주 일어나므로 각별히 조심해야 한다.

263. **龍虎短縮形(용호단축형)** : 이 形局은 靑龍 白虎가 너무나 짧아 穴場과 脣氈(순전)을 제대로 감싸주지 못한 형국을 말한다.

⊗ 이러한 形局을 明堂 이라고 하여 祖上의 墓를 쓰면 子孫들의 수명(壽命)이 짧고 과부, 홀아비, 고아가 많이 나온다. 또 외롭고 가난하게 지내며 자손이 절손(絕孫)하거나 孫이 귀하여 집안이 외롭고 쓸쓸하다.

註 : 漲 : 물부를 창, 시위날 창, 물찰 창. 障 : 막힐 장, 장지 장, 가리운 장, 간막을 장, 거치적거릴 장, 불복할 장. 碍 : 그칠 애, 막을 애, 해롭게할 에. 獄 : 옥 옥, 우리옥. 監 : 볼 감, 살필 감, 거느릴 감, 감독할 감. 短 : 짧을 단, 적을 단, 남의허물을지적할 단.

264. **龍虎背反形(용호배반형)** : 이 形局은 靑龍 白虎가 서로 등을 돌려 龍, 虎가 상호 달아나는 것처럼 생긴 形局을 말한다.

⊗ 이러한 形象에 明堂이라고 잘못 소개받아 祖上의 墓를 쓰면 그 후손들이 父子間에, 兄弟間에, 夫婦

間에 義를 傷하고 背反하는 일이 발생하여 온 집안이 풍비박산(風飛雹散)한다. 또 자손 중에 역적(逆賊)이 나오며 도적질(盜賊質)하는 부랑아가 나오는 形局이므로 穴處를 選定할 때 아주 조심해야 한다.

265. **龍虎飛走形(용호비주형)** : 이 形局은 穴場을 감싸야 할 靑龍 白虎가 穴場을 감싸주지 못하고 반대 方向으로 달아나는 形象이다.

　⊗ 이러한 形局에 祖上의 墓를 쓰면 父子間, 兄弟間, 夫婦間에 모두 흩어져 살게 되며 家産을 탕진하고 故鄕을 떠나 떠돌며 곤궁에 빠져 어려운 생활에 낙망한다.

266. **龍虎相射形(용호상사형)** : 이 形局은 龍, 虎가 서로 쏘는 것처럼 생긴 形象이다. 즉 龍虎相射形은 靑龍과 白虎의 끝 부분이 칼처럼 날카롭고 서로 찌르려고 달려드는 것처럼 생긴 形象이다.

　⊗ 이러한 형국에 祖上의 墓를 쓰면 그 後孫들이 兄弟끼리 殺人을 하게 되며 또 전장(戰場)에서 죽는 자손들이 나온다.

註 : 背 : 질 배, 등 배, 해무리 배, 버릴 배, 배반할 패, 저버릴 패, 얼굴돌이킬 패. 逆 : 거스릴 역, 맞을 역, 역적 역. 賊 : 도적질할 적. 風飛雹産 : 사방으로 흩어날라 감. 雹 : 우박 박.

267. **龍虎相爭形(용호상쟁형)** : 이 形局은 靑龍과 白虎 사이에 언덕이 있어 서로 싸우는 것처럼 생긴 形象이다. 이 形象은 龍, 虎 사이에 작은 山峰이나 둔덕이 있어 마치 이 작은 山峰우리를 서로 차지하려고 싸우는 것처럼 보인다.

◈ 이러한 형국에 祖上의 墓를 安葬하면 그 자손이 財物때문에 싸움을 하게되고 서로 많은 財産을 차지하려고 싸우다가 결국 의절(義絶)하고 만다. 또 눈이 먼 사람이 나오기도 한다.

268. **龍虎相鬪形(용호상투형)** : 이 形局은 靑龍 白虎의 끝이 높게 솟아 서로 마주하고 으르렁대며 싸우는 것처럼 생긴 形象이다.

◈ 이러한 곳의 形象을 明堂이라고 하여 祖上의 墓를 쓰면 자손들이 不和하며 자주 싸우면서 집안을 망신시킨다. 靑龍 白虎가 잘 감싸준다고 하여 무조건 明堂으로 오인(誤認)하면 안되므로 靑龍 白虎가 어떤 모양으로 생겼는가도 유심히 살펴야 한다.

269. **龍虎成剛形(용호성강형)** : 이 形局은 穴場을 둘러 싸고 있는 靑龍 白虎가 穴場보다 높아 穴을 압박(壓迫)하는 것처럼 생긴 形象이다. 龍脈과 穴

處는 生氣가 빈약(貧弱)한데 靑龍 白虎의 기세(氣勢)가 너무 强하면 穴을 고압(高壓)하게 된다.

⊗ 이러한 形局에 祖上의 墓를 쓰면 그 子孫들이 病弱(병약)하게 되고 주변 사람들의 기세(氣勢)에 밀려 氣를 펴지 못하며 사람이 상하고 財産을 빼앗기고 禍를 당하게 된다.

註 : 鬪 : 싸울 투, 전쟁 투. 剛 : 굳셀 강. 壓 : 누를 압, 눌러짤 압, 눌릴 압, 엎드러질 앞. 傷 : 상할 상, 덜 상. 病 : 근심할 병, 병들 병, 괴로울 병, 아플 병. 禍 : 재화 화, 재앙 화. 勢 : 권세 세, 불알 세, 형세 세.

270. **龍虎順水形(용호순수형)** : 이 形局은 뻗어 내려오는 龍脈이 물을 따라 흐르는 모습인데 즉 靑龍과 白虎가 穴場을 감싸주지 못하고 물을 따라서 흘러 달아 나가는 것을 순수형(順水形)이라고 한다.

⊗ 이러한 形局에 祖上의 墓를 쓰면 그 후손들이 財産을 탕진하고 패가망신(敗家亡身)하고 故鄕을 떠나며 결국은 절손(絶孫)하게 되어 家門이 끊기게 된다.

271. **龍虎絶臂形(용호절비형)** : 이 形局은 穴을 감싸고 있는 靑龍이나 白虎 혹은 龍.虎 둘다 중간에 끊어져 잘린 것처럼 생긴 形象이다.

⊗ 이러한 곳에 祖上의 墓를 쓰면 子孫들이 중병(重病)을 앓고 사고도 많이 당해 그로인해 죽는 사람들이 많고 결국 子孫이 절사(絶嗣)한다.

272. 龍虎推車形(용호추거형) : 이
　　形局은 穴場을 감싸고 있어야
　　할 龍虎가 감싸지 못하고 곧
　　게 一直線으로 쭉 뻗어 있는
　　것처럼 생긴 形局이다. 마치
　　수레의 손잡이처럼 새겼다.

　⊗ 이러한 곳을 明堂이라 하여 祖上의 墓를 쓰면 그 子孫들이 財産을 탕진
　　(蕩盡)한다. 들어오는 財産보다 나가는 財産이 많아 늘 빈한(貧寒)하
　　게 생활하므로 兄弟間에도 情이 멀어져 友愛가 없다.

　註 : 嗣 : 이을 사, 익힐 사.　推 : 가릴 추, 힐란할 추, 포장할 추, 차례
　　추, 궁구할 추, 배척할 추.

273. 雲邊初月形(운변초월형) : 이
　　形局은 달이 구름가에 떠 있
　　는 것처럼 생긴 形局이다. 뒤
　　쪽에 구름처럼 생긴 山 줄기
　　가 펼쳐져 있고 主山은 峰우
　　리가 둥글며 穴은 主山의 中
　　心에 있고 案山은 구름, 토끼,
　　궁궐 등이다.

　⊗ 이 형국의 明堂에 陰.陽宅地를 選定하여 祖上의 遺體를 모시거나 住宅
　　을 지어 살면 그 후손의 性稟이 溫和하고 진중하며 용모가 아름다운 여
　　인이 나오며 세상사람들이 부러워하는 절세가인(絕世佳人)이 된다.

274. 雄鷄鼓翅形(웅계고시형) : 이
　　형국은 수탉이 날개를 크게
　　치며 뽐내는 것처럼 생긴 形
　　象이다. 穴은 닭의 부리위에

있고 案山은 여우이다. 날개를 치는 것은 앞에 여우라는 적이
있기 때문이다.

⬡ 이 형국의 明堂에 祖上의 墓를 쓰면 그 子孫中에 선각자(先覺者)가 나
와 집안이 어려워 배우지 못한 사람들을 위하여 學校를 세우고 가르치
는 일을 하며 社會를 정화하는 운동에 앞장서 무지몽매(無知蒙昧)한
사람들을 일깨우는 위대한 일을 하는 人物이 나온다.

275. 雄牛趕雌牛形(웅우간자우형)

: 이 형국은 숫소가 암소를 쫓
아 가는 것처럼 생긴 形局이
다. 穴은 암소의 가슴에 있고
案山은 풀더미이다.

⬡ 이 형국의 명당에 祖上의 墓를 쓰
면 그 자손이 근면성실(勤勉誠實)
하고 온순(溫順)하여 타의모범이 되며 장차 이를 바탕으로 하여 절약
하고 저축하여 富를 축적함으로써 큰 富를 이룬다.

註 : 邊 : 가 변, 변방 변, 곁할 변, 두메 변, 모퉁이 변.   翅 : 날개 시,
나래 시, 돌아나를 시, 뿐 시.   覺 : 깨달을 각, 꼬꼿할 각, 클 각, 깨
우칠 각.   趕 : 쫓을 간, 꼬리뻗치고달아날 간.   雄 : 수컷 웅, 영웅
웅,웅장할 웅, 용맹 웅, 이길 웅.   雌 : 암컷 자, 질 자, 약할 자, 약
이름 자.

276. 猿猴採果形(원후채과형) : 이

形局은 원숭이가 과일을 따는
것처럼 생긴 形象이다. 穴은
원숭이의 命門에 있고 案山은
과일과 과일 나무이다.

⬡ 이 形局의 明堂에 祖上의 遺體를
모시면 그 자손들이 아주 영리하

고 재주가 뛰어나며 勤勉誠實하여 모든일에 처리 능력이 탁월하여 장차 富貴를 얻는 發福을 한다. 강건(强健)한 면을 보완하면 社會를 위하여 보다더 큰일을 할 수 있다.

277. 月出東湖形(월출동호형) : 이 形局은 달이 동쪽 湖水위로 떠 오르는 것처럼 생긴 形象이다. 穴은 湖水의 中央에 있고 案山은 구름이다. 主山의 형태는 동그랗게 생겼고 동쪽에는 湖水가 있다.

◈ 이 형국의 明堂에 陰. 陽宅地를 조성하여 祖上의 遺體를 모시거나 住宅을 지어 살면 그 후손들이 富貴가 雙全하는 發福을 받는다. 조상의 陰德으로 근면(勤勉)하고 절약하여 재산(財産)을 모아 富者가 되고 장차 公職에도 나아가 고위직에 올라 국가에서 인정받는 人物이 된다.

278. 乳犢顧母形(유독고모형) : 이 형국은 젖먹이 송아지가 어미소를 바라보는 것처럼 생긴 形象이다. 穴은 송아지의 이마에 있으며 案山은 어미소이다.

◈ 이 형국의 명당에 조상의 遺體를 모시면 그 陰德으로 富를 얻어 잘 살며 人品이 고매(高邁)하고 점잖아 많은 사람들의 존경을 받는다. 그리고 우직하게 부지런하며 매사에 긍정적(肯定的)이며 다른 사람을 배려하며 자신을 희생하며 헌신(獻身)하는 일을 많이 한다.

註 : 採 : 딸 채, 캘 채, 가려낼 채. 猿 : 원숭이 원. 犢 : 송아지 독. 肯 : 즐길 긍, 뼈새에살 긍. 顧 : 돌아볼 고, 돌보아줄 고, 도리어 고.

279. 游龍之形(유룡지형) : 이형국 은 龍이 물가에서 한가하게 노는 것처럼 생긴 形局이다. 穴은 龍의 이마, 코 등에 있고 案山은 구름, 안개, 江, 湖水, 연못 등이다.

⊗ 이 형국의 明堂에 祖上의 墓를 쓰면 그 후손들이 祖上의 陰德으로 富와 貴를 함께 얻는 發福을 한다. 財産이 풍부하고 평소 인덕(仁德)이 많아 평생동안 넉넉한 생활을 하면서 사는 形象이다.

280. 游蜂採花形(유봉채화형) : 이 형국은 벌이 이꽃 저꽃을 날 아 다니며 꿀을 다는 것처럼 생긴 形局이다. 穴은 벌의 입 에 있고 案山은 꽃이나 꽃밭 이다.

⊗ 이 형국의 明堂애 祖上의 墓를 쓰 면 주로 富를 얻는 發福을 한다. 언제나 변함없이 勤勉誠實히 일하 고 저축을 지속적으로 하여 富를 축적한다. 그리고 타인을 배려하며 언 제나 불우한 사람을 돌보아 주는 善行을 함으로써 많은 사람들의 칭송 을 받는다.

281. 游山虎之形(유산호지형) : 이 형국은 호랑이가 山中에서 한 가하게 노는 것처럼 생긴 形 局이다. 穴은 호랑이의 이마 에 있고 案山은 돼지, 양, 노 루 등이다.

⊗ 이 형국의 明堂 發福은 富와 貴가 兼全하는 形象이다. 특히 武士가 배출되어 무공(武功)을 올리며그 名聲을 떨친다. 용감하고 강건하여 장군(將軍)으로써의 리더십을 충분히 발휘하는 形象이다

註 : 蜂 : 벌 봉.　聲 : 소리 성, 기릴 성, 풍류 성.　游 :헤엄칠 유, 떠내려갈 유, 순히흐를 유, 놀 유, 깃발 유.

282. 游星宮過形 (유성궁과형) :

이 형국은 游星이 궁전(宮殿)위로 지나가는 것처럼 생긴 形局이다. 穴은 별의 꼬리 부분에 있고 案山은 宮殿. 은하수(銀河水)등에 있다. 山의 形象이 흡사 꼬리를 끌며 날아다니는 것처럼 생긴 形局이다.

⊗ 이형국의 명당 發福은 富와 貴가 함께 發福하는 形象이다. 장차 국가 공직에 나아 가는데 경쟁 이 치열한 國家考試에 합격하여 중요 직책(重要職責)에 오르고 이를 훌륭히 수행하여 고위 정무직(政務職)을 맡아 각부처의 정책(政策)을 검증(檢證)하고 평가(評價)하는 정책적(政策的) 업무를 담당한다.

283. 乳長之形 (유장지형) : 이 형

국은 젖가슴의 형태가 매우 길게 생긴 것처럼 생긴 形象이다. 너무 길기 때문에 穴處를 감싸 주지 못하는 모양이다. 그러나 앞에 있는 물이 이 穴處를 잘 환포(環抱)해 주고 있어 穴의 生氣를 잘 보호해

주고 있다.

◈ 이 형국의 명당 發福은 富는 얻고 경제적인 생활은 여유가 있고 넉넉하다. 그러나 子孫이 貴하여 번창(繁昌)하지 못한다. 늘 기도(祈禱)하고 마음을 단정히하여 매사에 정성을 다하고 특히 祖上을 모시는 일을 소홀히해서는 아니되므로 조상숭배(祖上崇拜)에 최선을 다하므로써 훌륭한 子孫을 얻을 수 있는 기회를 놓쳐서는 안되는 形象이다.

284. 雙垂乳形(쌍수유형) : 이 형
국은 하나의 穴場에 두 개의
젖가슴이 있는 것처럼 생긴
形象이다. 크기와 길이, 모습
등이 고르게 잘 생겼으면 眞
穴이다. 그러나 크기나 길이,
모습 등이 각기 다르게 생겼
다면 眞穴이 아니다. 그중에
서 잘 생긴 것은 眞穴이 結穴
되므로 잘 살펴보아야 한다.

◈ 이 형국의 明堂에 祖上의 遺體를 安葬하면 그 子孫이 번창(繁昌)하여 유복(有福)한 가정을 이루어 행복하게 잘사는 形局이다. 이 形象은 단유(單乳), 쌍유(雙乳), 삼유형(三乳形)이 있는데 특히 쌍유혈(雙乳穴)이나 삼유혈(三乳穴)이 모두 진혈(眞穴)이면 백자천손(百子千孫)하는 形局으로 본다.

註 : 銀 : 은 은, 하얀 은, 돈 은.   檢 : 법 검, 금제할 검, 교정할 검, 검속할 검, 봉할 검, 수결둘 검, 책메뚜기 검.   證 : 증거 증, 질정할 증. 評 : 평론할 평, 끊을 평, 헤아릴 평, 기롱할 평.   價 : 값 가.   祈 : 빌 기, 기도할 기, 천천할 기.   禱 : 기도할 도, 빌 도.   崇 : 높을 숭, 공경할 숭, 채일 숭, 위할 숭, 숭상할 숭, 모들 숭, 마칠 숭, 순산 숭. 拜 : 절 배.   垂 : 드릴 수, 거의미칠 수, 변방 수.

285. **子龍朝母形**(자룡조모형) : 이
　　형국은 어미龍과 새끼龍이 서
　　로 마주보고 있는 것처럼 생
　　긴 形局이다. 두 개의 龍脈이
　　한 山脈으로 이어저 있고 穴
　　은 새끼龍의 이마에 있고 案
　　山은 어미 龍이다.

　　◈ 이 형국의 明堂에 祖上의 墓를 쓰
　　면 富와 貴가 兼全하는 發福을 한
　　다. 父子間에 兄弟間에 夫婦 間에 상호우애(相互友愛)하고 尊敬하며
　　사랑하며 최고로 유복한 가정을 이루며 화목(和睦)하게 가통(家統)을
　　세우며 이어간다. 그리고 그 자손들이 국가의 公職에도 나아가 高位職
　　에 이르며 名聲을 떨치는 形局이다.

286. **子龍換骨形**(자룡환골형) : 이
　　형국은 山勢가 무척 秀麗하여
　　환골탈태(換骨奪胎)한 神仙
　　의 용모와 흡사 하다고 하여
　　붙여진 이름으로 龍의 形象이
　　아주 아름답게 빼어난다. 穴
　　은 龍의 이마에 있고 案山은
　　구름, 무지개 등이다.

　　◈ 이 형국의 明堂에 祖上의 墓를 쓰
　　거나 住宅을 지어 居住하면 그 자
　　손이 貴人이 나온다. 특히 聖人이나 신선(神仙)등 대도인(大道人)이
　　나와 어두운 세상을 깨우쳐주며 또 학식(學識)이 뛰어나 관직(官職)에
　　오르고 장차 국가의 고위직의 직책을 맡아 훌륭히 수행하여 그 名聲을
　　떨친다.

287. **雌雄象會形**(자웅상회형) :
이 형국은 수코끼리와 암코
끼리가 만나서 기뻐하는 것
처럼 생긴 形象이다. 두 코끼
리의 생김새와 크기가 비슷
하다. 穴은 코끼리의 머리 위
에 있고 案山은 상대방의 코
끼리이다.

◈ 이 형국의 明堂에 祖上의 墓를 쓰
면 그 후손들이 父子間에, 兄弟間
에 夫婦間에 友愛하고 사랑하며 평생 가정이 和睦하게 살아간다. 이 形
象은 陰과 陽이 잘 符合하여 모든일이 순조롭게 잘 이루어지며 上, 下,
高, 低가 잘 배합하고 균형을 이루어 穴을 맺는다. 陽穴은 위에 맺고 陰
穴은 아래에 맺으며 위에는 天穴 아래에는 地穴을 맺는 이치와 같다.

註 : 換 : 바꿀 환. 骨 : 뼈 골, 살 골, 꼿꼿할 골. 奪 : 빼앗을 탈, 뺏길
탈, 좁은길 탈. 胎 : 삼 태, 애밸 태, 태 태. 符 : 병부 부, 보람 부,
증거 부, 상서 부. 換骨奪胎 : 얼굴이 전보다 변해 아름답게 됨. 남
의 문장을 본뜨되 그 형식을 바꿔 자작처럼 꾸밈.

288. **芍藥之形**(작약지형) : 이 형
국은 기졸지(杞梓枝) 오른
쪽 지각과 왼쪽지각이 서로
어긋나게 뻗은형처럼 양쪽의
山줄기가 엇갈려 뻗은 形象
이다. 어긋난 형태가 고르고
가지런하여 本身龍은 한 가
운데로 뻗었고 본신용을 枝
角이 감싸며 둥글게 휘어저
품어안은 形局이다.

⊛ 이러한 形局의 明堂에 祖上의 墓를 쓰거나 집을 지어 살면 자손이 繁昌하고 富와 貴를 함께 누리며 子孫이 모두 다 골고루 發福을 받으며 幸福하게 잘 산다.

289. **潛龍之形**(잠룡지형) : 이 形局은 龍이 물속에 잠겨 있는 것처럼 생긴 形局이다. 穴은 龍의 입이나 이마에 있고 案山은 구슬, 물, 번개 등이다.

⊛ 이 형국의 明堂 發福은 貴보다는 富의 發福을 받는 形象이다. 風水地理學에서 원래 물은 수관재물 (水管財物)이라여 재물(財物)을 관장하므로 祖上의 墓를 이러한 形象의 明堂에 쓰면 그 後孫들이 근면성실(勤勉誠實)하고 절도있는 생활로 財産을 축적하여 富를 이루며 공직(公職)에도 나아가 훌륭한 공복으로서의 책임을 다한다.

290. **將軍端坐形**(장군단좌형) : 이 形局은 將軍이 단정하게 앉아 있는 것처럼 생긴 形象이다. 穴은 將軍의 배에 있고 案山은 깃발이다. 將軍形의 峰우리는 三角形에 가까우며 장구형 앞에는 칼처럼 생긴 산, 투구처럼 생긴산, 도장처럼 생긴산, 말처럼 생긴산 등이 있다.

⊛ 이 형국의 明堂에 祖上의 遺體를 安葬하면 그 자손들이 富와 貴가 兼全하는 發福을 받는다. 주로 武人이 나오며 장차 將星에 올라 그 지도력

이 탁월하여 부하들의 신임이 두터우며 上命 下 服의 기강을 철저히 확립하여 감으로써 안보의식(安保意識)을 확실하게 고취시킴으로써 國家로부터 최고의 훈장(勳章)을 받는다.

註 : 芍 : 연밥 적, 작약 작, 함박꽃 작. 藥 : 약 약. 潛 : 감출 잠, 잠길 잠, 떠다닐 잠, 헤엄칠 잠, 너겁 잠. 端 : 끝 단, 단정할 단, 비로소 단, 실마리 단, 싹 단, 살필 단, 오로지 단. 芍藥 : 약초이름.

291. **將軍勒馬形**(장군륵마형) : 이 형국은 將軍이 말을 잡고 있는 것처럼 생긴 形象이다. 峰우리 앞에 말처럼 생긴 峰우리가 있고, 穴은 말의 머리에 있고 案山은 북이나 깃발 등이다.

⊗ 이 형국의 明堂에 祖上의 墓를 쓰면 그 자손들 이 장차 武人으로 나아가 軍의 將軍에 오르는 發福을 받는다. 항상 최일선에서 부하들을 진두지휘하는 선봉장(先鋒將)이 되고 용전무퇴(勇戰無退)하는 정신으로 적(敵)을 섬멸(殲滅)하고 국가에 승전보(勝戰譜)를 울려주는 개선장군(凱旋將軍)이 된다.

292. **將軍卸甲形**(장군사갑형) : 이 形局은 將軍이 甲옷을 벗고 있는 것처럼 생긴 形局이다. 주변에 칼처럼 생긴 山줄기, 투구처럼 생긴 山峰우리, 도장처럼 생긴 山峰우리 등이 있다. 穴은 칼에 있고 案山은 軍士 깃발 장막(帳幕)등이다.

⊗ 이 형국의 明堂 發福은 有能한 武人이 나와 兵事관계의 專門家로써 나

라의 중요한 국방정책(國防政策)을 수립하는 등 주로 安保관계 분야에서 일을 맡아 차질없이 잘 수행함으로써 국가의 平和와 安定에 크게 기여하는 人物이 된다.

293. **將軍按劍形(장군안검형)** : 이 形局은 손으로 칼자루를 쓰다듬는 것처럼 생긴 형국이다. 將軍처럼 생긴 峰우리 옆에 칼처럼 생긴 山줄기가 있고 穴은 칼이나 칼자루에 있고 案山은 깃발 북 등이다.

⊗ 이 형국의 明堂에 祖上의 墓를 쓰면 그 후손중에 용맹(勇猛)한 무사가 나오며 장차 전쟁(戰爭)터에 나아가 용전무퇴(勇戰無退)로 대승전고(大勝戰鼓)를 울리고 개선장군(凱旋將軍)이 된다. 불사조(不死鳥)의 정신을 발휘하여 부하들의 사기를 드높이고 국방안보(國防安保)를 철저히 지켜나가는 위대한 將軍이 된다.

註 : 凱旋將軍 : 싸움에 이기고 돌아온 장군. 勝戰鼓 : 싸움에 이겼을 때 치는 북. 殲滅 : 모조리 무찔러 멸망시킴. 殲 : 멸할 섬, 다할 섬.
滅 : 멸할 멸, 불꺼질 멸.

294. **將軍按劍問因形(장군안검문인형)** : 이 형국은 將軍이 칼을 차고 부하와 이야기를 나누는 것처럼 생긴 形局이다. 將軍처럼 생긴 峰우리 옆에 칼처럼 생긴 山줄 기가 있고, 穴은 將軍의 배에 있고, 案山은 군사, 깃발, 북 등이다.

⊗ 이 형국의 明堂 發福은 위의 形象과 마찬가지로 용감(勇敢)하고 강력

한 지도력指導力)을 가진 장군(將軍)이 나와 國家와 國民을 위하여 국방(國防)에 헌신하는 將軍이 되어 그 名聲을 떨친다.

295. **將軍躍馬赴敵形(장군약마부적형)** : 이 형국은 將軍이 말을 타고 적(敵)과 싸우는 것처럼 생긴 形象이다. 將軍처럼 생긴 峰우리 앞에 말처럼 생긴 峰우리가 있고, 穴은 말안장 아래쪽에 있고, 案山은 북이나 깃발이다.

⬡ 이 형국의 明堂 發福은 위의 形象의 明堂 發福과 大同小異하다. 將軍이 최 前方의 전선(戰線)에서 목숨을 걸고 적(敵)과 직접 싸워이기는 形象으로 明堂中의 明堂으로 찾아 내기가 어려운 형국이다. 形象이 약마부적형(躍馬赴敵形)으로 보이지만 敵으로 보이는 山이나 기타 砂格이 혼란(混亂)을 줄 수있는 경우가 있으므로 주변의 정확한 판단이 요구되는 形이다.

296. **將軍出動形(장군출동형)** : 이 형국은 將軍이 軍士를 거느리고 戰爭터로 出動 하는 것처럼 생긴 形局이다. 將軍처럼 생긴 峰우리 주변에 말처럼 생긴 峰우리, 깃발처럼 생긴 峰우리, 북처럼 생긴 峰우리 칼이나 창(槍)처럼 생긴 峰우리 등이 있다. 穴은 將軍의 배꼽이 있고 案山은 군기, 깃발, 장막 등이다.

⬡ 이 형국의 明堂의 發福도 위의 약마부적형의 明堂 發福내용과 大同小

異하다. 위의 發福 내용을 참고하면 될 것이므로 중복설명을 생략한다.

註 : 帳 : 휘장 장, 장막 장, 옷휘장 장, 치부책 장.   幕 : 앙장 막, 의막 막.   赴 : 달을 부, 다다를 부.   敵 : 적수 적, 짝 적, 원수 적, 상당할 적, 대적할 적, 막을 적.   按 : 누를 안, 살필 안, 상고할 안, 그칠 안.

297. 將軍打球形(장군타구형) : 이

형국은 將軍이 공을 치며 노는 것처럼 생긴 形局이다. 將軍처럼 생긴 峰우리 옆에 투구봉, 칼봉이 있고 穴은 將軍의 무릎위에 있고 案山은 공이다.

⊗ 이 형국의 명당 發福은 祖上의 墓를 이러한 明堂에 모시면 그 후손이 武人이 되어 장차 고급 將星에 오르며 軍의 최고 지도자가 되어 軍을 통솔(統率)하는 직위에까지 오르는 영애(榮譽)를 누린다. 이 形象을 選定 할 때 주의할 점은 공을 치는 山의 모습을 정확히 판단해야 眞穴에 재혈(裁穴)할 수 있음을 명심(銘心)해야 하는 形局이다.

298. 將軍佩印形(장군패인형) : 이

형국은 將軍이 도장을 옆에 차고 있는 것처럼 생긴 형국이다. 穴은 將軍의 배꼽에 있으며 案山은 도장이다.

⊗ 이 형국의 明堂에 祖上의 遺體를 安葬하면 그 子孫이 장차 武人이 되어 크게 出世하는 形象이다. 특이 將軍中에서도 국가의 안보정책(安保政策)을 입안하여 시행토록하는 중책을 성실히 수행하므로써 큰 功을 세워 인정을 받고 영웅(英雄)대접을 받는다.

299. 將軍下馬形(장군하마형) : 이
    형국은 將軍이 말에서 내리는
    것처럼 생긴 形象이다. 將軍
    처럼 생긴 峰우리 앞에 말처
    럼 생긴 峰우리가 있고 穴은
    將軍의 배꼽에 있고, 案山은
    깃발이나 북이다.

⊗ 이 形局의 明堂에 祖上의 遺體를 모시면 그 後孫이 장차 武人으로 크게
   성공하는 形象이다. 대게 將軍形象의 明堂의 發福은 그 孫이 武人으로
   출세하는데 그 形局의 짜임새가 얼마나 좋게 名宮으로 形成되었느냐에
   따라 그 發福의 정도가 좌우된다. 즉 將軍形象이라도 주변의 砂格과 물
   의 흐름등이 그 形局에 얼마나 까까이 접근되어 있느냐를 잘 판단하고
   진혈처(眞穴處)를 的中시켜 재혈(裁穴)야만이 진정한 發福을 받는 것
   이다.

註 : 銘 : 새길 명, 명심할 명, 명정 명, 기록할 명.   球 : 옥경쇠 구, 아름
    다운옥 구, 둥글 구, 지구 구.   率 : 거느릴 솔, 좇을 솔, 다 솔, 대강
    솔, 쓸 솔, 경솔할 솔, 셈 율, 헤아릴 율, 표할 율, 새 그물수.

300. 藏龜出形(장귀출형) : 이 形
    局은 屈속에 숨어 있던 거북
    이 바깥으로 나오는 것처럼
    생긴 형국이다. 靑龍이나 白
    虎가 한바퀴 빙휘돌아 있는
    形勢로서 穴은 거북의 눈 위
    쪽에 있고 案山은 조산이다.

⊗ 이 형국의 明堂에 祖上의 遺體를 安葬하면 그 후손이 富와 貴를 雙全하
   며 자손이 繁昌하고 長壽한다. 거북의 形象은 富貴 長壽가 본래의 發福
   을 지닌 形象으로 전해지고 있으며 본래 거북은 그 生存 기간이 500년
   이상이라고 하며 천년까지도 사는 종류가 있다고 하는 것을 보면 風水
   地理에서도 거북의 形象은 富貴 長壽를 의미하고 있다고 본다.

301. 長老坐禪形(장노좌선형) : 이
　　形局은 고양덕(高揚德)의 고
　　승(高僧)이 조용히 앉아 참선
　　(參禪)을 하고 있는 것처럼
　　생긴 形象이다. 주변에 발우
　　목탁 염주 등의 스님이 사용
　　하고 있는 물건이 있고 穴은
　　스님의 배에 있고 案山은 염
　　주, 지팡이 등이 된다.

　⊗ 이 形局의 明堂에 祖上의 墓를 쓰면 글을 잘 쓰고 學識이 높은 자손이
　　나와 學者 敎育者 科學者등이 배출되어 유능한 제자들을 배출하며 그
　　제자들이 각계 각층에 나아가 국가와 사회의 발전에 크게 공헌(貢獻)
　　한다.

302. 長短不均形(장단불균형) : 이
　　形局은 한쪽 龍脈의 枝脚은
　　길고 다른 한쪽 龍脈의 枝脚
　　은 짧게 생긴 形象이다. 지각
　　이 짧은 쪽은 朝山의 山줄기
　　가 호위(護衛)해 주고 朝山이
　　枝脚과 마찬가지로 本身龍을
　　감싸주니 吉하다. 穴場을 감

　　싸주는 지각이 짧다해도 祖宗山의 龍脈이 보다 길게 잘 護衛
　　하여 주어 정기(精氣)가 잘 보호(保護)된다. 따라서 貴한 明
　　堂이다.

　⊗ 이러한 形局의 明堂의 發福은 富와 貴가 均衡있 게 發福 하는 形象이
　　다. 兄弟間에도 兄이 富를 얻으면 동생은 貴를 얻고 동생이 富를 얻으
　　면 兄이 貴를 얻으며 형님 먼저 혹은 아우 먼저하면서 友愛하며 富와
　　貴를 누리는 形局이다.

註 : 藏 : 감출 장, 숨길 장, 광 장, 곳간 장.   禪 : 전위할 선, 터닦을 선,
고요할 선, 중 선.   屈 : 굽을 굴, 짧을 굴.   揚 : 나타날 양, 들날릴
양, 키질할 양, 칭찬할 양, 도끼 양, 까불을 양.   護 : 호위할 호, 역
성들 호.   衛 : 호위할 위, 모실 위, 경영할 위.   精 : 가릴 정, 정할
정, 정기 정, 정신 정, 전일할 정, 밝을 정.   僧 : 중 승.

303. 壯士關弓形(장사관궁형) : 이
형국은 힘이 센 壯士가 활을
당기는 것처럼 생긴 形局이
다. 장사처럼 생긴 山峰우리
앞에 활처럼 생긴 山峰우리가
있고 穴은 활(弓)에 있고 안
산은 북(鼓)이다.

◈ 이 形局의 明堂에 祖上의 墓를 쓰면 그 子孫이 강건(强健)하고 힘이 센
力士가 나오며 장차 체육계(體育界)에 진출하여 유능한 전문선수(專門
選手)가 되어 국위(國威)를 선양(宣揚)하며 名聲(명성)을 떨친다.

304. 長紅旦天形(장홍단천형) : 이
形局은 길게 생긴 무지개가
높이 뻗쳐있는 것처럼 생긴
형국이다. 산세(山勢)가 장엄
(莊嚴)하고 수려(秀麗)하며
앞의 案山이 겹겹이 穴場(혈
장)의 기(氣)를 잘 보호(保
護)해 주고 있어 그 發福이
오래 가는 形象이다. 穴은 사
두형(蛇頭形) 비슷한 곳에 있

고, 案山은 구름, 비, 안개 등으로 앞에는 貴人峰이 여러개 감
싸주고 있다.

⊗ 이 형국의 明堂에 祖上의 遺體를 安葬하거나 住宅을 지어 居住하면 그 후손이 다방면으로 재주가 좋은 賢人이 나와 명석(明晳)한 머리로 富貴를 함께 얻는다. 특히 절세가인(絶世佳人)의 美人이 배출되어 현모양처(賢母良妻)가 되며 관직(官職)이나 연예계(演藝界)에 진출하여 두각을 나타내며 톱스타로서 그 才能과 역할(役割)을 발휘하여 國內外에 이름을 떨치며 국위(國威)를 선양(宣揚)한다.

305. **長紅陰水形(장홍음수형)** : 이 形局은 길고 아름다운 무지개가 물을 마시는 것처럼 생긴 形象이다. 龍脈이 길게 뻗어 있고 穴은 물가에 있으며 案山은 구름이 된다.

⊗ 이 形局의 明堂 發福도 위의 形局의 明堂發福의 내용과 大同小異하다. 그러므로 위에서 說明한 明堂의 發福 내용을 참고하면 될 것이다. 중복 된 내용의 설명을 생략(省略)한다.

註 : 關 : 빗장 관, 해관 관, 문닫을 관, 막을 관, 관계할 관, 기관관, 통할 관, 사릴 관, 굴대소리 관, 겪을 관, 관운 관, 말미암을 관, 새우는소리 관, 화살먹일 완, 수돌저귀 완, 문지방 완, 관계될 완.   宣 :베풀 선, 펼 선, 흩을 선, 보알 선, 밝을 선, 알찍셀 선.   威 : 위엄 위, 위의 위.   晳 : 사람빛일 석.   紅 : 붉을 홍, 길삼 홍, 연지 홍.   役 : 부릴 역, 마을 역, 부림꾼 역, 일할 역.

306. **全偏式形(전편식형)** : 이 形局은 한편에는 지각(枝脚)이 있고 한편에는 枝脚 전혀 없는 形局이다. 龍脈의 앞쪽(前

面)에는 枝脚이 있고 뒤쪽(後面)에는 枝脚이 전혀 없는 形象
이다. 이러한 形象에서는 좋은 혈을 맺힐 수 없으며 다른 龍
만을 보호해 주는 역할을 하는 노용(老龍)으로 본다. 설사 穴
의 모양을 갖추었다고 해도 吉穴을 결혈(結穴)할 수가 없다
고 보는 것이다.

307. 折角蜈蚣形(절각오공형) :
이 形局은 지네의 뿔이 부러
진 것처럼 생긴 形局이다. 穴
은 입의 한 가운데에 있고 案
山은 지네가 잡아먹는 벌레
(蟲 : 충)들이다. 이형국은 지
네의 뿔이 부러졌으나 穴場을
보호해주는 주변의 山들이 많
아 吉穴로 보는 것이다.

⊗ 이 形局은 주변의 山들이 많아야 穴장의 氣를 보호해 주게 된다. 그러
나 주변의 많은 砂格中에 鷄 계(形)형모양의 山峰이 있으면 이를 明堂
으로 보아 墓를 쓰면 오히려 凶的 작용을 하게 되므로 면밀히 살펴 鷄
形 山이 있는지를 잘살펴 결정하는 것이 무엇보다도 중요하다. 지네와
닭은 항상 상극적(相剋的)이므로 이러한 상충(相沖)된 形象이한데 섞
여 있는 형국은 그 위치나 그 모양이나 그 크기등을 정확히 비교 분석
하여 결정해야 한다.

308. 正體龍形(정채용형) : 이 형
국은 龍의 形象이 반듯하고
단정하게 생긴 形局이다. 穴
은 龍의 이마나 코에 있고,
案山은 구름, 번개, 구슬 등
이다.

⊗ 이 형국의 명당 發福은 富와 貴가 兼全하는 形象이다. 이러한 형국의
명당에 祖上의 遺體를 安葬하거나 住宅을 건축하여 居住하면 그 자손
들이 장차 국가 公職에 나가 항상 正道의 길을 가면서 자신의 능력을
최대로 발휘하여 그 수행 능력을 인정받아 高位直에 오르고 국책(國
策)을 논의(論議)하는 일을 맡아 그 名聲을 떨친다.

註 : 折 : 꺾을 절, 결단할 절, 휠 절, 굽힐 절, 일찍죽을 절, 옥박지를 절,
분지를 절, 부러저대롱거릴 절, 종용할 제.   論 : 의논 논, 생각 논,
차례 윤.   議 : 의논 의, 꾀할 의.   策 : 꾀 책.

309. 鳥鵲上坐形(조작상좌형) : 이
　　形局은 까치가 나무위에 앉아
　　지저귀는 것처럼 생긴 形局이
　　다. 穴은 나무 위에는 까치집
　　에 있고, 案山은 까치집이 있
　　는 나무가지이다 .

　⊗ 이 형국의 명당에 祖上의 墓를 쓰
　　면 그 자손이 孝子 孝女 孝婦가 나
　　와 가정이 항상 有福하고 和睦하
여 타의 모범이 되는 家統을 이어간다. 집안에서는 언제나 웃음소리가
그치지 않고 주위분들을 부럽게하며 모든 사람들을 나의 家族처럼 생
각하고 친절과 奉仕를 하므로 뭇사람들의 칭송(稱頌)이 자자하다.

310. 左旗右鼓形(좌기우고형) : 이
　　형국은 용진혈적(龍眞穴的)
　　한 곳에 좌측(左側)에는 군대
　　(軍隊)의 깃발과 흡사한 山
　　이 있고 우측(右側)에는 북과
　　같은 山이나 바위가 있다, 穴
　　은 깃발위에 있고, 案山은 북
　　(鼓:고)이나 막사다.

◈ 이러한 형국에 祖上의 墓를 쓰거나 住宅을 지어 居住하면 그 자손이 병권(兵權)을 장악하는 무인(武人)이 나온다 주변에 장막을쳐 놓은 것 같은 砂格이 현무봉(玄武峰) 뒤쪽에 있거나 案山이나 朝山의 위치에 있으면 더욱 吉한 形象이다 여기에다 좌고우기(左旗右鼓)가 있으면 그 직위가 재상(宰相)까지 오르는 發福을 받는다. 이를 다른말로 출장입상(出將入相)이라고 한다.

311. **坐獅之形(좌사지형)** : 이 形局은 獅子(사자)가 숲속에서 편안히 앉아있는 것처럼 생긴 形局이다. 穴은 사자의 머리에 있고 案山은 사자가 즐겨 잡아먹는 짐승이다.

◈ 이 형국의 명당에 祖上의 遺體를 安葬 하거나 住宅이나 창고(倉庫) 같은 건물을 지어 사용하면 그 자손이 富와 貴가 쌍전(雙全)하는 發福을 받는다 各軍의 사관학교(士官學校)에 입교하여 初級 장교부터 시작하여 고급장성(高級將星)까지 오르고 장차는 최고병권(最高兵權)을 잡는직책(職責)을 맡는다.

註 : 鵲 : 까치 작.   誦 : 욀 송, 읽 송, 풍류할 송, 원망할 손, 말할 송.
權 : 권새 권, 평할 권, 저울지할 권, 권도 권, 벼슬을겸임할 권.

312. **坐虎之形(좌호지형)** : 이 형국은 호랑이가 숲속에서 웅크리고 앉아 있는 것처럼 생긴 形局이다. 穴은 호랑이의 가슴에 있고 案山은 창(槍)이 되며 창이 호랑이를 노리고 있는 形局이다.

⊕ 이 형국의 明堂에 祖上의 遺體를 安葬 하거나 住宅을 지어 居住하면 그 子孫이 富貴를 누리는 發福을 한다. 男子는 武人으로 出世하고 女人은 長官이나 國會議員의 婦人이 되고 더나아가 政界에 진출하면 女傑로써 議員이 되고 長官職에도 오를 수 있는 明堂이다.

313. 走馬退朝形(주마퇴조형) : 이

形局은 달리는 말이 궁궐(宮
闕)을 나오는 것처럼 생긴 형
국이다. 말의 뒤에 궁궐이 있
으며 穴은 말의 이마에 있고
案山은 채칙이다.

⊕ 이 형국의 明堂에 祖上의 墓를 쓰면 그 자손이 벼슬길에 오르며 장차 국가의 고위직에 올라 중책을 맡으며 승승장구한다. 말의 形象 明堂에 眞穴이 結穴되면 그 形象의 方位에 따라 말의 종류(種類)가 다르고 직 책이 다른 形象이 된다.

314. 竹蒿打蛇形(죽고타사형) :

이 형국은 대(竹)막대기로
뱀을 내리치는 것처럼 생긴
形局이다. 뱀이 놀라서 도망
치는 것처럼 보이며 穴은 뱀
의 머리에 있고, 案山은 뱀을
치는 막대기에 있다.

⊕ 이 형국의 明堂 發福은 그 후손이 두뇌(頭腦)가 아주 영리(榮利)한 人 物이 나와 學識이 뛰어나고 글재주가 좋아 小說家 극작가로서 두각을 나타내며 그 名聲을 떨친다.

註 : 傑 : 영걸 걸, 두더러질 걸. 闕 : 대궐 궐, 허물 궐, 궐할 궐, 빌 궐, 뚫을 궐. 類 : 나눌 유, 같을 유, 종류 유, 착할 유, 무리 유, 제사이 름 유.

315. 衆龍相會形(중룡상회형) : 이 形局은 여러 마리의 龍이 한 데 모여 있는 것처럼 생긴 形 局이다. 穴은 입에 있고 案山 은 江 물 湖水 구름, 번개 등 이다.

⊗ 이 형국의 명당의 眞穴에 祖上의 墓를 쓰거나 住宅을 지어 살면 그 자 손들이 富외 貴를 함께 發福을 받는다. 여러 兄弟들이 모두 다 낙오자 가 없이 富와 貴를 누리며 형제간에 우애가 깊고 가정이 和平하여 많은 사람들이 부러워하는 형상이다. 또 형제가 힘을 합쳐 企業을 창립하여 운영하면서 큰 富者가 된다.

316. 衆蛇出草形(중사출초형) : 이 형국은 여러마리 뱀이 풀 속 에서 나오는 것처럼 생긴 形 象이다. 뱀처럼 생긴 山줄기 가 많으며 穴은 뱀의 머리에 있고 案山은 뱀이 잡아 먹는 개구리나 매뚜기 등이다.

⊗ 이 형국의 明堂 眞穴에 祖上의 墓를 쓰면 그 집안의 자손이 재주가 뛰 어나고 두뇌(頭腦)가 명석(明晳)하여 문장가(文章家)로 그 이름을 날 리며 名作을 발표하여 많은 애독자(愛讀者)들이 그의 작품을 구입함으 로써 富도 창출(創出)한다. 兄弟들이 모두 富와 貴의 發福을 받아 幸福 하게 잘사는 가정(家庭)을 이루어 나간다.

317. 衆星拱月形(중성공월형) : 이 형국은 달 옆에 수많은 별들 이 흩어져 있는 것처럼 보이 는 形局이다. 달처럼 생긴 主

山이 밭이나 평평한 들판에 솟아 올라있으며 穴은 主山의 中
央에 있고, 案山은 구름이나 은하수다.

⊛ 이 형국의 明堂의 眞穴에 祖上의 墓를 쓰거나 住宅을 지어 살면 그 후
손이 富와 貴의 發福을 받는다. 특히 女性은 領夫人을 바라보는 貴한
形象이다. 賢母良妻가 나오며 그 美貌는 타의 추종을 불허하며 美人大
會나가 단연 眞급에 뽑히며 만인이 쳐다보는 톱스타가 된다.

註 : 衆 : 묵 중, 무리 중, 고비뿌리 중.   企 : 바랄기.   拱 : 손길잡을 공,
꽂을 공, 손끝마주낄 공.   貌 : 모양 모, 모뜰 막.

318. **蜘蛛結網形**(지주결망형) : 이
형국은 거미가 거미줄을 뽑아
거미망을 얽어매는 것처럼 생
긴 形局이다. 穴은 거미의 등
에 있고 案山은 거미가 잡아
먹는 벌레이다.

⊛ 이러한 형국의 明堂에 祖上의 墳墓를 造成하면 그 자손이 富를 얻는 發
福을 한다. 돈을 벌 수 있는 기회를 잘 포착하여 큰 財物을 취득하여 富
者가 된다.

319. **攢星之形**(찬성지형) : 이 形
局은 별들이 옹기종기 모여
있는 것처럼 생긴 形象이다.
主山은 삼각형으로 되어 있고
穴은 主山의 中央에 있으며
案山은 구름이다.

⊛ 이 形局의 明堂의 發福은 富貴가
함께 發福하는 形象이다. 특히 貴
를 주로 發福 받으며 그 집안의 後孫이 武人의 길로 나아가 나중에는
출장입상(出將入相)하는 형국이다. 그 이외도 勤勉誠實하여 많은 財物
을 축적하여 큰 富를 이루며 산다.

320. **蒼龍飮水形(창룡음수형)** : 이
形局은 푸른 龍이 물을 마시는
것처럼 생긴 形局이다. 穴은
龍의 코에 있고 案山은 鳳凰
이다.

⊗ 이 형국의 明堂에 祖上의 墓를 쓰
거나 住宅을 건축(建築)하여 居住
하면 그 子孫이 富와 貴를 누리며 청렴결백(淸廉潔白)한 武人이 배출
되 어 武功을 올리고 개선장군(凱旋將軍)의 되어 온 나라에 그 名聲을
떨친다.

註 : 蜘 : 거미 지.   蛛 : 거미 주.   墳 : 무덤 분, 봉분 분, 클 분, 책이름
분, 흙걸고차질 분, 흙부푸러오를 분. 攢 : 모일 찬(聚 : 모일 취).

321. **蒼龍蒼水形(창룡창수형)** : 이
形局은 푸른 龍이 넘치는 물
속으로 뛰어 들어가는 形局이
다. 큰 江물이 휘돌아 흐르며
穴은 龍의 이마에 있고 案山
은 구름, 무지개, 江 등이다.

⊗ 이 形局의 明堂도 위에서 말한 창
룡음수형상(蒼龍飮水形象)과 그
발복 내용이 大同小異하다. 그러
므로 이를 참고하면 될 것이므로
이의 중복 說明을 생략한다.

322. **倉板水之形(창판수지형)** : 이
형국은 墓앞의 논과 밭등 들
판의 많은 물이 墓앞으로 흘
러 들어와 모여 흐르는 물을
창판수라고 한다. 이 물은 논

의 여러 곳에서 솟아나 지면이 평탄해서맑은 물이 천천히 흐르며 가뭄이 와도 물이 마르지 않고 계속 흐르며 도랑을 따라 九曲水로 흘러가 富貴를 크게 얻는 吉水가 된다.

⬙ 이 형국의 명당에 祖上의 遺體를 安葬하거나 住宅을 지어 居住하면 富貴의 發福을 함께받는 아주 귀한 明堂이다.

323. 綵鳳迎仙形(채봉영선형) : 이 형국은 아름다운 鳳凰이 神仙을 맞이하는 것처럼 생긴 形象이다. 穴은 봉황의 머리에 있고 봉황의 머리가 밑으로 숙여져있어 절을 하는 것으로 案山은 神仙이다.

⬙ 이러한 형국의 明堂에 住宅을 지어 살거나 祖上의 遺體를 安葬하면 富와 貴가 兼全하는 發福을 한다. 그 후손이 장차 벼슬길에 나아가 國家의 고위직에 오르며 탁월(卓越)한 업무처리 능력으로 최고 지도자의 인정(認定)을 받고 一人之上 萬人之下의 지위에 올라 온세상 사람들의 별이 된다. 그리고 富도 이루어 많은 財産을 소유하는 富者가 된다.

註 : 潔 : 맑을 결.   : 板 : 널기와 판, 널 판, 수판 판, 뒤칠 판.   綵 : 채색비단 채.   迎 : 맞을 영, 만날 영, 장가들어올 영.

324. 天馬讘雲形(천마섭운형) : 이 형국은 하늘의 말이 구름위로 날라가는 것처럼 생긴 형국이다. 주변의 山勢가 구름처럼 생겼으며 穴은 安葬아래 발을 올려 놓은 곳에 있고 案山은

채찍이 된다.

⊗ 이러한 형국의 明堂에 祖上의 墓를 쓰거나 住宅을 지어 살면 그 자손이 태어나면 장차 그 후손이 장원급제(壯元及第)하여 벼슬길에 나아가 국가의 요직(要職)에서 그 능력을 인정받아 승승장구 고위직에 올라 名聲을 떨치며 뭇사람들의 칭송을 받는다.

325. 天馬嘶風形(천마시풍형) : 이 형국은 하늘의 말이 길게 울부짖는 것처럼 생긴 형국이다. 穴은 안장아래 발을 올려 놓은 곳에 있고 案山은 채찍이다.

⊗ 이러한 形象 즉 말형상의 明堂에 맺은 眞穴에 祖上의 墓를 쓰거나 住宅을 지어 살면 그 후손이 장차 훌륭한 文人과 武人으로 배출되어 國家를 위하여 헌신하므로써 큰 功을 세워 명성을 떨친다. 그리고 富도 크게 이루어 큰 富者가 된다.

326. 天鼈臨河形(천별임하형) : 이 形局은 자라가 하늘에서 내려와 물기로 기어가는 것처럼 생긴 形象이다. 穴은 자라등에 있고 案山은 구름이다. 하늘에서 내려왔기 때문에 구름이 있다.

⊗ 자라형국의 명당 發福도 거북형국의 明堂 發福 과 大同小異하다 즉이 형국의 명당에 祖上의 墓를 모시면 그자손이 백자천손(百子千孫)하고 장수(長壽)하며 큰 富를 이루며 행복(幸福)하게 산다.

註 : : 속살가릴 섭. 嘶 : 말울 시, 목쉴 시. 鼈 : 자라 별(鱉 : 자라별).

327. 穿臂水形(천비수형) : 이 形
   局은 穴의 兩옆의 山줄기, 靑
   龍과 白虎를 관통하여 흐르는
   물의 形局이다. 白虎가 아주
   끊기고 물이 흐르는 것은 아
   주 凶하고, 끊기지는 않고 굴
   (屈)을 뚫어도 龍. 虎의 氣가
   세어 나가니 不吉하다.

⊗ 이 형국은 穴에서 천비수(穿臂水)가 보이면 비명횡사(非命橫死)하는
   사람. 불치병(不治病)에 걸리는 사람 요절(夭折)하는 사람. 자살(自
   殺)하는 사람이 나온다. 또 음란(淫亂)하여 남에게 손가락질을 받는
   사람도 있다. 어떤 사람은 불의의 사고로 불구가 되기도 한다. 천비수
   가 왼쪽에 있으면 長孫이나 어른이 그 화(禍)를 입으며 천비수가 오
   른쪽에 있으면 次孫 支孫 아랫 孫이나 女孫 혹은 어린아이가 害를 입
   는다. 그리고 많은 사람이 불의에 목숨을 잃으니 고아(孤兒)나 과부
   (寡婦)가 많이 생긴다.

328. 天師步斗形(천사보두형) : 이
   형국은 임금의 軍隊가 징을
   치며 行進하는 것처럼 생긴
   形局이다. 穴은 징의 중심에
   있고 案山은 칼이다. 穴의 주
   변에 북, 꽹과리, 깃발 모양의
   山들이 있다.

⊗ 이러한 형국의 명당 發福은 장차 그 후손이 문무(文武)를 겸비한 인물
   이 나온다. 兄은 文人으로 등과(登科)하고 同生은 武人으로 출장(出
   將)하여 그 能力을 발휘하여 순조롭게 출세가도(出世街道)를 달린다.
   고위직에 올라 국가 정책(政策)을 잘 수행하며 그 名聲을 날린다.

329. 天心十道形(천심십도형) : 天
心十道形이란 穴心의 左.右
에 있는 바깥 山이 마치 열십
자를 그어보면 十字의 한 가
운데에 穴이 위치한 모양처럼
대응하고 있는 형국이다 뒤편
에 있는 山을 蓋山(개산)이라

고 하고. 앞쪽은 朝山. 兩 옆에 있는 山은 夾耳山(협이산)이라
고 한다 穴을 중심해서 네방향으로 線을 그으면 십자로 대응
(對應) 되는 형테이다.

註 : 穿 : 통할 천, 뚫을 천.   寡 : 적을 과, 드물 과, 과부 과, 나 과.   臂
: 팔 비, 팔뚝 비.   孤 : 홀로 고, 외로울 고, 아비없을 고, 저버릴 고.
夭 : 일찍죽을 요, 굽을 요, 재앙 요, 얼굴빛화할 요, 예쁠 요, 끊어죽
일 요.   隊 : 떼 대.

330. 天風之形(천풍지형) : 이형국
은 穴이 山의 頂上 부근에 있
는 穴로써 穴이 외관성 노출
되어 八風이 닿는 것같지만
실지 穴場에 가서 보면 藏風
이 잘 되고 있는 곳이다. 天風
穴은 靑龍 白虎가 잘 갖추어
있지 않아 穴處가 외롭게 드
러난 곳이지만 穴 주변의 四
方에 다른 山들이 잘 감싸주고 있어 穴處가 전혀 바람을 타지
고 한 겨울에도 穴에 오르면 따뜻하다.

331. 天蝦濯水形(천하탁수형) :
이 형국은 새우가 물을 튀기
며 노는 것처럼 생긴 形局이
다. 穴앞에 물이 있으며. 穴
은 새우의 머리의 중앙에 있
으며, 案山은 못이나 湖水 구
슬이다.

　　◈ 이 형국의 明堂 發福은 주로 富를
　　얻는 明堂이다. 명당의 진혈처(眞
穴處)에 조상의 墓를 쓰면 그 자손이 근면성실(勤勉誠實)하고 절약정
신이 투철하여 많은 財産을 모아 장차 큰 富者가 된다.

332. 初月臨池形.(초월임지형) :
이 형국은 초승달이 높은 곳
에서 못이나 호수를 내려다
보는 것처럼 생긴 형국이다.
主山 아래에 못이나 호수가
있고 穴은 主山의 中央에 자
리잡고 案山은 구름이다 主山
이 물 가운데에 있으면 보다
좋은 吉地로 본다.

　◈ 이 형상의 明堂 發福은 貴와 富를 받는다. 祖上의 陰德으로 遺産을 많
　이 물려 받아 그 富를 대대로 잘지켜 오랫동안 지속한다. 그리고 자손
　중에 벼슬에 나아가 장차 고위직에 오른다.

註 : 蝦 : 새우 하.　濯 : 씻을탁, 빨 탁, 클 탁, 적실 탁, 빛날 탁, 산빨
　　개벽을 탁.　臨 : 임할 임, 다다를 임, 볼 임, 클 임, 여럿이울 임,
　　굽힐 임.

333. **醉翁倒池形(취옹도지형)** : 이
형국은 술에 醉(취)한 老人이
땅에 쓰러져 잠자는 形局이
다. 穴은 이마에 있고 案山은
술병, 술잔 등이다

⊗ 이 형국의 明堂에 祖上의 墓를 쓰
거나 住宅을 建築하여 살면 그 자
손들이 富를 누리는 發福을 받는다. 또 자손들이 늘 平安하고 有福하고
長壽하는 집안의 가통(家統)을 이어간다.

334. **鍬皮之形(초피지형)** : 이 형
국은 파초(芭蕉)의 잎세처럼
생긴 괴혈(怪穴)의 일종이다.
이 穴場은 靑龍 白虎가 갖추
어지지않아 언뜻 보면 穴이
없는 것처럼 보이지만 물이
靑龍 白虎를 대신해주기 때문
에 穴을 맺는 形象이다. 風水
地理學에서 이러한 경우을 수이대지(水而代地)라고 한다.

⊗ 이러한 形象의 明堂은 주로 富를 이루는 發福을 받는다. 오직 자신만의
근면성실(勤勉誠實)로 티끌모아 태산이란 정신으로 절약하여 財物(재
물)을 蓄積(축적)하면서 끄질긴 노력을 무기삼아 富를 이루어 내는 불
굴의 貯蓄者(저축자)이다.

335. **出屈蛇形(출굴사형)** : 이 형
국은 뱀이 뱀구멍에서 나오는
것같이 생긴 形象이다. 穴은
뱀의 머리에 있고 案山은 개
구리 혹은 조개 등이다.

⊗ 이 형국의 明堂 發福은 그 子孫이 아주 두뇌(頭腦)가 명석(明晳)하고 머리회전이 민첩하다. 글솜씨가 뛰어나 문장가(文章家)로 활약하며 특히 小說이나 詩를 쓰는 文人이 나와 그 名聲을 떨치고 富도 함께 이루어 낸다.

註 : 醉 : 술취할 취, 괴란할 취, 침옥할 취.   池 : 석바꿔나올 지, 못 지, 풍류이름 지, 물이름 타.   초 : 가래 초.   芭 : 파초 파.   蕉 : 파초 초.   貯 : 쌓을 저, 감출 저.   蓄 : 쌓을 축, 모을 축, 저축할 축, 감출 축.   鍬 : 가래 초.

336. **沖天燭之形(충천촉지형)** : 이 형국은 촛불이 하늘 높이 서 있는 것처럼 생긴 形象이다. 穴은 불빛 중심에 있고 案山은 촛대가 된다.

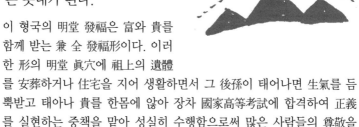

⊗ 이 형국의 明堂 發福은 富와 貴를 함께 받는 兼 全 發福形이다. 이러한 形의 明堂 眞穴에 祖上의 遺體를 安葬하거나 住宅을 지어 생활하면서 그 後孫이 태어나면 生氣를 듬뿍받고 태어나 貴를 한몸에 않아 장차 國家高等考試에 합격하여 正義를 실현하는 중책을 맡아 성실히 수행함으로써 많은 사람들의 尊敬을 받는다.

337. **側罍之形(측뢰지형)** : 이 형국은 술잔이 가로 놓여 있는 것처럼 생긴 형상이다. 穴은 술잔의 中央에 있고 案山은 엎어 놓은 술잔이다.

⊗ 이 形局의 明堂 發福은 주로 富를 받는 形이다. 만일 穴場의 앞에 물의 흐름이 穴을 감싸지 못하고 直去水가 되거나 龍.虎가 감아 교쇄(交鎖)치 못하면 富를 이루었다가도

財産을 탕진(蕩盡)하게 되므로 물의 흐름 하나하나, 龍脈 뻗어옴의 하나하나를 면밀(綿密)이 살펴 形局의 전체를 잘 살펴야 한다.

338. **側螺之形**(측라지형) : 이 形局은 소라가 옆으로 돌아누운 것처럼 생긴 形局이다. 穴은 소라의 입 中央에 있고 案山은 앞에 있는 뻘로 된 둔덕이다.

　⊗　이러한 소라 형국의 明堂 發福은 주로 富를 받는 形象이다. 祖上의 음덕(陰德)으로 富를 유산(遺産)으로 물려 받아 잘사는 形이다. 그러나 形局의 모양에 따라 그 富를 얼만큼 오래 유지할 수 있는가는 달라질 수 있다.

註 : 罍 : 술잔 뢰.　螺 : 소라 라.　綿 : 솜 면.

338. **側乳之形**(측유지형) : 이 형국은 女人의 젖가슴이 왼쪽으로 치우쳐 있는 것처럼 생긴 形象이다. 즉 측유(側乳)는 젖가슴이 한쪽으로 치우쳐 변(邊 : 兩 옆의 山줄기나 언덕을 말함)의 형태가 모호하기 때문에 邊 대신 다른 山 줄기들이 穴場을 잘 감싸줘야 眞穴을 맺는다.

　⊗　이형국의 명당은 주로 富를 얻는 發福을 한다. 富를 누리며 자손들이 창성(昌盛)하고 장수(長壽)하며 화목(和睦)한 가정을 이루어 나가나 女人을 잘못들이면 음란행위(淫亂行爲)로 집안을 망신시켜 가정을 不和에 휩싸이게 할 수 있다.

339. **蟄龍山天形**(칩룡산천형) :
이 형국은 움츠리고 있던 龍
이 기상을 떨치며 하늘로 날
라 오르는 것처럼 생긴 形象
이다. 穴은 龍의 이마에 있고
案山은 구름이다. 앞에 보이
는 시야가 확트여 전망이 매
우 廣闊(광활)하고 경치가 아
주 아름답다.

⊗ 이 형국의 明堂에 祖上의 遺體를 安葬하거나 陽宅을 지어 살면서 子孫
을 얻으면 그 자손이 金이냐 玉이냐하며 과잉보호(過剩保護)만 받으면
서 오랫동안 빛을 보지 못하다가 國家 公職에 나아갈 기회를 잘 붙잡아
직책을 맡으며 능력을 최고도로 발휘하면서 승승장구하여 高位職에 오
르고 탁월한 수완을 인정받아 長官급의 職까지 맡는다.

340. **脫龍之形**(탈용지형) : 이 형
국은 물줄기가 四方을 둘러싸
고 있어 穴處가 龍脈에서 떨
어져 나온 곳처럼 생긴 穴象
으로 일종의 괴혈(怪穴)에 속
한다. 이 穴은 龍脈이 물속을
지나 穴에 이르는 수중은맥
(水中隱脈)으로 이를 알아 내
기가 매우 어려운 形이다.

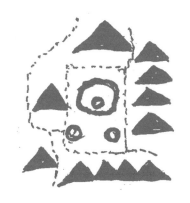

⊗ 이러한 형국의 명당 발복은 주로 富를 얻는다 옛 말에 숨은부자라는 말
이 있다 이 는 겉으로 나타나지는 않지만 속으로는 대단한 富를 누리고
있는 富者를 말하는 것이다. 수중은맥(水中隱脈)으로 뻗어와 穴을 맺
는 곳에서의 發福은 이와 같이 알부자가 되는 發福을 한다.

註 : 側 : 곁 측. 蟄 : 벌레움츠릴 칩, 우물거릴 칩. 闊 : 넓을 활, 성길

활, 활발 할, 루활 할, 어기어질 활, 근고할 활, 간단할 활.　剩 : 남을 잉, 더할 잉.

341. 太公釣魚形(태공조어형) : 이 形局은 낚시군이 낚싯대를 물에 넣고 물고기를 낚는 것처럼 생긴 形局이다. 앞에 큰 물이 흐르며 穴은 낚시바늘 뒤쪽이고 案山은 물고기 낚싯대이다.

⊗ 이 형국의 명당 발복은 주로 富를 받는 形이다. 항상 가정이 平溫하며 和睦하게 지내는 家庭을 이어가는 形象이다. 그래서 자손이 번창(繁昌)하고 무병장수(無病長壽)하며 타의 모범이 되는 예의 범절의 가훈(家訓)을 지켜 가문(家門)의 전통(傳統)을 변함없이 지속해 간다.

342. 兎子望月形(토자망월형) : 이 형국은 아기 兎(토)끼가 어미 토끼에 안겨서 달을 바라보고 있는 것처럼 생긴 形局이다. 穴은 아기토끼의 이마에 있고, 案山은 개가 된다. 개가 토끼를 지켜준다. 이형상은 달이 東쪽에 있으면 더욱 좋은 形象이다.

⊗ 이 형국의 明堂 發福은 富와 貴가 雙수하는 形象이다. 절세가인(絕世佳人)의 美人이 나오며 장차 예술계(藝術界)로 나아가 그 능력과 수완을 발휘하여 有名人이 된다.

343. **鬪斧之形**(투부지형) : 이 형
국은 언월도(偃月刀:안으로
좀 구부러진 형의 칼)를 들
고 敵과 싸우는 것처럼 생긴
形局이다. 이러한 穴은 일종
의 怪穴이다. 穴은 칼의 中心
에 있고 案山은 앞에 있는 적
(敵)이 된다.

⊗ 이 형국의 명당 발복은 武人이 나와 전쟁(戰爭)에 나아가 적군(敵軍)
을 섬멸(殲滅)하고 당당하게 승전고(勝戰鼓)를 울리며 개선장군(凱旋
將軍)이 되어 귀환하는 形象이다. 위기를 맞을 때마다 탁월한 전술(戰
術)을 발휘하여 위기를 기회로 승화시키는 유능한 전쟁영웅(戰爭英雄)
으로 거듭난다.

註 : 釣 : 낚을 조. 兎 : 토끼 토. 偃 : 자빠질 언, 누울 언. 殲 : 멸할
섬, 다할 섬. 滅 : 멸할 멸. 斧 : 도끼부.

344. **鬪牛之形**(투우지형) : 이형국
은 두 마리의 소가 싸우는 것
처럼 생긴 形局이다. 소처럼
생긴 山峰우리가 둘이며 그
크기와 모양이 비슷하다. 穴
은 소의 배에 있고 案山은 싸
우는 상대방의 소가 된다.

⊗ 이 형국의 명당 發福은 주로 富를
얻는다. 부지런하고 성실하여 항상 努力하면서 富를 축적하고 이를 절
약하여 큰 財産을 모아 富者가 되는 形象이다. 그러나 父母의 유산(遺
産)을 가지고 형제간에 다툼이 있을 수 있음으로 상호배려하고 양보하
는 정신이 가정의 화목(和睦)을 좌우 한다.

345. **特樂之形**(특락지형) : 이형국
은 멀리서 뻗어온 다른 龍脈
의 끝에 치솟아 穴을 받쳐주
는 형세(形勢)이다.

　◇ 이 형국은 뒤에 솟아오른 穴에 祖
上의 墓를 쓰면 빠르게 갑자기 發
福하여 자손들이 富貴를 얻고 장
수를 누리며 자손이 크게 번창(繁
昌)한다. 부를 얻고 귀를 얻었다고
하여 이를 남용하면 얻은 富貴는
사라지고 오히려 흉화(凶禍)가 다
가와서 패가망신(敗家亡身)할 수
가 있으니 穴이 맺는 바로 위에서
칼날 같은 凶石이 穴을 찌르고 있는 形象을 하고 있는가를 잘 살펴 보
아야 한다.

346. **風吹羅帶形**(풍취나대형) : 이
형국은 허리띠가 바람에 휘날
리는 것처럼 생긴 形局이다.
穴은 허리띠 위에 있고 案山
은 수를 놓은 장막 또는 머리
에 쓰는 두건(頭巾)이 된다.

　◇ 이 형국의 명당發福은 貴를 주로
얻는 形象이다. 귀를 얻었다고 해
도 허리띠가 휘날리다가 떨어져
나간다면 그 귀는 곧장 떨어지고
낭인이 된다 다라서 형국의 모양이 어떻게 구성 되어 있는지 주변의 砂
格이나 龍虎가 배주(背走)하지는 않은지 자세히 살펴 보아야 한다.

註 : 吹 : 불 취. 취태취. 繁 : 말배떼끈반. 성할번. 번잡할번. 많을번.

347. **風吹楊柳形(풍취양류형)** : 이
形局은 수양버들 가지가 바람
에 휘날리는 것처럼 생긴 형
국이다. 이 形局은 靑龍 白虎
가 길며 겹겹으로 뻗어서 穴
은 꽃에 있고 숲, 냇물, 꾀꼬
리 등이 案山이 된다.

◇ 이 형국의 明堂에 祖上의 遺體를 安葬하거나 陽宅을 지어 살면서 그 자
손이 태어나 장차 富貴를 누리는 發福을 받는다. 우여곡절(迂餘曲折)
을 겪으나 公職의 길을 걸으며 고난(苦難)을 극복(克服)하고 헤쳐 나
아가 나중에는 高位職에 오르고 그 能力을 인정받아 名聲을 떨친다.

348. **海螺出食形(해라출식형)** : 이
형국은 소라가 밥을 먹으러
밖으로 나오는 것처럼 생긴
形局이다. 穴은 소라의 中央
에 있고, 案山은 놀고 있는 물
고기이다.

◇ 이 형국의 明堂 發福은 주로 富를
얻는다 소라는 물속에서 항상 먹
이를 찾는 바다의 생물로써 물은 財物을 관장하므로 富를 주관한다. 따
라서 물속에서 사는 조개 종류형(種類形)에 해당하는 明堂의 形象은
富를 얻는다고 보는 것이다.

349. **海螺吐珠形(해라토주형)** : 이
形局은 바다의 소라가 입에
물고 있던 구슬을 토(吐)하는
것처럼 생긴 형국이다. 穴은
소라의 中央에 있고 案山은
구슬이 된다.

◈ 이 형국의 明堂 發福도 위의 해라출식형(海螺出食形)의 明堂 發福 내용과 大同小異하다. 그러 므로 이의 說明을 생략(省略)한다.

註 : 迂 : 굽을 우, 피할 우, 멀 우, 오활할 우.   螺 : 소라 라.

350. **海螺吸日形**(해라흡일형) : 이 形局은 소라가 해를 바라보며 숨을 들이마시는 것처럼 생긴 형국이다. 穴은 소라의 中央에 있고 案山은 해이다.

◈ 이 형국의 明堂 發福도 위의 소라 형국의 明堂發福과 대동소이(大同小異)하다. 그러므로 이의 發福내용 說明을 省略한다.

351. **海駺之形**(해랑지형) : 이 形局은 바다에 사는 물개처럼 생긴 형국이다. 穴은 물개의 눈에 있고 案山은 물개가 노는 물결이나 물개기 잡아 먹는 물고기이다.

◈ 이 형국의 明堂 發福은 富와 貴를 함께 얻는 形象이다. 이러한 형국의 명당 眞穴에 祖上의 遺體를 모시거나 陽宅을 지어 살면서 그 子孫이 태어나면 그 子孫이 장차 벼슬길에 올라 名聲을 떨치며 財物도 많이 모아 富者가 된다.

352. **蟹伏之形**(해복지형) : 이 형국은 바다의 게가 엎드려 있는 것처럼 생긴 形局이다. 穴은 게의 눈에 있고 案山은 게

의 입에서 뿜어져 나오는 거품이나 게가 잡아먹는 물고기 같은 砂格이 된다.

⊗ 이 형국의 明堂의 發福은 富貴가 兼全하는 形局이다. 이러한 형국의 명당에 祖上의 遺體를 모시거나 陽宅을 지어 살면그 後孫이 성현군자(聖賢君子), 대학자(大學者), 대사업가(大事業家)가 배출되며 그 자손이 百子千孫(백자천손) 번창(繁昌)하며 모든 자손들이 골고루 福을 받고 잘사는 家門을 유지시켜 나간다.

註 : 吸 : 숨들이쉴 흡, 마실 흡.   駺 : 숫게 랑.

353. 海鰕弄珠形(해하농주형) : 이 형국은 바다에 사는 새우가 구슬을 가지고 노는 것처럼 생긴 形局이다. 穴은 새우의 머리 中央에 있고, 靑龍 白虎 는 새우의 수염이 되고 案山 은 새우가 가지고 노는 구슬 이다.

⊗ 이 형국의 명당 발복은 주로 富를 얻는 形象이다. 子孫이 번창(繁昌)하고 근면성실(勤勉誠實)하여 재물(財物)을 절약 축적하여 富를 이루어 큰 富者기 된다. 어려운 사람들을 도와주고 남을 위해 자기를 헌신(獻身)하는 일을 서슴없이 하여 많은 사람들로부터 그 선행(善行)을 칭송받는 어진사람이 된다.

354. 海鰕戲水形(해하희수형) : 이 形局은 새우가 바닷물에서 노는 것처럼 생긴 形局이다. 앞에는 바다나 湖水못이 있으며 穴은 새우의 머리에 있고 案山은 구슬이 된다.

⊛ 이 형국의 明堂 發福은 주로 富를 얻는 形象이다. 자손이 창성(昌盛)하고 근면성실(勤勉誠實)하여 재물(財物)을 모아 장차 富者가 된다. 이웃일을 내일처럼 도와주며 항상 가난한 사람의 편에서서 적극적으로 보살펴주는 善行을 주저없이 行한다.

355. **行山象形(행산상형)** : 이 形局은 코끼리가 山에서 걸어다니는 것처럼 생긴 形象이다. 穴은 코끼리의 양쪽 어금니 중간에 있으며 案山은 풀더미이다. 그리고 이 형상은 코끼리의 등이 약간 움푹하게 들어간 形이다.

⊛ 이 형국의 명당에 祖上의 遺體를 모시거나 住宅을 지어 살면서 자손이 태어나면 그자손이 장차 富와 貴를 함께 얻는다. 매사에 신중하고 경솔함이 없으며 勤勉誠實하고 과묵한 성품의 소유자로 賢人 君子. 學者 敎育者 등으로 활약하는 人物이 된다. 그리고 귀의 발복을 받아 官職에도 나아가 크게 出世한다.

註 : 鰕 : 새우 하. 戲 : 희롱할 희, 병기 희, 농담칠 희, 희학할 희, 오흡다할 희, 기 휘, 섧다할 호. 弄 : 희롱할 농, 구경할 농, 업신여길 농, 풍류곡조 농.

356. **行雨龍形(행우룡형)** : 이 형국은 龍이 비를 맞으면서 천천히 움직이는 것처럼 생긴 形局이다. 穴은 입에 있고 案山은 무지개나 구름이다.

⊛ 이 형국의 명당에 住宅을 지어 살거나 또는 風水地理에서 그 形局이 龍의 形象에 眞穴이 맺혀 있다

면 그 明堂은 明堂中의 明堂으로써 최고의 發福을 받는다. 이러한 명당
은 찾기도 어렵지만 眞穴을 맺는 것도 극히 드물어서 사실상 찾을 수가
없다고 해도 과언이 아니다.

357. **賢人憑机形(현인빙궤형)** : 이
형국은 賢人이 책상에 앉아
있는 것처럼 생긴 形局이다.
타원형의 峰우리(賢人)앞에
네모난 峰우리 (책상)가 있
다. 穴은 책상위에 있고 案山
은 장막이다.

◈ 이 형국의 明堂에 住宅을 지어 살거나 祖上의 遺體를 安葬하면 그 後孫
이 장차 賢人君子가 나오며 學問을 좋아하고 글쓰기를 즐겨하여 學者
의 길로 나아가면 유능한 敎授, 科學者 敎育者 大學總長 등의 학술계통
(學術系統)에 두각을 나타낸다. 또 文章力이 뛰어나기 때문에 小說家,
詩人, 극작가(劇作家)로도 그 才能을 발휘하는 人材가 된다.

358. **樺榴垂燈形(화류수등형)** : 이
형국은 사람이 말을 탈 때 발
을 올려 놓은 體軀(체구)처럼
생긴 形象이다. 穴은 발을 올
려놓은 곳에 있고 案山은 채
찍이다.

◈ 이 형국의 明堂에 祖上의 遺體를 安葬하거나 住宅이나 倉庫 등을 지어
살거나 이용하면 富貴가 兼全하는 發福을 받는다. 男性은 장차 벼슬길
로 나아가 유능한 公職者가 되어 국가와 사회를 위해 헌신하며 청렴결
백(淸廉潔白)하여 많은 사람들로부터 칭송이 자자하고 그를 바탕으로
하여 富도 이루어 富貴를 함께 發福받는다.

註 : 憑 : 의지할 빙, 기댈 빙, 부탁할 빙, 빙거할 빙. 机 : 책상 궤, 느티나
무 궤. 樺 : 벗나무 화. 榴 : 석류나무 유. 軀 : 몰 구, 앞잡이 구.

359. 活龍之形(활용지형) : 이 形
局은 龍이 마구 움직이며 활
동(活動)하는 것처럼 생긴 形
局이다. 穴은 龍의 이마에 있
고 案山은 구슬, 구름, 번개,
江, 湖水 등이다.

⊙ 이 형국의 명당 發福은 富貴가 雙
全하는 形象이다. 이러한 형상의
명당은 찾기가 극히 어려우며 맺
히는 곳이 아주 드물고 혹 結穴된다 하더라도 名山에서 아주 드물게 있
을 수 있다. 이러한 明堂의 眞穴에 조상의 墓를 쓰면 장차 활동력이 넘
치는 외교전문가(外交專門家)가 배출되기도 하고 武人으로써 병권(兵
權)을 쥐고 나라의 안보(安保)를 위하여 탁월한 능력을 발휘하는 최고
의 지도자가 된다.

360. 活蛇避蜈蚣形(활사피오공형)
: 이 형국은 뱀이 지네를 보고
달아나는 것처럼 생긴 形局이
다. 穴은 뱀의 머리에 있고 案
山은 풀섭이 된다.

⊙ 이 형국의 명당 發福은 머리가 영
리하고 재주가 아주 좋은 子孫이
나와 장차 유능한 外交官이 되어
나라의 명예(名譽)를 드높이며 인
정을 받아 외국의 특사(特使)같은
임무를 잘 수행하는 사신(使臣)의 역할도 아주 잘 수행해 종국에는 외
교수장(外交首長)으로써 外交를 총괄(總括)하는 중책(重責)을 맡는다.

361. 黃獺趕魚形(황달간어형) : 이 형국은 수달이 물고기를 잡으려
쫓아가는 것처럼 생긴 形局이다. 앞에는 큰 물이 흐르며 穴은

水獺(수달)의 입위에 있고 案山은 수달이 쫓고 있는 물고기가 된다.

⬦ 이 形局의 明堂 發福은 주로 富를 얻는 形象이다. 그자손이 勤勉誠實하고 항상 예리한 통찰력(通察力)으로 사물에 대한 분별력이 빠르고 정확하여 정당한 이익만을 추구하여 많은 사람들로부터 信用을 얻고 그 信用을 바탕으로하여 富를 이룬다.

註 : 避 : 피할 피.　活 : 살 활, 물콸콸흐를 활.　括 : 헤이릴 괄, 맺을 괄, 점검할 괄, 이를 괄.　獺 : 물개 달.　總 : 거느릴 총, 다 총, 모을 총, 합할 총, 고덩이잡을 총, 총각상투짤 총, 꿰멜 총.　趕 : 꽃을 간, 꼬리뻗치고달아날 간.

362. **黃龍奔江形(황룡분강형)** : 이形局은 黃龍이 江으로 달려가는 것처럼 생긴 形局이다. 이 形象은 山勢가 매우 힘차고 생동감(生動感)이 있는 형세(形勢)로 진혈을 맺어 氣가 충만(充滿)한 明堂이다. 穴은 龍의 이마에 있고 案山은 큰 江이나 냇물이 된다.

⬦ 이 형국의 明堂 發福은 富와 貴를 함께 얻는 귀한 형상이다. 龍의 形象의 明堂은 항상 富貴가 兼全한다. 우리가 일반적으로 용꿈만 꾸어도 祥瑞로운 일들이 찾아 온다고 믿고 또 실지 現實 상황에서 그러한 경험을 많이 하고 있는 것도 사실이다. 風水地理에서도 龍의 形象에 眞穴이 맺어질 경우 이러한 터에 조상의 遺體를 모시거나 住宅을 지어 생활하면

그 후손들이 오랫동안 富貴를 누리며 산다고 하는 것은 잘 알려지고 있다. 정확한 眞穴을 찾는 것이 중요하다.

363. **黃龍戲珠形(황룡희주형)** : 이 형국은 黃龍이 구슬을 가지고 노는 것처럼 생긴 형국이다. 穴은 용의 입, 코, 이마가 있고 상서(祥瑞)로운 구름이 案山이 된다.

◈ 이 형국의 명당 발복도 위의 용의 형상 명당발복과 대동소이하다. 그러므로 이의 중복 설명을 생략한다.

364. **黃馬爭毬形(황마쟁구형)** : 이 형국은 나란히 선 황마 두 마리가 서로 공을 차지하려고 다투는 것처럼 생긴 形局이다 두 마리의 크기와 생김새가 비슷하고 穴은 말의 머리에 있고 案山은 공과 지팡이이다.

◈ 이 형국의 명당 發福은 주로 貴를 얻는다. 그 후손이 장차 벼슬길에 나아가 라이벌 경쟁자를 물리치고 당당히 중책을 맡으며 그 탁월한 능력을 아낌없이 발휘하여 최고 지도자(指導者)로부터 창안(創案) 기획력(企劃力)을 칭찬(稱讚)받으며 고위 정책직(政策職)에 올라 國家를 위해 헌신한다.

註 : 毬 : 공 구, 화문담요 구, 띠이름 구. 讚 : 도울 찬. 칭찬할 찬. 劃 : 새길 획, 그을 획, 계획할 획.

365. 黃蛇趕合形(황사간합형) : 이
형국은 누런 구렁가 조개를
쫓아가는 것처럼 생긴 形局이
다. 穴은 구렁이의 머리에 있
고 案山은 앞에 있는 물 조개
등이다.

⊗ 이러한 형국의 明堂에 祖上의 묘
를 쓰면 빠른 시 일내에 큰 횡재를
하며 두뇌(頭腦)가 아주 영리하여
장차 國家職의 공직 시험(試驗)에
합격하여 문화체육(文化體育) 예술계통(藝術系統)의 정책(政策)을 수
행(遂行)하는 직책을 맡아 훌륭히 수행한다.

366. 黃蛇聽蛤形(황사청합형) : 이
형국은 황구렁이가 물가에서
조개가 읊조리는 소리를 듣고
있는 것처럼 생긴 形局이다.
이 형국은 물이 휘감고 돌며
穴은 황구렁이의 머리에 있고
案山은 조개가 된다.

⊗ 이 형국의 明堂 發福도 위 形局의
發福 내용과 大同小異하다. 따라
서 이의 중복 說明을 省略 한다.

367. 黃蛇出洞形(황사출동형) : 이
형국은 누런 구렁이가 깊은
골짜기에서 나오는 것처럼 생
긴 形局이다. 穴은 구렁이의
머리에 있고, 案山은 앞에 있

는 물 개구리 쥐 두꺼비 등이다.

⊗ 이러한 形象의 明堂 眞穴에 祖上의 墓를 쓰거나 住宅. 창고(倉庫). 별
장(別莊)을 지어 살면 그 子孫들이 富와 貴를 빨리 얻으며 그 富貴가
오래 지속되는 形局이다 다만 주위의 砂格에 사냥군 처럼 생긴 山峰이
있다든지 누리군 모양의 山峰이 있으면 그 富貴가 오래가지 못하고 쉽
게 소멸(消滅)한다.

註 : 聽 : 들을 청, 받을 청, 좇을 청, 결단할 청, 기다릴 청, 꾀할 청, 수소
문랑 청, 맡길 청. 蛤 : 조개 합. 蚌 : 조개 방.

368. 黃蛇吐氣形(황사토기형) : 이
形局은 누런 구렁이가 먹은
것을 吐하는 것처럼 생긴 형
국이다. 穴은 구렁이 머리에
있고 案山은 풀섶이나 구렁이
가 잡아먹는 개구리 등의 짐
승이다.

⊗ 이러한 형국의 明堂 眞穴에 祖上의 墓를 쓰면 장차 그 후손들이 富貴를
얻는다. 그 富貴를 얻고 자만(自慢)과 오만(傲慢)에 빠져 남을 배려할
줄 모르고 독선에 빠지면 그 부귀는 오래가지 못하므로 남을 위해 배
려하고 항상 어려운 사람을 도와주는 일을 하면은 그 富貴는 오랫동안
지속(持續)한다.

369. 黃蛇捕鼠形(황서포서형) : 이
형국의 명당은 누런 구렁이가
쥐를 잡는 것처럼 생긴 형국
이다 穴은 황구렁이의 머리에
있고 案山은 쥐가 된다.

⊗ 이러한 形局의 明堂 發福은 富貴
가 兼全하는 形象이다. 그 자손들
이 富貴를 빨리 얻으며 그 富貴가

오랫동안 지속하는 形이다. 두뇌(頭腦)가 명석(明晳)하여 매사(每事)의 형편을 빨리 판단하여 능동적(能動的)으로 대처를 잘하므로 富도 빨리 획득하여 많은 사람들의 부러움을 사는 形象이다.

370. 黃牛兜車形(황우두거형) : 이 형국은 황소가 수레를 끄는 것처럼 생긴 形局이다. 穴은 소의 머리에 있고 案山은 소를 모는 채찍이 된다.

　⊗ 이러한 형국의 明堂에 祖上의 遺體를 安葬하거나 住宅을 지어 살면 그 後孫들이 주로 富를 이루며 잘사는 形이다. 性稟이 과묵하고 점잖으며 勤勉誠實하여 富를 이루며 남에게서 칭찬받는 사람이다. 언제나 원리원칙(原理原則)대로 일을 처리하며 不正과 불의(不義)는 단호이 배척하고 옳은 일만을 신봉하는 아주 善한 사람의 본보기이다.

註 : 持 : 지킬 지, 가질 지, 오래참을 지, 물지게 지.　續 : 이을 속.　繼 : 이을 계.　傲 : 거만할 오.　慢 : 게으를 만, 느릴 만, 거만할 만, 방자할 만.　捕 : 잡을 포.　鼠 : 쥐 서.　兜 : 투구 두.

371. 黃鷹他蛇形(황응타사형) : 이 형국은 매가 뱀을 공격하는 것처럼 생긴 형국이다. 穴은 매의 머리에 있고 案山은 뱀이다.

　⊗ 이러한 형국의 明堂 發福은 주로 貴를 받는 形象이다. 貴中에서도 學問的으로 뛰어난 頭腦로 글을 잘쓰고 임기응변(臨機應變)의 화술(話術)도 뛰어나 달변가(達辯家)로도 유명해진다. 언어학(言語學)에

조예(造詣)가 깊어 이분야에서 두각을 나타내고 장차 최고 학부의 敎授(교수)가 되며 혹은 소설가(小說家), 시인(詩人), 극작가(劇作家) 등으로도 일가견을 발휘하여 名聲을 떨치는 형상이다.

372. 黃鵠博風形(황곡박풍형) :

이 형국은 누런 고니가 바람을 맞으며 날개를 치는 것처럼 생긴 形局이다. 穴은 고니의 날개에 있고 案山은 날개를 펴고 있는 난새이다.

⊗ 이러한 形局의 明堂에 祖上의 墓를 쓰면 그 後孫이 貴人를 배출하는 發福을 받는다. 또한 性稟이 고상하고 용모도 단정하고 秀麗하다. 學識이 뛰어나고 지혜(知慧)와 덕성(德性)두루두루 갖추어 많은 사람들의 尊敬을 받으며 지속적으로 富貴를 유지하며 평안하게 사는 明堂이다.

372. 回龍顧祖形(회룡고조형) :

이 形局은 祖宗山에서 멀리 뻗어오는 龍이 다시 靑龍 白虎가 形成되고 이 龍脈이 穴場을 만들고 眞穴을 맺는 形局을 말한다. 그리고 形局을 이루려면 반드시 용진혈적(眞龍穴的)이 되고 조종산(祖宗山)을 바라보고 있어야 한다. 즉 회룡고조(回龍顧祖) 穴은 뻗어 내려온 龍이 한바퀴정도 휘돌이 원래 龍의 시발점인 할아버지 산을 孫子山이 바라보고 있는 形局이 되고 아울러 龍眞穴的이 되어 眞穴이 맺혀져야 한다.

✥ 이러한 형국의 明堂 發福은 富貴가 兼全하는 形象이다. 回龍顧祖穴이기 때문에 交구 통맥(通脈)법을 적용하여 龍脈의 구성을 잘살펴 2胎교구인지 3胎교구인지 4胎교구인지를 나경으로 자세히 측정여 그 發福의 내용을 파악해야할 것이다. 여기서 교구통맥법(交媾通脈法)의 이론은 지면상 모두 논할 수가 없고 회룡고조형에서는 특별히 이용법을 주의 깊게 살펴는 것이 현명하다고 감히 말할 수 있을 것이다.

373. **橫劍之形(횡검지형)** : 이 형국은 칼을 가로 질러놓은 것처럼 생긴 형국이다. 穴은 칼자루에 있으며 案山은 칼집이 된다.

✥ 이러한 형국의 明堂 發福은 주로 武人이 나오며 장차 병권(兵權)을 잡고 그 군권(軍權)을 지휘하며 주위의 砂格을 잘살펴서 오역(忤逆)이나 반역(叛逆)의 수괴(首魁)가 나오지 않도록 각별히 주의하여 재혈(裁穴)해야 한다.

374. **橫琴之形(횡금지형)** : 이 형국은 가로놓인 거문고처럼 생긴 形局이다. 穴은 손가락으로 소리를 내는 곳에 있고 案山은 사람이다.

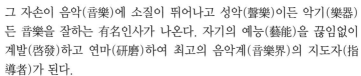

✥ 이 형국의 명당發福은 주로 예술인(藝術人)을 배출하는 形象이다. 이러한 명당에 祖上의 墓를 쓰면 그 자손이 음악(音樂)에 소질이 뛰어나고 성악(聲樂)이든 악기(樂器)든 音樂을 잘하는 有名인사가 나온다. 자기의 예능(藝能)을 끊임없이 계발(啓發)하고 연마(研磨)하여 최고의 음악계(音樂界)의 지도자(指導者)가 된다.

375. 橫笛之形(횡적지형) : 이 形
局은 피리가 가로놓인 것처럼
생긴 形局이다. 穴은 피리의
꼭지 입술을 대는데 있고 案
山은 생황, 통소 등이다.

◎ 이 形局의 明堂 發福도 위와 같이
예술인(藝術人)이 배출되 그 방면
으로 출세하는 형국이다. 音樂에 소질이 많아 남들이 모두 부러워하고
격려받는 形象이다 .

註:鷹: 매 응.　魁 : 으뜸 괴, 클 괴, 별이름 괴, 언덕 괴.　啓 : 열 계,
꿇을 계, 아뢸 계.　笛 : 저 적, 피리 적.　磨 : 갈 마, 멧돌 마, 만질
마.　硏 : 갈 연, 연마할 연, 탐구할 연, 궁구할 연.

376. 窺水之形(규수지형) : 이 형
국은 案山 또는 朝山 등 근처
에서 보일듯 말듯하여 도두
(到頭)에서는 보이고 坐穴에
서는 안보이는 곳이며 또는
물소리는 들리는데 수체(水
體)는 보이지 않는 것이다.
규수(窺水)가 있으면 손재수
(損財手)가 있으며 수시로 도적(盜賊)이 들며 子孫에 흑수
(黑手)가 생긴다.

◎ 그러나 조당수가 案山 밖에서 순환하면 穴은 반드시 보통 땅이 아니다.
명공(明拱)은 암공(暗拱)만 못하다. 명공은 보이는 물이요. 暗拱은 보이
지 않는 물이다. 물소리가 동동하고 북소리처럼 들리면 밝은 사람이 貴
하게 되고 급류로 흐르는 소리가 처량하고 서글프게 들리면 哭소리로
울부짖는 재앙(災殃)이 있게 된다.

377. **降伏之形(강복지형)** : 이 형
국은 靑龍.白虎가 유순하게
몸을 낮추고 엎드려 있는 것
처럼 생긴 형국이다. 청룡과
백호가 강복형(降伏形)인 明
堂의 眞穴에 祖上의 墓를 쓰
거나 양택을 지어 살면 그 자
손들의 형제 일가간에 우애가 깊고 화목(和睦)하게 지내며 성
품이 어질고 의로우며 孝子와 현모양처(賢母良妻)가 나와 가
문의 전통을 이어가며 오복(五福)을 누리며 잘 살아간다.

378. **怪石前案(괴석전안)** : 이 形
局은 穴場 앞에 怪石들이 놓
여 있어 凶地로 보이나 穴場
뒤에 三吉星이 있어 吉地로
보는 것이 타당하다. 穴場 앞
뒤나 옆을 막론하고 이러한
凶石이 있으면 살기(殺氣)가
발산(發散)한다고 하여 혈장
에 나쁜 영향을 미치게되 길지(吉地)로 보이지 않는다. 그러
나 이러한 괴석(怪石)이 앞에 있다고 하더라도 穴場 뒤에 있
는 三台星의 吉氣가 혈장에 강하게 작용해 주어 흉상(凶殺)을
방어(防禦)해 주므로 穴處를 혈기(吉氣)가 충만(充滿)하게
해주므로 흉지(凶地)로 보지 않는다.

註 : 窺 : 엿볼 규. 損 : 상할 손, 감할 손, 잃어버릴 손, 해할 손. 盜 :
도적 도, 훔칠 도. 賊 : 도적 적, 역적 적, 해칠 적. 暗 : 깊을 암,어
두울 암. 拱 : 손길접을 공, 꽂을 공, 손끝마주낄 공. 災 : 재앙 재,
횡액 재. 殃 : 앙화 앙, 벌날릴 앙, 허물 앙. 降 : 내릴 강. 怪 :

기이할 괴, 의심할 괴, 괴이할 괴, 요물 괴, 괴망스러울 괴, 깜짝놀랄
괴. 禦 : 막을 어, 그칠 어.

379. 交會之形(교회지형) : 이 形
　　　局은 靑龍과 白虎에서 여러개
　　　의 잔지각이 뻗어나와 서로
　　　얽갈려 있는 形象이다. 마치
　　　손가락으로 깍지를 낀 것처럼
　　　보인다.

　⟐ 이러한 형국의 明堂 眞穴에 조상의 墓를 쓰면 그 子孫들이 富와 貴를
　　누리는 발복을 받는다. 자손의 兄弟들이 모두 관직에 나가거나 기업
　　(企業)을 운영하며 富를 얻고 유복(裕福)하고 화목(和睦)하며 잘살아
　　간다.

380. 群鴉躁屍形(군아조시형) :
　　　이 形局은 까마귀 여러 마리
　　　가 屍體를 向해 달려드는 것
　　　처럼 생긴 形象이다. 山峰의
　　　모습과 크기가 비슷한 형태
　　　로 가운데 屍體가 있고 穴은
　　　부리의 뒤에 있고 시체가 案
　　　山이다.

　⟐ 이 形局의 明堂 發福은 주로 富를 얻는 形象이다.

381. 貴人謝恩形(귀인사은형) : 이
　　　形局은 貴人이 자기보다 더
　　　높은 사람이 자신에게 베푼
　　　은혜(恩惠)에 감사하는 것처
　　　럼 생긴 形象이다. 홀(笏)과

도포 띠 등이 있다. 穴은 笏의 위쪽에 있고 案山은 도포의 띠 혹은 香을 피우는 띠다.

⊗ 이 형국의 명당 眞穴에 陰宅을 造成하거나 陽宅 을 지어살면 富貴가 兼 全하는 發福을 한다. 그 자손이 장차 벼슬길에 올라 명성을 떨치며 이 를 바탕으로 하여 富도 이루어 유복하게 잘살아 가는 행복(幸福)한 가 정(家庭)을 이룬다.

註 : 裕 : 너그러울 유, 넉넉할 유, 늘어질 유. 鴉 : 갈까마귀 아, 검을 아. 躁 :조급할 조,성미급할 조. 恩 : 은혜 은. 惠 : 은혜 혜. 屍 : 시체 시. 謝 : 사례할 사, 끊을 사, 고할 사.

382. 金門上馬水형(금문상마수형)

: 금문상마수형이란. 丙方에 서 흘러 들어온 물이 酉方으 로 흐르다가 巽方으로 되돌 아와서 마지막에는 卯方으로 빠져나가는 것을 금문상마수 (金門上馬水)라고 하며 대단 히 貴한 물을 말한다.

⊗ 이 형국의 明堂은 물이 穴場을 환포하지 않고 흘러도 즉 그림과 같이 之자나 혹은 玄자나 구곡수(九曲水)로 흐르면 穴處의 氣가 잘 보존(保 存)되기때문에 그 후손들이 富와 貴를 누리는 發福을 받는다.

383. 金梭之形(금사지형) : 이 形

局은 배를 짤 때 쓰는 북처럼 생긴 형국이다. 穴은 북의 한 가운데에 있으며 案山은 아름 다운 女人 혹은 화장대(化粧 臺)이다.

⊗ 이 형국의 明堂 發福은 富를 주로

얻으며 아름다운 美人이 나와 현모양처(賢母良妻)가 된다. 예의범절 (禮儀凡節)을 중히 여기며 도덕적(道德的) 윤리적(倫理的)인 人間을 양성(養成)해 가는데 선도적(先導的)인 역할을 다한다.

384. 金鵝抱卵(금아포란) : 이 형 국은 금거위가 알을 품고 있 는 것처럼 생긴 形象이다. 穴 은 거위의 가슴 부분에 있고 案山은 알이다.

◇ 이 형국의 명당 발복은 富와 貴를 함께 얻는다. 특히 자손이 번창(繁 昌)하여 대대로 근면성실(勤勉誠實)한 자손이 나와 富를 이루고 그 기 반위에서 貴를 얻고 장차 국가의 고위직에 나아가 能力을 최고로 발휘 하며 명성을 날리는 명혈지(名穴地)이다.

註 : 梭 : 북 사.　粧 : 단장할 장.　導 : 인도할 도, 다스릴 도, 통할 도. 鵝 : 거위 아.

385. 鹿之形(녹지형) : 이 형국은 사슴처럼 생긴 形象이다. 穴 은 사슴의 이마에 있고 案山 은 풀(草)더미이다.

◇ 이 형국의 명당 발복은 富와 貴가 겸전(兼全)한다. 자손들의 용모 가 단정하고 그 성품(性稟)이 고 고하며 청렴(淸廉)한 인물을 배출 한다. 자손이 늘 학문(學問)에 힘 쓰고 연구(硏究)에 전념하여 학식 (學識)이 뛰어난 교육자(敎育者)가 되거나 문장가(文章家)가 된다. 그 리고 늘 선비정신으로 얌전하여 많은 사람들의 尊敬을 받는다.

386. 帶印笏形(대인홀형) : 이 형
국은 靑龍과 白虎의 한쪽 끝
에 둥그런 山峰우리나 둔덕이
붙어 있고 다른 한쪽 끝에는
홀(笏)처럼 생긴 山줄기가 붙
어 있는 形局이다.

◈ 이 형국의 명당 發福은 주로 貴를
얻는다. 이러한 明堂의 眞穴(진혈)에 祖上의 유체(遺體)를 안장(安
葬)하거나 陽宅을 지어 살면서 그 後孫이 태어나 장차 그 후손이 국가
최고시험(最高試驗)에 합격하여 국가의 고위 정책(政策)을 수립 시
행하는 직책을 맡아 그 능력(能力)을 최고로 발휘하여 국가적 사업을
성공적으로 완수하고 훈장(勳章)을 받는다.

387. 倒掛金釣形(도괘금조형) : 이
형국은 낚시를 거꾸로 매달아
놓은 것처럼 생긴 형국이다.
穴은 낚시의 꼬부라진 곳에
있고, 案山은 물고기 어망(魚
網) 낚싯대 등이다.

◈ 이 형국의 명당 발복은 주로 富를
얻는 형국이다. 자손들이 勤勉誠實하고 절약정신이 투철하여 끊임이
없이 저축(貯蓄)하여 많은 財物을 모아 큰 富者가 된다.

註 : 帶 : 띠 대.　笏 : 홀 홀.　倒 : 꺼꾸러질 도, 자빠질 도.　掛 : 걸 괘,
달 괘.　釣 : 낚시 조, 낚을 조.

388. 燈高之形(등고지형) : 이 형
국은 穴處가 절벽위에 위태롭
게 붙어 있는 것처럼 생긴 일
종의 괴혈(怪穴)형국이다. 앞

에서 설명한 괘등혈(掛燈穴)과 비슷하다. 龍脈이 뻗어 내려
오다가 급경사가 되면서 다시 쭉뻗으면서 절벽중간(絶壁中
間)에 평평한 곳에 穴이 맺는다.

◈ 이 형국의 명당 發福은 富貴가 雙全하는 形象이다. 이러한 형국의 명당
眞穴에 조상의 墓를 쓰거나 住宅을 지어살면 그 子孫이 富와 貴를 함께
얻는 發福을 한다. 장차 벼슬길에 나아가 國家와 社會를 위하여 헌신
(獻身)하며 名聲을 얻고 富도 이루어 평생 유복(裕福)하게 사는 形局
이다.

389. 眠牛之形(면우지형) : 이 형
국은 소가 잠을 자는 것처럼
생긴 형국이다. 穴은 소의 이
마에 있고 案山은 풀(草)더미
이다.

◈ 이 형국의 명당 發福은 주로 富를
얻는 形象이다 그 성품(性稟)이
온순(溫順)하며 부지런하여 財産
을 모은다. 남의 눈치를 보지 아니하고 언제나 자기의 할 일을 충실히
이행하는 선비이며 君子形(군자형)이다. 건장한 체격에 근면(勤勉)하
여 타의 모범이 되며 항상 남들의 칭찬을 받으며 존경(尊敬)을 받는다.

390. 眠牛乳子形(면우유자형) : 이
형국은 누워 있는 어미소가
송아지에게 젖을 먹이는 것
처럼 생긴 形局이다. 穴은 어
미소의 젖가슴에 있고 案山은
송아지가 된다.

◈ 이형국의 명당 發福은 주로 富를
얻는 形象이, 구체적인 發福의 내용은 위의 면우지형(眠牛之形)과 大同
小異하다.

註 : 燈 : 등 등, 등잔 등. 眠 : 잠잘 면. 異 : 다를 이. 乳 : 젖 유, 젖
가슴 유.

391. **沒泥穴形(몰니혈형)** : 이러한
형국은 대개 밭(田)이나 얕은
野山 혹은 논(畓:답)같은데

맺는 일종의 괴혈(怪穴)이다.
龍脈이 은맥(隱脈)으로 내려
오기 때문에 쉽게 찾기가 어
렵다. 보일듯 말듯 石骨로 이
어지다가 언덕이나 무더기 같

은 것을 이루다가 穴을 맺는 곳에서는 高下가 분명하여 의심
없는 혈처(穴處)가 된다.

⊗ 이 형국의 명당 發福은 주로 富를 얻는다. 끊임없는 努力으로 富를 이
루어 유복(裕福)하게 사는 形象이다. 남이 알지 못하는 사이에 티끌모
아 泰山(태산)을 이루어내는 無에서 有를 창조(創造)하는 形의 근면성
(勤勉性)이 평소의 소신이다.

392. **美惡不均形(미악불균형)** : 이
형국은 한쪽 龍脈은 아름답고
다른한 쪽의 용맥은 凶하게
생긴 것이다. 한쪽의 山脈은

힘차고 단정하게 잘 뻗었는데
반대편의 山脈은 짧거나 飛走
하거나 깨저 있는 形象이다.
잘 생긴쪽에 墓를 쓰면 좋은
發福을 받으나 깨저있는 脈에

墓를 쓰면 흉화(凶禍)를 당하므로 이의 분별을 잘해서 選定을
신중히 해야한다.

393. 石骨入相形(석골입상형) : 이
형국은 龍脈이 石骨로 이루어
져 이 석골(石骨)이 入相하면
가파르고 험하여 土脈으로 連
이어져 가면 단절하지 않아도
되지만 조악(粗惡)함을 싫어
하고 貴하려면 방원(方圓)하

여야 한다. 암석(巖石)은 山을 튼튼하게 하지만 높고 험악(險
惡)한 것은 좋아하지 않는다. 만약 石骨이 변환(變換)하여 성
진(星辰)을 이루거나 形象을 이룬다면 入相한 것이니 그 중에
서 生成된 穴場이 있게 된다.

註 : 沒 : 잠길 몰, 빠질 몰, 다할 몰, 지날 몰, 건물로뺏을 몰.   泥 : 진흙
니.   隱 : 숨을 은.   畓 : 논 답.   巖 : 바위 암.   變 : 번할 변.   換 :
바꿀 환.

394. 衙刀之形(아도지형) : 이 형
국은 하나의 砂格이 뾰쪽하게
감싸서 예리하게 둘러저 감
싸않은 모양이다. 이러한 形
象은 吉로 본다 아도(衙刀)
와 교검(交劍)은 이름난 장
수(將帥)로 家門밖의 兵士를
거느리고 고각(鼓角)의 매화
(梅畵)는 知州의 職을 다스린
다. 衙刀와 交劍의 形象과 같

으면 반드시 名將이 나올 것이며 많은 원군(援軍)을 얻을 것
이다. 고각(鼓角)은 매화(梅花)의 영상(影象)이니 반드시 軍
民을 어루만질 知州의 職을 다스리게 될 것이다.

395. 魚袋之形(어대지형) : 이 형
국은 穴處 앞에 물고기 모양
의 砂格이 있는 形象을 말한
다. 금어대(金魚袋)라고도 하
며 이 砂格이 穴을 중심으로
볼 때 어느 방위에 있는가에
따라 그 發福의 내용이 다르

다. 어대(魚袋)가 兌方(西)에 있으면 경상(卿相)을 기약하고,
귀한 벼슬을 한다. 天馬가 南方에 있다면 公侯에 이른다. 어대
사(魚袋砂)나 天馬사가 穴處의 어느 方位에 있는가를 보아 그
吉함을 판단한다.

396. 燕子泊梁形(연자박양형) : 이
形局은 새끼 제비가 대들보에
앉아있 것처럼 생긴 形象이
다. 穴은 꼬리에 있고, 案山은
빨래줄이다.

◈ 이 형국의 明堂의 發福은 주로 貴를 받는 明堂이다. 이러한 명당의 眞
穴에 祖上의 墓를 쓰면 그 後孫이 장차 벼슬길에 나아가 그 能力을 발
휘하여 高位職에 오르고 名聲도 떨친다

註 : 衙 : 막을 아. 影 : 그림자 영. 援 : 끌어당길 원, 구원할 원. 畵 :
그림 화. 梅 : 매화나무 매, 상제얼굴 매. 瓶 : 병 병.

397. 玉几之形(옥궤지형) : 이 형
국은 砂格이 구슬과 궤처럼
생겨 기울지 않고 반듯한 모
양처럼 생긴 形局이다. 이형
국은 玉으로 장식한 사람이

앉는 안석과 같이 생긴 것으로 穴은 中央에 있고 案山은 병풍 (屛風)이다.

⊕ 이 형국의 명당 發福은 주로 貴를 얻는 形局이다. 頭腦가 명석한 자손 이 나와 장차 벼슬길에 오르고 學識이 풍부하여 모든 일처리를 能手能 爛(능수능란)하게 말끔히 처리하며 상하 동료 직원과 원만이 잘 지내 며 실력이 뛰어나 고위직에 빨리 昇進하여 주위 사람들을 놀라게 한다.

398. 汪洋之形(왕양지형) : 이 形 局은 穴處가 넓은 못이나 湖 水 가운데에 있는 形象이다. 蓮잎처럼 가물가물 떠있는 작 은 섬에 穴이 있다.

⊕ 이 형국의 明堂 發福은 주로 富를 얻는 形象이다. 祖上의 陰德으로 財産을 많이 물려받아 富를 소유 하고도 절도 있는 消費生活로 더 욱 더 많은 財産을 모아 큰 富者가 되며 곤란한 사람을 많이 도와주므 로써 주위 사람들로부터 추앙을 받는 人物이 된다.

399. 龍虎相降(용호상강) : 이 형 국은 龍과 호랑이가 서로 마주 보고 있는 것처럼 생긴 形局이 다. 穴은 호랑이의 이마에 있 고 案山은 마주보는 龍이다.

⊕ 이 형국의 명당 發福은 富와 貴가 兼全하는 形象이다. 이러한 형국 의 명당 眞穴에 祖上의 墓地를 造 成하거나 陽宅을 지어 살면 그 자손들이 富와 貴를 함께 얻는다. 장차 벼슬길에 나아가 國家와 社會를 위하여 헌신(獻身)하며 아울러 立身揚 名하는 明堂中의 明堂이다.

註 : 屛 : 병풍 병.　爛 : 익을 난, 촛불휘양할 난, 찬란할 난, 난만할 난,
데어서벗어질 난.　能手能爛(능수능란) : 일 솜씨가 매우 뛰어남.

400. **臍中之形(제중지형)** : 이 형
국은 사람의 배꼽(臍中)에 해
당하는 穴이다. 主山의 峰우
리에서 穴處로 뻗어 내려오는
龍脈이 웅장하고 반듯하여 둥
글고 穴處가 사람의 배처럼
약간 튀어나와 너부죽한 形象

이다. 그 한 가운데 배꼽처럼 생긴 곳이 穴이다. 靑龍과 白虎
는 穴을 감싸 감아 준다.

◈ 이형국의 명당 발복은 富貴를 함께 얻는 形象이다. 이러한 명당의 眞穴
에 陰.陽宅을 造成하면 그 자손이 장차 국가 公職에 나아가 不正을 배
격하고 청백리(淸白吏)가 되어 헌신(獻身)하는 공직자로 그 명성을 떨
치며 뭇 사람들의 칭송(稱誦)을 받는다.

401. **枝脚短形(지각단형)** : 이 형
국은 뻗어내려온 龍脈이 짧은
형태의 龍이다. 穴處를 감싸
고 있는 龍脈이 길어야 좋지
만 설사 龍脈이 짧다해도 龍
의 마디마디가 양쪽으로 고르
게 뻗었으며 옆에서 호위해주
는 龍脈이 있으면 길하다. 만

일 이러한 穴處가 옆에서 호위(護衛)해주는 龍脈이 없으면 穴
處의 氣를 보호(保護)해주는 전호사(纏護砂)가 없기 때문에
氣 흩어저 凶할 수 밖에 없는 것이다.

⊗ 이형국의 명당 발복은 富貴가 發福하는 形象이다. 장차 벼슬길로 나아가 政界로 진출하면 選擧의 명수가 되어 選擧職에 당선되어 크게 成功하는 形象이다.

402. **斬關之形(참관지형)** : 이 형국은 行龍하는 龍脈이 中間 지점에 기(氣)를 배고(斬) 脈을 끊어 穴을 만드는 경우가 있는데 참관혈(斬關穴)은 龍脈이 끊겨 있는 괴혈(怪穴)이다. 보통 穴의 경우 龍脈이 끊어지면 生氣가 흘러 들어가지  않아서 眞穴이 되지 못하지만 참관혈은 이와 달라서 生氣가 땅속으로 通한다고 보는 怪穴이다.

⊗ 이러한 명당 발복은 일정하게 나타나지 않고 상황에 따라서 發福의 정도가 屈曲과 變化가 많다. 事業家는 成功과 失敗가 반복하기도 하고 公職이나 직장인도 자주 옮기는 경우가 많다. 斬關穴은 人爲的으로 만들기 때문에 그 成功여부가 不確實性을 내포하고 있다.

註 : 臍 : 배꼽 제.　纏 : 얽을 전, 묶을 전, 동일 전.　斬 : 죽일 참, 거상 입을 참, 베일 참, 끊을 참.

403. **天乙太乙形(천을태을형)** : 이 形局은 主山의 뒤에 양쪽으로 높게 우뚝 솟은 봉우리가 두 개가 서있는 形象이다. 왼쪽에 있는 峰우리가 天乙 貴人峰이고 오른쪽에 있는 峰우리는 太乙貴人峰 이라고 하며 지극히 貴한 龍脈이다.

◈ 貴는 陰貴와 陽貴로 구분되는데 陽貴는 冬至로부터 다음해의 夏至까지 사용하고, 陰貴는 夏至로부터 冬至까지 사용하는 것이 원칙이다. 그러나 貴人은 길신(吉神)이라 하여 陰陽에 관계없이 혼용(混用)하고 있다.

404. **鐵鎖繫金牛(철쇄계금우)** : 이 形局은 소를 쇄사슬로 동여 매놓은 것처럼 생긴 形局이다. 穴은 소의 이마에 있고 案山은 쇄사슬이다.

◈ 이러한 형국의 명당발복은 주로 富를 얻는 形象이다. 이러한 明堂의 眞穴에 祖上의 墓를 쓰면 그 後孫이 조상의 陰德을 받아 富를 이루고 평생 裕福하게 잘사는 形象이다.

405. **平洋之形(평양지형)** : 이 形局은 龍이 평평한 곳에 맺히므로 이를 찾아 내기가 매우 어려운 形象이다. 옛말에 平地에서는 脈을 찾지말라하였다. 물이 감아 흐르면 이것이 龍脈의 자취이니 물이 왼쪽으

로부터 흘러 들어오면 龍脈도 왼쪽에서 오고, 물이 오른쪽에서 흘러 들어오면 龍脈도 오른쪽에서 오는 것이니 兩水가 합쳐 모이는 곳이 과협(過峽)속기처로써 양구 교합처가 바로 용맥이 결작된 곳이다.

◈ 平洋穴은 넓고 평탄한 平地에 있는 일종의 怪穴이다. 穴이 맺혀 있는 그 자리만 약간 불록하게 나와 있고 주변은 평평하다. 앞에 물이 있는 경우에 그 물이 穴處를 감싸 않은듯 휘감아 준다.

註. : 混 : 흐릴 혼, 섞일 혼, 서녘오랑캐 곤.   鐵 : 쇠 철.   鎖 : 자물 쇠,
    꼭막을 쇄, 사슬 쇄, 항쇄 쇄.   繫 : 멜 계, 얽을 계, 동일 계, 묶을
    계.   峽 : 물낀산골 협, 산이름 협.

406. 平田之形(평전지형) : 이 形
    局은 平洋形과 비슷한 形象이
    다. 平洋形보다는 약간 좁은
    平地 혹은 밭가운데 있는 穴
    이다. 穴 주위가 四方모두 平
    平하나 穴處만 불룩하다.

⊗ 高山龍은 뚜렷히 나타나 보이므로 性情이 노출되어 보기가 쉬우나 平
地龍은 척맥(脊脈)이 깊이 잠기고 性情은 은익(隱匿)되어서 보기가 어
려울 뿐만 아니라 結穴이 밝기도하고 어둡기도하여 일정치가 아니하여
판단하기가 어렵다. 복용(伏龍)은 山이 물을 나르므로 마땅히 취기(就
氣)는 편(偏)으로 하고, 취수(就水)는 전(專)으로하며 반대로 南龍은
물이 山보다 나으므로 마땅히 취수(就水)를 偏으로 하고 취기(就氣)를
專으로 해야한다. 氣를 體로 삼으면 강장(强壯)한 人物이 나오고 물을
龍으로하면 부요(富饒)한 人物이 난다.

407. 回龍入首形(회룡입수형) : 이
    형국은 龍脈이 둥글게 휘돌아
    朝山을 바라 보며 穴이 맺힌
    形象이다. 그중에서 祖宗山
    이 10里이상 멀리 떨어진 것
    을 大回龍이라하고 가까이 있
    는 용을 小回龍이라 부른다.
    回龍入首의 穴도 뒤에 鬼樂
    이 있어야 좋다. 귀락(鬼樂)
    이 없으면 氣運이 약해 明堂

이 못 된다. 또 祖宗山이 너무 높게 보이지 않아 너무 높고 웅
장(雄壯)하면 穴을 압박(壓迫)하는 形局이 된다.그러면 氣運
을 크게 떨치지 못다.

⊗ 回龍에 回入首는 朝山을 떠난 龍이 龍身을 180도로 돌려서 朝山을 보
고 結穴된 것이다. 엄밀히 보면 朝山의 靑龍이나 白虎가 案山에 까지
이르며 봉만(峰巒)이 수려(秀麗)하고 융결(融結)이 되어서 作穴을 하
게 되는데 朝山이 너무 높으면 혈처(穴處)가 핍박(逼迫)을 받는것이
되므로 불가하다. 그러므로 적당한 거리에서 어른에게 자식이 절하
는 그러한 모양이 되어야 한다. 그런데 朝山의 龍.虎가 돌아서 협(峽)
을 지나는 곳에다 點穴(점혈)된 墓所(묘소)는 水風이 되어 봉분(封墳)
이 흩어져 凶하게 된다. 그렇게 되면 財産은 흩어지고 정신질환(精神疾
患)이나 요사(夭死)하는 자손이 끊이지 않는다. 그러므로 回龍의 穴處
는 장풍(藏風)이나 안면(案面)에 장곡(長谷)을 가볍게 보면, 크니큰 재
화(災禍)를 면하지 못한다.

註 : 就 : 취할 취. 饒 : 넉넉할 요, 배부를 요, 더할 요, 남을 요. 壓. :
누를 압. 迫 :핍박할 박, 급할 박, 궁할 박, 곤난할 박. 巒 : 산봉우
리 만. 融 : 화할 융, 밝을 융, 융통할 융. 疾 : 급할 질, 병 질, 투
기할 질, 원망할 질, 미워할 질. 患 : 근심 환, 재화 환, 병들 환.

408. 劫殺明堂形(겁살명당형)

: 이 형국의 明堂은 불
꽃처럼 뾰쪽한 巖石으로
된 山들이 물을 따라서
날카롭게 뻗어있는 局이

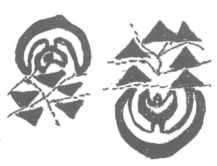

다. 穴處에서 볼 때 바깥
쪽을 向해 뻗어있는 것
도 있고 穴쪽을 向해 뻗은것도 있는데 모두 극히 凶하다.

⊗ 극히 害로운 살기(殺氣)를 발산(發散)하고 있으니 그 殺氣를 받게 되
므로 흉화(凶禍)가 적지않다. 이러한 形象을 明堂이라고 잘못 판단하
여 祖上의 墓를 쓰면 자손들이 이향(鄕離)하고 흩어지며 財産을 없애
게 된다. 특히 칼날같은 바위산 들이 穴處 안쪽을 向하고 있으면, 전사

자(戰死者)도 나오고 殺人者도 나온다. 또 이러한 곳에 집을 짓고 살면 극단의 범죄(犯罪)를 저지르고 사형(死刑)을 당하기도 하고 전쟁(戰爭)터에서 죽거나 남한테 목숨을 잃는다. 兄弟間에 서로 칼부림이 나고 서로 殺人까지 하는 일이 일어나는 최악(最惡)의 凶地이다.

409. **傾倒明堂形(경도명당형)** : 이 형국은 龍脈을 따라 흐르며 내달려 山을 따라 곧장 빠져 나가거나 사선(斜線)으로 비껴 斜별 水가 되어 흐르는 형국이다. 경도명당은 靑龍이나 白虎 또는 龍.虎 둘다 모두 물을 따라 뻗어 나갔기때문에 만들어진다.

⬦ 이러한 形局에 祖上의 墓를 쓰거나 陽宅을 지어살면 그 자손들이 財産을 망하게 만든다. 고향을 떠나 他鄕에서도 재산을 모으지 못하고 가난한 생활을 면치못하며 자손들이 夭折하는 자가 많고 수명(壽命)이 짧다. 事故를 당하여 비명횡사(橫死非命)하는 사람도 생긴다.

410. **寬暢明堂形(관창명당형)** : 이 明堂의 形局은 內明堂이 靑龍이나 白虎 案山으로 아늑하게 둘러 싸여있는 형국이다. 내명당 위의 외명당은 넓은 들판이다. 이 外明堂을 山들이 둘러싸고 있다. 앞이 훤히트여 있으나 外明堂의 뒤에서 산들이 둘러싸고 있으므로 아

늑하게 보인다.

⊗ 이 형국의 명다은 內明堂이 잘 짜여있어 發福이 빠르고 外明堂이 드넓으니 發福한 福이 오래간다. 이러한 明堂에 祖上의 墓를 쓰거나 住宅을 지어 살면 그 後孫들이 富貴를 얻어 오랫동안 복을 누리고 살며 큰 人物이 나와 많은 사람에 게 功德을 베푼다.

411. **廣野明堂形(광야명당형)** : 이 형국의 明堂은 앞이 텅비어 地平線만 보이는 정도로 드넓은 들이 앞에 있는 形局이다. 앞에 朝山이나 案山등 산이 전혀 없기때문에 공허(空虛)함을 느끼게 하며 장풍(藏風)이 되지 않아 살풍(殺風)을 심(甚)하게 받는다. 따라서 穴處의 氣를 보호하지 못하므로 흉기(凶氣)가 퍼져 해(害)로움만 주는 흉지(凶地)이다.

⊗ 이러한 형국에 조상의 墓를 쓰거나 住宅을 지어 살면 그 자손들이 크고 작은 재앙(災殃)이 닥쳐 외 집안이 편안할 날이 없고 험난(險難)한 풍파를 겪게된다. 다만 들판의 가운데로 큰 江물이 흐르면 이 江물이 山을 대신하여 이 明堂의 氣를 보호해 주므로 凶地가 아닌 吉地로 된다. 이를 다른 말로하면 수이대지(水而代地)라고 하여 물이 案山의 역할을 하므로 穴處의 생기(生氣)를 보호해 준다는 의미이다.

412. **廣聚明堂形(광취명당형)** : 이 형국의 明堂은 穴處 앞에 많은 山들이 있고 그 山들의 계곡(溪谷)에서 흘러 나온 물이 穴쪽으로 모여드는 形局이다. 이 형국은 山과 물이

어울려저 경치가 아름다운 形象일 때는 아주 貴한 形局으로 富貴가 겸전(兼全)하는 明堂이다. 山들이 아름답고 맑은 물이 더욱더 生氣를 잘 보호(保護)주므로 大富가 나고 큰 人物이 난다.

◈ 이러한 明堂의 發福은 주로 큰 人物이 많이 나오며 國家와 民族을 위해 殺身成仁(살신성인)하면서 後代에 길이 남을 업적을 남기며 그 名聲을 떨친다. 아울러 그 명성을 기반으로 하여 큰 富도 이루어 남을 위해 功德(공덕)을 베풀고 많은 사람들로부터 칭찬(稱讚)과 尊敬을 받는다.

413. 交鎖明堂形(교쇄명당형) : 이
형국의 明堂은 明堂을 감싸고
있는 兩邊砂(양변사:靑龍.白
虎)가 상호 交鎖하는 形局이
다. 左右의 山이 서로 交叉하
면서 穴을 중심으로 감싸주는
明堂을 말한다. 이러한 명당
은 장풍(藏風)이 잘되고 得水
나 破口가 좋은 위치에 있어
설기(泄氣)가 되지 않기 때문
에 最上의 明堂으로 친다.

◈ 이 형국의 明堂 發福은 富貴가 雙全한다. 이러한 명당에 祖上의 遺體를 安葬하거나 住宅을 지어살면 그자손들이 장차 벼슬길에 나아가 탁월(卓越)한 능력을 발휘하여 國家와 社會를 위하여 크 업적(業績)을 남기고 後代에까지 그 名聲을 길이남기며 이를 기반하여 기업(企業)을 창립(創立)하여 큰 富를 이루어 가난한 사람들에게 공덕(功德)을 베풀어 많은 사람들로부터 추앙(推仰)을 받으며 國家로부터 훈장(勳章)을 받는 애국자(愛國者)가 된다.

414. 大會明堂形(대회명당형) : 이
形局은 穴앞에 많은 山脈이나
물의 흐름이 모여 들거나 황
제(皇帝)가 제후를 접견하고
있는 것처럼 느낌을 나타내는
形局이다. 흔히 (제왕帝王)이
찾아 오는 氣勢(기세)에 상당
하는 明堂으로써 지세(地勢)
의 용량 품격(品格), 경향성(傾向性)이라고 한다.

⊕ 이러한 명당은 여러개의 산맥이 사방에서 뻗어 와 혈앞에 모이는 형국
으로 산맥을 따라서 여러 개의 물줄기가 흘러와 혈앞에서 모이는 형상
이 마치 뭇신하들과 사신들이 함께모여 제왕을 알현하는 것과 흡사하
다. 이 대회명당도 지극히 귀한 명당으로 혈앞에 대회명당이 있으면 숱
한 사 람을 이끄는 대인이 배출된다. 여러사람의 스승이 되는 성현, 큰
일을 도모하여 대업을 이루는 영웅, 숱한 부하를 거느리는 대장군 대학
자가 나온다.

415. 徒瀉明堂形(도사명당형) : 이
형국의 明堂은 穴바로 앞쪽이
높고 바깥쪽으로 갈수록 자꾸
얕아저 경사(傾斜)가 심한 형
국이다. 경사가 심하므로 물
이 모이지 못하고 급히 쏟아

져 내리며 이물을 따라 穴의 정기(精氣)도 쓸려 나간다.

⊕ 이러한 형국에 祖上의 墓를 쓰거나 住宅을 짓고 살면 자손들이 순식간
에 財産을 잃고 악(惡)하게 죽는 사람도 있고 남의 일로 뜻밖에 화(禍)
를 입는 경우가 생긴다. 자손들이 자꾸 엇난다. 그러나 바깥쪽 끝에가
서 물이 한데 모이고 龍穴 이 훌륭하면 처음에 禍를 많이 입다가 나중
에 發福하여 福(복)을 받게 된다. 이러한 땅을 선흉후길(先凶後吉)의
땅이라고 한다.

416. **繞抱明堂形(요포명당형):**
이 形局의 明堂은 堂氣가 요
포(繞抱)하여 水城으로 하여
금 全身을 만곡(彎曲)하므로
明堂이 되니 내당요(內堂繞)
는 富貴가 유장(悠長)하다.
명당의 氣를 감싸고 물이 만
곡(彎曲)하여 水城이 완전하
며 길다란 山줄기와 물줄기가
穴앞에서 穴을 둥글게 감싸주
는 것이 이 明堂이다.

⊗ 요포명당 앞에 있는 穴은 發福이 매우 빠르며 發福하여 얻은 富貴가 아
주 오래간다. 그런데 길게 흐르는 물줄기가 일직선으로 길게 뻗어 直去
水가 되면 좋지않다. 요포명당의 진짜인 것은 물이 활모양 처럼 휘어저
뻗어 구불구불 흘러간다.

417. **朝進明堂形(조진명당형):** 이
形局은 穴앞의 明堂이 바다나
큰 湖水로 되어 있는 形象이
다. 파도(波濤)가 穴앞 明堂
까지 서서히 밀려 들어와 철
석거리고 나간다. 전원수가
높은 곳에서 아래로 층층이
穴로 조입하면 더욱 吉하다.

⊗ 穴前朝의 전원수가 堂前內로 流入하면 재록(財祿)이 쉽게 發하여 조
빈석부(朝貧夕富)의 大富가 나는 물이다. 이러한 明堂은 여러곳에서
흘러온 물이 穴 앞으로 모여드는 형세(形勢)로 이러한 경우는 큰 富者
가 나는 形象이니 높은 곳에서 낮은 곳으로 穴앞에 당도하면 더욱 吉
하다.

418. **周密明堂形(주밀명당형)** : 이
形局의 明堂은 주위 四方에
빈 곳이나 잘룩한 곳이 없이
공고하여 바람을 받지 않는
장풍국(藏風局)으로 生氣가
저절로 모이는 形局이다. 이
주밀명당은 穴앞에 수많은 山
峰우리들이 꽉 들어차 솟아오
른 것이다. 뭇 山이 穴處를 둘
러 싸고 있으니 요풍(凹風)도
없고 허술한 곳이나 빈틈이 없다.

⊕ 이러한 形局은 生氣가 전혀 새나가지 않는다. 穴에 生氣가 충만(充滿)
하므로 富貴를 發福하여 건강(健康)하고 장수(長壽)를 누린다. 그러나
만약 어느 한쪽이 허술하거나 빈틈이 있어 곡살풍(谷殺風)이 流入되어
生氣를 반감(半減)시키면 그에 따른 禍를 입어 얻었던 富貴가 간간이
나쁜일을 당하는 일이 생긴다.

419. **破碎明堂形(파쇄명당형)** : 이
形局은 明堂이나 明堂 주변의
山들이 깨지고 파헤쳐지고 어
질러진 形態이다. 여기저기에
깨진바위나 자갈무더기 등이
지저분하게 흩으러져 있다.
또는 음푹음푹파여 너저분하
고 추(醜)한 形象이다.

⊕ 이러한 破碎明堂에 祖上의 墓를 쓰거나 住宅을 지어 살면 百事不成으
로 온갖 재앙(災殃)이 닥친다. 또 중병(重病)을 앓는 사람, 비명횡사
(非命橫死)하는 사람, 도적질(盜賊質)하는 사람 등이 나오며 젊은이가
요절(夭折)하며 고아(孤兒)와 과부(寡婦)가 많이 나며 가산(家産)을

탕진(蕩盡)하고 가세(家勢)가 기울어 온갖 고초를 당하는 가장 凶한 明堂이다.

420. **偏側明堂形(편측명당형)** : 이 形局의 明堂은 明堂이 균형(均衡)을 이루지 못한 形象이다. 높은 곳이 있는가하면 낮은 곳이 있고 한쪽이 길면 한쪽은 짧다. 또 한쪽은 넓고 다른 한쪽은 좁다. 한쪽이 아름다우면 다른 한쪽은 추(醜)하다. 이와 같이 명당이 고르지

못하니 가정(家庭)이 화목(和睦)치 못하여 不和를 초래(招來)하는 明堂이다.

⊗ 이러한 명당의 穴에 祖上의 墓를 쓰거나 住宅을 짓고 살면 잘되는 자손도 있고 잘못되는 자손도 있다. 貴하게 되는 자손도 있고 천(賤)하게 되는 자손도 있다. 건강(健康)하게 오래사는 자손도 있고 젊어서 요절(夭折)하는 사람도 있다. 富者로 사는 사람이 있는가하면 궁핍(窮乏)하게 사는 사람도 있다.

421. **平坦明堂形(평탄명당형)** : 이 형국의 明堂은 坪坪하고 모나지 않으며 높고 낮음의 구별이 없는 形象이다. 이 明堂 穴 앞의 內明堂의 가운데가 열려 있고 그 앞쪽이 平坦한 구릉

이 펼쳐진 것이다. 높고 낮은 곳이 복잡하게 섞이지 않고 明堂 전체(全體)가 고르니 매우 깨끗한 기운(氣運)이 서린다. 지극히 좋은 明堂이다.

◈ 이러한 명당의 穴은 高貴한 人物을 배출한다. 공후장상(公侯將相) 등이 나오며 明堂에 따뜻하고 밝은 기운이 가득히 감도니 子孫들이 平安하게 산다.

註 : 破 : 깨질 파, 깨뜨릴파. 碎 : 부술 패, 부서질 패. 偏 : 치우칠 편. 側 : 곁 측. 坦 : 평탄할 탄, 편편할 탄, 넓을 탄.

422. 逼窄明堂形(핍착명당형) : 이
形局의 明堂은 穴과 마주하는
案山이 너무 가깝게 솟아 있
어 明堂이 좁은 것을 말한다.
주변의 山이 穴을 압박(壓迫)
하므로 이는 아둔한 子孫이
나온다.

◈ 만약 龍穴이 참되면 작은 穴을 맺
을 수 있다. 이러한 明堂의 穴은
금세 發福 되었다가 금세 끝난다. 그 發福이 속발속패(速發速弊)가 특
징이다. 작은 富貴를 가지고도 오만방자(傲慢放恣)하여 人心을 잃는다.
明堂이 핍착(逼窄)하면 사람이 흥퇴(凶退)한다.

423. 反背明堂形(반배명당형) : 이
形局은 穴주변의 山들이 무정
(無情)하게 등을 돌리고 있고
물도 穴을 감싸주지 못하고
반데로 穴을 배반(背反)하고
달아나며 흐르는 形象이다.

◈ 이러한 反背明堂의 穴에 祖上의
墓를 쓰거나 住 宅을짓고 살면 제
대로 成事되는 일이 없다. 남편과
아내가 서로 배반하고, 자식이 부모를 거역하며 형제간에 서로 배반하
고 백사무성(百事無成)이며 門戶가 쇠퇴(衰退)해 간다.

424. **窒塞明堂形(질색명당형)** : 이
형국은 明堂에 언덕이나 돌무
더기가 많아 앞이 트이지 않
고 막혀 답답하고 옹색한 형
상이다. 穴 바로 앞에 둔덕이
있고, 그 둔덕이 앞을 가로막
아 視野가 매우 좁은 形態로
되어 있다.

  ⊗ 이러한 형국의 明堂에 祖上의 遺體를 安葬하거나 주택을 지어 살면 그
  후손들이 소인배로 옹졸하고 완고하며 융통성(融通性)이 없다. 또 난
  산(難産) 자질(自疾) 포양(胞養)하고, 龍虎의 중간에 둔덕이 있으면 兄
  弟間에 財産 싸움으로 友愛하지 못한다.

425. **融聚明堂形(융취명당형)** : 이
形局은 四方에서 흘러온 明
堂水가 穴前에 주머니와 같
은 못에 모여 融聚하는 形象
이다. 穴場 주변의 局勢가 안
정되어 있으며 穴앞으로 중수
(衆水)가 모여드는 形象으로

사포수회(砂抱水回)로 장풍(藏風)이 잘된 穴場으로 氣가 흩
어짐이 없이 잘 취기(聚氣)된 明堂이다.

  ⊗ 이러한 明堂의 眞穴에 祖上의 遺體를 安葬하거나 주택을 지어 살면 그
  子孫 들이 祖上의 음덕(蔭德)을 받아 財産을 많이 모아 큰 富者가 되며
  한번 모인 財産은 쉽게 없어지지 않고 그 유지(維持)가 오랫동안 지속
  되며 富를 누린다. 아울러 재산(財産)이 저절로 들어오는 횡재(橫財)도
  한다.

註 : 逼 : 가까울 핍, 궁핍할 핍, 핍박할 핍. 窄 : 좁을 착, 끼일 착, 좁을
    책. 悖 : 어지러울 패, 거스를 패, 어그러질 패. 淚 : 눈물 누. 窒

: 막힐 질, 막을 질, 가득할 질.   塞 : 막힐 색, 막을 색, 가득할 색,
변방 새, 주사위 새.   奴 : 男종 노.   傲 : 거만할 오.   慢 : 게으를
만, 느릴 만, 거만할 만, 방자할 만.   速發速敗 : 빨리 발복하고 빨리
망함.   頑 : 완고 완, 탐할 완.   塡 : 오랠 진, 편할 진, 정할 진, 누
를 진, 토성 진, 막힐 전, 병들 전.   難 : 어려울 난, 구슬이름 난, 근
심 난, 꾸짖을 난, 막을 난, 힐난할 난, 성할 나.

圖解水城形局(도해수성형국) :

수성형국(水城形局)이란. 매산(每山)의 형국(形局)마다 이름이
붙여져 있듯이 來水도 역시 形局이 있어 이를 가리켜 水城이라고
하며 이를 그림을 그려 說明한 것이 圖解 水城形局이라고 한다. 만
두(巒頭)의 形局이 천변만화(千變萬化)하듯이 水城의 形局도 千變
萬化이겠으나 대체적인 日常으로 볼 때 水城은 다음에서 說明한 바
와 같이 여러 종류(種類)로 분류(分類)한다.

426. **橫水城形局(횡수성형국)** : 橫
   水城形局은 물이 왼쪽 方向에
   서 오른쪽 方向으로 흐르거나
   오른쪽 方向에서 왼쪽 方向으
   로 흐르는 形局으로써 右水到
   左의 形局과 左水到右의 形局
   으로 나눌 수 있다.

427. **斜水城形局(사수성형국)** : 사
   수성횡국은 종우전각거형(從
   右前角去形)과 종좌전각고형
   (從左前角去形)으로 나누는
   데 從右前角去形은 양향(陽

向)을 써야하고 從左前角去形은 陰向(음향)을 써야 한다. 이 형국은 穴앞의 좌변지(左邊地) 또는 우변지(右邊地)에서 水가 비스듬이 흘러내려서 左右의 귀퉁이로 물리 빠져 나가는 것을 말한다. 이 경우 左右邊이 래원(來源)이 되고 좌우조안(左右朝案)쪽이 水口가 된다.

428. **朝水城形局(조수성형국)** : 水朝가 來到左 하는 것과 來到右 하는 것의 두 가지가 있는데 左局은 陽局이니 陽向을 해야하고 右局은 陰局이니 陰向을 해야한다. 朝水城形局은 水가 朝案의 一邊이 되고 水出口는 穴前 左. 右의 一邊方이 된다.

429. **順水城形局(순수성형국)** : 水가 面前을 따라 바로 나가는 形局으로 水가 面前을 따라 나가면서 到左하는 形局과 到右하는 形局의 두가지가 있다 到左하는 形局은 陽局이므로 陽向을 해야하고 到右하는 形局은 陰局이므로 陰向을 해야한다. 이때의 來源은 左.右 穴前이 되고 水口는 左右朝案이 된다.

430. **陽水口**(양수구.양파구) : 陽
水口는 靑龍과 白虎가 다같
이 穴을 감싸 주면서 靑龍이
白虎보다 長大하여 靑龍이 白
虎를 감아주는 경우로 이렇게
나가는 水口를 陽水口라고 한
다. 外堂水가 있어도 보이지
않는 경우 靑龍끝 합금지처
(合襟之處)가 內水口가 된다.

이때의 外堂水는 靑龍이 白虎보다 길기때문에 당연히 右旋水
가 되어야 合法이다. 이때 外堂水는 穴에서 보이지 않아도 이
를 暗拱水(암공수 : 보이지않는물)라 하여 穴에 有益한 것으
로 본다.

431. **陰水口**(음수구.음파구) : 陰
水口 는 白虎가 靑龍보다 長
大하여 白虎가 靑龍을 감아주
는 경우를 말한다. 外堂水는
左旋水라 하여 合法이며 이때
水口는 白虎끝 합금지처(合
襟之處)가 內水口가 된다. 이
때 外堂水는 白虎가 靑龍보다
長大하기 때문에 左旋水라하

여 合法이며 外堂水가 보이지 않아도 이를 암공수(暗拱水)라
하여 穴에 有益한 것으로 본다.

432. 陰陽合水口(음양합수구) : 이
는 靑龍과 白虎가 비슷한 길
이에 穴을 감싸지 못하고 앞
을 벌려 놓고 있는 형태이다.
이때 극히 미량(微量)의 비만
올 때만 乾水가 흐르는 內堂
水보다 穴 앞을 흐르고 있는

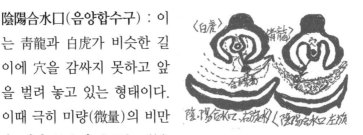

外堂水에서 水口를 찾는다. 이때 右旋水의 경우는 靑龍끝의
연장선상 과 案山과의 합금지처(合襟之處)가 水口가 된다. 左
旋의 경우는 이와 반대가 된다.

433. 穴前에 貯水池가 有할 경우 :
貯水池가 높은 곳에 있어 穴
에서 貯水池밑의 들바닥이
보이지 않을 때는 貯水池의
무넘기가 水口가 된다. 穴이
貯水池에 비해 높아서 저수
지 밑으로 들이 잘 보이고 물
이 흘라가는 水路가 잘 보이

면 靑龍 또는 白虎 끝과 案山과의 합금지처(合襟之處)가 水
口 된다.

434. 穴앞에 水가 없고 野만 있을
때 : 이때에는 左右旋水의 확
인도 不分明할 때가 있다. 물
론 평소에 흐르는 물이 없기
때문에 비가 올 때 乾水가 흘

러 나가는 곳을 水口로 본다.

435. **雨水時 乾水만 흐를時** : 內堂
水는 平素에는 흐르지 않고
비올 때 乾水만 흐르는 상태
일 때는 外堂水는 크게 흐르
며 앞에서는 直射水가 들어
온 것 같으나 穴앞에 案山인
吉砂가 버티고 있어 直來함
이 보이지 않기 때문에 吉하

다고 본다. 이때 水口는 靑龍 끝과 吉砂와의 사이로 생기는
合襟之處를 水口로 본다.

436. **水口 不確認으로 凶 水口** : 左
旋水이기 때문에 白虎끝의 연
장선에서 합금지처(合襟之
處)를 찾을 수 있으나 반배수
(反背水) 또는 반궁수(反弓
水)와 같은 凶한 水勢인 경우
는 水口를 확인(確認)할 필요
(必要)가 없다.

437. **四面이 海面인 경우** : 穴前 四
面이 바다인 경우 어느쪽을
水口로 볼 것 불분명할 때가
있다 이러한 경우는 뒷산이
높고 靑龍 白虎가 穴을 감싸

〈凶한水口〉 〈朝山〉

주어 內水口를 破로 볼 수 있을 경우는 바닷물이 暗拱水가 되어 상당한 吉地로 본다. 穴 앞이 망망대해(茫茫大海)일 때 水口가 별로 중요하지 않다고 본다. 굳이 水口를 본다고 한다면 左旋龍인 경우 靑龍끝의 연장선을 水口로 보며 靑龍 白虎 끝과 穴이 三合五行이 되면 水口 여하를 불문하고 吉하게 보며 龍과 穴場이 분명한가를 더욱 살펴서 판정 해야한다.

438. 暗拱水(안보이는물) : 암공수 (暗拱水)란 穴에서 보이지 않는 물이 靑龍 白虎 및 砂에 가려서 흐르고 있는 물을 말한다. 暗拱水의 水口를 재는 것은 不可能 하며 합금지처(合襟之處)가 水口에 해당되며 암공수는 보이지 않아도 吉水이다. 明朝(穴 앞에 보이는  물)가 암공수가 못하다고 하였다. 보이는 물은 大殺하기 쉬우나 암공수는 水口와 상관없이 다정하게 정포(精抱)하면 吉 한 것이다.

註 : 巒 : 산봉우리 만.   斜 : 흩어질 사, 끝낼 사, 빗길 사.   城 : 성 성, 재 성.   精 : 가릴 정, 정할 정, 정기 정, 정신 정, 전알할 정, 세밀항 정, 밝을 정.   微 : 가늘 미, 적을 미, 쇠약할 미, 은미할 미, 밝지못 할 미.   量 : 헤아릴 양, 휘 양, 한정할 양, 국량 양, 부피 양, 생각할 양.   貯 : 쌓을 저, 저축할 저, 감출 저.   合襟之處 (합금지처): 穴處 뒤의 巒頭(만두:乘金 :승금, 腦頭 : 뇌두, 到頭 : 도두)에서 나누어진 물이 穴場을 감싸고 있는 蟬翼砂(선익사) 양쪽으로 흐르다가 穴 앞 애서 합해지는 곳을 말함.   千變萬化 : 한 없이 變化하는 것, 變化가 無窮함.   內堂水 : 혈 앞의 내명당에 흐르는물.   外堂水 : 外明堂

에서 흐르는물. 暗拱水 : 穴을 감싸고 있는 물이나 穴處에서 볼 때
보이지 않는 물. 從右前角去形 : 右側을 따라 穴앞으로 흐르는 물.
從左前角去形 : 左側을 따라 穴앞으로 흐르는 물. 精抱 : 정다웁게
껴앉은 모양.

439. **金城之水**(금성지수) : 이 形
　　　局은 물줄기가 穴場을 활처
　　　럼 둥글게 감싸고 휘돌아 가
　　　는 형태이다. 穴場을 잘 감싸
　　　안아 줄수록 좋다. 金城에는
　　　바른 金城. 오른쪽 金城. 왼쪽
　　　金城이 있는데 바른 金城은
　　　물줄기가 穴場 全體를 휘감고
돌며 左.右 어느 쪽으로도 기울지 않고 바르게 생겼고, 왼쪽
金城은 靑龍쪽을 둥글게 감싸돌고 오른쪽 金城은 白虎쪽을 둥
글게 감싸 휘돌면서 흐른다.

　❂　이 金城水 형국의 明堂 發福은 富貴가 兼全하고 最上의 복록(福祿)을
　　누리며, 나라에 충성(忠誠)하고 父母에 孝道하며 정의(正義)를 실현
　　(實現)하는 人物이 나와 많은 사람들의 칭송을 받는다,

440. **木城之水**(목성지수) : 이 형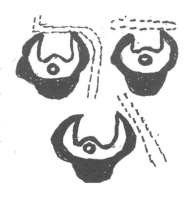
　　　국은 穴場을 기준해서 물줄기
　　　가 一直線으로 곧게 흐르는
　　　形象을 말한다. 木城水에는
　　　곧은 木城 비낀木城. 가로木
　　　城이 있는데, 곧은 木城은 물
　　　줄기 혈쪽으로 곧게 흘러와서
　　　다시 直角으로 흘러가는 것이

고 가로 木城水는 穴場 앞에서 가로로 곧게 흐르는 물줄기이
며 비낀 木城수는 물줄기가 사선(斜線)으로 흐르는 形局이다.

◈ 이러한 形局은 물줄기가 일직선으로 흐르거나 혹은 직각으로 흐르거나
사선(斜線)으로 흐르므로 불길한 기운을 發하므로 많은 화(禍)를 發生
시킨다. 그러므로 위의 木城水 세가지 모두 凶水이므로 이러한 물의 形
勢를 잘 살펴서 穴處를 選定해야 한다.

441. **水城之水**(수성지수) : 이 形
    局은 穴場을 기준해서 물줄기
    가 빙글빙글 돌아 城郭처럼
    흘러가는 形態이다. 水城水에
    는 바른 水城水. 오른쪽 水城
    水. 왼쪽 水城水기 있는데, 바
    른 水城水는 흐르는 물줄기가
    左.右로 고르게 뻗쳐 있는 것
    을 말하고, 물줄기가 왼쪽으
    로 흐르면 왼쪽水城. 오른쪽

으로 흐르면 오른쪽 水城이라고 한다.

◈ 이러한 水城水 形局의 明堂 發福은 子孫이 國家 考試에 합격하여 高位
職에 올라 그 名聲을 크게 떨치고 많은 財物을 모아 富를 크게 이루어
오랫동안 富와 貴를 함께 누린다.

442. **土城之水**(토성지수) : 이 形
    局은 穴場을 기준해서 볼 때
    에 물줄기가 直角으로 곧게
    흐르는 형상이다. 물줄기가
    穴場을 감싸주는 形象이면
    吉하고 穴場을 등지고 흐르
    거나 반쪽만을 않고 흐르면

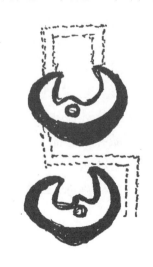

不吉하다. 穴場을 감싸고 흐르면 바른 土城水라 하고 穴장을 등지고 흐르거나 반쪽만 않고 흐르면 등진토성이다.

✧ 이러한 形局의 明堂의 發福은 바른 土城수일 경우에는 큰 富를 이루어 평생 富者로 살며 복록(福祿)을 누린다. 그러나 등진 土城水니 반쪽 土城水는 凶水로써 財産을 탕진(蕩盡)하고 빈천(貧賤)한 생활을 면치 못하므로 土城水의 形象을 잘보아 판단을 그르치지 않도록 주의해야 한다.

443. **火城之水(화성지수)** : 이 形局은 穴場을 기준해서 볼 때 흐르는 물줄기가열十字로 가로질러 흐르거나 물줄기가 불꽃처럼 날카로운 모양을 하면서 흐르는 形象이다. 하나의 물줄기가 뾰쪽한 모양을 만들며 흐르는 것을 단화격(單火格)이라 하고 두 물줄기가 교차(交叉)하면서 뾰쪽한 모양이 양쪽에 생긴 것을 쌍화격(雙火格)이라고 한다.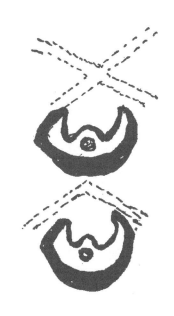

✧ 이러한 火城水 形局은 거칠고 凶한 氣運이 發한다. 凶氣가 뻗쳐올 때 많은 災殃을 입는다. 單火格, 雙火格 모두 凶한데 雙火格이 더 害롭다. 雙火格이 穴前에 있으면 非命橫死하는 일이 발생하고 自殺하는 사람도 생긴다.

444. **九曲之水**(구곡지수) : 九曲水
란 穴場앞을 흐르는 물줄기가
검을玄字모양으로 이리저리
굽이쳐 흐르는 물로서 지극한
吉水로 어가수(御街水)라고
도 부른다. 이러한 물의 形勢
가 크고 깊으며 맑으면 富貴
가 더욱더 크고 오래 간다.

◈ 이러한 九曲水가 穴前에 있으면 大富 大貴를 얻으며 九曲水가 穴 바깥
에서 혈안쪽으로 흘러 들어오면 宰相이 나오고 또한 건강하게 長壽를
누리며 자손이 繁昌하고 官職에 오르며 그 昇進이나 昇級도 제일 빠르
게 하며 남들보다 훨씬 먼저 高位職에 오른다.

445. **倉板之水**(창판지수) : 案山의
溪谷이나 주위 四方의 냇물이
穴앞의 논밭으로 모여 穴場
을 環抱해 흐르는 물이다. 穴
앞에 平平한들이 있으며 이러
한 들판의 논에 고여서 흐르
는 물을 倉板水라고 한다. 이
물은 또한 논바닥에서 솟아나
는 물도 함께 모아 흐르므로
물이 마르지 않고 계속해 천
천히 흐른다.

◈ 穴 앞에 이러한 倉板水가 흐르면 富와 貴가 發福하며 이렇게 發福한 富
貴는 오랫동안 지속한다. 그 후손이 勤勉誠實하여 財産을 모아 大富가
되고 장차 벼슬길에 나아가 國家를 위해 忠誠하고 社會를 위해 늘 奉仕
하므로 많은 사람들의 칭송을 받는다.

446. **隔水之形**(격수지형) : 이 隔
水형은 靑龍이나 白虎가 가로
막은 너머의 곳에서 흐르는
물을 말한다. 隔水는 主脈이
흐르는 양쪽에서 이 主脈을
보호하는 護從砂가 있기 때문
에 만들어지는 물이다. 本身
龍에서 龍. 虎가 나와 案山이
된다면 向이 둥글게 만들어져
야한다. 따라서 팔뚝을 굽혀서 밖으로 두르면 그 안에 氣를 감
싸안아 氣를 넣어주니 길한 곳이 된다. 물은 한겹한겹 山을 隔
하여 병풍처럼 둘러지고 案山은 靑龍 本身에서 下手砂로 내려
지고 百虎의 下手砂로 다시 이어져 훌륭히 호종(護從)하여 內
堂의 氣運은 크게 응결(凝結)한다.

447. **肩臂之水**(견비지수) : 穴앞의
水口(破口 : 물이 흘러 나가
는 곳)를 막아주는 山이 없어
元進水(相水 : 穴의 兩 옆에
서 보이지 않으며 흐르는 물)
가 穴앞으로 쭉 곧게 흘러나
가는 물을 말한다.

◈ 穴에서 이러한 肩臂水가 보이면 子孫들이 財物을 蕩盡하고 가족들이
離鄕하여 뿔뿔이 헤어진다. 또한 夭死者가 나오며 그로 인하여 孤兒나
寡婦가 나온다. 어버이나 남편을 잃고 고생을 많이하며 財産을 모아도
금방 없어진다.

448. 漏槽之水(누조지수) : 漏槽
水란, 墳下深坑水로써 墓穴앞
이 파열여조(破裂如槽)하여
龍穴의 水가 새어나가는 것이
다. 상시누수(常時漏水)함이
없어도 墓穴의 깊은 구덩이나
도랑이 있으면 家産이 기울
고 財産이 흩어지며 고아(孤
兒)와 과부(寡婦)가 난다. 漏
槽水는 靑龍과 白虎가 유니수

(流泥水)처럼 곧게 뻗었으며 穴앞의 明堂이 깊게 패였으며 경
사진 곳으로 흡사 말구유처럼 생겼다.

⊗ 이러한 形局에 祖上의 遺體를 모시거나 집을짓고 살면 그 후손들이 家
勢가 기울고 財産이 금세 없어지며 젊은 사람이 夭折하고 많은 禍를 당
하게 된다.

449. 溪澗之水(계간지수) : 溪澗水
란 山 골짜기에서 흘러 내려
오는 溪谷물을 말한다. 이 물
은 傾斜가 急하여 물이 急하
게 흐르는 경우가 많다. 急水
는 소리가 시끄럽고 좋지않는
凶水의 氣를 發하므로 不吉하
다. 물줄기가 곧게 뻗어 나가
면 穴의 氣運이 빠져 나가므
로 禍를 입는 일이 發生한다.

⊗ 이러한 形局에 祖上의 墓를 쓰거나 住宅을 지어 살면 그 後孫들이 性質
이 急하고 괴팍하여 他人으로부터 심한 배척(排斥)을 당하고 또 성사

되는 일이 없고 가신만 없애고 집안을 亡하게 한다. 물은 언제나 적게 흘러도 천천히 흐르고 소리없이 조용히 九曲水로 흘러야 吉한 일이 생기는 것인데 위와 같이 急水로 시끄럽게 흐르면 흉사(凶事)만 있고 吉事는 없는 形局이다.

450. 拱背之水(공배지수) : 이러한 拱背水 形局을 一名 수전현무(水纏玄武)라고 한다. 이는 조래명당수(朝來明堂水)가 회류전요(廻流纏繞)하여 穴後 拱背하는 吉水이다. 다시 말하면 拱背水란 穴의 뒤쪽을  감싸주며 흐르는 물이다. 이렇게 主山을 물이 감싸주면 큰 富貴를 얻으며 그 富貴가 아주 오래 간다.

 ⊗ 穴後 拱背水는 富貴가 면원(綿遠)한다. 穴후의 龍脈을 길게 감싸주면 그 發福도 길게 간다. 勤勉誠實하여 소유하고 있는 財産도 많은데 더욱 더 큰재산을 모아 大富가 되며 官職에도 나아가 탁월(卓越)한 능력을 발휘하며 그 名聲을 떨친다.

註 : 漏 : 셀 루, 뚫을 누, 잊을 누, 집서북모퉁이 누, 누수 누.   槽 : 술거르는틀 조, 말구유통 조, 차절구 조, 비파바탕 조, 과실이름 조.   溪 : 시내 계.   澗 : 간수 간, 시내 간.   纏 :얽을 전.   繞 : 얽을 요, 둘릴 요.   廻 :돌아올 회, 피할 회.   拱 : 손길잡을 공, 꽂을 공, 손끝마주낄 공.

451. 捲簾之水(권렴지수) : 捲簾水란 明堂이 층층(層層)으로 되어 있어 그곳으로 물이 急하게 쏟아저 내려가는 形象이다. 穴의 바로 앞쪽은 지대가

높고 바깥쪽으로 갈수록 얕아지므로 경사(傾斜)가 져서 물이 급(急)하게 빠져 나간다. 急하게 흐르는 물은 穴의 기운(氣運)을 흩어지게 하므로 不吉한 물이다.

⬡ 穴 앞에 이러한 권렴수가 있으면 子孫들이 모두 가산을 잃게 된다. 또 남자들이 夭死하므로 고아(孤兒)와 과부(寡婦)가 많이 생기고 그리고 홀로된 寡婦가 외간남자와 음탕(淫蕩)한 일을 저지르며 집안을 망신시킨다. 이러한 재앙(災殃)들이 거듭 닥쳐와 결국 子孫이 절손(絕孫)되고 패가(家敗)가 되고 만다.

452. 歸鄕之水(귀향지수) : 이 形局의 물은 묘방(卯方)이나 경방(庚方)에서 흘러 들어온 물이 穴앞을 빙돌아 흐른 다음 다시 왔던 方向으로 빠져 나가는 것을 말한다.

⬡ 이러한 歸鄕水는 극히 드문 물로써 매우 貴한 形象이다. 이러한 水勢의 明堂에 祖上의 遺體를 安葬하거나 住宅을 지어 居住하면 그 後孫들 中에서 영웅(英雄)이 배출되어 大業을 이루고 모든 사람의 尊敬과 信望을 받는다.

453. 金門上馬水(금문상마수) : 이 形局의 물은 丙方에서 흘러 들어온 물이 酉方으로 흘러 갔다가 다시 巽方으로 되돌아 와서 마지막엔 卯方으로 빠져 나가는 것을 金門上馬水라고 한다.

⬡ 이러한 물의 形勢 明堂에 祖上의 墓를 쓰거나 住宅을지어 살면 큰 人物이 나며 國家와 國民을 위해 훌륭한 일을 成功하여 그 名聲을 널리 떨치며 또다른 英雄이 나와 國家의 大業을 이루어낸다.

註 : 捲 : 거둘 권, 힘우직근쓸 권. 簾 : 발 염. 歸 : 동아갈 귀, 시집갈
귀, 다리굽은가마 역, 문채날 역, 역력할 역. 層 : 층층대 층. 鄕 :
마을 향. 淫 : 과할 임, 넘칠 음, 음란할 음. 蕩 : 클 탕, 질펀할 탕,
방탕할 탕, 법없어질 탕.

454. 金馬玉堂水(금마옥당수) : 이
   形局의 물은 巽方에서 흘러온
   물이 酉方이나 辛方으로 빠져
   나가는 것을 金馬玉堂水라고
   한다.

⊗ 이러한 물이 合局이 되면 學問과
   文章이 뛰어난 子孫이 나오며 學
   問 文章으로 貴하게 되어 名聲을
   날리고 많은 사람들의 尊敬과 칭
   찬(稱讚)을 받는다.

455. 蕩凶之水(탕흉지수) : 이 形
   局의 물은 취면수(聚面水)처
   럼 穴의 앞쪽에 모이는 물을
   말한다. 즉 물이 모이는 모습
   이 마치 주머니속에 물이 채
   워지는 것과 같은 形象의 물
   을 말한다.

⊗ 이러한 形局의 明堂에 祖上의 墓
   를 쓰거나 住宅을 지어 居住하면
   그 子孫들이 大富의 發福을 받는
   다. 탕흉수가 左側에 있으면 男子
   와 長孫이 富者가 되고 右側에 있
   으면 女子와 그 子孫이 富者가 된다.

456. **腰帶之水(요대지수)** : 이 形
局의 물은 金城水로써 穴處를
안고 돌아 가는 것이 마치 허
리띠를 감고 있는 것처럼 생
긴 물이다. 즉 穴處를 안고 도
는 물이 腰帶水이다. 龍穴의
全面을 가로 지르고 穴地를
애워싸듯이 흐르는 河川의 흐
름을 말한다. 황제(皇帝)가 허리에 두르고 있는 옥대(玉帶)를
상기시키는데서 이 명칭이 붙여졌다.

　⊛ 이러한 形局의 물이 활처럼 완만히 감아돌면 富貴를 가져오며 물줄기
　　가 玉帶처럼 가지런하고 둥글면 높은 地位를 얻게 된다. 또 發福이 速
　　發이 된다.

　註 : 讚 : 도울 찬, 칭찬할 찬, 밝을 찬.　腰 : 허리 요.　速 : 빠를 속, 부
　　를 속, 사슴발자취 속, 더러울 속.　聚 : 모을 취, 취할 취.

457. **江河之水(강하지수)** : 江河之
水란 江이나 河川의 물로 風
水地理學에서 물의 형세(形
勢)로 대표적인 물이다. 이물
은 龍脈의 行龍을 따라 같이
흐르면서 生氣가 다른 곳으로
새어 나가지 않도록 보호하는
역할을 한다. 江이나 河川의 물이 맑고 깊으면서도 고요하게
흐르며 龍穴을 감싸주면 大富 大貴하는 形局이다.

　⊛ 이러한 江河水가 휘감아주는 明堂의 眞穴에 祖上의 墓를쓰면 子孫들이
　　大富와 大貴를 누린다. 큰 山脈과 江물이 만나는 곳에는 한나라의 도읍
　　(都邑)터나 왕후(王后)가 나온다.

458. 反身之水(반신지수) : 이 形
　　　局은 흐르는 물이 穴앞에 이
　　　르는 듯 하다가 穴을 뒤에 두
　　　고 배반(背反)하며 달아나 흐
　　　르는 물이다.

　　　◈ 이러한 水勢의 形局에 祖上의 墓
　　　를 쓰거나 住宅을 지어 살면 子孫
　　　들이 財産을 모두 탕진(蕩盡)하며
故鄕을 떠나 타향(他鄕)에 살면서 걸식(乞食)하며 처참한 생활로 일관
한다. 不孝 오역(忤逆)하는 자손이 나오며 결국 子孫이 끊기고 집안이
망한다.

459. 分流之水(분류지수) : 이 形
　　　局의 水勢는 穴前에서 양쪽
　　　으로 나뉘어 흐르는 물을 말
　　　한다. 그 形象이 八字와 흡사
　　　(恰似)하여 물이 八字 形象으
　　　로 나뉘어 흐르는 곳엔 眞穴
　　　이 맺히지 않는다.

　　　◈ 이러한 分流水가 있는 곳에 祖上의 墓를 쓰거나 住宅을 지어살면 자손
　　　들이 父母를 거역(拒逆)하며 집을 나가 객지(客地)를 떠돌아 다니며
財産을 탕진(蕩盡)한다. 가족끼리 不和하고 서로를 배척(排斥)하므로
結局은 패가(敗家)하고 만다.

460. 衛身之水(위신지수) : 이러한
　　　形局의 水勢는 물이 四方에서
　　　穴을 감싸고 있는 形勢를 말
　　　한다. 대게 바다나 호수 가운
　　　데 있는 섬에 穴을 맺는 경우

이다. 四方에 있는 물이 穴處의 氣를 보호(保護)해주므로 穴 주변에 山이 없어도 좋다. 이러한 形局을 고월침강형(孤月沈江形) 또는 연화부수형(蓮花浮水形)이라고 한다. 이 물은 항상 맑고 고요해야하며 넘치지 않고 마르지 않아야 한다.

◈ 이러한 形勢의 明堂에 祖上의 墓를 쓰거나 住宅을 지어 살면 그 後孫이 富와 貴가 兼全한다. 특히 男子는 벼슬 길에 나아가 요직(要職)을 맡아 그 능력을 발휘하여 名聲을 날리며, 女子는 현모양처(賢母良妻)가 되어 가풍(家風)을 드높이고 효부(孝婦)로 칭송(稱頌)을 받는다.

461. 斜撤之水(사별지수) : 이 形局 水勢의 물은 穴을 감싸주지 않고 사선(斜線)으로 비켜 흐르는 물로써 무정(無情)하게 달아나는 形象의 물을 말한다. 사별수는 물이 없는 山谷에도 옆을 찌르는 듯한 계곡(溪谷)이 있어 凶水로 보고 이를 감안하여 穴을 잡아야 한다.

◈ 위와 같은 사별수의 形象에 明堂이라고 하여 祖上의 묘를 쓰거나 집을 짓고 살면 職場(직장)을 잃고 가산(家産)을 탕진(蕩盡)하게 되어 결국 망하게 된다. 어떠한 일을 도모하려고 하면 관계도 없는 옆사람이 나타나서 방해(妨害)를 하고 손해(損害)를 끼친다.

462. 朝懷之水(조회지수) : 이 形局 수세(水勢)의 물은 穴 앞쪽에서 穴을 向해 굽이굽이 흘러 들어오는 물을 말한다. 용진혈적(龍眞穴的)에 조회수(朝懷水)가 유입회포(流入

懷抱)하면 속발부귀(速發富貴)한다.

⊗ 이러한 水勢 形局의 明堂 眞穴에 祖上의 墓를 쓰거나 住宅을 建築하여 居住하면 아주 빈천(貧賤)하게 살던 사람도 곧 가난을 勉하고 큰 財物을 모이 富者가 된다. 그것도 조빈석부(朝貧夕富)하게 된다. 또한 富貴의 發福이 속발(速發)하여 복록(福祿)을 누린다.

463. 天池水形(천지수형) : 이 形局 水勢의 물은 龍身上에 있는 물로 山頂上이나 과협처(過峽處) 평지용신상(平地龍身上)의 湖水 등으로 일명 천한수(天漢水), 또는 천횡수(天橫水)라고 한다. 또다른 하나는 過峽上의 左右에 두 개의 못이 있고 脈이 두 못사이 가운데로 나오면 좌시우위(左侍右衛)라하여 모두 貴한 氣가 면면이 이어 간다고 본  다. 천지수(天池水)는 四時사철 마르지 않아야 좋다. 빗물이 모여 생긴 못보다 밑에서 용솟음처 뿜어 나와 생겨난 못이 훨씬 더 좋은 生氣를 발한다. 천지의 못이 마르면 사람들이 많은 재화(災禍)를 입는다. 물이 마른다는 것은 山의 정기(精氣)가 쇠약(衰弱)해졌음을 의미한다. 사철 마르지 않는 天池의 정기(精氣)는 극히 貴하여 사람들에게 많은 복록(福祿)을 가져다 준다. 山 峰우리 꼭대기가 아니라 양쪽 峰우리의 사이의 능선 꼭대기에 있는 못도 있으니 이를 양음(養蔭)이라하고 과협의 양쪽에 못이 두 개가 있는 경우에 이를 시위(侍衛)라고 한다. 養蔭과 侍衛도 天池와 마찬가지로 극히 貴하다.

⊗ 이러한 形局의 明堂 眞穴에 祖上의 墓를 造成하면 그 후손이 富와 貴가 雙全한다. 그 子孫이 장차 벼슬길에 올라 승승장구하며 업무의 집행능력(執行能力)이 卓越(탁월)하여 國家와 社會에 큰 공적(功績)을 세우고 최고(最高)의 훈장(勳章)을 받는다. 또한 이러한 名聲을 기반으로 하여 富를 축적(蓄積)하여 大富를 이루어 재벌급(財閥級)의 財産을 소유한다. 이 形局은 富와 貴를 最高로 향유(享有)하는 지극히 貴한 形局이다.

464. **聚面水形(취면수형)** : 이 形局 水勢의 물은 여러 골에서 나오는 물이 穴앞에서 모이는 形象이다. 聚面水는 혈전당면(穴前堂面)에 제수융취(諸水融聚)하는 吉水이다. 이러한 제수(諸水)가 융취천심(融聚天心)이면 水法中에 上格으로 富貴가 兼全한다. 이러한  물이 고요히 멈추면 그곳에 큰 기운이 쌓이므로 여러 물 중에 고이는 물을 제일 貴하게 여기므로 물의 크기에 따라 들어오는 富貴의 크기도 달라진다. 그런데 물이 흘러 나가면 오히려 나쁘다. 흐르는 물에는 사람을 우매하게 만들고 병(病)들게 하는 흉기(凶氣)가 서린다.

465. **沖心水形(충심수형)** : 이 形局 水勢는 물이 急流(급류)나 直水(직수)가 穴을 向해 곧게 흘러 들어오는 形象이다. 穴을 向해 직충수(直沖水)에 바람이 함께 불어오면 봉분(封

墳)이 망가지고 이끼같은 청태(靑苔)가 자라서 끼인다.

⊗ 이러한 水勢의 형국에 明堂이라고 하여 祖上의 墓를 조성(造成)하면 그 子孫이 非命橫死者(비명횡사)가 나오며 財産을 탕진(蕩盡)하고 곤궁(困窮)한 生活을 면키 어려우며 사고(事故)를 당하여 많은 고생(苦生)을 하는 形象 이다.

466. **平田水形(평전수형)** : 이 形局의 水勢의 물은 穴앞의 平平한 논에 물이 고여 있는 形象을 말한다. 이 平地水田은 江 호수에 못지않게 吉한 明堂水로 최부최귀(最富最貴)가 기약되는 吉水이다. 즉 平田水는 논바닥에 모여 흐르는 물이다. 논바닥이 마르지 않고 늘 축축하게 젖어있으며 천천히 한가하게 흘러야 좋

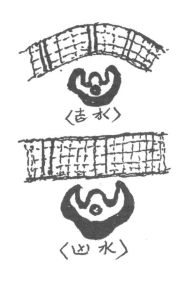

다. 또 논의 전체적인 형태가 둥글게 감싸주어야 길하다. 논이 일직선으로 곧게 생겼거나 등을 돌린 모습이면 凶한 기운이 서리고 경사가 심하여 물이 급(急)하게 흘러도 좋지 않다.

467. **瀑面水形(폭면수형)** : 이 形局의 水勢의 물은 포포수(瀑布水)처럼 위에서 아래로 急하게 쏟아져 내리는 形象이다. 쏟아지는 물은 웅장한데 穴星은 얕고 작으며 물이 穴과 穴星을 압박(壓迫)하고 짓

누르는 形象이다.

✥ 이러한 形局의 穴앞에 이러한 물이 있으면 젊은 사람들이 많이 죽게되어 자손이 번성(繁盛)하지 못한다. 결국에는 子孫이 절손(絕孫)되어 대가 끊기게 되어 집안이 망하게 된다.

468. 五星之背城(오성지배성) :
背城은 물이 穴을 등지고 달아나는 形象을 말한다. 배성수(背城水)는 어떤 형태이든 穴의 정기(精氣)를 흩어 버리니 凶하다. 穴앞에 배성수(背城水)가 있으면 子孫들이 가산(家産)을 탕진(蕩盡)하

고 온갖 고초를 다 겪으며 고향을 떠나 빈천(貧賤)하게 살며 父母 子息間 兄弟間 夫婦間에 不和하여 생이별(生離別)하며 남이된다.

469. 絕孫之地形(절손지지형) : 사람이 後孫이 없게 됨은 水破天心에 인함이고 子息이 家出함은 물이 성각(城脚)을 충(沖)함이기 때문이다. 代를이을 子息이 없는 것은 脈의 氣가 穴場에 不及하기 때문이다. 두뇌(腦頭)가 파손(破損)되거나 무두뇌(無腦頭)로서 水脈을 차단하지 못하므로 임두수(淋頭水)가 穴場으로 침

수(浸水)하여 天心을 파(破)하기 때문에 절손(絶孫)하게 된다. 穴場에 여기(餘氣)가 없고 龍, 虎가 단축되어 內堂을 보호(保護)할 수 있는 砂가 없으며 外方의 大水가 나성(羅城)을 沖하고 할각수(割脚水)가 되기 때문이다. 각(脚)이 울타리를 못하면 家出하게 되는 것이다.

470. 五星之形(오성지형) : 五星形 은 水星. 木星. 火星. 土星. 金 星으로써, 水가 너무 살찌면 탕(蕩)한 것이니 凶하고 너무 여위면 마른 것이니 凶하다. 木이 너무 살찌면 닭같으니 凶하고 너무 여위면 마른곳이 니 흉하다. 火가 너무 살찌면 멸(滅)하는 것이니 凶하고 너무 여위면 조(燥)하는 것이니 凶하다. 土가 너무 살찌면 막

히는 것이니 凶하고 너무 여위면 함(陷)한 것이니 凶하다. 金 이 너무 살찌면 배부른 것이니 凶하고 너무 여위면 결함(缺 陷)된 것이니 凶하다.

471. 龍樓鳳閣貴人(용루봉각귀인) : 이 形局의 龍은 염정성(廉 貞星) 화성체(火星體)에서 출발한 龍이 토성체(土星體) 금성체(金星體) 수성체(水星 體) 목성체(木星體) 순으로

나열되어 있는 형태이다. 龍脈의 行龍이 相生관계로 질서 정연하게 뻗어 내려오고 있다. 이러한 形象은 最上의 貴格이다. 太祖山 中祖山 小祖山 玄武峰 등의 來龍이 이와같은 순서로 되어 있거나 案山 또는 朝山이 이러한 형태로 되어 있으면 왕후장상지지(王侯將相之地)가 된다. 上格龍은 王侯將相이 나고 下格 龍은 단지 富者가 된다.

472. 玉堂金馬貴人(옥당금마귀인)

: 이 形局의 龍은 귀인봉(貴人峰) 뒤에는 어좌사(御座砂)가 있고 앞에는 천마사(天馬砂)가 있다. 龍脈이 淸水단정하고 左.右가 균형(均衡)이 맞게 되어 있어야 한다. 穴場의 앞, 뒤에 이러한 形象의 砂格이 있는 明堂의 眞穴에 祖上의 유체(遺體)를 안장(安葬)하거나 주택을 지어 살면 그 後孫들이 學問과 문장력이 뛰어나 등과급제(登科及第)하여 홍문관(弘文館)의 직에 오르며 中格龍은 地方長官이 나오고 천격용(賤格龍)은 富와 장수(長壽)를 누리고 복마(福魔)가 많다.

473. 帳下貴人形(장하귀인형) :

이 形局의 龍은 장막(帳幕)을 친것 같은 水星體의 장막사(帳幕砂) 아래에 木星體의 貴人峰이 있는 형태이다. 수려단정(秀麗端正)해야 좋고

어전(御前)에서 임금을 가까이 모시는 높은 관직(官職)을 맡는다. 중격용(中格龍)은 州나 郡을 다스리는 관직을 맡게 되고 천격용(賤格龍)은 승려(僧侶)로 出家 하거나 낮은 관직을 맡는다.

474. **大小貴人形(대소귀인형)** : 이
形局의 龍은 크고 작은 貴人峰이 앞과 뒤 또는 左, 右로 나란히 서있는 형태이다. 貴人峰이 前, 後로 되어 있는 것은 父子가 貴하게 되고 左, 右로 나란히 되어 있는 것은 兄弟가 貴하게 된다. 前後 左右로 질서있게 서 있는 형태로 되어 있으면 父子, 숙질(叔姪), 兄弟 모두가 貴하게 된다.

475. **蓋下貴人形(개하귀인형)** : 이
形局의 龍은 화개사(華蓋砂) 보개사(寶蓋砂) 관모사(官帽砂) 아래에 貴人峰이 서있는 형태로 수려다정(秀麗端正) 해야 한다. 上格龍은 상서시종(尙書侍從)과 같은 높은 官職을 맡는 人物이 나오고 中格龍은 地方長官職을 맡으며 천격용(賤格龍)은 승려(僧侶)가 나온다.

476. 殿上貴人形（전상귀인형） :
이 形局의 龍은 염정성(廉貞
星)인 火星體 아래에 貴人峰
이 있고, 貴人峰 아래에 土星
體인 一字文星이 있다. 上格
龍은 宰相이 나오고 中格龍
은 地方長官이 나오며 천격용
(賤格龍)은 승도(僧道)가 난다.

477. 臺閣貴人形（대각귀인형） :
이 形局의 龍은 염정성(廉貞
星)인 火星體 아래에 土星體
인 一字文星이 있고 이 土星
體 아래에 다시 貴人峰이 있
는 形態이다. 土星體와 木星
體가 수려단정(秀麗端正)해
야 한다. 재상(宰相)이 되어
임금의 총애(寵愛)를 받아 국
사(國事)를 다스린다. 중격용
은 上位 官職을 맡으며 한 사
람이 여러 官職을 맡기도 한다.

478. 觀榜貴人形（관방귀인형 : 이
形局의 龍은 문곡성(文曲星)
인 水星體 옆에 木星體인 貴
人峰이 水星體를 관찰(觀察)
하는 모습이다. 水星體가 木

星體 貴人峰 보다 높거나 낮거나 모두 吉하다. 장원급제(壯元及第)하여 貴가 오래간다. 郡이나 邑을 다스리는 官職을 맡는다.

479. 玉堂貴人形(옥당귀인형) : 이 形局의 龍은 염정성(廉貞星)인 火星體 아래에 木星體인 貴人峰이 있는 것으로 밝고 청수(淸秀)해야 한다. 學問이 높아 임금 아래서 경서(經書) 강론(講論)하는 人物이 난다.

480. 帳外貴人形(장외귀인형) : 이 形局의 龍은 水星體인 장막사(帳幕砂) 뒤에 貴人星이 있는 것으로 一名帳幕砂라고도 한다. 이러한 砂格이 明堂의 주변에 있으면 장원급제하고 벼슬이 높아저 大貴 한다. 그러나 그 形象에 작은 흠결(欠缺)이 있으면 경우에 따라서 고독(孤獨)하고 子孫이 貴하다. 그래도 富貴는 난다.

481. **馬上貴人形(마상귀인형)** : 이
形局의 龍은 天馬砂 위에 木
星體인 貴人峰이 있는 것으로
마치 貴人이 말을 타고 있는
형세(形勢)이다. 이러한 形象
이 明堂의 주변에 있으면 속
발부귀(速發富貴)하고 文, 武
에 걸쳐 공훈(功勳)이 크다. 上格龍은 임금을 가까이 모시는
상서(尙書)가 된다. 그리고 병권(兵權)을 잡아 이름을 천하에
알리는 공훈(功勳)을 세운다 중격용은 지방장관을 하며 富貴
를 누린다.

482. **執笏貴人形(집홀귀인형)** : 이
形局의 龍은 木星體인 貴人
峰 밑에 홀규사(笏圭砂)나 옥
규사(玉圭砂)가 있는 形勢이
다. 마치 貴人이 임금을 배알
(拜謁) 할때 홀(笏) 또는 圭
를 들고 있는 形勢이다. 尙書
가 되어 임금의 國事를 論하는 벼슬을 한다. 장원급제(壯元及
第)하여 당상관(堂上官)에 오르는 벼슬을 한다.

483. **五馬貴人形(오마귀인형)** :
이 形局의 龍은 다섯개의 天
馬砂 한가운데 木星體인 貴
人峰이 서 있는 形象이다. 모
든 砂格이 단정하고 秀麗해

야 한다. 武官으로 급제하여 큰 功을 세우거나 巨富가 되는 形象이다.

484. **文星貴人形(문성귀인형)** : 이 形局의 龍은 木星體 貴人峰 아래에 태음아미성(太陰蛾眉星)이 있는 形象이다. 수려단정(秀麗端)해야 한다. 무장출중(武將出衆)하고 文武가 쌍전(雙全)하고 특히 女子의 貴가 많이 發福하는 形象이다.

485. **展誥貴人形(전고귀인형)** : 이 形局의 龍은 木星貴人이 고축사(誥軸砂)나 전고사(展誥砂)위로 우뚝 솟은 形象이다. 모두 깨끗하고 수려단정(秀麗端)해야 하며, 한 쪽으로 치우쳐 있으면 좋지 않다. 上格龍이면 임금님의 총애를 받아 높은 벼슬에 오르며 탁월(卓越)한 능력을 발휘하여 뭇사람들의 칭찬(稱讚)을 받는다.

486. **輔弼文星形(보필문성형)** : 이 形局의 龍은 두 貴人峰 사이에 文筆峰이 서있는 形象이다. 文筆峰을 中心으로 두 峰우리의 거리가 같고 크기가

비슷하면 더욱 좋다. 이는 貴人이 文筆을 보필(輔弼)하고 있는 形象이다. 壯元及第하여 재상(宰相)이 되며 文武 겸직(兼職)한다. 父子가 조정(朝廷)에서 벼슬을 한다.

487. 三公筆砂形(삼공필사형) : 이 形局의 龍은, 一字文星 위로 세 개의 文筆峰이 일정한 간격으로 나란히 서있는 形象이다. 가운데 峰우리가 제일 높고 양쪽에 있는 峰우리가 약간 낮으면 좋다. 천하의 안위
(安危)를 쥐고 있는 벼슬을 한다. 兄弟가 연속으로 등조(登朝)하여 크게 명성(名聲)을 날린다.

488. 筆陣砂形(필진사형) : 이 形局의 龍은 붓과 같은 文筆봉 여러개가 일열로 서있는 形勢이다. 모두 깨끗하고 단정해야 한다. 가운데 峰우리가 높고 양쪽에 있는 봉우리가 낮으면 좋다. 父子, 兄弟, 숙질(叔姪)이 등과급제(登科及第)하여 함께 벼슬길에 오른다.

489. 屯軍砂形(둔군사형) : 이 形象은 작은 山이나 바위가 뒤섞여 있는 것으로써 兵士들이 屯을 치고 있는 形象이다. 이

러한 形象은 용기있고 지도력이 强한 大將이 나오며 생사여탈권(生死與奪權)을 行使하는 强力한 병권(兵權)을 쥐고 軍人의 관록(官祿)을 발휘한다. 그러나 천격(賤格)은 음란(淫亂)하고 혼탁(混濁)해진다.

490. **仙橋貴人形(선교귀인형)** : 이
形象은 仙橋砂의 아래에 貴人
峰이 있거나 仙橋砂의 위에 貴
人峰이 있는 形象이다. 이形
象은 청렴결백(淸廉潔白)한
人材가 많이 나오는 形象이
다. 특히 소년고과(少年高科)

하여 임금의 총애를 받으나 벼슬이나 財物을 탐(貪)하지 않고
명예(名譽)와 절개를 존중한다. 천격(賤格)은 고승(高僧)으
로 이름이 높다. 一般人은 子孫이 없다.

491. **雙胎兒出形(쌍태아출형)** : 이
形象은 入首가 雙으로 되어
雙胎兒가 임신(姙娠)되어 쌍
둥이가 태어나는 形象이다.
쌍둥이는 얼굴의 생김새가 거
의 똑같은 모양을 하고 태어
남으로 제삼자가 볼 때 구별
하기가 쉽지않다. 그러나 性
格은 각기 틀리다고 한다.

492. 側子出産形(측자출산형) : 이
形局은 원래의 入首가 있는듯
없는 듯 하지만 측입수(側入
首)가 旺하고 穴場에서 볼 때
규봉(窺峰)이 보인다. 따라서
측자(側子)기 出生되는 形象
이다.

493. 外孫奉仕形(외손봉사형) : 이
形局의 形象은 白虎脈이 튼실
하고 靑龍脈은 절단(切斷)되
고 불배합용(不配合龍)으로
써 전순(氈脣)이 없다. 따라
서 이러한 형상은 外孫奉仕形
이다.

494. 六指出形(육지출형) : 이 形
局은 대맥절(大脈節)에 암
(巖)이 금이가 있다. 이러한
形象에서는 子孫中에 여섯개
의 손가락이나 여섯개의 발가
락이 난다. 바위의 금이 어느
위치에 생겼느냐에 따라 左右
手足을 분별하고 男女의 절수
陰陽으로 判定(판정)한다.

495. **盲人出形(맹인출형)** : 이 形
局은 순음 丑艮坐 또는 辛酉
坐로 서있는 돌이 있다. 돌의
左右로써 左右 눈을 가름 하
고 左右旋으로써 男女를 分別
한다.

496. **聾啞者出形(롱아자출형)** : 이
形局은 삼곡풍(三曲風)이 충
돌(衝突)하고 山形은 배합형
(配合形)같으나 나경상불배
합용(羅經上 不配合龍)으써
이러한 形象은 농아자(聾啞
者)가 出生한다.

바람

497. **언청이出形(언청이출형)** :
이 形局은 入首가 넓고 不配
合 태맥절(胎脈節)로서 案山
이 언청이처럼 생겼다. 그림
과 같이 청석으로 물이 있다
가 없다가 한다.

498. **곱추出形(곱추출형)** : 이 形
局은 入首의 뭉치와 穴의 뭉
치가 곁붙은 것같이 보이는
形象이다. 男女는 入首혹의
左, 右로써 分別한다.

499. 泉乾之穴(천건지혈) : 이 혈은 샘(泉:천)에 穴이 맺은 것이다. 샘에다 墓를 쓰는데 墓를 쓰고나면 신기하게도 샘의 물이 말라 버린다고 하는 특수한 怪穴에 해당 한다고 되어 있으나 막상 墓를 쓰려고 하면 물속에 묘를 써야 하는

데 이의 實行의 가능성은 희박하다고 볼 수 밖에 없고 이를 실제로 실행 하였다는 곳은 아직까지 나타나지 않고 있다.

500. 特樂之形(특락지형) : 이 形局은 멀리서 뻗어온 다른 龍의 끝에 치솟아 穴을 받쳐주는 形勢이다. 뒤에 特樂이 솟아오른 穴에 祖上의 墓를 쓰면 速發하여 그 후손들이 富貴를 얻고 長壽를 누리며 자손이 오랬동안 繁昌한다.

501. 借樂之形(차락지형) : 이 形局은 本身龍에서 뻗어 나온 龍脈이 穴뒤의 山 峰우리를 빚어 올린 形이다. 特樂에 버금가는 것으로 借樂이 있는 穴에 墓를 써도 그 자손들이 富와 貴를 누리며 長壽하고 繁盛을 기약한다.

502. **擺脚之穴(파각지혈)** : 이 形局
　　은 사람이 서 있는 사람의 발
　　목 바로 아래(복숭아뼈)에 해
　　당되는 穴이다. 서있는 사람
　　의 발이니 靑龍, 白虎가 짧아
　　서 穴處를 감싸주지 못한 대
　　신 外山이나 물이 穴處를 保
　　護해 준다.

503. **虛樂之形(허락지형)** : 이 形
　　局은 아에 樂山이 없거나 있
　　다고 해도 너무 虛弱하다. 山
　　이 아주 낮거나 옆으로 비껴
　　나 있어 虛樂은 穴을 제대로
　　받쳐주지 못한다. 그러므로
　　이곳은 眞穴이 아니다.

제4편

龍脈의 形象別 解說
(용맥 형상별 해설)

제1장 용맥의 형상별 해설

제1절 1. 맹묘농서형(猛猫弄鼠形)－64.상운봉일형(詳運逢日形)

1. **猛猫弄鼠形**(맹묘농서형).
   사나운 고양이가 쥐를 희롱
   하는 형상이다.

2. **飢蛇苔蛙形**(기사태와형)
   배고픈 뱀이 개구리를 먹기
   위해 휘어감고 있는 형상이다.

3. **風吹羅帶形**(풍취나대형).
   허리띠가 바람에 휘날리는
   형상이다.

4. **玉女奉盤形**(옥녀봉반형).
   옥녀가 쟁반을 들고 있는
   형상이다.

5. 躍馬赴敵形(약마부적형).

말을타고 힘차게 달려나가
적과 맞 싸우는 형상이다.

6. 草中蟠蛇形(초중반사형).

뱀이 풀밭에서 똬리를 틀고
둥글게 휘감고 있는 형상이다.

7. 黃龍弄珠形(황룡농주형).

황룡이 구슬을 가지고 노는
형상이다

8. 九狗同食形(구구동식형)

아홉 마리의 개가 함께 먹고있는
형상이다

9. 伏狗之形(복구지형)

이 형국은개가 엎드려
있는형상이다.

10. 仙人讀書形(선인독서형)

이형국은 선인이 책을 읽고
있는 형상이다.

11. 臥牛之形(와우지형).

이형국은 소가 잔디밭에
누어 있는 형상이다.

12. 蜂房之形(봉방지형).

이형국은 벌이 벌집에 있는
형상이다.

13. 三吉之峰(삼길지봉).

혈처의 앞과뒤에 세 개의
길한 봉우리가 나란히
있는형상이다.

14. 六秀之峰(육수지봉).

혈장의 주변에 여섯개의
수려한 봉우리가 있는
형상이다.

15. 正四峰大聖出地(정사봉대성출지)

이형국은 혈장주변의 子午卯酉
四正方에 秀麗한 峰우리가 있어 대
聖賢이 출현하는 형상이다.

16. 八將星蜂(팔장성봉)

혈처의 주변에 여덟 將星이
나올 수 있는 吉峰이 있는
형상이다.

17. 黃龍渡江形(황룡도강형).

이형국은 황룡이 강을 건너는
형상이다.

18. 玉帶之形(옥대지형).

혈처 주변의 산들이 허리띠가
둘러저 있는 형상이다.

19. 猛虎出林形(맹호출림형).

사나운 호랑이가 숲속을
뛰어 나오는 형상이다.

20. 玉女蛤開形(옥녀합개형).

이형국은 옥녀가 아름다운
자태로 앉아 있는 형상이다.

21. 長蛇娃蛙形(장사왜와형).

이형국은 큰뱀이 아름다운
개구리를 노리고 있는 형상이다.

22. 渴馬飮水形(갈마음수형).

이형국은 목이마른 말이 강에서
물을 마시는 형상이다.

23. 將軍大坐형(장군대좌형).

이형국은 장군이 자신의부대를
바라보며 앉아있는 형상이다.

24. 黃吠月形(황폐월형).

이형국은 누런개가 달을 보고
짖고있는 형상이다.

25. 芍藥未發形(작약미발형).

이형국은 작약꽃이 아직 피지
않고 머물고 있는 형상이다.

26. 草聽蛇蛙形(초청사와형).

이형국은 숲속에 있는 뱀이
개구리의 울음소리를 듣고있는
형상이다.

27. 天馬登空形(천마등공형).

이형국은 천마가 공중으로 뛰어
오르는 형상이다.

28. 將軍劍舞形(장군검무형).

이형국은 장군이 칼을 들고
춤을추는 형상이다.

29. 將軍出陳形(장군출진형).

이형국은 장군이 군대를 이끌고 전쟁터로 출동하는 형상이다.

30. 老鼠下田形(노서하전형).

이형국은 늙은쥐가 먹이를 찾아 밭으로 내려오는 형국이다.

31. 李枝鳴蟬形(이지명선형).

이형국은 오얏나무 가지위에서 매미가 울고 있는 형상이다.

32. 雲中半月形(운중반월형)

이형국은 용이 반달처럼 똬리를 틀고 있는 것처럼 생긴 형상이다.

33. 蟹伏之形(해복지형).

이 형국은 산세가 바다에 사는 게가 엎드려 있는것과 같이 생긴 형상이다.

34. 寶劍出匣形(보검출갑형).

이 형국은 칼이 보관된 궤짝에서 끄집어 내는 형상이다.

35. 老猫垂眠形(노묘수면형).

이형국은 늙은 고양이가 잠을
자고 있는 형상이다.

36. 仙人聚會形(선인취회형).

이 형국은 선인들이 모여 회합을
하는 형상이다.

37. 蓮花滔水形(연화도수형).

이형국은 연꽃이 물위로 넘쳐
흐르는 듯한 형상이다.

38. 游魚弄波形(유어농파형).

이 형국은 고기가 파도를 타고
노는 형상이다.

39. 仙人舞袖形(선인무수형).

이 형국은 선인이 춤을 추는 것
처럼 생긴 형상이다.

40. 九星之形(구성지형).

이 형국은 혈처주변의 산세가
구성처럼 생긴 형상이다.
(九星.구성은 木,火.토.金.水.목.
화.토.금.수 破軍. 坐輔 右弼 파군.
좌보. 우필).

41. 上帝奉朝形(상제봉조형).

이형국은 조정에 임금을 모시는
건 처럼 생긴 형상이다.

42. 也字之形(야자지형)

이 형국은 산세가 也字처럼
생긴 혈상이다.

43. 馬化爲龍形(마화위룡형).

이 형국은 말이 용으로 변화
하는 것처럼 생긴 형상이다.

44. 鎭苓臥牛形(진금와우형)

이 형국은 소가 금풀 밭에 누워
있는 것처럼 보이는 형상이다.

45. 飛天蜈蚣形(비천오공형)

이 형국은 지네가 하늘로 올라
가는 것처럼 생긴 형상이다.

46. 落地之形(낙지지형)

이 형국은 꽃잎이 땅에 떨어져
있는 것처럼 생긴 형상이다.

47. 五仙圍棋形(오선위기형).

이 형국은 다섯 신선이 바둑을
두고 있는 형상이다.

48. 木丹半開形(모란반개형).

이 형국은 모란꽃이 반쯤 피어
있는 것처럼 생긴 형상이다.

49. 吹笛之形(취적지형).

이 형국은 산세가 피리를 불고
있는 것처럼 생긴 형상이다.

50. 玉女織錦形(옥녀직금형).

이 형국은 옥녀가 비단을 짜는
것처럼 생긴 형상이다.

51. 渴蟹飮水形(갈해음수형).

이 형국은 목이마른 게가 물
속으로 들어가는 형상이다.

52. 江上虎臥形(강상호와형).

이 형국은 호랑이가 강위에 누어
있는 것처럼 보이는 형상이다.

53. 金佛端坐形(금불단좌형).

이 형국은 산세가 금불상이 앉아
있는 것처럼 생긴 형상이다.

54. 寶劍藏匣形(보검장갑형)

이 형국은 보검을 궤짝속에 넣어
둔 것처럼 생긴 형상이다.

55. 胡僧禮佛形(호승예불형).

이 형국은 산세가 호승이 예불을
하는 것처럼 생긴 형상이다.

56. 行舟之形(행주지형).

이 형국은 산세가 마치 떠다니는
배(船)처럼 생긴 형상이다.

57. 天字之形(천자지형).

이 형국은 산세가 마치 하늘
천자 처럼 생긴 형상이다.

58. 仙人望月形(선인망월형)

이 형국은 산세가 마치 신선
처럼 생긴 형상이다.

59. **胡僧拜佛形**(호승배불형).

이 형국은 산세가 중이 예불을
드리는 것처럼 생긴 형상이다.

60. **玉女散髮形**(옥녀산발형).

이 형국은 산세가 마치 옥녀가
산발을 하고 있는 것처럼 생긴
형상이다.

61. **龍馬負圖形**(용마부도형).

이 형국은 산세가 마치 용과
말이 서로 등을 맞대고 있는
것처럼 생긴 형상이다.

62. **葛菓浮水形**(갈과부수형)

이 형국은 칡의 열매가 마치
물 위에 떠 있는 것처럼 생긴
형상이다.

63. **蛾接壁形**(아접벽형).

이형국은 절벽에 붙어 있는
나비처럼 생긴 형상이다.

64. **祥雲逢日形**(상운봉일형).

이 형국은 산세가 상서로운
구름이 해를 만나는 것처럼 생긴
형상이다.

제2절 四象穴. 四格粘穴.呑.吐.浮.沈穴 圖形

● 四象穴

1. 窩穴象(와혈상).

   오목한 모양이고 높은곳
   에있고 닭의 우리모양이고
   淺窩.深窩.狹窩.闊窩가 있다
   (천와.심와.협와.활와)

2. 鉗穴象(겸혈상).

   삼태기 모양이고 오목한
   모습이며 말굽 모양으로
   直鉗.曲鉗.長鉗.短鉗.雙鉗
   (직겸.곡겸,장겸.단겸.쌍겸)
   등이 있다.

3. 乳穴象(유혈상).

   여인의 유방 모양이며
   兩 선익이 유해야하고,
   長乳.短乳.大乳,小乳,雙乳
   (장유.단유.대유.소유.쌍유)
   三垂乳(삼수유)가 있다.

4. 突穴形(돌혈형).

   솟을 엎어놓은 모양이고
   사유방에 지각이 분명해야
   진혈이다 大突,小突.雙突,
   (대돌.소돌.쌍돌)등이 있다.
   .

● 四格粘穴

1. **蓋穴象**(개혈상).

   산의 정상 부분에 결혈되고
   天穴을 정하는 법을 말한다.

2. **撞穴象**(당혈상).

   산의 중간 지점에 결혈되고
   人穴을 정하는 법을 말한다.

3. **倚穴象**(의혈상).

   산의중간 양쪽 측면에
   결혈되고 人穴의 左나
   右측에 맺는다.

4. **粘穴象**(점혈상).

   산의 아랫 지점에 혈을
   맺으며 地穴을 정하는
   것을 말한다

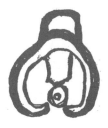

● 呑吐浮沈穴

1. 呑穴形(탄혈형).

청룡과 백호안으로 깊숙이
입에 물고 있는것 처럼 생긴
혈이다 천주장법(穿土葬法)을
적용해야 한다.

2. 吐穴形(토혈형).

청룡 백호 밖으로 내밀어 돌출된
혈을 말한다. 반쯤 토하고 반쯤은
입에 물고 있다는 의미이다.
이를 吐葬(토장)이라고 한다.

3. 浮穴形(부혈형).

두둑하게 떠있는 곳의
평지상에 혈이 있어 천광을
하지않고 객토로 성분한다.

4. 沈穴形(침혈형).

오목 한 곳에 혈을 맺으며
고산풍취(高山風吹)를 막기위해
침장법(沈葬法)을 활용한다. 이를
개금취수(開金取水)라 한다.

제3절 臍. 桑. 腹. 脣. 目. 尾. 角. 耳. 鼻. 脇. 腰. 族. 穴.
(제. 상. 복. 순. 목. 미. 각. 이. 비. 협. 요. 족. 혈.)

1. **臍於穴**(제어혈).

   이혈은 사람의 배꼽에 해당
   하는 곳에 있는 吉穴로 두툼하개
   深葬하고 후세에 福祿을 받는다

2. **桑 於穴**(상어혈).

   이혈은 사람의 이마에 해당
   하는 곳에 맺는 吉穴로 후세에
   富貴를 받는다.

3. **腹於穴**(복어혈).

   이혈은 사람의 배에 해당
   하는 곳에 맺는 吉穴로 후세에
   福祿을 받는다.

4. **脣於穴**(순어혈).

   이혈은 사람의 입술에
   해당 하는 곳에 맺는 穴로써
   凶穴로 불가 매장지(不可 埋葬地)
   이다.

5. **目於穴**(목어혈).

이혈은 사람의 눈에 해당하는
곳에 맺는 혈로써 凶穴로
매장시 고로(埋葬時 孤露)하므로 .
不可地이다.

6. **尾於穴**(미어혈).

이혈은 꼬리에 해당 하는
곳에 있는 凶穴로써 埋葬
不可한 곳이다.

7. **角於穴**(각어혈).

이혈은 한편에 치우처 맺는
혈로 흉혈로 이런 곳에 埋葬시
편사(偏斜)하여 패가망신(敗家亡身)
한다.

8. **耳於穴**(이어혈).

이혈은 사람의 귀에 해당
하는 곳에 있는 吉혈로 埋葬
시 王后.將相이 난다.

9. **鼻於穴**(비어혈).

이혈은 사람의 코에 해당
하눈 곳에 잇는 혈로 吉穴로
埋葬시 자손이 창성(昌盛)한다.

10. **脇於穴**(협어혈).

이혈은 옆구리 쪽에 있는 穴로
凶穴이며 매장 不可한 곳이다.
매장시 사람이 크게 다친다.

11. **腰於穴**(요어혈).

이혈은 허리에 해당하는 곳에
있는 혈로 凶穴로 埋葬이나 기타
사용 不可한 곳이다,

12. **足於穴**(족어혈).

이혈은 사람의 발에 해당하는
곳에 있는 혈로 凶穴로 埋葬시
천로(淺露)하므로 埋葬 不可地
이다.

제4절 五星貴人形 外 八形象 圖形(오성귀인형 외 팔형상 도형)

1. 老陽穴得位出殺圖.
   (노양형득위출살도)

2. 老陰穴得位出殺圖
   (노음혈둑위출살도).

3. 太陽穴得位出殺圖.
   (태양혈득위출살도)

4. 太陰穴得位出殺圖
   (태음혈득위출살도)

5. 中陽穴得位出殺圖.
   (중앙혈득위출살도)

6. 中陰穴得位出殺圖.
   (중음혈득위출살도)

7. 小陰穴得位出殺圖.
   (소음혈득위출살도)

8. 小陽穴得位出殺圖.
   (소양혈득위출살도)

◉ 五星貴人 形象과 그 圖形

1. 木星貴人形象(목성귀인형상).　2.　火星貴人形象(화성귀인형상).

3. 土星貴人形象(토성귀인형상).　4.　金星貴人形象(금성귀인형상)

5. 木星貴人形象(목성귀인형상).　6.　飛天貴人騎馬格竝馬局得位圖.
　　　　　　　　　　　　　　　　　(비천귀인기마격병마국득위도)

7. 天馬最貴赤蛇繞印臨官貴人馰馬貴人圖
　　(천마치귀적사요인임관귀인일마귀인도)

8. 命治之穴(명치지혈)

9. 蝦鬚之水(하수지수).

10. 蟹眼之水(해안지수)

11. 上聚穴(상취혈).

12. 中聚穴(중취혈).

13. 下聚穴(하취혈).

14. 側腦穴(측뇌혈).

15. 勢流水(세류수).

제5절 砂格의 形象別 圖形(사격의 형상별 도형)

1. 雙貴人砂(쌍귀인사) 2. 輔弼貴人(보필귀인) 3. 玉机砂(옥궤사)

4. 三公筆砂(삼공필사) 5. 掛榜砂(괘방사) 6. 壯元族砂(장원족사)

7. 誥軸花開砂   8. 頓族砂(둔족사)   9. 滿未牙笏
    (고축확개사)   (만미아홀)

10. 帳幕砂(장막사) 11. 頓軍砂(둔군사) 12. 我國族砂(아국족사)

13. 龍襪砂(용루사)   14. 我國族砂(아국족사) 15. 銀瓶砂(은병사)

16. 仙橋砂(선교사)　　17. 玉簽砂(옥첨사)　　18. 走蛙砂(주와사)

19. 金箱砂(금상사)　　20. 壯元族砂(장원족사) 21. 算之砂(산지사)

22. 半月形(반월형)　　23. 倉庫砂(창고사)　　24. 庫櫃砂(고궤사)

25. 三台峰(삼태봉)　　26. 華蓋砂(화개사)　　27. 帝峰砂(제봉사)

28. 採鳳筆(채봉필)　　29. 御書臺(어서대)　　30. 方印砂(방인사)

31. 紗帳砂(사장사)　　32.天馬砂(천마사)　　33. 舞仙砂(무선사)

34. 舞産砂(무산사)　　35.貴人砂(귀인사)　　36. 干梳砂(간소사)

37. 玉帶環(옥대환)　　38.眼宮安(안궁안)　　39. 玉槽砂(옥조사)

40. 粧台砂(장태사)　　41.金魚砂(금어사)　　42. 眼犬砂(안견사)

43. 大小貴人(대소귀인) 44.大小貴人(대소귀인) 45. 大蓋貴人(대개귀인)

46. 殿輔砂(전보사)　　47. 散花砂(산화사)　　48. 橫琴砂(횡금사)

49. 文筆砂(문필사)　　50. 富峰砂(부봉사)　　51. 一字文星(일자문성)

52. 獨峰砂(독봉사)　　53. 御瓶砂(어병사)　　54. 雙告峰砂(쌍고봉사)

55. 貴峰砂(귀봉사)　　56. 蛾眉砂(아미사)　　57. 窺峰砂(규봉사)

58. 飛走砂(비주사)　　59. 散山砂(산산사)　　60. 天獄砂(천옥사)

61. 劍殺砂(검살사)　　62.落峰砂(낙봉사)　　63. 逆理砂(역리사)

64. 絕脈砂(절맥사)　　65. 絕孫砂(절손사)　　66. 逆理砂(역리사)

67. 戰亡砂(전망사)　　68. 溺死砂(익사사)　　69. 五逆砂(오역사)

70. 眼盲砂(안맹사)　　71.淫蕩砂(음탕사)　　72. 賢婦砂(현부사)

73. 貧窮砂(빈궁사)　　74.巨富砂(거부사)　　75. 王妃砂(왕비사)

76. 附馬砂(부마사)　　77. 大科砂(대과사)　　78. 將軍砂(장군사)

79. 孝子砂(효자사)　　80. 天乙太乙(천을태을) 81. 當朝帝相(당조제상)

82. 坐鼓右旗(좌고우기) 83. 文筆誥軸(문필고축) 84. 衙刀交劍(아도교검)

85. 公卿砂(공경사)　　86. 罵天筆(매천필)　　87. 鬪訟筆砂(투송필사)

88. 退田筆砂(퇴전필사) 89. 賤旗砂(천기사)　　　90. 提羅砂(제라사)

91. 蟠而砂(반이사)　　92. 破傘砂(파산사)　　93. 破網砂(파망사)

94. 離鄕砂(이향사)　　95. 降旗砂(항기사)　　96. 抱肩砂(포견사)

97. 刺面砂(자면사)　　98. 欣裙砂(흔군사)　　99. 獻花砂(헌화사)

100. 探頭砂(탐두사)　　101. 流屍砂(유시사)　　102. 臥牛砂(와우사)

103. 伏虎砂(복호사)　　104. 臥獅砂(와사사)　　105. 玉女峰(옥녀봉)

106. 木杓砂(목표사)　　107. 堆肉砂(퇴육사)

附 錄

青 烏 經

靑 烏 經

1. 盤古渾淪에서 氣萌大朴하여 分陰分陽하고 爲淸爲濁하며
   반고혼륜   기맹대박   분음분양   위청위탁

   生老病死함에 誰實主之니 無其始也라 無有議焉이면
   생로병사   수실주지   무기시야   무유의언

   不能無也니 吉凶形焉이라
   불능무야   길흉형언

    아주옛날 혼돈의 상태에서 氣가 생겨나 크게 밑바탕이 되면서 음
과 양으로 누어지고 청하고 탁함이 이루어졌으며 생노병사가 일어
났는데 그러한 일들을 누가 진실로 주관했는가.

    그 처음이란 것은 없다. 처음이 없는지 있는지를 논의해 본다면
없다고 할 수도 없는 것이니 길흉이란 그렇게 나타난 것이다.

    註文 : 謂. 太始之世에는 無陰無陽之說이니 則赤無禍福之可議나
    주문   위 태시지세   무음무양지설   즉적무화복지가의

        及其有也에 吉凶感應이 如影隨形이니 赤不可得而逃也라
        급기유야   길흉감응   여영수형   적불가득이도야

    말하면 태초에는 음양설이란것이 없었으니 화복이란 것도 역시
말할 수가 없었다. 그러니 마침내 음양이 있게됨에 이르자 길흉이
사람에게 감응하는 것이 마치 그림자가 그 몸체를 따라 다님과 같
이 되어 사람들은 길흉을 선택하여 가질 수도 없고 그것을 피할 수
도 없게 되었다.

※   盤古 : 중국 태고의 전설상의 天子(太古라는 뜻도 있음).
     渾 : 흐릴 혼, 섞일 혼.   淪 : 빠질 륜, 잔물결 륜.
     渾淪 : 혼돈과 같은뜻.   萌 : 싹틀 맹, 싹 맹.

朴 : 진실할 박, 밑둥 박. 약이름 박.   誰 : 누구 수, 수옛 수.
形 : 형상 형, 나타날 형.   及 : 미칠 급, 및 급, 때가올 급
逃 : 달아날 도, 피할 도, 떠날 도.

2. 曷如其無인저 何惡其有인저
　　갈 여 기 무　　　　하 오 기 유

길흉이란 것을 어찌 없다 하리오 또한 어찌 있다 하리오

註文 : 言. 後世에 泥飮陽之學함에 曷如上古無之爲하고
주 문　언　후세에　니 음 양 지 학　　　갈 여 상 고 무 지 위
愈旣不能無焉이며 則赤何惡之有인가
유 기 불 능 무 언　　　즉 적 하 오 지 유

　말하면 훗날 음양설에 얽매여 어찌 태고적에 없음에서 만물이 만
들어 졌다 할 수 있으며더욱이 이미 업을 수 없다 할 수 있겠는가
그러므로 또한 어찌 있다고 할 수 있겠는가

※ 曷 : 어찌 갈, 어느때 갈, 何 와 同. 愈 : 나을 유, 더욱 유, 더할 유.
　 惡.: 모질 악, 나쁠 악, 미워할 오, 부끄러워할 오, 어찌 오.
　 泥 : 진흙 니, 흐릴 니, 막힐 니, 거리낄 니.

3. 藏於杳冥으로 實關休咎한데 以言論人이니 似若非是면
　　장 어 묘 명　　　실 관 휴 구　　　이 언 유 인　　　사 약 비 시
　　其於末也에 一無外此라
　　기 어 말 야　　일 무 외 차

　깊고 어두운곳에 갈무리하는것은 진실로 길흉에 관계되는 일일진
데 말로써 사람을 깨우쳐 줌에 있어 마치 옳지 않은 것처럼 보이기
도 하지만 그 결말을 보면 조금도 그것을 벗어나지 않는다.

註文 : 以地理禍福으로 論人한데 似若譎詐欺罔이면
주 문　이 지 리 화 복　　　유 인　　　사 약 휼 사 기 망

及其終之效驗이니 無毫髮 之少差焉이라
급 기 종 지 효 험　　무 호 발　지 소 차 언

　풍수지리의 화복설로써 사람들을 깨우침에 있어 마치 남을 속이고 거짓말 하는 것 같지만 마침내는 구 효험이 조금의 차이도 없음을 알게 될 것이다.

※　杳 : 아득할 묘. 깊을 묘. 너그러울 묘.고요할 묘.
　　冥 :어두울 명, 밤 명, 하늘 명, 저승 명.
　　休 : 쉴 휴, 아름다울 휴, 기쁠 휴, 그칠 휴.
　　咎 : 허물 구, 재앙 구, 미워할 구,　諭 : 고할 유, 깨우칠 유, 비유할 유.
　　譎 : 간사할 휼, 속일 휼.　欺 : 속일 기, 거짓말할 기.
　　毫 : 긴털끗 호, 붓 호, 가늘 호. 조금 호.　髮 : 터럭 발, 모래땅 발.

4.　其若可忽이면 何假於予인가 辭之尤矣로 理無越斯리라
　　　기 약 가 홀　　하 가 어 여　　사 지 우 의　　이 무 월 사

　그것이 만약 가벼이 여겨도 되는 것이라면 어찌나에게 좋을 수 있겠는가. 그것을 말로써는 할 수 없는 것이니 이치는 이를 뛰어 넘지 못한다.

註文 : 萬一 陰陽之學이 可忽이면 則又何取於予之言也인가 然이나
주 문　만 일 음 양 지 학　가 홀　　즉 우 하 취 어 여 지 언 야　　　연

　　　予之辭가 若쳬우 於도 理則無越於此라
　　　여 지 사　약　어　어　리 즉 무 월 어 차

　만일 음양성을 가벼히 여길 수 있다면 즉 또한 나의 말을 취할 수 있을 것인가 그러나 나의 말이 비록 무용지물이라 할지라도 이지는 즉 이를 뛰어 넘을 수가 없다.

※　贅尤: 사마귀와 혹,
　　假 : 거짓가. 빌 가. 잠시가. 클 가. 용서할가, 꿀 가.
　　忽 : 까짝할 홀. 잊을 홀. 가벼히여길 홀.

5. 山川融結하여 峙流不絕함에 雙眸若無면 烏乎其別이리오
   산 천 융 결　　　치 류 불 절　　　쌍 모 약 무　　　오 호 기 별

   福厚之地는 雍容不迫이오 四合周顧니 卞其主客이라
   복 후 지 지　　　용 용 불 박　　　사 합 주 고　　　변 기 주 객

산천이 응결하여 산이솟고 물이 흐름에 그침이 없으니 두 눈이 없다면 아 어찌 그것을 분별할 수 있으리오. 복되고 후덕한 땅은 온화하고 너그러워 답답하지 않고 주위 사방의 산수가 두루 감싸안은 듯하니 그 주와 객이 법도에 맞는다.

　　　　註文 : 雍容不迫이란 言氣象之寬大요 四合周顧란
　　　　주 문　　　용 용 불 박　　　언 기 상 지 관 대　　　사 합 주 고

　　　　言左右前後無空缺이라
　　　　언 좌 우 전 후 무 공 결

온화하고 너그러워 답답하지 않다. 용용불박함은 그 기상이 관대함을 말하는 것이고 주위 사방의 산수가 두루 감싸 않은듯 하다.

※　峙 : 산우뚝솟을 치, 쌓을 치.　眸 : 눈동자 모.
　　烏 : 까마귀 오, 검을 오, 어찌오.　雍 : 화할 옹, 가릴 옹.
　　迫 : 핍박할 박, 궁할 박,서둘 박, 줄일 박.
　　卞 : 법 변, 조급할 변, 손바닥칠 변.　氣象 : 사람의 타고난 성정.

6. 山欲其迎하고 水欲其澄이라
   산 욕 기 영　　　수 욕 기 징

산은 나아가려 하고 물은 안정되려 한다

註文 : 山本靜而欲其動이요 水本動而欲其靜이라
주 문　　산 본 정 이 욕 기 동　　　수 본 동 이 욕 기 정

산은 본래 안정된 것이라 움직임이 필요하고 물은 본래 움직이는 것이라 안정이 필요하다.

7. 山來水回이면 逼貴豊財요 山囚水流면 虜王滅候라
　　　산 래 수 회　　　핍 귀 풍 재　　　산 수 수 류　　　로 왕 멸 후

산이 다가들고 물이 돌아들면 곧 귀하게 되고 재물도 풍족해질 것
이오. 산은 갇히고 물은 빠져 나간다면 왕은 붙잡히고 제후는 망할
것이다.

註文 : 逼貴者는 言貴來之速也오 郭璞引證言壽貴而財는
주문　 핍 귀 자　 언 귀 래 지 속 야　 곽 박 인 증 언 수 귀 이 재

　　　 字雖少異나 而意則稍同이라
　　　 자 수 소 이　 이 의 즉 초 동

곧 귀하게 된다 함은 귀가 빨리 오게 됨을 말함이오 곽박이 인증
한 장수와 부귀 라는 말도 그 글자는 비록 약간의 차이가 있으나 그
뜻은 거의 같은 것이다

8. 山頓水曲이면 子孫千億이요 山走水直이면 從人寄食이며
　　　산 돈 수 곡　　　자 손 천 억　　　산 주 수 직　　　종 인 기 식

水過西東이면 財寶無窮이오
수 과 서 동　　　재 보 무 궁

三橫四直이면 官職彌崇이며 九曲委蛇가 準擬沙堤하여
삼 횡 사 직　　　관 직 미 숭　　　구 곡 위 사　　　준 의 사 제

重重交鎖면 極品官資라
중 중 교 쇄　 극 품 관 자

氣. 乘 風散이오 脈遇水止니 藏隱蜿蜒 이면 富貴之地라
기　 승 풍 산　　　맥 우 수 지　　　장 은 완　　　부 귀 지 지

산이 모여 쌓이고 물이 감돌아 돌면 자손이 번창할 것이고 산이 달려 나가고 물이 세차게 흘러 나가면 남의 종자가 되어 의지하여 생활하게 될 것이며 물이 서쪽을 지나 동쪽으로 가면 재보가 무궁할 것이고 세 번 휘돌고 네 번 내지르면 관직이 더욱 오를 것이며 굽이굽이 굴곡함이 마치 물가에 모래 물경처럼 겹겹이 서로 감싸않으면 가장 높은 관직을 얻을 것이다. 기는 바람을 타면 흩어지고 용의 맥은 물을 만나면 머무는 것이니 길게 감돌아 싸안아 주는곳에 갈무리해야 부귀의 땅이라 할 수 있다.

※ 註文 : 璞云 界水則止가 意則一也라
주문　　박운　계수즉지　　의즉일야

곽박이 말한바 기는 물에 닿으면 멈춘다는 것과 한가지 뜻이다

※　頓 : 꾸벅거릴 돈, 모아쌓을 돈, 그칠 돈, 무딜 돈, 오랑케이름 돌.
　　從人 : 데리고 다니는 사람.
　　寄食 : 남의집에 붙어 밥을 먹음(생활함).
　　彌 : 활부를 미. 더욱 미. 더할 미.
　　委蛇 : 뱀이 구불구불 기어가는 모습.
　　準擬 : 견 줌, 비 김.　鎖 : 자물쇠 쇄, 가둘 쇄, 항쇄 쇄.
　　資 : 자라 자, 지위자.
　　遇 : 만날 우, 마주칠 우, 대접할 우, 뜻밖에 우.
　　蜿 : 꿈틀거릴 완(원). 설렁설렁거릴 완

9.　不蓄之穴은 是爲腐骨이요 不及之穴은 生人絶滅이요
　　불축지혈　시위부골　　불급지혈　생인절멸

　　騰漏之穴은 飜棺敗槨이오 背囚之穴은 寒泉滴瀝이니
　　등루지혈　번관패곽　　배수지혈　한천적력

　　其爲可畏라 可不愼乎인가
　　기위가외　가불신호

생기를 모으지 못하는 혈은 뼈가 썩을 것이오. 생기가 이르지 못

하는 혈은 살아있는 사람이 모두 죽을 것이오. 생기가 날아가고 새는 혈은 관곽이 뒤집어 지고 삭아질 것이오.

생기가 돌아서고 막힌 혈은 찬 샘물이 방울저 내릴 것이니 그것이 바로 두려운 일들이 다 어찌 조심하지 않을 수 있으랴.

註文 : 不蓄者는 言山之無包藏也오 不及者는 言山之無朝對也오
주문　불축자　언산지무포장야　불급자　언산지무조대야

騰漏者는 言其空缺이오 背囚者는 言其幽陰이니
등루자　언기공결　배수자　언기유음

此等之穴은 不可葬야 니라
차등지혈　불가장

생기를 모으지 못한다는 것은 산에 감싸 안아주는 것이 없다는 말이오. 생기가 이르지 못한다는 것은 산에 마주 대하는 조대산이 없다는 말이오. 생기가 날아 가고 샌다는 것은 혈에 빈 허점이 있다는 말이오. 생기가 돌아서고 막혔다는 것은 혈이 어둡고 음랭하다는 말이니 이런 혈들에는 장사를 치를 수 없다.

※　蓄 : 쌓을 축, 모을 축, 감출 축.　及 : 줄 급, 미칠 급.
　　騰 : 달릴 등, 날릴 등.　飜 : 뒤칠번, 번득일번.
　　翻 : 번득일 번, 날 번, 엎치락뒤시락할 번.
　　滴 : 물방울 적, 스며내릴적.　瀝 : 샐 럭. 물방울떨어질 력.
　　幽 : 숨을 유, 어두울 유, 가둘 유, 저승 류.

10. 百年幻化함에 離形歸眞하고 精神入門하며 骨骸反根하니
　　백년환화　　이형귀진　　정신입문　　골해반근

吉氣感應하면 累福及人이라
길기감응　　누복급인

인생 백년에 죽음을 맞게되니 형체를 벗어나 본디로 돌아 가고 정과 신은 문으로 들어가며 뼈는 뿌리로 돌아 가는데 그 뼈가 길한 가운데 감응하면 많은 복이 사람에게 미치리라.

註文 : 累者多也니 言受多福이라 郭璞以爲 貴福에 鬼字는 誤也라
주문　누자다야　　언수다복　　　곽박이위 귀복　　귀자　　오야

누자란 많다는 뜻이니복을 받는다는 말이다 곽박이 以爲鬼福(이위귀복)한데서 鬼자는 잘못 된 것(歸가 맞다는 의미임)이다.

※　幻 : 변화할 환, 허깨비 환, 미혹할 환.
　　幻化 : 우주만물이 幻像과 같이 변화 하는일. 또는 사람의 죽음을 일컫는 말.
　　累 : 맬 루, 더할 루, 얽힐 루.

11. 東山吐焰면 西山起雲이오 穴吉而溫이면 富貴延綿인데
　　동산토염　　서산기운　　　혈길이온　　부귀연면

　　其或反是면 子孫孤貧이라
　　기혹반시　　자손고빈

동쪽산에 불길이 오르면 서쪽산에 구름이 일어나는 것이니 혈이 길하고 온화하면 부귀가 끊임이 없을 것이나 혹 그렇지 못하면 자손은 외롭고 가난해 질 것이다.

註文 : 西山雲氣之融結者는 以東山煙함 之奔衝然也오
주문　　서산운기지융결자　　이동산연함 　지분충연야

　　生人富貴之長久者는 以亡魂穴吉蔭注 然也인데
　　생인부귀지장구자　　이망혼혈길음주　 연야

　　苟不得其地면 則子孫陵替하여 必至於孤獨貧賤以後已라
　　구부득기지　　즉자손능체　　　필지어고독빈천이후이

서쪽 산에 구름이 모여 드는것은 동쪽 산에서 연기와 불꽃이 어지러히 일어 나는 때문이오 살아 있는 사람으로 부귀가 길게 이어지는 사람으로 돌아가신 혼령의 혈에 길한 음덕이 들어간 때문인데 만약 그런땅을 얻지 못한다면 자손이 점점 쇠퇴하여 반드시 후손들이 고독과 빈천속에 빠질 것이다

焰 : 불빛 염. 염 : 불당길 염, 불꽃 염.

綿 : 솜 면, 얽을 면, 연할 면.   奔 : 달아날 분, 분주할 분, 패할 분.

衝 : 충돌할 충, 찌를 충, 거리 충, 돌파할 충.

然: 사를 연, 그렇다할 연, 그러나 연, 그렇게 연.

苟 : 풀 구 , 다만 구, 만일 구.

陵 : 큰언덕 릉, 임금의무덤 릉, 업신여길 릉, 점점쇠할 릉.

替 : 대신할 체. 시들 체. 바꿀 채.

陵替 : 아랫 사람이 윗사람보다 릉가하여 윗사람의 권위가 떨어지는
　　　것 또는 점점쇠퇴하여 감.

12. 童斷與石過獨과 逼側은 能生新凶이오 能消已福이라
　　　동 단 여 석 과 독　　핍 측　　능 생 신 흉　　　능 소 이 복

童山(동산). 斷山(단산). 石山(석산). 過山(과산). 獨山(독산). 逼
山(핍산). 側山(측산) 등은 새로히 재앙을 불러 들일 수 있고 이미
있던 복도 소멸 시킬 수 있다.

註文 : 不生草木爲童이오 崩陷坑塹爲斷인데 童産則無衣요
주 문　불 생 초 목 위 동　　붕 함　참 위 단　　　동 산 즉 무 의

斷山則無氣라 石山則土不滋요 過山則勢不主요
단 산 즉 무 기　　석 산 즉 토 불 자　　과 산 즉 세 부 주

獨則無雌雄이요 逼則無明堂이오
독 즉 무 자 웅　　　핍 즉 무 명 당

無則斜欹而不正이니 郭璞引證戒此五者는 亦節文也라
무 즉 사 의 이 부 정　　　곽 박 인 증 계 차 오 자　　역 절 문 야

초목이 자랄 수 없는 것이 童山(동산)이고 허물어지고 움푹 꺼
진 것이 斷山(단산)인데 즉 동산이란 옷을 벗은 산이오. 단산이
란 즉 기가 없는 산이다. 석산이란 흙이 비옥하지 못한 산이고 과
산은 산의 맥세가 머물지 못한 산이며 독산은 음양의 조화를 갖추
지 못하여 자웅이 없는 산이고 핍산은 명당이 없는 산이며 측산은
기울어져 바르지 못한 산이다. 곽박이 증명하여 인용하면서 경계한

다섯가지(곽박이 그의 금낭경에서 지적한 다음의 다섯가지이다. 즉 산지불가장자로 다섯가지를 꼽았으니 石山 斷山 過山 獨山 童山이 그것이다)는 역시 적절한 말이다.

※ 壙 : 빠질 광, 묻을 광, 구덩이 광.　塹 : 구덩이 참, 땅을팔 참.
　　滋 : 맛 자. 많을 자, 번성할 자.
　　斜 : 빗길 사, 흩어질 사, 잡아당길 사, 고을이름 야.
　　柯 : 가지 가, 도끼자루 가.　斜柯 : 비스듬히 비껴나간 가지.
　　欹 : 아름답다할 의, 거룩하다할 의, 기울 의.

13. 貴氣相資는 本原不脫하고 前後區衛하며 有主有客하다
　　　귀 기 상 자　　본 원 불 탈　　　전 후 구 위　　　유 주 유 객

귀한 기운이 서로 돕는 자리란 山의 본래의 氣運(기운)을 離脫(이탈)치 않고 앞뒤로 명당 구역을 호위(護衛)하며 주인산(主山)과 손님산(朝山)이 각각있는 곳이다.

註文 : 本原不脫은 以氣脈之相連相接也오 有主有客者는
　　주 문　　본 원 불 탈　　이 기 맥 지 상 연 상 접 야　　유 주 유 객 자

以區穴之前後有衛護也라
　　이 구 혈 지 전 후 유 위 호 야

본래 근원으로써의 이탈하지 않은 것이란 산의 기맥이 서로 연접되어 있는 것이고 주인과 손님이 각각 있는 것이란 혈장이 있는 곳의 앞 뒤에 호위해 주는 산이 있는 곳이란 뜻이다.

※ 資 : 재물 자, 취할 자, 쓸 자, 도울 자.

14. 水行不流하고 外狹內闊하니 大地平洋은 杳茫莫測이라
　　　수 행 불 류　　　외 협 내 활　　　대 지 평 양　　　묘 망 막 측

沼沚池湖는 眞龍憩食이니 情當內求요 愼莫外覓이라
　　소 지 지 호　　　진 룡 게 식　　　정 당 내 구　　신 막 외 멱

形勢彎趨면 享用五福하리라
　　형 세 만 추　　향 용 오 복

물은 움직임은 있으나 흩어짐이 없고 명당의 바깥은 좁으나 안은 넓기 때문에 크고 넓으며 평평한 땅이란 그 아득하고 망망함을 혜아릴 길이 없다. 늪과 물가 연못과 호수는 진용이 쉬는 곳이니 진실로 그 안에서 구할 것이오. 삼가 밖에서 찾는 일은 없어야 할 것이다. 그 형세가 부드럽게 굽어져 있으면서 지나치지 않게 내밀고 있다면 오복을 누리게 될 것이다.

註文 : 凡平洋大地는 無左右龍虎者한데 但遇池湖면 便可遷穴이라
주문　범평양대지　　무좌우용호자　　단우지호　　편가천혈

以池湖爲明堂하니 則水行不流로 而生人享福야라
이지호위명당　　즉수행불류　이생인향복

무릇 크고 넓으며 평평한 땅에서는 명당의 좌우에 청룡과 백호가 없는데 다만 연못이나 호수를 만나는때는 가히 혈을 옮길 수 있다 연못과 호수로써 명당을 삼았기 때문에 물은 움직임은 있으나 흩어짐이 없을 것이므로 살아 있는 사람들이 복을 누리게 된다

※　杳 : 아득할 묘, 깊을 묘, 고요할 묘.
　　茫 : 망망할 망, 막연할 망, 물이질펀할 망.　沼 : 늪 소.
　　沚 : 물가 지　池 : 넓고깊은못 지.　憩 : 쉴 게.　情 : 뜻 정, 실상 정.
　　覓 : 구할 멱, 찾을 멱.　彎 : 굽을만, 당길 만, 활끌어당길 만.
　　趨 : 달아날 추, 자주걸을 추, 바를 촉.
　　五福(오복) : 1) 壽(수), 富(부), 康寧(강녕), 攸好德(유호덕), 琴終命(금종명). 2)長壽(장수), 부유(富裕), 無病(무병), 息災(식재), 道德(도덕). 3) 長壽(장수), 富(부), 貴(귀), 康寧(강녕), 多男(다남).
　　便 : 편할 편, 소식 편, 익힐 편, 똥 오줌변, 말잘할 변, 같을 변.

15. 勢止形昻하고 前澗後岡이면 位至候王이오 形止勢縮하고
　　세 지 형 앙　　전 간 후 강　　　위 지 후 왕　　　형 지 세 축

前案回曲이면 金穀璧玉이라
전 안 회 곡　　금 곡 벽 옥

산의 맥. 즉 세가 멈추는데 그 형은 우뚝하고 앞에는 물이 흐르고 뒤에는 산을 받쳐주면 그 지위가 왕이나 재후에 오를 것이고 형은 멈추는데 세는 축약되고 명당 앞으로 안산이 돌아 들면 돈과 곡식과 보물을 손에 넣으리라.

註文 : 勢止는 龍之住也오 形昂은 氣之盛也라 前則遇水而止하고
주문   세지   용지주야   형앙   기지성야   전즉우수이지

後則 支隴相連한데 如此之地면 可致貴也라 形止勢縮은
후즉 지롱상연   여차지지   가치귀야   형지세축

氣象之局促也오 前案回曲은 賓主之淺近也인데 如此之地면
기상지국촉야   전안회곡   빈주지천근야   여차지지

可致富也나 貴未聞也라
가치부야   귀미문야

세가 멈춘다는 것은 용이 자리를 잡았다는 것이고 형이 우뚝하다는 것은 기가 성하다는 것이다. 앞으로는 물을 만나 용의 나아 감아 멈추고 뒤로는 곁가지 산들이 서로 연접하여 있는 그런 땅이라면 가히 높이 됨을 바랄 수 있다. 형은 멈추고 새는 축약된다는 것은 그 기상이 줄어 든다는 것이고 앞으로 안산이 돌아든다는 것은 주인과 손님이 너무 가까이 있다는 뜻인데 이런 땅이라면 재부는 가하거니와 높이 되었다는 말은 듣지 못할 것이다.

※　昂 : 밝을 앙, 들 앙, 높을 앙, 말성큼성큼걸을 앙.
　　澗 :산골물 간, 물이름 간.
　　縮 : 거둘 축, 오그라질 축, 곧을 축, 물러갈 축.
　　隴 : 언덕 롱, 둔덕 롱, 밭두렁 롱.
　　賓 : 손님 빈. 복종할 빈, 배척할 빈.

16. 山隨水著한데 迢迢來路하고 挹而注之면 穴須回顧니라
　　산 수 수 저　　초 초 래 로　　읍 이 주 지　　혈 수 회 고
산이 따르고 물이 곁에 있는땅 애서 저멀리애서 오는 산맥의 흐름

이 잡아 당기듯 모이면 혈은 반드시 고개를 돌려 돌아볼 것이다

註文 : 此는 山谷 回龍顧祖之地也라
주문　차　산곡　회룡고조지지야

이것은 산골짜기에서 회룡고조의땅을 말한 것이다

回龍顧祖穴(회룡고조혈) : 래룡이 원을 그리듯이 한바퀴 돌아 내려와 명당의 주산을 이루고 그 아래 혈을 맺는데 그 주산이 내룡쪽을 향한 경우의 혈형을 말한다.

※　隨 : 따를 수, 함께할 수.　著 : 나타날 저, 다다를 착, 부을 착.
　　挹 : 잔질할 읍, 잡아당길 읍.
　　注 : 물댈 주, 뜻둘 주, 모일 주 기록할 주, 조치할 주

17. 天光下臨하고 百川同歸한데 眞龍所泊이니 孰卞玄微리오
천광하림　　백천동귀　　진룡소박　　숙변현미

하늘빛이 땅에 내리고(그땅에 지기뿐만 아니라 천기까지 모여드는 현상을 표현한 것임) 모든 하천이 한곳으로 모여 돌아 오는 곳에 진룡이 머무는 것이니 누가 그 깊고 미묘함을 분별할 수 있으랴

註文 : 此는 近江, 迎接潮水之地也라
주문　차　근강　영접조수지지야

이것은 강근처에 바닷물을 맞는 땅(즉 강하구가 바다와 부딪치는 곳)을 말한 것이다.

※　泊 : 그칠 박, 배머무를 박, 고요할 박, 쉴 박.
　　孰 : 누구 숙, 어느 숙, 살필 숙, 익을 숙.
　　卞 : 법 변(法也) 辨의 속자로도쓰임.

18. 鷄鳴犬吠한 鬧市烟村이 隆隆隱隱하니 孰探其原이리오
　　 계명경폐　 료시연촌　 융융은은　　 숙탐기원

닭이 울고 개가 짖는 번잡한 시장이 있고 밥짓는 연기가 나는 마을에서 산의 맥세가 융성하게 은은히 다가오니(속은 듯 가라앉은 듯 기복이 없는 모양) 누가 그 본원처를 찾을 수 있으랴.

註文 : 此는 鄕井. 平洋氣脈之地也라
주 문　 차　 향정　 평양기 맥지지야

이것은 강 근처에 바닷물을 맞는땅(즉 강하구가 바다와 부딪치는 곳)을 말한다.

※　吠 : 짖을 폐, 땅이름 폐.　鬧 : 시끄러울 료.
　　烟 : 연기 연.　融融 : 힘이 성한 모양.
　　隱隱 : 가리워져 있는모양, 걱정하는모양, 큰소리 희미하여 분명하지 않는 모양.
　　原 : 근본 원, 언덕 원, 둔덕 원, 들 원(野也).

19. 若乃 斷而復續하고 去而復留하며 奇形異相함은 千金難求요
　　 약내 단이복속　　 거이복유　 기형이상　　 천금난구

折藕貫珠하며 眞機落莫타가 臨穴坦然은 誠難捫摸라
절우관주　　 진기락막　 임혈탄연　 성난문모

障空補缺하고 天造地設하여 留與至人하니 先賢難說이라
장공보결　　 천조지설　 유여지인　 선현난설

그리고 끊어진듯 하다가 다시 이어지고 가는듯 하다가 다시 머무는 기이한 형상의 터는 천금을 주고도 얻기 어려운 것이다. 연뿌리를 꺾었으나 그 속은 구슬을 꿴 듯 연뿌리는 잘라 끊어도 그 속에 들어 있던 끈끈한 기운은 서로 거미줄 같이 가는 실처럼 되어 이어져 있는 현상을 말(藕斷絲連과 같은말, 평양의 풍수에서는 워낙 땅이 저평하기 때문에 산의 맥이 끊어 졌는지 이어 졌는지를 판단하기 어렵다. 이때 마치 끊어진 것 같지만 사실은 은은하게 이어져 있

는 맥을 우단사련 또는 절우 관주라 말한다)고 진기가 내려오며 엷
어 지다가 혈에 임하여 평정한 모양이 되었으니 진실로 헤아려 찾
기가 어려워 빈곳을 막아주고 터진곳을 보완하여 하늘이 만들고 땅
이 펼쳐 놓은 곳이라 착한 사람에게 남겨 주었으니 선현이라도 설
명하기 어렵다.

註文 : 夫. 貴賤異路와 貧富兩塗는 地之善耶인데 然이나
주문　부 귀천이로　빈부양도　지지선야　　연

而貴之地常少하고 以爲富之地常多는 河耶인가 愚.
이 귀지지상소　　이위부지지상다　하야　　우

以爲富之利害는 輕人得而識之니 故로 常多요
이위부지이해　경인득이식지　고　상다

貴地所係大造物로 不令人識之니 故로 常少라 言키를
귀지소계대조물　불령인식지　고　상소　언

衆人之所不 喜者가 則爲大貴之地라 한데
중인지소불 희자　즉위대귀지지

此는 奇形異相所以로 千金難求也라
차　기형이상소이　천금난구야

무릇 귀천이란 다른 행로와 빈부라는 두갈래 길이 다른 것은땅의
좋고 나쁨 때문이지만 그러나 귀하게 되는 땅은 언제나 적고 부유
하게 되는 땅은 언제나 많은 것은 어찌된 일인가 나의 우둔한 생각
으로는 부유하게 되는 땅은 그 이익이 되고 해됨이 사람들에게 쉽
게 알려질 수 있는 까닭에 언제나 많은 것이고 귀하게 되는 땅은 조
물주에 매여 있는 것이므로 사람들이 쉽게 알지 못하게 하니 언제
나 적은 것이다. 여러 사람들이 좋아하지 않는 터가 대귀의땅이 된
다고 말하는바 이처럼 형상이 기이한 땅은 천금을 주고도 얻기 어
려운 것이다.

※ 若 : 같을 약, 너 약, 및 약, 만약 약, 반야 야.
　乃 : 이애 내, 너 내, 갈 내,

復 : 돌아올 복, 회복할 복, 갚을 복, 다시 부, 또 부.

折 : 꺾을 절, 알맞을 절, 굽힐 절, 일찍죽을 절, 끊을 절, 휠 절, 천천

할 제, 부러질 설. 藕 : 연뿌리 우. 機 : 기미 기, 기계 기, 고동 기.

落 : 떨어질 락, 마을 락, 하늘 락, 폐할 락.

莫 : 말 막, 클 막, 엷을 막, 고요할 맥.

坦 : 너그러울 탄, 평평할 탄, 넓을 탄.

誠 : 미쁠 성, 공경할 성, 진실 성, 살필 성.

捫 : 어루만질 문, 더듬을 문, 잡을 문,

摸 : 규모 모, 본뜰 모, 더듬을 막. 塗 : 진흙 도, 길 도.

輕 : 가벼울 경, 빠를 경, 업신여길 경. 係 : 맬 계, 이를 계, 당길 계.

20. 草木鬱茂하고 吉氣相隨하여 內外表裏함은 或然或爲라
초 목 울 무   길 기 상 수   내 외 표 리   혹 연 혹 위

나무와 풀이 울창 무성하고 길한 기운이 서로 따르는데 이러한 내
외와 표리(초목이 울창한 것이 외요 표며 길기가 상수하는 것이 내
요 리다)는 혹 자연인 것일 수도 있고 인위인 것일 수도 있다.

註文 : 左右案對가 或自然而成이오 或人力而爲之라
주 문   좌 우 안 대   혹 자 연 이 성   혹 인 력 이 위 지

명당의 좌우(좌청룡 우백호)와 안산, 조대산(주작사)은 혹 자연
적으로 이루어진 것일 수도 있고 혹인위적으로 이루어진 것일 수도
있다

※ 鬱 : 나무답답할 울, 답다할 울. 鬱茂(울무) : 울창하고 무성함.

21. 八岡全氣면 八方會勢하고 前遮後擁이니 諸祥畢至리라
팔 강 전 기   팔 방 회 세   전 차 후 옹   제 상 필 지

地貴平夷요 土貴有支며 穴取安止요 水取沼遞라
지 귀 평 이   토 귀 유 지   혈 취 안 지   수 취 초 체

명당주변의 세산(현무청룡백호사)의 기가 온전하면 팔망의 세가 모여들고 앞산은 가려주고 뒷산은 감싸주니 모든 상서로운 일들이다. 모이리라 땅이 귀한것은 평탄할 것이고 흙이 귀한것은 가지가 있을 것이며 혈은 안정되게 멈춘 곳에서 취할 것이고 물은 멀리서 띠를 두른 듯한 곳을 취할 것이다.

註文 : 氣全則龍脈不脫이오 勢會則山水有情이네 前遮則有客이오
　　　기전즉용맥불탈　　세회즉산수유정　　전차즉유객

　　　後擁則有主라 安止則穴法無欹嶮이오
　　　후옹즉유주　　안지즉혈법무의험

　　　迢遞則水來有源流일세
　　　초체즉수래유원류

　기가 온전 하다는 것은 용맥이 벗어남이 없다는 것이오 세가 모인다는 것은 산수기 유정하다는 것이다. 앞산이 가려 준다는 것은 손님산이 있다는 것이로 뒷 산이 감춰준다는 것은 주인산이 있다는 것이다 안정되게 멈춘다는 것은 혈법에 기울거나 험함이 없다는 것이오. 멀리서 띠를 두른듯 하다는 것은 물이 흘러 옴에 그 원류가 있다는 것이다

※　遮 : 가릴 차, 막을 차, 이것 차, 훼방할 차.　　초 : 멀 초, 높을 초.
　　遞 : 갈마들 체, 두를 대.
　　欹 : 아름답다할 의, 거룩하다할 의, 휘어진다, 기운다는 의미도 있음.
　　嶮 : 산가파를 험

22. 向定陰陽에 切莫乖戾하라 差以毫釐면 繆以千里라
　　　향정음양　　절막괴려　　차이호리　　무이천리

　좌향으로 음양을 정함에 결코 사리에 어그러지지 말라
　터럭끝만한 차이라도 생기면 그 차이는 천리나 되리라

註文 : 陰陽者는 當, 以左右取之한데 一穴左爲陽이오 穴右爲陰이라
주문　음양자　당　이좌우취지　　일혈좌위양　　혈우위음

左穴이 爲陽向이오 右穴以陰向이니 不可差也라
좌혈　위양향　　우혈이음향　　불가차야

음양이란 것은 마땅히 좌우로써 취하는 것인데 혈의 좌는 양이 되
고 혈의 우는 음이 된다. 좌혈은 양향으로써하고 우혈은 음향으로써
해야 되는 것이니 차이가 나서는 안된다

※　切 : 끊을 절, 새길 절, 급할 절, 진맥할 절, 간절할 절, 온통 체, 대강
　　체, 급할 체.
　　乖 : 어기어질 괴, 다를 괴, 헤어질 괴, 간교할 괴.
　　戾 : 어기어질 려, 허물 려, 이를 려, 그칠 려, 휘어질 려, 사나울 려.
　　繆 : 실천올 무, 얽을 무, 어그러질 류, 수질 규.
　　繆戾 : 도리에 벗어나고 어그러짐.

23. 擇術盡善이면 封都立縣이나 一或非宜면 法主貧賤이라
　　택술진선　　봉도립현　　일혹비의　　법주빈천

　　公候之地는 龍馬騰起하고 面對玉圭가 小而首銳하니
　　공후지지　　용마등기　　면대옥규　　소이수예

　　更遇本方이면 不學而至리라 宰相之地는 繡繳伊邇니
　　갱우본방　　불학이지　　제상지지　　수교이이

　　大水洋潮면 無上至貴리라 外臺之地는 悍門高峙에
　　대수양조　　무상지귀　　외대지지　　한문고치

　　屯踏排迎이라 周圍數理에 筆大橫椽이면 是名判死인데
　　둔답배영　　주위수리　　필대횡연　　시명판사

　　此昻彼低니 誠難推擬리오
　　차앙피저　　성난추의

땅을 선택하는술법 (풍수)에 최선을 다하면 나라를 세우고 고을
을 다스릴 수 있지만, 만약 한가지라도 합당하지 않으면 그 주인은
가난하고 천한 처지에 떨어지는 법이다. 공후가 나는 땅이란 좌우의
산세가 뛰어 오르는듯 하고, 면대한 옥규봉이 작지만 봉우리가 날렵
한데다가 제대로 된 방위를 만나기만 한다면 배움없이도 공후에 이

르리라. 재상이 되는 땅이란 수놓은듯 얽혀 있는 봉우리가 여기에
있고 큰 물 밀려드는 바다가 가까이 있는 곳으로 더 이상 귀할 수가
없으리라 높은 벼슬자리에 오를 땅이란 문은 감싸지고 산은 높이
감추어저 군사들이 여기저기 둔을 치고 배치되어 있는 듯한 산이
주위 수리를 둘러싸고 있는 땅이다 필봉이 크게 옆으로 가로지른
서까래 같은 것을 判死(죽음을 맡음)라 일컫는데. 이곳은 높고 저곳
은 낮으니 진실로 짐작하여 생각하기 어렵구나.

註文 : 本方者는 以馬要在 南方爲得地요 圭笏山은 在東方爲正位요

有繡緻 山이면 主山宰하여 執五府之貴리라 悍門旗山은

取其聳拔이오 屯軍踏節 排衛迎從貴其周遮右畔이니

有山在低處橫列則爲判死라 筆은 須是穴法 眞正이면

昂然獨尊이나 不然이면 則暗刀屍山이니 故로 曰

誠難推擬라

제대로 된 방위란 마(馬)가 반드시 남방에 있음으로써 터를 얻
을 수 있는 경우이다 규홀산은 반드시 동방에 있음으로써 정방(正
方)이 된다 수교산(수를놓은듯 얽혀있는산)이 있다면 그곳은 재상
이 나와 권부를 장악하는 귀한 땅이다 문이 호위되고 깃대같은 산
이 있는 터는 그 빼어나게 우뚝함을 취하는 바 군사가 주둔한듯 우
뚝한곳을 밟고 선듯 관어가 벌어져 있는듯 귀함을 따라 맞는듯한데
그 주위는 가려져 오른쪽으로 둔덕이 있다. 산이 있어 그 낮은 곳이
빗겨서 줄지어 있는 것은 판사가 된다. 필봉은 그 혈법이 진정하려
면 앙연하며 독존해야하는 것인데 그렇지 못하면 숨겨놓은 칼아래

시체가 산같이 쌓인 꼴이 된다. 그래서 진실로 짐작하여 생각하기 어렵다고 한 것이다

※　騰 : 달릴 등, 날칠 등.

　騰蛟起鳳 : 뛰오르는 도룡농과 날아오르는 봉황에 비유하여 재능이 풍부한사람.

　圭 :홀 규, 일영표 규, 저울눈이름 규.　銳 :날카로울 예, 날샐 예.

　繡 : 수놓을 수.　灼 : 동일 교, 얽힐 작, 돌려보낼 작.

　伊 :저 이, 이 이, 답답할 이.　邇 :가까울이.

　悍 : 호위할 한, 막을 한, 팔찌 한.　繳 : 얽을 교, 주살 격.

　峙 : 산우뚝솟을 치, 갖출 치, 쌓을 치

　屯 : 모일 둔, 둔칠 둔, 두터울 준,아낄 준, 어려울 준.

　排 : 내밀 배, 물리칠 배, 벌려놓을 배.

　判 : 판단할 판, 나눌 판, 맡을 판.　笏 : 홀 홀.

　繻 : 비단조각 수.　旗 : 기 기, 대장기기.

　聳 : 솟을 용, 귀먹을 용, 공경할용.

　拔 : 뽑을 발, 빼어날 발, 밋밋할 패.

　節 : 절개 절, 마디 절. 인 절, 기 절, 우뚝할 절.

　畔 : 밭뚝 반, 가 반(邊).

24. 官貴之地는 文筆揷耳에 魚袋雙聯으로 庚金之位이나
　　 관 귀 지 지　 문 필 삽 이　 어 대 쌍 연　　 경 금 지 위

　　南火東木北水는 鄙伎라
　　 남 화 동 목 북 수　 비 기

관귀를 얻을 터는 문필봉이 융성하게 서있고 어대봉이 쌍으로 있닿아 경금의 방위(西方)에 있어야 한다. 그러나 화인 남쪽목인 동족 수인 북쪽은 비천한 재주밖에 안나온다.

註文 : 兩圓峰이 相連하니 是爲魚袋라 西方出則爲金魚袋니
주 문　 양 원 봉　 상 연　 시 위 어 대　 서 방 출 즉 위 금 어 대

　　主官貴하고 南方出爲火어니 主醫家하며 東方出爲木魚니
　　 주 관 귀　 남 방 출 위 화　 주 의 가　 동 방 출 위 목 어

主僧道하고 北方出爲水魚니 主漁人하다
주 승 도　　　　　북 방 출 위 수 어　　　주 어 인

 두 개의 둥그스래한 봉우리가 서로 이어져 있는 것을 어대봉이라
한다. 이것이 서쪽에 나타나면 금어대니 그 주인이 관귀를 얻게되고
남쪽에 나타나면 화어대니 그주인이 의가를 하게되며 동쪽에 나타
나면 목어대니 그 주인이 승도를 따르게 되고 북쪽에 나타나면 수
어대니 그 주인은 어부가 된다.

※　揷 : 꽂을 삽.　耳 : 귀 이, 성할 이, 말그칠 이.
　　聯 : 연이을 연, 관계할 연.　鄙 : 더러울 비, 시골 비, 비천할 비.
　　伎 : 재주 기.

25. 地有主氣니 隨土所起요 山有吉氣니 因方所主로다
지 유 주 기　　수 토 소 기　　산 유 길 기　　인 방 소 주

文筆之地에 筆尖以細면 諸福不隨에 虛馳才藝니라
문 필 지 지　　필 첨 이 세　　제 복 불 수　　허 치 재 예

 땅에는 좋은 기운이 있는데 이는 흙을 따라 일어나고 산에는 좋은
기운이 있는데 이는 방위로 인하여 임자를 맡는다. 문필봉이 있는
땅에서 그 봉우리가 가늘면서 뾰족하면 모든 복이 따르지 않고 재
예가 헛되이 스쳐 지나간다.

註文 : 文筆山은 主聰俊이나 若無吉山夾從이면 不成名이라
주 문　 문 필 산　 주 총 준　　 약 무 길 산 협 종　　 불 성 명

 문필봉은 총명과 준걸을 주관하는데 만약 길한산이 곁에 따르지
않는다면 이름을 이루지 못할 것이다.

※　諸 : 모을 제, 어조사 제(예컨대 諸法은 만법의 뜻이다)
　　馳 : 달릴 치. 거둥질 치, 전할 치.　夾 : 낄 협, 곁 협, 가까울 협.

26. 大富之地는 圓峰金櫃니 貝寶沓來가 如川之至요 貧賤之地는
    대부지지   원봉금궤   패보답래   여천지지   빈천지지

    亂如山蟻라 達人大觀이 如示諸指나 幽陰之宮은 神靈所主니
    난여산의   달인대관   여시제지   유음지궁   신령소주

    葬不斬草면 名曰盜葬이라
    장불참초   명왈도장

　큰부자가 되는 터는 둥그스럼한 봉우리가 금궤처럼 생긴 것으로
재물이 몰려 들어옴이 마치 냇물이 흘려 들어옴과 같다. 빈천한 터
는 주위 산들의 난잡함이 마치 개미때 흩어지는것 같다. 통달한 사
람이 크게 보여줌이 마치 손가락을 모아 가르쳐 주는것 같으나, 유
음지궁은 (묘지) 신령의 주관 하는 바이기 때문에 장사를 지냄에
있어서 참초를 하지 않는다는 것은 몰래 장사 치르는 일이나 마찬
가지라고 말하는 것이다.

　註文 : 斬草者는 言當酌酒吉於地祗라
　주문　참초자　언당작주길어지지

　참초라는 것은 땅에게 술을 부어 권하며 공경함을 고한다는 말이다.

※　櫃 : 궤 궤, 상자 궤.　貝 : 조개 패, 재물 패, 비단 패.
　　沓 : 거듭 답, 물끌어넘칠 답.
　　沓至 : 겹처서 한꺼번에 몰려옴.
　　蟻 : 왕개미 의, 술구더기 의, 검을 의.　斬 : 끈을 참, 베일 참.
　　居喪 입을 참.　酌 : 잔질할 작, 짐작할 작, 술 작.
　　祗 : 공경할 지, 삼갈 지.

27. 葬近祖墳이면 殃及兒孫한데 一墳榮盛이오 一墳孤貧일세
    장근조분   앙급아손   일분영성   일분고빈

    穴吉葬凶이면 與棄屍同이라
    혈길장흉   여기시동

　조상산소 근처에 장사를 지내면 재앙이 어린 손자아이 까지 미칠

것이다. 어떤 산소는 번영하고 어떤 산소는 고독하고 빈한하구나. 혈처는비록 잘 잡았으나 장사를 잘못 지내면 시체를 버리는 꼴과 같다.

註文 : 穴雖吉이나 而葬不得其年月이면 亦凶이라
주문   혈수길   이장부득기년월   역흉

혈처를 비록 잘 잡았다 하더라도 장사지내는 때를 잘못 잡으면 흉하다.

※ 棄 : 버릴 기, 잃을 기. 墳 : 무덤 분.   殃 : 재앙 앙.   屍 : 주검 시.

28. 陰陽符合하고 天地交通한데 內氣萌生이오 外氣成形이라
    음양부합   천지교통   내기맹생   외기성형

內外上乘이면 風水自成이라
내외상승   풍수자성

음양이 부합하고 천지가 서로 교통할 때 내기는 안에서 생명을 싹 티었고 외기는 밖에서 형상을 이루었다. 안팎(내외는 즉 음양 천지와 같은뜻)이 서로 의지 하는 곳에 풍수는 스스로 이루어 진다.

註文 : 內氣者는 言穴煖而萬物萌生야오 外氣者는
주문   내기자   언혈난이만물맹생   외기자

言山川融結而成形象也 라
언산천융결이성형상야

내기란 혈이 따뜻하여 만물에 생명의 싹이 트는 것이고 외기는 산천이융결하여 형상이 이루어 지는 것을 말한다.

※ 萌 : 싹틀 맹, 비롯할 맹, 밭갈 맹.
   符合 : 符信(나무나 대조각에 글을 써서 두조각으로 갈라 두사람
   이 나누어 가졌다가 훗날 서로 맞추어 증거로 삼던 신표)이 서로 꼭

들어 맞는 것같이 조금의 차이도 없이 꼭 들어 맞음.

煖 : 따뜻할 난, 더울 난.

29. **察以眼界하며 會以性情하니 若能悟此면 天下橫行하리**
   찰 이 안 계   회 이 성 정   약 능 오 차   천 하 횡 행

눈으로 살피고 마음으로 이해하여 만약 이를 깨달을 수만 있다면
천하에 거리낌이 없을 것이다.

註文 : 察以眼界者는 形之於外니 人皆可觀之나 至於會以性情은
주 문   찰 이 안 계 자   형 지 어 외   인 개 가 관 지   지 어 회 이 성 정

非上智之士 莫能也라
비 상 지 지 사   막 능 야

눈으로 살핀다는 것은 그 형상이 밖에 있기 때문에 사람들이 모두
볼 수 있는 것이나 마음으로 이해 한다는 문제에 이르면 높은 지혜
에 이른 사람이 아니면 어찌할 수가 없다.

※ 會 : 모일 회, 깨달을 회, 이해할 회.
   察 : 살필 찰, 상소할 찰, 깨끗할 찰, 편벽되게볼 찰.

圖解 形象 風水地理
도 해 형 상 풍 수 지 리

초판인쇄 2019년 9월 5일
초판발행 2019년 9월 15일

지 은 이 김한봉
펴 낸 이 소광호
펴 낸 곳 관음출판사

주   소 08730 서울시 관악구 봉천동 1000번지 관악현대상가 지하1층 20호
전   화 02) 921-8434, 929-3470
팩   스 02) 929-3470
홈페이지 www.gubook.co.kr
E - mail gubooks@naver.com

등   록 1993. 4.8 제1-1504호
ⓒ 관음출판사 1993

정가 35,000원

새로운
滴天髓풀이

[제❶권 · 제❷권]

21세기 新개념의 역학!

적천수천미와 적천수징의를 철저하게 비교
분석하여 그 동안 밝혀내지 못 했던 오류를
바로잡았으며, **한글세대도 쉽게 접할 수
있도록 알기쉽고 매끄럽게 번역했다.**
그리고 풍부한 해설을 곁들였을 뿐 아니라
천미와 징의에 예시된 수많은 명조마다 사
주의 구조와 운의 좋고 나쁨을 일일이 명쾌하게 해석해 놓음으로써, **누
구든지 독학(獨學)이 가능하도록 했다.** 그
리고 천미나 징의에 나오지 않는 자평 명리
학의 이론도 타당하다고 인정되는 범위 내
에서 가능한 한 폭넓고 상세하게 다루었다.

[제❶권] 慧源 羅明祺 지음 / 신국판 / 양장본 / 756쪽 / 정가 40,000원
[제❷권] 慧源 羅明祺 지음 / 신국판 / 양장본 / 728쪽 / 정가 40,000원